조선사 정립과 통일

若無朝鮮史 是無韓國史
조선사가 없으면 한국사도 없다

조선사 정립과 통일

초판 1쇄 인쇄 ｜ 2023년 3월 1일
초판 1쇄 발행 ｜ 2023년 3월 1일

지은이 ｜ 손윤, 조병현, 임태환, 김성배
펴낸이 ｜ 손우성
인　쇄 ｜ 리치미디어(RICH MEDIA)

펴낸곳 ｜ 의암경영연구소
　　　　06239 서울시 강남구 테헤란로8길33 (역삼동 청원빌딩)
　　　　TEL : (02)6929-0600 FAX : (02)538-6630
　　　　http : //www.ui-am.com
　　　　E-mail : uiam@ontac.co.kr

ISBN 978-89-969769-2-9
정가 19,000원

若無朝鮮史 是無韓國史

없으면 한국사도 없다

조선사 정립과 통일

손 윤
조병현
임태환
김성배

의암경영연구소

- 이 책을 발간하면서 -

이 책의 발간은 당초 인내천역사아카데미 교육 교재를 작성하기 위해 기획된 것이다. 인내천역사아카데미가 추구하는 비전과 역사관, 통일관을 전파하여 한민족의 정체성과 한반도의 통일에 초석을 놓고자 한 것이다. 그런데 교육 내용이 우리가 지금까지 배우고 알고 있는 상고사와 통일한 인식을 확산한다면 사대와 친일을 극복하지 못하고, 오히려 잘못된 교육으로 하지 않는 것보다 못하다는 판단에 이르렀다. 따라서 이 책은 기존의 주류사학계 상고사 인식을 부정하고, 한국 상고사를 바로 세우기 위한 새로운 접근방법과 이론을 모색하여 상고사 연구의 지평을 넓히고, 통일한국이 나아갈 길을 밝히고자 획기적인 내용을 담기로 하였다.

처음에는 이러한 계획을 저자들만으로 좋은 결과를 내놓을 수 있을지 의문을 가진 것도 사실이다. 우리가 거창하고 잘못된 상고사를 바로잡아 통설로 정립하여 한민족의 정체성을 확립하고, 바른 통일관으로 한반도 통일에 크게 기여하지는 못하더라도 작은 나비의 날갯짓으로 변화의 단초를 제공하는 데 의미를 두기로 하였다. 이 시대를 살아가는 학자로서 지식인으로, 종교인으로, 사회운동가로 소임을 다하고자 하는 염원을 담고자 노력하였다.

이 책의 구성은 서론과 본론의 제5장 및 결론으로 구성되어 있다. 주제는 역사와 통일로 단순하지만, 많은 내용을 함의하고 있다. 이 책 발간에 참여한 저자들은 하나같이 역사를 전공하거나 주류 사학계와 다른 길을 걸어왔다. 그래서 다양한 경력과 지식을 활용해 새로운 시각에서 연구를 진행할 수 있었다. 저자와 집필 내용을 살펴보면, 서론의「한국 상고사와 강역」과 결론의 평가와 전망, 제3부「조선과 지나의 강역 변천사 연구」를 집필한 조병현 박사는 공학을 전공한 영토학자로서 단재학당 교장으로 조선상고사 연구에 매진하면서 최근 역사평론가로 등단하여 우리 역사와 영토를 부동산적역사관에 입각하여 과학적인 접근으로 새로운 시각을 갖고 있다. 제1부의「조선과 지나 상고사 고찰」과 제2부의「기자조선연구」를 집필한 손윤 박사는 경제학을 전공한 세무사로 의암경영연구소장과 (사)동학민족통일회 상임의장, (사)의암손병희선생기념사업회 이사장으로 우리 사회를 이끌어 오면서 10여 년 동안 한민족의 본향인 중원대륙의 구석구석을 답사, 상고사에 대한 연구를 진행하였다. 상고사를 보는 시각과 감각은 동학과 인내천사상에 기인하여 놀라운 연구 성과를 제시하고 있다. 그리고 제4부의「한반도 분단 현실과 한민족 통합」을 집필한 임태환 박사는 민중신학을 전공한 통일운동가로 뉴질랜드 오타고 대학교와 미국 샌프란시스코 신학교에서 세계의 시선을 흡수하고, '한국전쟁전후민간인학살진상규명범국민위원회'에서 상임대표로 우리 현대사의 질곡을 온몸으로 체득하며 특히, 제주4·3사건에서 민족의 통한과 통일의 연계성을 연구하여 왔다. 현재도 북한에 민족병원을 설립하고자 하는 그의 염원은 통일처럼 푸르다. 제5부의 「통일 한국의 영토주권 확립 방안 연구」을 집필한 김성배 학우는 독도학을 전공한 사회복지사로 역사와 통일, 영토문제를 넘나드는 시민운동에 남다른 열정을 가지고 있다. 특히, (사)한배달과 역사의병대에서 우리 역사와 교과서 바로 잡는 운동에 적극적으로 참여하고 있다.

이상과 같이 이 책에서 다루고자 하는 한국 상고사와 강역의 변천사, 제주 4·3사건에서 나타난 분단과 통합, 대마도와 이어도의 영토화 방안 등은 아주 먼 과거부터 현재와 미래를 다루기 때문에 상호 인과관계를 찾기가 쉽지 않고, 내용과 분량에 차이가 많아 한 권의 책으로 엮는 데 많은 어려움이 있었다. 그래서 새롭게 연구한 내용을 중심으로 기존의 논문은 보완하고, 앞뒤로 추가하여 서술하고, 한 편의 대 주제 아래 여러 논문이 각자의 연구 내용을 포함하도록 서론과 결론 부분을 추가하여 부족하지만 나름대로 형식을 갖추었다.

사실, 이 책을 서술하면서 어떻게 하면 가독성을 높이어 많이 읽힐 수 있도록 할까 고민이 많았다. 미디어의 발달로 딱딱한 역사와 평범한 주제는 관심조차 주지 않는 현실을 잘 알기 때문이다. 고민 끝에 교양도서 보다 연구서로서 가치가 있도록 논문형식을 취하고, 가급적 쉽고 편하게 볼 수 있도록 한글로 기술하고, 필요한 경우에는 한문과 영문을 병행하도록 하였다. 그리고 손윤 박사의 조선 강역 비정과 조병현 박사의 조선과 지나(支那)의 최초 국경이 만리장성이라는 주장은 주류학계의 주장을 뒤집는 획기적인 주장으로 많은 독자로부터 관심을 가지게 할 새로운 연구로 가치가 매우 크다는 판단 아래 연구서로 발간을 결정하게 된 것이다.

위에서 설명한 바와 같이 중국과 지나의 표기에 대하여도 많은 논의가 있었다. 본 연구와 가장 관련이 깊은 상고사 문제의 당사국은 중국이다. 중국을 어떻게 표기해야 할까? 중국이라는 정식 국호가 생기기 이전에는 중국을 지나라고 불렀다. 상고사를 다루면서 현재의 국호인 중국을 사용하면 상고사의 모든 역사와 강역이 중국의 것으로 오해할 소지가 있다. 따라서 1910년 신해혁명으로 오늘의 중국이라는 국호가 제정되기 이전의 표기는 전부 지나로 통일하고, 역사적 사실이 발생한 특정 시기는 해당 국가의 이름 즉, 하(하나라), 진(진나라), 청(청나라) 등으로 표기하고, 1910년 이후는 중국으로 통일하였다. 이 또한 새로운 시도로 지나가 낯설지만 이렇게 호칭하는 것이 당연한데, 우리가 미처 인식하지 못한 것일 뿐이다. 단재 신채호 선생은 그렇게 많은 논문과 저술 활동을 하였지만, 중국이라는 용어는 단 한 번도 쓰지 않고 모두 지나를 사용하였다.

또 다른 고민은 시간적인 범위 설정이었다. 한국 상고사를 연구하는 데 있어 시간적 범위는 매우 중요하다. 단군이 건국한 조선부터 시작할 것인지, 아니면 일부에서 주장하는 배달국과 환국, 선사시대까지 거슬러 올라갈 것인지에 대한 논의가 상고사를 정리하는 것만큼 어려웠다. 이 책을 발간하여 교육하는 목적이 바른 역사관과 통일관을 확산하는 데 있다고 볼 때, 또 이 책의 논문으로서 독창성과 가치를 가지려면 최소한 국가를 기준으로 삼는 것이 타당하다는 판단 아래, 선사시대는 제외하고 상고부터 다루는 것이 타당하다고 판단하였다. 이 점 또한 한국 상고사 정립에 하나의 기준점을 제시하였다 할 것이다.

이러한 문제와 함께 또 하나의 난관은 선행 연구의 인용부분이다. 시간과 여건상 모두 새로운 논문으로 편성하는 것이 어렵기 때문에 저자들이 발표한 선행 논문을 보완해 넣을 경우 인용의 문제가 발생한다. 이 책에 실은 논문들이 학술지 게재나 학술대회에 발표하는 것이 아니기 때문에 기존 논문을 실을 때 원문이 인용과 참고자료는 그대로 유지하기로 하였다. 그리고 새로운 논문에서 인용한 1차 자료가 고문서와 지도, 한자와 고어는 각주를 달아 출처를 밝히고, 각주를 달지 않았거나 참고한 자료는 모두 참고자료에 실어 표절의 오해가 없도록 하였다. 특히 자료의 취득과 선택에 있어서 위서나 위서로 논란이 있는 책과 인터넷에 떠도는 검증되지 않은 자료는 가급적 인용에 배제하여 연구의 신뢰성을 높이도록 노력하였다.

"조선이 없으면 한국사는 없다(若無朝鮮史 是無韓國史)."라는 심정으로 주류사학계와 민족주의사학계의 주장이 확연하게 엇갈리는 이 시점에서 바른 상고사를 확립하지 못하면 우리 민족은 정체성과 혼을 잃어버린, 다시는 회생할 수 없는 민족으로 전락할 수밖에 없다는 절박한 심정으로 좋은 책을 발간하고자 최선을 다했지만 부족한 부분이 많이 발견된다. 보완해야 할 부분들에 대해서는 저자들에게 알려주면 더 연구하여 보답할 것을 약속하면서, 독자 여러분의 허심탄회한 조언이 큰 힘이 될 것이다.

돌이켜 보면 그동안 함께한 분들을 잊을 수 없다. 우리의 순수한 뜻에 공감하여 처음에 같이 출발하였으나, '통일당'을 세워 한반도 통일을 앞당기겠다고 동분서주하는 우성 교수, 통일 인문학 강의와 해양영토 수호에 평생을 바친 이병록 제독과는 끝까지 함께하지 못해 아쉬움을 남기며, 다음 저술 때는 끝까지 같이 하길 간절히 바란다. 이 책의 출판을 흔쾌히 허락해 준 의암경영연구소 손우성 대표님, 편집과 인쇄를 맡아 수고한 한영국 교수님, 그리고 관계자 여러분께 감사드린다.

2023년 3월 1일 저자 일동

목 차

서론 조선사 정립과 통일 문제

조병현 박사

이 책은 조선사 정립과 통일문제를 다루고 있다. 전체적으로 서론과 본론, 결론으로 편성하였으며, 본론은 5부로 구성하고 결론에 평가와 전망을 담았다. 서론은 두 개의 장으로 이뤄져 있다. 먼저 우리 한민족의 본향인 중원대륙과 강역의 축소에 대하여 살펴보고, 바른 역사 정립의 필요성을 강조한다. 그리고 이 책의 서술방향을 구체적으로 소개하고 설명하여 전체 내용을 쉽게 파악하도록 도와줄 것이다.

1. 중원대륙은 한민족의 본향

한민족(韓民族)은 한반도와 그 주변의 만주, 연해주 등지에 살면서 공동 문화권을 형성하고 한국어를 사용하는 민족을 말한다. 북한과 중국에서는 조선민족(朝鮮民族)이라 부른다. 우리는 1950년 국무원고시 제7호에 의해 '조선'이란 명칭 사용이 기피되면서 한민족, 한인(韓人)으로 호칭하고 있다. 구소련 거주 한인들과 연해주에 거주하다가 중앙아시아로 강제 이주된 한인들은 '고려인'이라고 부르기도 한다. 한민족은 반만년 동안 혈연적 동일성을 지니고 이어진 단일민족으로 중원대륙의 조선과 진국(辰國), 부여, 동예, 옥저, 고구려, 백제, 신라, 발해, 고려, 조선으로 이어져 왔다. 우리 한민족은 중원대륙에서 발원하여 3,157년을 지배하였다.

한민족의 최초 국가는 조선이 통설이지만, 식민사학자들은 조선의 존재를 부정하고 있다. 조선에 대한 기록이 부족하고, 단군실화를 신화로 왜곡하여 제대로 된 '국가(state)' 취급을 받지 못하고 있을 뿐만 아니라, 조선 건립 시기와 영역, 한사군의 위치 등에 대한 문제도 논란이 계속되고 있다. 그 중에서도 남한 학계의 가장 뜨거운 쟁점 사항은 '낙랑군＝평양설'이다. 북한학계에서는 1962년 『조선 연구』 발행으로 '대륙조선설'과 '낙랑군＝요동설'이 확립되었지만, 남한 학계에서는 일제 강점시기에 조선총독부가 정립한 '낙랑군＝평양설'을 아직도 부동의 정설로 받들고, 신성불가침 영역으로 신봉하고 있다. 우리의 강역을 일만 리에서 삼천리로 축소시킨 것이다.

일반적으로 한 왕조의 역사는 지나간 후에 다음 왕조에서 적는다. 우리 한국사도 마찬가지다. 삼국유사는 고려 승려 일연(一然)이, 고려사는 조선왕조의 학자들이, 조선사는 일제 강점기 조선총독부가 기술하였다. 그래서 10,000년의 한국사가 1,000년으로 축소되었다. 공간적인 측면에서 보면 한국사가 한반도에 접어든 연대는 발해가 만주대륙을 상실한 926년부터 기산하면 1,000년이 된다. 조선총독부는 식민정책으로 천년 이전 대륙에서 살아온 강역을 외면하고 한반도에서만 살아온 것처럼 역사를 왜곡한 것이다. 관념적으로 우리 강역을 두만강 압록강 이남의 삼천리 반도가 우리나라라고 생각하는 것은 조선총독부의 식민사관 잔재를 벗어나지 못하고 있기 때문이다. 이런 영토관은 박지원 선생이 열하일기에서 말한 "조선의 옛 땅을 싸우지도 않고 남에게 내어주는 것(是朝鮮舊疆不戰自虜矣)"과 같다.

다행히 최근 들어 민족사학계를 중심으로 조선과 단군에 대한 재조명과 함께 리지린의 『조선 연구』, 쟝 밥티스트 레지 신부의 『18세기 프랑스 지식인이 쓴 조선, 고구려의 역사』 등이 번역되어 많은 관심을 불러일으키고 있다. 조선 강역 논쟁에서 중요한 것은 중국과 국경을 맞대고 있던 조선의 서쪽 경계 지역이 어디였느냐 하는 문제이다. 이에 대해 리지린은 조선의 서쪽 경계가 서기전 3세기까지는 하북성 난하였다가 서기전 3세기 초 연나라 장수 진개(秦開)에게 영토를 빼앗긴 후 요녕성 대릉하 동쪽으로 축소되었다고 보았다. 그리고 조선의 수도 왕검성을 오늘의 중국 요녕성 개평으로 보고 있다. 북한의 『조선전사』는 조선의 서쪽 강역에 대해 리지린이 주장한 난하설 및 대릉하설을 받아들이고 있다. 이러한 리지린의 주장은 단재의 주장과 일치하고, 손윤 박사가 다루는 제1부에서 상세히 기술될 것이다.

그리고 레지 신부는 중국 황실 서고에 보관되어 있던 중국 측 사료들을 통해 우리가 지금까지 전혀 알지 못했던 조선의 역사를 『18세기 프랑스 지식인이 쓴 조선, 고구려의 역사』에 적어놓았다. 이 책은 '조선-고구려-고려-임진왜란'까지를 다루고 있는데, 대다수 내용은 우리가 알고 있는 역사와 크게 벗어나지 않지만, 조선과 관련한 기록은 현재 한국 사학계 주류 견해와 완전히 다르다. 조선이 한반도와 만주의 강국으로 중국 최초의 나라인 하왕조(夏王朝) 이전 요(堯) 임금 때에 존재하였으며, 중국과 맞섰던 고구려와 같이 강한 나라였다는 것이다. 이 책에 실려 있는 조선 지도는 20세기 초 김교헌

(金敎獻), 유근(柳瑾) 등에 의해 출간된 『신단민사(神檀民史)』와 '간도되찾기운동부' 및 조병현 박사가 주장하는 '우리가 꼭 되찾아야 할 북방영토' 지도와 매우 유사하다.

일연이 전하는 단군신화의 조선이 단순히 신화가 아닌 역사적 사실과 조선이 만주를 기반으로 한반도를 아우르는 강력한 나라였다는 보다 명확한 증거이다. 몇백 년의 세월을 뛰어넘은 기록이 일치하기 때문에 조선과 관련된 한국상고사는 다시 쓰여야 한다.

이제, 조선을 바라보는 시각을 전환해야 한다. 조선 역사가 없으면 한국사도 없다(若無朝鮮史, 是無韓國史)는 것을 명심해야 한다. 조선에서 고구려, 발해로 이어지는 역사를 바로 세워야 하는 이유가 바로 여기에 있다. 조선과 지나의 강역 변천사에 대한 내용은 제3부에서 다루고 있다. 우리의 강역은 한반도와 만주 지역을 중심으로 전개되었다. 조선과 지나의 최초 국경은 만리장성이었고, 고구려가 가장 번성하였을 때는 송화강 유역이 모두 우리 영토였으며, 남북국 시대에 발해의 영토 범위도 고구려의 강역과 비슷하였다. 고려 이후 우리 영토가 한반도로 축소되었으나, 우리 민족은 여전히 대륙에서 정체성을 유지하면서 살고 있다. 비록 지금은 분단되어 한반도에 갇혀있지만, 간도는 우리 영토가 틀림없다. 분단의 아픔을 극복하고, 3,200년 간 우리가 지배한 강역을 회복하여 우리의 주권을 확립할 그 날을 준비해야 한다. 분단의 아픔을 극복하고 미래로 나아가야 한다.

2. 역사만이 희망이다.

  지금 우리가 맞닥뜨리고 있는 한반도 위기는 종전과 차원이 다르다. 윤석열 정부 출범 이후 한반도에 핵 대결이 격화되고 있으며, 한일 관계는 일본에 끌려가는 형태로 나타나고, 중국의 노골적인 영토주권 침략이 진행되고 있다. 역사적으로 한반도는 지정학적 위치상 전환기 국제질서의 한복판에 자리했었다. 우리 민족은 파미르고원에서 발원하여 좋은 터를 찾아 동으로 이동하여 한반도에 자리 잡았다. 우리 민족의 강역사를 연구는 필자의 역사관은 「부동산적 역사관」에 근거한다. 「부동산적 역사관」은 "터를 잘 잡은 인종이 승자가 된다."는 새로운 역사 방법론이다. 이것은 한나라의 산수지세나 한 개인의 주거지나 묘지가 그 나라의 국세나 개인의 운명에 영향을 미친다는 동양의 풍수지리설과 맥을 같이 한다.
  한 국가가 다른 국가를 지배·정복하는 역사의 부침은 그 국가가 지정학적으로 어디에 위치해 있느냐에 따라 결정된다는 「부동산적 역사관」은 미국 캘리포니아 대학(UCLA)의 재러드 메이슨 다이아몬드의 저서 『총·균·쇠』(1998)에 근거하고 있다. 다이아몬드(Jared Mason Diamond) 교수는 이 책에서 '오늘의 일본인이 3,000여 년 전 한반도에서 이주한 한민족의 후예'라는 연구 결과와 함께 한중일의 연대기를 상세히 기술하고 있다.
  이러한 「부동산적 역사관」은 단재의 논문에서도 나타난다. 단재는 『천고(天鼓)』 제2권에서 "조선은 일찍이 예로부터 중국과 일본 사이에 끼어 있어서 양국의 울타리 역할을 하여 피차가 서로 해를 입지 않도록 하였다. 이는 진실로 수천 년 역사가 분명히 증명하고 있다. 조선인은 동양에서 평화를 보전한 공이 크다. 고려 말에 원 세조(世祖)가 길을 빌어 왜를 벌한다하였는데 조선은 이를 거부할 수 없었다. 조선 때는 도요토미 히데요시(豊臣秀吉)가 쳐들어왔는데 조선은 자력으로 물리치지 못하고 명에 원군을 빌려 겨우 물리칠 수 있었다. 근세에 이르러서는 일본이 조선 문제로 중국 러시아와 전쟁을 일으켰다. 무릇 수가 오면 수를 막고, 당이 오면 당을 막고, 거란이 오면 거란을 막고, 여진이 오면 여진을 막고, 왜가 오면 왜를 막아 반도를 훌륭히 보장하고 해양과 대륙의 양 민족을 나누어 놓은 것이 진실로 유사 이래 조선인의 천직이다. 열국들이 왜의 조선 병탄을 들어주었으니, 왜가 두만강과 압록강을 넘어 만주 땅을 어지럽히고 북쪽으로 몽고를 넘보고, 서쪽으로 산동을 점령하는 것을 막을 수 있겠는가?"라고 하였다. 단재는 조선의 지형학적 특성과 함께 일본의 대륙진출을 경계하였다.

이러한 한반도의 지정학적 위치로 대륙과 해양세력의 울타리 역할을 잘해 왔으나 구한말 서세동점(西勢東漸)으로 열국의 요충지가 되어 청일전쟁과 러일전쟁이 중일전쟁으로 이어지고, 제2차 세계대전 이후 미소냉전으로 한반도의 분단과 한국전쟁이 일어났다. 이제 또다시 '신냉전'이라는 전환기 국제질서의 대격돌이 한반도에서 시작되고 있다. 이러한 사태는 윤석열 정부가 지난 11월 프놈펜 한미일 성명에서 '북핵 위협 억제'라는 명목으로 일본 자위대의 한반도 진출을 허용한 데서 출발한다. 이에 기시다 정부는 12월 16일 '반격능력' 보유를 명문화하는 '3대 안보 문서'를 개정과 함께 '국가안보전략'에 독도를 일본의 고유영토로 표현하고, '북한 선제공격에 한국의 동의가 필요 없다.'는 등 한반도 재침 야욕을 드러내고 있다. '3대 안보 문서'의 '반격능력'은 '침략능력'을 의미하기 때문에 '자위대가 한반도를 재침할 수 있는 능력을 키우겠다.'는 것으로 이해된다. 결국 한국 대통령이 '미쓰야겐큐(三矢研究)'의 '선제 타격'을 용인해 준 셈이 되고 말았다. 윤석열 정부는 '신냉전' 돌격대를 자임하였다. 핵무기 탑재가 가능한 미국의 전략무기가 한반도에서 훈련할 수 있는 길을 열어주었고, 2023년 신년 인터뷰에서 "한미가 미국의 핵전력을 '공동 기획-공동 연습' 개념으로 운용하는 방안을 논의하고 있다."며 "미국도 상당히 긍정적인 입장"이라고 말했다.

대통령의 이러한 발언은 북미 양측 모두 상대방에 대한 핵 선제공격의 공식화에 따른 것으로 판단된다. 미국은 핵무기 탑재 전략무기 군사연습을 한반도에서 전개하고, 북한은 전술핵 탑재 모의공격 훈련을 실시하고, 핵정책을 법제화하였다. 이제 북미 대결은 핵 대결을 본질로 하고 있다. 어떠한 경우라도 한반도에서 핵 대결은 막아야 한다. 그리고 평화와 통일을 위한 길로 나아가야 한다. 우크라이나 전쟁에서 보듯이 전쟁은 파멸만 있을 뿐이다.

지난 역사에서 확인되듯 전쟁은 영토분쟁에서 기인한다. 역사가 에릭 홉스봄(Eric Hobsbawm)은 "역사학은 영토분쟁의 학문적 첨병"으로 정의하고, "역사학이 핵무기만큼 위험할 수 있다."라고 경고한다. 우크라이나 전쟁에서 보듯, 국가 간의 대립은 역사문제로 귀결된다. 역사분쟁에서 이겨야 영토를 지킬 수 있다. 위에서 살펴본 바와 같이 한반도의 전운과 함께 우리가 따져봐야 할 것이 또 하나 있다. 중국의 '해양공정'이다. 고토회복을 위한 '해양공정'은 한반도를 전쟁의 위기로 몰아갈 새로운 요인으로 작용할 가능성이 높다. 일본이 '국가안보 전략'에 독도를 일본의 고유영토로 표시하여 독도 침탈을 노리고 있는 반면, 중국은 '일대일로 전략'에 따라 막강한 해군력을 앞세워 '류큐제도(琉球諸島)'와 '이어도'를 동중국해로 편입하기 위한 해양공정을 착착 진행하고 있다. 그러나 우리 정부는 아무런 대책 없이 손 놓고 있다. 중국은 머지않아 '이어도'에 대한 영유권 주장을 노골화할 것이 틀림없다.

이런 상황에도 우리 정부의 미온적인 대응으로 자칫 잘못하면 영토주권을 상실할 수 있다는 위기감을 느낀다. 영토분쟁에 대한 사전 준비가 미흡하면 전쟁은 필연적으로 일어난다. 본래 전쟁의 발단은 역사분쟁에서 시작하여 영토분쟁으로 나타나지만, 일단 분쟁이 발생하면 당사국 간의 자존심이 걸린 전면전으로 확대되는 특성을 가진다. 그래서 분쟁 대상 국가들은 영토분쟁 해결을 외교의 첫째 목표로 추진하게 된다.

최근, 한반도를 둘러싼 영토분쟁도 단순한 역사분쟁을 넘어 군사력을 바탕으로 전개되는 양상을 보이고 있다. 한반도의 위기 사항은 북미 대결에서 비롯되어 일본의 재무장과 윤석열 대통령의 '전쟁'과 '핵무장' 발언에서 점화된 측면이 있다.

북미대화와 남북대화 가능성이 차단되어 위기를 해소할 방안이 마땅하지 않다. 현시점에서 윤석열 정부가 추진해야 할 과제는 북한과 '강대강' 대치로 격화된 한반도의 전운을 걷어내고 일본과 중국의 영토침탈에 대비하는 것이 급선무이다.

중국은 1915년부터 1980년까지 65년 동안 제작한 19종의 「중국국치지도」에 역대 중국 왕조가 차지한 최대 판도와 비교, 한반도와 주변 해역을 '잃어버린 땅'으로 표시하고, 이를 회복하려는 '해양공정'을 차곡차곡 진행하고 있다. 중국의 고토회복 전략에 우리가 적극 대응해야 하는 것은 「중국국치지도」에 나타난 중국의 영토의식 때문이다. 중국은 "조선의 역사가 기원전 1122년 또는 기원전 1046년에 기자조선으로부터 시작되어 위만조선과 한사군, 삼한, 삼국, 고려, 조선을 거치면서 어떨 때는 독립국으로, 어떨 때는 조공국으로, 어떨 때는 속국으로 입장이 바뀌다가 1636년에 병자호란을 통해서 완전하게 속국으로 만들었지만, 1876년 강화도조약으로 조선에 대한 지배권이 약화되었고, 1905년 을사늑약과 1910년 한일병탄으로 지배권을 완전히 일본에 넘겼다."라고 지도에 명시하여 교육시키고 있다. 이러한 중국의 움직임은 종전의 동북공정과 독도 영유권 주장과는 달리 무장력, 특히 해군이 직접 전면에 나서 진두지휘하고 있어 시간이 지날수록 더욱더 심각한 양상으로 전개될 것이 분명하다. 우리 영토를 그냥 내어주지 않는 한 전쟁으로 이어질 수밖에 없을 것이다.

서방의 학자들은 한국을 동양의 발칸이라고 한다. 과거 크림전쟁과 근세 세계대전은 모두 발칸에서 비롯되었고, 한국

역시 근세 동양 열국의 요충지가 되어 청일전쟁과 러일전쟁이 조선 문제로 일어났기 때문이다. 발칸은 소국이 병립하고 여러 민족이 섞여 있지만, 조선은 예로부터 통일 국가를 이루고, 순수한 단일민족을 유지한 것이 발칸과 다르다. 이것이 한국의 지형학적 힘이다. 이러한 지정학적 특성으로 한국은 단일민족으로 중원대륙에서 일어나 수천 년 동안 이어져 왔다. 이제 대륙파워와 해양파워 사이에 낀 반도국가에서 대륙국가로, 세계 중심국가로 나아가야 한다. 팬데믹 이후 새로운 국제질서와 대한민국의 위상으로 보아 충분히 가능한 일이다. 한반도의 격화되고 있는 전운을 지우고 한반도의 통일 미래를 담보하기 위해서는 국가적 차원의 대비책이 필요하다. 역사는 미래를 보는 거울이다. 그래서 역사만이 희망이다. 국가가 힘이 있어야 국민을 보호하고, 민족정신이 강렬해야 역사를 지킨다는 사실을 명심해야 한다.

3. 이 책의 서술 방향

이 책은 우리 상고사와 한반도 통일준비에 조금이나마 기여하기 위하여 한국 상고사와 통일문제를 다루었다.

나라는 몸이고 역사는 얼이다, 역사를 빼앗기면 우리의 魂을 잃는 것이다. 우리 한민족의 찬란했던 역사를 주변 강대국에 빼앗겨 역사주권을 잃어버리고, 국토가 분단된 지 오래 되었다. 그래서 역사교육이 필요하다. 역사를 배우는 이유는 역사에 대한 선입견과 편견을 버리고, 한쪽으로 치우침 없이 진실을 보는 마음과 눈을 가지기 위해서이다.

교육을 통해서만이 찬란했던 우리의 바른 역사를 되찾을 수 있다. 바른 역사 확립은 상고사 정립에서부터 시작된다. 식민사관과 사대주의 극복, 역사주권을 확립하는 것이 첫걸음이다. 우리 상고사와 강역사 확립은 조선의 역사를 확립하고 간도와 대마도 및 녹둔도 수복, 간도 역사를 한국사에 편입하여 진정한 통일과 영토주권을 확립하는 것이다. 마지막은 민족 정체성 확립으로 국론 통일과 국조 및 국혼 확립, 헌법정신 및 홍익인간 교육이념을 실현하는 것이다.

내 땅과 재산에 대하여 상세히 알고 있듯이, 나라 땅에 대해서도 잘 알고 있어야 한다. 그러나 현실은 그렇지 못하다. 주변국의 역사왜곡과 영토침탈 책동으로 우리 영토주권이 심각하게 훼손되고 있지만 아무도 관심이 없다. 우리가 안고 있는 현안 중에서 가장 시급히 해결되어야 문제로 한반도 통일에 대비하여 상고사 정립이 긴요한데, 이에 대한 연구와 대응전략이 부족한 것이 사실이다.

한반도를 둘러싸고 있는 주변국은 자국의 이익을 위하여 총성없는 영토전쟁 중에 있다. 일본과 중국의 영토주권 강화 움직임에 맞서 우리도 국토를 온전히 보전하고, 잃어버린 땅을 수복하기 위하여 영토의식 함양과 영토교육에 적극 나서야 한다. 영토가 없으면 국가도 존재할 수 없기 때문이다.

따라서 이 책에서는 기존 자료를 중심으로 역사 및 영토문제에 대한 이론과 함께 우리 강역의 변천사에 대해 살펴볼 것이다. 다소 부족한 부분이 있지만, 최선을 다하여 연구하였다. 서론은 한국 상고사와 통일문제를 다루는 분야로서 먼저 중원대륙을 지배한 한민족과 강역의 축소에 대하여 살펴보고, 바른 역사 정립의 필요성에 대하여 강조하고, 이 책의 서술 방향에 대하여 살펴본다.

제1부는 조선과 지나상고사 고찰로 제1장에서 단군조선과 요·순·우 비교로 문제를 제기하고 제2장에서는 요·순·하·상·주 상고사는 반쪽의 역사, 제3장에서는 산동성과 산서성은 조선 상고사의 강역을 살펴보고, 이를 바탕으로 제4장 한·중·일 상고사 복원은 한민족통일의 지름길임을 강조하였다. 그리고 제2부에서는 같은 선상의 상고사 연구로 기자조선과 조선정신 비교 분야를 주제로 제5장에서는 기자의 활동과 조선 상고사를, 제6장에서는 기자조선 실체에 관한 쟁점사항을 살펴보고, 제7장에서는 산서성 중심의 조선국 역사를 근거로 삼아 제8장에서는 기자조선은 역사임을 연구하고, 제9장에서는 단군조선과 기자조선은 하나의 국가라는 사실을 발표한다.

제3부는 조선과 지나의 오천 년 강역사를 다룬다. 조선이 엄연히 존재함에도 불구하고 교과서에조차 국경을 제시하지 못하고 있는 우리나라 역사관을 비판하면서 제10장에서는 국경과 강역에 대한 연구 방법론을 제시한다. 이를 바탕으로 시대별 국경의 변천사를 고찰하기 위해 제11장에서는 조선민족 전성시대의 강역, 제12장에서는 상해임시정부 국사 교과서에 나타난 강역, 제13장에서는 강도회맹과 백두산정계비에 의한

강역, 제14장에서는 일본과 청일이 맺은 간도협약에 의한 강역, 제15장에서는 국경이 아직도 미확정임을 지적하면서 한국과 중국의 국경문제 해결을 전망하고, 제16장에서는 고토 회복을 위해서는 한반도 통일이 지름길임을 강조하였다.

그리고 제4부에서는 한반도 분단 현실과 통일에 대한 방안을 제시하는 분야로 제17장에서는 한반도 분단에 대한 재인식의 필요성을 기술하고, 제18장에서는 제주4·3사건으로 본 분단 현실을 살펴보고, 제19장에서는 4·3사건에 대한 유엔의 활동과 언론보도를 소개하고, 제20장에서는 통일의 당위성으로 통일이 영토문제 해결의 지름길임을 강조하였다. 영토주권 회복의 지름길이 통일이라면, 통일 이후 우리가 해결해야 할 통일 한국의 영토주권 확립 방안을 제5부에서 다루었다. 제21장에서는 한국의 영토문제를 배경으로 살펴보고 이를 토대로 제22장에서는 본시부터 우리 땅인 대마도 영토주권 확립 방안을 제시하고, 제23장에서는 중국과 이어도로부터 위협을 받고 있는 이어도와 제7광구의 영토화 추진 방안을 다루었다. 이상과 같은 논의를 토대로 제24장에서는 통일한국의 영토문제 해결방안을 제시하였다.

마지막 결론 부분은 지금까지 논의한 내용을 요약하고 정리하여 첫째, 한국 상고사와 영토문제 연구를 종합적으로 평가하고 둘째, 본 연구의 한계와 정책적, 향후 과제를 기술하고, 셋째, 우리에게 주어진 역사적 소명을 다하기 위해 인내천 깃발 아래로 모여 고토를 회복하기 위한 운동에 동참해 줄 것을 당부하였다.

영토문제는 역사의 흐름 속에 전체의 구조를 봐야 한다. 영토문제는 상대국이 있는 국가 간의 문제이기 때문에 사료의 탐사·수집·정리·음미·해석 등의 기술론과 자유로운 실증적 연구, 과학적 전문성을 통해 질적 연구(qualitative study)에 중점을 두고 객관성을 확보해야 한다.

이를 위하여 기존의 연구방법에 지적학의 접근방법과 수학적 위치 고증 방법 등 최신 기술을 동원하여 지리적 범위를 분석하였다. 지나친 국수주의와 개인적인 주장 및 인터넷에 넘치는 흥미위주의 내용은 가급적 배제하고자 노력하였다.

제1부 　조선과 지나
　　　　상고사 고찰

손 윤 박사

제1부는 조선과 지나 상고사 고찰 분야로 제1장에서 단군조선과 요·순·우 상고사의 모순을 제기하고, 제2장에서는 요·순·하·상·주 상고사는 반쪽의 역사, 제3장에서는 산동성과 산사성은 조선 상고사의 강역을 살펴보고, 이를 바탕으로 제4장 상고사 복원은 한민족 통합의 지름길임을 강조할 것이다.

제1장 단군조선과 요·순·우 상고사의 모순

이 장은 단군조선과 요·순·우 상고사의 모순에 대하여 다루고 있다. 먼저 단군조선과 요·순·우 상고사의 모순에 대하여 살펴보고, 하나라의 실체와 하가점하층문화의 주인공이 누구인지 정립하고자 한다. 그리고 하나라의 주인공은 누구인지에 대하여 살펴볼 것이다.

1. 단군조선과 요·순·우 상고사의 모순

요하문명을 기반으로 황하문명을 일으킨 동이족과 단군조선, 부여, 신라, 고구려, 백제의 영역을 감추고 축소하기 위해 지나[1]와 한국의 역사전쟁 중심에 상고 전설로 내려온 요·순

---

[1] 중국 국호의 기원을 살펴보면, 국호로서 '중국'이라는 명칭이 외교문서에서 바깥으로 나와 일반인들에게까지 알려지기 시작한 것은 19세기 끝 무렵 양계초(梁啓超), 손문(孫文) 등 반청운동에 나선 일군의 지식인과 혁명지사들이 서양 혹은 청조의 만주족과 구분하기 위해 '중국'과 '중국인'으로 부른 데서 비롯된 것이다. 양계초는 자국의 국명을 무엇으로 할까 고심하다가 중화, 지나, 중국 가운데 '중국'을 선택했다. 단군조선(BC2333년 조선건국)과 현 중국의 상고 요순우하상주 시대가 동일하기 때문에 단군조선에 대응하는 국호를 지나(Cnina), 족(族)명은 화하(華夏)로 칭하여, 동이(東夷)와 대칭하여 표기하는 것이 양국상고사 비교연구를 함에 있어서 바르다고 보았다.

·우 왕조사가 있는데 역사로 인식하기에는 부족한 것이 많다. 지금까지 동아시아와 중국의 최초 문명으로 인식하고 있었던 황하문명이 조선의 요하문명의 산물임이 확실시되면서 중국이 국가차원의 역사공정이 벌어지고 있다. 중국의 역사조작과 왜곡의 핵심이 요·순·우 중심 옛 왕조사로 우리나라 단군조선 역사와 같은 연대일 뿐만 아니라 문헌과 실증에서도 상호 모순이 크고 방대하다.

상고시대에 중원대륙은 동이가 대부분 강역을 경영하면서 동이에 대항할 큰 세력이 없으므로 이족(異族) 간에 전쟁은 없었다고 본다.

BC1046년 주나라 무왕(周 武王)이 은나라 주왕(殷 紂王)과 전쟁을 하면서 중원에 있는 국가들의 위기의식이 생겨남과 함께 동이와 화하가 전쟁한 것이다. 이후 중원지역의 패권을 차지한 지나인들이 중심국가 그 밖의 민족은 오랑캐(이적 夷狄)로 여기는 분별 의식이 생겨나기 시작했다. 이때 생겨난 화이는 이적에 대해 우월하다는 점을 역설한 무리가 공자를 위시한 유가(儒家)였다.

춘추전국시대를 거치면서 조선과 지나의 조·한 전쟁 중인 기원전 1세기경 사마천이 지나 중심으로 『사기』를 쓰면서, 조선국과의 역사전쟁을 시작한다. 이전까지는 중원대륙의 전쟁사에서 나타나지 못했던 지나가 동이의 방계세력들을 복속시켜 기원전 1세기 무렵 한나라와 조선국의 전쟁을 통해 오랫동안 중원대륙을 경영했던 조선 문명의 주체 동이(東夷, COREA)의 조선국 역사를 지우고, 그 빈자리에 황하 서쪽에서 일어난 화하의 지나 만의 중원대륙 역사를 만들어가는 시도가 『사기』의 편찬이다. 이후 단군조선은 중원대륙에서 잠시 소멸한 듯했으나 부여, 신라, 고구려, 백제 등이 단군조선의 후예로 조선국의 옛 강역을 다시 찾아 1천 년 이상 중원대륙을 경영한 것이 한국 상고사 즉 '조선사'라고 정의한다.

2. 하나라의 실체와 하가점하층문화의 주인공

지나가 하·상·주 단대공정을 통하여 하우의 연대를 공고히 하여 상고사의 영웅으로 대우(大禹)로 치켜세우면서 과대포장을 하는 게 현실이다. 그런데도 현 중국의 양심 있는 지식인을 비롯하여 고고학적으로 입증한 세계적 석학, 그리고 한국의 민족사관 필자들은 이를 비웃고 있다. 학술계는 부단히 하조의 존재에 대한 진실성에 대해 질의하여 하조는 전설상의 조대로 역사상으로 존재하지 않은 것이라 한다. 그래서 중국의 국가 문명이 상대부터 시작된 것이라 하는데 5천 년 역사가 아닌 겨우 3300년의 역사로 본다. 더구나 최근 이 주장이 퍼져가서 보편적인 설법이 되고 중화의 상하 5천년설을 과장이라 본다. 문헌의 내용으로 보면, 대우는 한 국가를 건립한 것은 분명한데 하가 아니라 국호는 전하지 않아 대우의 가족들은 하후식이라 하여 후세에 은상이나 서주와 서로 대응과 구별로 보인다. 대우의 가족들은 하조라는 국가건립의 기초를 세운 것으로 제일왕조인 하조의 국호를 정한 것은 사마천이다. 사기 중 하조의 국호기록은 하후(夏后)라 하여 원문에는 우는 천자가 되고 남면조천하로 국호를 하후라 하고 성은 사씨라 한다. 하라는 국가의 존재는 확실한데 고고증명은 명확한 답안을 보여주지 못한다. 이는 "우(禹)의 황하치수 고사를 제외하면 하나라를 우가 세운 것이 아니며 가짜역사다."[2]라고 한다. 고고학상 우와 그의 아들 계(契)가 왕위에 올라 통치한 것은 불가능한 것으로 이들의 건립 정권은 하왕조가 아니고 가짜라는 것이다.

하기(夏朝)의 부존재(不存在)는 중국의 국가 문명의 개시는 하조인데 조대순서는 사기에 기록되고 하-상-서주-동주로 이어진다. 하조는 중국 역사의 개시로 보는데 근년에는 하조는 최초의 노예제 국가로 중국이 국가문명 단계에 든 표시로 본 것인데, 일부 학자들은 이러한 공인된 사실에 도전하여 반기를 든 것이다. 학술계는 부단히 하조의 존재에 대한 진실성에 대해 질의하여 하조는 전설상의 조대로 역사상으로 존재하지 않은 것이라 한다. 그래서 중국의 국가 문명이 상대부터 시작된 것이라 하는데 5천 년 역사가 아닌 겨우 3300년의 역사로 본다. 더구나 최근 이 주장이 퍼져가서 보편적인 설법이 되고 중화의 상하 5천년설을 과장이라 본다. 그래서 4대문명고국 중 중국의 역사가 가장 짧은 것이라 하고, 더러는 서양학자들의 주장으로 중국 역사를 폄저한 것이라 비난한다. 그러나 객관 이성적인 측면에서 보면 하조에 대한 증거가 매우 부족하고 사서상의 기록도 부실하다. 현재 각종 사서

---

2) 「중국 상고 하나라의 존재에 대한 부정적 의문들」, 박기수.

기록이나 고고학적인 성과는 대우가 건국한 것은 하조가 아니라 선진문헌상의 하후식(夏后式)으로 많은 문헌상 하조에 대한 기록은 많지만, 최초의 기록은 상서(尙書)로 하후서에 대우와 계 상탕의 멸하고사가 실려 있지만 상서는 기원전 5세기 전의 문헌휘편이다. 이는 태사공의 사기보다 빨라 사기의 많은 내용도 상서를 인용한 것으로 상서는 망일 되지만 내용은 동진 때 내사의 위조로 보는 것 일반적이다. 그러나 하조의 기록 진실성은 영향이 없고 2008년 7월 청화대학에 전국시대의 많은 죽간이 입수되면서 2천 년 전에 실전한 상서의 정본의 면모를 찾는다. 그러나 이 죽간들은 하조에 대한 직접적인 기록은 없고 상탕 패서읍하(敗西邑夏)란 기록만이 나오고 서읍하가 하조인지가 질의대상이 된다. 가능성은 매우 크지만, 갑골문에서 상인들은 자신들을 商이라 자처하지 않고 대읍상 혹은 대읍이라 한 것이다. 그래서 하조의 통치구역이 상조도성의 서부일 가능성이 큰데 서읍은 대읍으로 하의 도성을 지칭하는 것으로 보인다. 더구나 갑골문에는 여러 번에 걸쳐서 서읍이란 표현이 나아 하조를 의미한 것으로 보는데, 하조에 대한 최초의 기록이다. 저명한 상고의 시집인 시경에도 상송편에 하조의 기재가 있어 시경은 상서보다 먼저인 것이어서, 좌전이나 공자가어의 본성 해나 국어 노어 등에도 기록이 있다. 시경의 상송의 작자는 공자의 7대조인 정고부로 상조가 남긴 작품이다. 시경 상송의 장발중에 '홍수망망 우오 하토방'이라 하여 의미는 대우의 치수로 사방으로 확장한 후 주변을 각 제후국을 세우고 대국가를 건립한 것이라 한다. 이후 9주를 통일한 것이라 하고 위국과 고국국을 토벌한 후, 곤오국과 하걸왕을 토벌하였다. 하걸왕은 부속국을 병풍으로 하여 이미 국가가 형성의 추형단계라는 것을 보여준다. 문헌의 내용으로 보면, 대우는 한 국가를 건립한 것은 분명한데 하가 아니라 국호는 전하지 않아 대우의 가족들은 하후식이라 하여 후세에 은상이나 서주와 서로 대응과 구별로 보인다. 대우의 가족들은 하조라는 국가건립의 기초를 세운 것으로 제일 왕조인 하조의 국호를 정한 것은 사마천이다. 사기 중 하조의 국호기록은 하후(夏后)라 하여 원문에는 우는 천자가 되고 남면조천하로 국호를 하후라 하고 성은 사씨라 한다. 하라는 국가의 존재는 확실한데 고고증명은 명확한 답안을 보여주지 못한다.3)

따라서 중국정부가 정한 하의 단대가 약 400년(BC2070~BC1600)이라는 단대공정 결과는 고고학적인 증거가 없는 중국정부의 일방적인 주장일 뿐이다. 순우(舜虞)의 지시로 우(禹)가 치수를 했으니 하나라는 우가 건립했다는 주장은 연대가 맞지 않고 고고학적인 증거도 없는 중국의 엉터리 역사공정의 일환에 불과하다.

요도평양설과 하 왕조

요도평양설의 실체는 무엇인가? 탄소측정법으로 기원전 2300년의 유지구역은 요도인 평양설 혹은 도사유지출토의 유

---

3)「중국 상고 하나라의 존재에 대한 부정적 의문들」, 박기수.

물들은 초기문화특징은 토기의 모습상 혹은 규모에서 산동 일조시의 요왕성유지 중에서 증명된다. 그러나 도사유지에 대해 고상고의 영도자인 아누는 매우 신중한 태도인데 요도인 평양일 가능성이 매우 크다고 본다. 그러나 사실상 중국국가의 문명의 서광은 하도인데, 심지어는 요나 순보다 먼저인데 5000년 전 절강양저유지군은 유엔의 유산으로 등록되었다. 이를 전형적인 성시문명의 개단으로 본 것인데 양저문화는 중국 초기국가의 문명사회의 도읍으로 국제적인 인가를 받은 것이다. 더구나 양저문화는 중국 문명개단보다도 훨씬 조기유적으로 지금부터 9천년-7500년경의 하남무양의 가호유지는 현재 발굴면적이 1/10이하에 달하여 방지는 45개좌로, 도요지가 9좌이며, 묘장은 249좌이다. 우선 대우의 생존연대문제는 하조의 기록상 쟁의인데 대우의 기록자체는 쟁의가 없고 대우는 홍수를 항복시키고 순의 선양으로 부락의 공주가 된 것이다. 그런데 순의 부락공주지위는 요의 선양으로 이미 공식의 이념이 되고 도사유지의 고고발견으로 요는 약 기원전 2000년 무렵에 생존활동을 한 것으로 보인다. 이로 보아 대홍수가 일어난 시기는 약 기원전 1900년 무렵으로 추정되고 이리두문화의 흥기시간은 기원전 1780년경으로 추정된다. 중간의 약120년간의 시간차이는 대우치수의 고사가 대우나 요제시대와 일치한다면 기원전 1750년 무렵으로 추정된다. 대우치수의 고사를 제외하면 하조는 대우가 건립한 것은 아니며 가짜 역사인데 유가가 **가천하의** 역사를 강조하려는 견강부회의 역사로 추정된다. 대우는 하조시대의 가장 유명한 인물로 선진시기의 문헌은 대우와 아들인 계로 설정한 것으로 보인다. 그러나 고고발굴상 우와 계가 왕위에 올라 통치한 것은 불가능한 것으로 본다. 이들의 건립정권은 하 왕조가 아닌데 400년간의 하조의 존재는 명확한 것이라 하나 아무런 고고학적인 증거가 없는 실정이다.[4]

산서성 임분시에 인접한 도사유지에서 6개의 왕 급 묘가 발굴되었다고 하나 묘의 주인인 왕을 발표하지 않고 있다. 중국정부가 평양이 요도로써 '최초의 중국'이라고 했지만, 요임금의 평양(平陽)도성 또는 하나라의 왕궁터라고 하는 평양성에 도읍한 나라명과 왕이 누구인지 고고학적 고증도 없고 분명하지 않은 게 현실이다. 우의 치수의 고사를 제외하면 하조는 우가 건립한 것은 아니며 가짜 역사인데 유가가 가천하의 역사를 강조하려는 견강부회의 역사로 추정된다. 우는 하조시대의 가장 유명한 인물로 선진시기의 문헌은 우와 아들인 계로 설정한 것으로 보인다. 그러나 고고 발굴 상 우와 계가 왕위에 올라 통치한 것은 불가능한 것으로 본다. 이들의 건립정권은 하 왕조가 아닌데 400년간의 하조의 존재는 명확한 것이라 하나 아무런 고고학적인 증거가 없는 실정이다. 따라서 하나라의 우와 계 왕조는 가짜이다. 이는 전설에 불과한 하나라의 우와 계 왕조는 가짜이다. 하 왕조를 우가 건립한 것은 아니며, 계가 왕을 이었다는 것은 지나인들의 전설에 불과한 가짜역사다. 유교를 거짓 천하의 지나 역사로 강조하려는 견강부회의 역사 조작에 우와 계를 내세우고 있다. 이는

___

4)「중국 상고 하나라의 존재에 대한 부정적 의문들」, 박기수.

전설에 불과한 하나라 우와 계의 왕조를 앞세워 단군조선국의 중원대륙 경영을 은폐·조작하기 위한 것으로 본다. 한편 고고학적 근거도 없었던 전설의 제왕인 요임금이 순임금에게 순임금은 우임금에게 왕위를 선양했다고는 하는데, 진짜 하나라의 왕은 누구였을까 궁금하다.

하가점하층문화 유지는 단군조선의 초기 도읍지로 추정

이제, 지나가 자랑하는 전설 속의 요·순·우 왕조와 비교해보자. 단군조선의 역사는 당대 최고(最古)의 지리서인 『산해경』을 비롯한 지나의 사서, 문헌과 한국의 국보인 『삼국유사』와 『삼국사』 등 몇 권 되지 않은 사서 기록을 교차하여 비교 연구한바, 상고 조선국의 역사로 밝혀지고 있다. 이에 더해 세계 최고의 문명이라는 요하문명이 산동성 중심의 대문구문화를 창조하고, 동이의 조선 문명이 황하문명의 주체로 밝혀지고 있다. 이와 같은 사실을 중국정부가 부정한다고 해서 고고학적인 증거까지 없앨 수는 없다. 방국 이상 대규모 하가점하층문화 등에서 발굴된 유물의 고증, 탄소측정법에 따른 정확한 연대측정, 현대 천문과학 등 기술의 발전 때문이다. 오랫동안 한·중 모두 사마천의 『사기』에 의존했던 조선 −지나 상고사 강역이 조선의 강역이었음이 양파껍질처럼 벗겨지고 있다. 지나가 자랑했던 황하문명보다 1~2천 년 이상 앞서는 요하문명이 동이라고 깔본 조선국 문명임을 확인한 후, 중국사회과학원을 앞세워 비밀리에 중국정부가 대 한국

역사공정을 벌인 것이다. 한·중의 장구한 역사와 문화를 실체적 진실과 사서와 문헌에서 구하지 않고, 지나 상고사로 버무리고 있다. 모래와 자갈, 시멘트에 물을 섞은 레미콘으로 조선국의 중원대륙 경영역사를 덮는다고 해서 찬란한 동아시아 문명의 핵심 강역인 중원대륙의 조선사가 지나사로 영원히 굳어지는 것은 아니다.

하나라 왕조연대는 단군조선보다 3세기 늦은 가짜이다. 하나라의 연대를 숨기기 위해 하가점하층문화 연대도 하나라에 맞춰 BC2000~BC1500년일 것이라고 거짓 비정한 지나학자도 나타났다. 고고학은 현대과학기술과 함께 발전했는데, 지명과 위치 비정을 조작해 온 지나의 사서 일부와 전설 같은 신화에 의존하여 요·순·우를 단대 한 것이다. 최근에는 요·순 이전 삼황오제의 단대공정도 중국정부가 비밀리에 벌이고 있다는 후문이고 보니, 대국의 처사로서 심히 안타까운 일이다.

문자도 없는 이리두문화가 무슨 하 왕조(국가)인가? 도사유지의 갑골문자 요(堯로 추정만 할뿐 불분명함)자와 문(文과 유사함)자 두 개를 두고 '세계 최초의 갑골문'이라 했지만, 은나라 은허에서 발굴된 대규모 갑골문자가 모두 동이(조선)가 대문구문화에서 이미 보여 준 한자의 모태라는 고증에 중국의 지식층은 대체로 인정하고 있다. 이리두문화에는 문자가 발굴된 적이 없는데 하나라를 어떻게 국가로 비정할 수 있는지 의심스러울 수밖에 없다. 반면에 하가점하층문화에 대한 학계의 의견은 이 문화에 속하는 삼좌점(三座店)과 성자산

(城子山)에서 석성과 제사유구, 주거지 등을 현장 답사결과5), 유적들과 고조선과의 연관성에 대해 '가능성이 열려 있다.'라고 말했다. 복기대 교수는 "고조선 유적으로 추정"하고, 신용하 교수는 "요서지방의 홍산문화와 하가점하층문화의 3족 토기는 한강문화의 뾰족 밑 빗살무늬토기의 영향과 교류 속에 출현한 것이며, 고조선문명의 서부지역 토기형태"6)라고 썼다. 우실하 교수는 류국상은 청동기시대로 진입하는 하가점하층문화 시기에는 '고급 문명사회'에 진입한다고 보고 있다. 한국 학자들 가운데 단군조선을 인정하는 사람들은 이 시기를 초기 단군조선과 연결하기도 한다.7)라고 말하면서도 적봉, 조양, 오한기를 잇는 지역이 단군조선의 초기중심지였을 가능성이 크다고 보았다. 이찬구 박사는 문화시기를 류국상이 BC2000~BC1500년으로 보고 있는 것을 BC2300~BC1600년으로 보았다. 두 학자 간 300년의 연대 차이가 발생하니, 중국정부의 일방적인 의견에 따라 힘없는 학자가 추종했을 것으로 추정한다.

사실은 한국 사학계의 침묵이 더 문제이다. 송호정 교수는 "하가점하층문화는 채색토기나 나무 판재로 무덤 곽을 짜서 매장하는 등 비교적 중원문화와 유사성을 보이며, 지석묘나 석관묘를 주로 만든 예맥족의 문화나 한반도 지역의 문화와는 다른 특성을 보인다."8)라며, 고조선의 연관성을 찾는 것은

---

5) 이형구, 2007년 10월 7일자 경향신문 보도.
6) 『고조선문명의 사회사』, 2018. 신용하.
7) 『고조선문명의 기원과 요하문명』, 2018. 우실하.
8) 2016년 10일 10일자 동아일보 보도.

무리라고 했다. 이는 중국학계에서도 치(雉)가 있는 석성 등으로 중국문화라고 단정 짓지 못하고 별도의 북방문화나 동이문화로 보려고 하는 경향에도 반한다.

의견을 물어볼 것도 없이 썩은 사대식민사관에 찌든 강단사학자의 모습을 또 확인한다. 오랑캐이더라도 차마 말하지 못할 부끄러운 해설을 실어주는 언론도 문제지만, 한국 주류사학계의 자학적 사대와 일제식민사관을 다시 확인하는 계기로 더 이상 비판을 해보나 마나 어쩔 도리가 없다. 요(堯)의 도사유지에서는 '文(문)'과 '邑(읍) 또는 易(역)의 유사자' 등 두 글자가 발견되었다. 반면에 이미 하가점하층문화인 삼좌점(三座店)의 석성에서 부호문자(도편문자) 두 글자가 발견된 바 있다. 만약 이번에 나온 두 건의 5~6개 문자가 고조선 문자로 확인될 때 우리는 명실 공히 요순이나 '상(商)문명'에 대응하는 '고조선문명'을 말할 수 있을 것이다.9) 중국 적봉일대에서 4천 년 전 고조선 문자 추정 도기문자-갑골문 발견

_____

9) 중국 적봉일대에서 4천 년 전 고조선 문자 추정 도기문자-갑골문 발견되었다. 이 유적들과 고조선과의 연관성에 대해 그 가능성이 열려 있다. 무엇보다도 국내 언론이나 학계에서 고조선 문자로 추정할 수 있는 하가점하층문화의 고고학적 발굴 사실을 숨겨온 점이 이상하다고 지적하지 않을 수 없다. 특히 상(商)의 갑골문보다 더 이른 시기에 동이문화권에서 갑골문이 발견된 것은 그동안 상(商)에만 갑골문이 있었다는 주장과 문자가 없는 복골로만 알려져 온 것도 수정되어야 할 것이다. 아울러 도기문자도 묵서(墨書)로 기록했다는 면에서 붓의 역사도 고조선이 상(商)보다 앞선 것으로 볼 수 있을 것이다. 사실 상(商)은 같은 동이문화권으로서 고조선과는 선후관계로 보는 것이 타당할 것이다. 부여의 영고(迎鼓)가 상나라 달력으로 정월에 천신에게 제사를 지냈다는 말에서도 같은 문화권으로 볼 수 있다. 이른바 문명의 형성에서 중요한 요소 중의 하나는 문자의 유무이다. 이찬구. 2022.1.6. 브레이크뉴스

되었다. 이 유적들과 고조선과의 연관성에 대해 그 가능성이 열려 있다. 무엇보다도 국내 언론이나 학계에서 고조선 문자로 추정할 수 있는 하가점하층문화의 고고학적 발굴 사실을 숨겨온 점이 이상하다고 지적하지 않을 수 없다. 특히 상(商)의 갑골문보다 더 이른 시기에 동이문화권에서 갑골문이 발견된 것은 그동안 상(商)에만 갑골문이 있었다는 주장과 문자가 없는 복골로만 알려져 온 것도 수정되어야 할 것이다. 아울러 도기문자도 묵서(墨書)로 기록했다는 면에서 붓의 역사도 고조선이 상(商)보다 앞선 것으로 볼 수 있을 것이다. 사실 상(商)은 같은 동이문화권으로서 고조선과는 선후관계로 보는 것이 타당할 것이다. 부여의 영고(迎鼓)가 상나라 달력으로 정월에 천신에게 제사를 지냈다는 말에서도 같은 문화권으로 볼 수 있다. 이른바 문명의 형성에서 중요한 요소 중의 하나는 문자의 유무이다. 요(堯)의 도사유지에서는 '文(문)'과 '邑(읍) 또는 易(역)의 유사자' 등 두 글자가 발견되었다. 반면에 이미 하가점하층문화인 삼좌점(三座店)의 석성에서 부호문자(도편문자) 두 글자가 발견된 바 있다. 만약 이번에 나온 두 건의 5~6개 문자가 고조선 문자로 확인될 때 우리는 명실 공히 요순이나 '상(商)문명'에 대응하는 '고조선 문명'을 말할 수 있을 것이다.10) 침묵하는 한국 사학계의 큰 각성이 필요한 때다.

---

10) 이찬구. 2022.1.6. 브레이크뉴스.

산서성 임분시 평양(平陽)도성의 주인은 누구일까?

논란의 중심에는 조선과 지나의 모순된 제후국이 있다. 지나는 요임금-순임금-우임금으로 선양되었다고 하고 있고, 한국의 민족사학계는 반대로 요·순·우 모두 단군조선의 제후였으므로 지나 역사를 부정하고 있다. 같은 쟁점을 두고 서로 다른 주장을 하고 있으니 모순이다. 지나 역시 겉으로는 요도 평양이 최초의 중국이니 갑골문을 창조한 첫 왕조의 도성이니 하면서 호들갑을 떨면서도 무엇인가 자신감은 없다. 오랫동안 계속해서 발굴하는 6개의 왕 묘의 왕이 누구인지 발표하지 않고 있다.

이와 같은 지나의 속셈이 세상에 드러나지 않고 태도가 변하고 있는 현상은 무엇으로 해석을 해야 하는지 양국사학계도 어리둥절할 사건이다. 그 이유는 세계최초 최고의 요하문명이 조선 문명이고, 요하의 조선인이 중원대륙에 정착하여 대문구문화를 일구고 황하문명까지 발전시켰음을 알려주었기 때문이다. 세계적인 관심을 끄는 요하문명이 곧 조선 문명이라는 정보를 세계인이 공유하는 현실과, 파면 팔수록 발굴하면 발굴할수록 무수한 유물과 고고학적인 증거가 조선(동이)의 작품으로 쏟아져 나오는 형국이니 중국정부의 충격이 클 것이다.

사마천이 2천 년을 속였지만 한국 상고사는 국가문명 이후 연대만 해도 5천 년이다. 거짓은 참을 이길 수 없다는 한국 옛 성현의 말씀이며 사필귀정이다.

단군왕검의 최초 도읍지를 살펴보면, 삼수는 산동성 대야택(옛 발해), 산서성 분하, 하북성 란하이고, 조선은 산동성 '동해지내 북해지우'의 상고 발해이다. 동북쪽 청주는 우이의 조선 땅11)으로 우이는 구이의 장자국12). 하북성 보정시 정흥현 고성이 된다. 그리고 평양성은 산동성 청주성, 산서성 태원 남쪽, 임분시 요도 평양, 하북성 보정시 정흥현 고성진이고, 낙랑군은 산동성 대야택, 산서성 서남측 하남성 북측, 하북성 노룡현이다. 또한 아사달은 산동성 태산(대문구문화 관련), 산서성 태악(태원 부근)이고, 장당경은 산동성 청주성, 산서성 임분시 요도평양 지역이다.

한편, 하북성 정흥현 고성진은 연나라에서 패수를 건너 조선에 망명한 왕검성으로 추정되는 점, 고구려 때 평양성인 점 등으로 단군조선의 강역은 틀림없겠으나, 단군왕검의 도읍지 여부는 고고학적인 유물도 병행해야 명확하게 비정할 수 있다. 요하문명지에서 중원지역으로 내려와 단군조선이 첫 도읍

---

11) 『상서지리금석』우서 요전에 "우이는 옛 조선 땅, 청주(靑州)"라 했다. 상고 산동성 청주는 일원은 우이(隅夷)의 중심이며 현재도 조선성으로 추정되는 큰 성이 청주시의 번화가에 그대로 있다.

12) 우이는 단군조선 이전 선인시대부터 구이(九夷) 중 장자 격임을 지나의 여러 사서의 기록과 한국의 사서 문헌이 말하고 있다. 그동안 사대주의 사관의 서서로 한국인들로부터 버려져 왔던 김부식의 『삼국사기』에도 청주가 우이의 핵심강역으로 신라의 강역으로 나타나고 있다. 기원전 1세기 경 수 천 년 천수(天壽)를 다한 단군조선이 소멸하고 신라가 조선국의 첫 후예가 되고 산동성을 중심으로 고구려 백제 낙랑이 부여와 왜, 가야와 함께 지나(화하)에게 빼앗긴 섬서성, 하북성, 산서성, 하남성, 안휘성, 강소성, 절강성 등 중원대륙의 조선국강역에서 함께 어우러져 조선국의 후예를 다투는 패권전쟁을 벌인 열국 또는 삼국전쟁 지, 찬란한 조선사의 고향이 조선 땅 우이, 바로 산동성이다.

을 정한 낙랑조선은 복희, 신농과 소호금천씨 등 동이의 선인들이 활동한 대문구문화의 핵심 강역인 산동성 청주일원일 가능성이 크다. 산동성 동해 내지의 발해는 남북으로 300리 동서로 100리인 '큰 호수 해(海)'로 대문구문화의 중심 강역이자 단군조선이 도읍하기에 적합한 강역이다. 동아시아 문명을 창조한 한국인이 수천 년 이상 경영한 중원대륙의 장구한 조선상고사는 우연이 아닌 필연으로 다가온다.

그리고 단군조선이 아닌 동이족 또는 상나라 초기 도읍지는 어디인가? 요도평양의 제3의 왕성일 가능성이 높다. 주나라 때 기자가 활동했던 지역과 고죽국과의 관계를 살펴보자. 백이숙제의 묘는 산서성 남부 수양산과 하북성 노룡현의 두 유적지의 진위에 머물러 있으며, 고죽국의 위치는 황하가 L로 꺾이는 산서성 서남단, 산동성 발해 북쪽에 있다. 하북성 노룡현 등으로 고죽국을 옮긴 이유는 조선국과 고구려의 강역을 축소하기 위한 조작하기 위함이다. 1938년 중국국민당 정부에서 산서성에 있었던 하북이란 지명을 지금의 하북성으로 변경한 것이 좋은 사례이다.

고구려의 강역도 산서성 임분시 일원

요산이 있는 산서성 태원의 서쪽에 고구려성이 있었는데 당과 전쟁에서 불에 탔다(다물 정신으로 단군조선 강역 회복으로 추정)라고 하였으며, 요수는 요산에서 요수가 발원(현 분하가 상고 압록수)하고, 기산과 기주는 주 무왕이 기자가 조선에 봉한 땅으로 조선국 또는 고죽국이 된다.

지금까지 살펴본 요·순·하·상·주 중심 조선과 지나의 시대를 비교하면 다음과 같다.

지나의 연표대로 보면, 주나라가 은을 멸할 때까지의 왕의 혈통은 모두 동이(조선)로 확인되고 있는데도 지나(화하)의 조상으로 모시고 있는 것이 조선과 지나가 상고사를 논쟁하는 핵심 모순(矛盾)이다.

그리고 위서 논란이 있는 『한단고기』는 지나가 조작한 요·순·우의 연대보다 더 앞선 것으로 주장하는 등 지나의 단대공정을 오히려 인정하는 꼴로 신뢰성이 없다. 예를 들면 하 왕조를 BC2205년부터 비정했는데, 중국의 BC2070년보다 135년을 앞당겨 준 셈으로 상위왕인 요임금의 BC2357년과 순임금의 BC2255년의 신빙성 문제까지, 앞으로 과학과 고고학적인 고증이 나오면 어찌할지 궁금하다.

3. 하나라의 주인공은 누구일까

요·순·우의 지나와 단군조선 역사의 유사점이 많다. 사근동후13)의 사례를 살펴보자. 『태백일사』 "(임금이 이해 이월

---

13) 尙書 舜典 : 歲二月東巡守至于 岱宗柴望秩于山川 肆覲東后 協時月 正日 同律度量衡(세이월동순수지우 대종시망질우산천 사근동후 협시월정일 동률도량형). 순임금이 이해 이월에 동쪽을 순행하여 태산에 이르러 제사를 지내고 동쪽의 제후를 알현하고, 철과 달을 맞추고 날짜를 바로 잡았으며 악률과 도량형을 일치시켰다.

에) 동쪽을 순행하여 태산에 이르러 제사를 지내고 '동쪽의 후'를 알현하고….." (중국) "(순임금이 이해 이월에) 동쪽을 순행하여 태산에 이르러 제사를 지내고 '동쪽의 제후'를 알현하고…."

이와 같이 순임금이 제후국인지 동(조선)이 제후국인지 각각 다른 주장을 펴고 있다.

상서는 공자가 요순임금의 덕행을 모아 엮은 역사책이다. 아무리 해석이 자유라지만 알현이란 의미는 "지체가 높고 귀한 사람을 찾아가 뵈다. 또는 종묘에 알현하다."는 낱말이다. 그리고 "황하치수의 백익(伯益)은 고조선의 말왕(末王)"14)과 "황하치수 하우(禹)의 동업자 백익이 단군왕검"15), "진시황(성은 趙, 이름은 영贏)의 선조는 제 전욱의 모예(苗裔 후손이라는 뜻)이고, 당(唐) 우(순舜)가 황하치수 유훈(有勳)으로 백익에게 영(瀛)이란 성을 내렸다."16)라고 했으니 진시황의 선조는 백익이다. 또한, "진시황의 태자는 진황이 갑자기 죽어서 제사도 받들지 못했다. 부서의 아들 유질은 은나라에 다시 복귀하였으며, 은은 그들에게 '백제해(百濟海)'를 하사하였고 이곳이 도(都)의 기원이라고 했다."17)라고 한 사례가 있다. 이는 진 황족이 진한(辰韓)을 세웠다는 것이며, 진나라의 경험 많은 망명인 기노(耆老)가 한국(韓國)으로 왔을 때,

---

14) 장박군,『금문신고』.
15) 이돈성, 재미사학자,『고조선찾기』.
16) 『사기』권6 진시황본기.
17) 『거란고전』33~34장,『삼국지』위서권80 조환선비동이전,『후한서』동이열전,『진서』,『양서』,『북사』도 같은 내용.

마한이 동쪽 경계를 내어 주었다고 한다.

　이때 마한이 진나라 황족에게 백제해를 내주었다는 기록을 보아 진나라가 한나라에게 패하자 진 황족이 백제해를 백제의 도읍으로 정했음을 알 수 있다.

　그렇다면, 하 왕조의 왕궁터는 어디일까? 중국사회과학원에 의하면 산서성 임분시 도사유지를 요순지도(堯舜之都)로 하여 발굴된 왕궁터를 '하 왕조의 왕궁터'라고 하고 있다. 동이족이자 전설적인 제왕 요와 순의 왕 터가 아니면서, 고고학적인 증거도 없는 우(禹)의 하 왕조의 왕궁이라 비정하고 있다. 이곳이 요임금이 최초로 도읍을 정한 평양(平陽)이라고 하고, '요도평양'이 "최초의 중국"이니 "세계최초의 갑골문을 만든 왕도"라고 대서특필한 적이 있다. 만약, 요·순·우의 도읍지가 아니라면 누구의 왕궁터인지 다음과 같은 사례를 들어가며 살펴본다.

　중국의 주장에 따르면 도사유지는 BC3000년 경 기후가 건조해진 '요하문명'지역에서 누군가 서쪽의 여양산(呂梁山)과 동쪽의 태행산(太行山) 사이의 계곡을 따라 남하하여 지금의 산서성 임분시 근처 도사유지에 왕궁을 지어 도읍을 평양(平陽)으로 정했다는 것이므로, 도사유지의 왕궁터는 옛 평양성이라는 사실에 이론이 없다.

　삼국유사에서 여고동시(與高同時)[18]에 단군왕검이 국호를 조선으로, 도읍지를 평양성으로 했다고 하였다. 따라서 평양

---

18) 『삼국유사』 "단군왕검이 여고동시에 나라를 세워 순임금 때를 지나 하나라 때까지 왕위에 계셨다."

이 요·순·우의 도읍지인지 단군왕검의 도읍지인지 가리는
데 있다. 물론, 한국의 재야 일부사학자는 "순임금이 단군조
선의 제후"이니, 단군왕검의 도읍지가 아니고 거수국의 순제
후가 총독형태로 다스리던 왕성이라고도 한다. 임분시 평양성
의 주인이 누구든 간에 BC3000~2400년 무렵, 지나와 화하
의 나라는 존재하지도 않았다. 결국 순임금이 동이족이면 요
임금 역시 동이족의 조상인 헌원 또는 소호금천의 후손일 수
밖에 없으니, 삼황오제 하·상·주로 이어지는 지나의 왕조는
모두 동이의 왕조이며, 단군조선의 방계왕조라는 간접증거로
중국정부의 자백이다.

지나가 수천 년 이상 동쪽 오랑캐로 무시하던 동이(조선)
로부터 문명을 전수받은 결과 오늘날 거대 중국이 존재하고
있음을 아는 것이 다행이다. 산동성 임기시에 세울 수밖에 없
는 '동이역사문화박물관'이 중국정부의 고민을 세상에 말해주
고 있다.

단군왕검이 하나라 때까지 왕위에 있었다. 상고하면, "단군
왕검이 요와 순, 하나라 때까지 왕위에 있었다."라고 13세기
에 『삼국유사』를 펴낸 일연(김견명)이 3천 년 전 일을 정확
하게 맞추고 있는 역사적 기록이 의미심장하다. 지나가 전설
로 터부 했던 하나라에 우와 계의 왕조를 꿰맞춰 단대를 정
하고, 단군조선의 동이(조선)상고사를 지나(화하)상고사로 가
로채 포장하는 것이야말로 요·순·우시대가 단군조선사임을
반증해주는 이이제이의 역설이다.

한편 양국의 국민이 나서서 바른 동아시아 문명 역사를 정

립해 나갈 큰 기회가 생겼으니 한중의 미래를 위해서 중국정
부의 이른 역사공정의 파행은 다행이다.

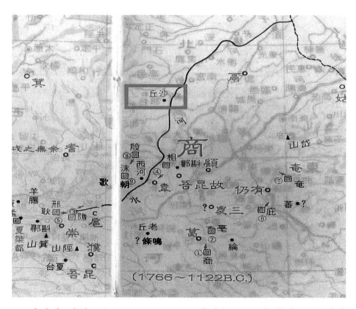

▲ 상나라 지형도(BC1766~1122). 태원(太原) 밑 箕라는 지명과
황하 남쪽에 기산(箕山)이 보인다. 주 : 태원(太原) 밑 箕라는
지명과 황하 남쪽에 기산(箕山)이 보인다.

제2장 요·순·하·상·주 상고사는 반쪽의 역사

　이 장은 요·순·하·상·주 상고사는 반쪽의 역사에 대하여 다루고 있다. 먼저 도사유지에 대한 고찰과 관점에 대하여 설명하고, (갑골)문자를 창조한 나라는 조선국임을 정립하고자 한다. 그리고 요·순·우 선양의 진실에 대하여 살펴볼 것이다.

1. 도사유지 고찰과 관점

　1987년부터 도사유지를 중국사회과학원이 발굴한 결과 4300년 전의 사전유적으로 취락유지가 아닌 문명 기원의 과정에서 중요하다고 한다. 도사유지의 연대 상한을 4300년 전으로 보면 요·순·우의 연대를 추정할 수 있다. 한편 도사에서 발굴된 용은 물고기와 뱀의 조합으로 용의 기원을 알게 해주는데 후에 상·주시기의 용과 일치하며, 은허에서 발견된 용의 형상은 도사유지의 용에서 발전된 것이라고 한다. 예악제 등 예제가 서주에서 유래한 것으로 보던 관점은 도사유지의 발굴로 수정이 불가피하다고 한다. 중국정부가 도기의 문자 변화를 통해 도사유지의 변화를 추적하여 우의 본명은 문명(文命)인 것으로 밝히고, 우의 하도유적으로 보기는 하지만 은허의 청동기상 하의 명칭은 문하로서 읍(邑)은 문 읍으로 고증한다. 그러나 이리두유지와 같은 궁전유지의 완전함의 고증이 부족하여, 하 왕조 초기도읍으로 확정은 어렵다고 한다. 도성의 주인공이 누구인지가 초점이 되는데, 하도 이외에 요도평양과 안읍설은 지리학자들의 주장이고 도사의 편호주사 문자는 요와 관계로 보고 있다. 지나에서 요(堯)는 황제의 직계로 전통을 깨고 왕위를 자손이 아닌 순에게 선양했다 하여 위대한 제왕으로 본다. 도사유지가 제요의 도성으로 본다면 평양이라는 가설은 새로운 관점으로 고증이 필요하다.

중국정부와 관계자들이 2015년 첫 발굴 이후 기자회견에서 '요도평양', '최초의 중국', '세계최초의 문자'라고 호들갑을 떨더니, 최근에는 모호한 입장을 위하는 것을 보면 산서성 임분 시에서 발굴된 평양(平陽) 왕성의 주인공은 과연 누구일지 짐작이 간다.

한편, 최근에 임분 시의 요도평양의 실지 주인공은 단군왕검이라고 주장하는 학자가 나타났다. 필자 역시 단군왕검이 최초에 도읍을 정한 곳이 평양성(平壤城)이라고 했으니 의심이 가는 곳이 『삼국유사』에서 여고동시[19]라고 했으니 말이다. 중국정부의 역사조작이 지나치다보니 그들 지나의 발등을 스스로 찍는 진실의 시간은 머지않았다.

---

19) 『삼국유사』 고조선(古朝鮮) : 魏書云, "乃往二千載 有壇君王儉 立都阿斯達. 開國號朝鮮, 與高同時." 위서운, "내왕이천재 유단군왕검 입도아사달, 개국호조선, 여고동시".

2. (갑골)문자를 창조한 조선국

갑골문은 이미 BC4500년부터 형성된 대문구문화유지에서 대량으로 발굴되어, 중국정부 역시 동이(조선)가 산동성을 중심으로 용산문명을 일으킨 주체라고 인식하고 있다. 산동성에서 발굴한 11개의 빗살무늬토기는 아예 해와 달을 표식하고 있는 문양으로, 아사달은 '조선'의 첫 명칭[20]이라고 많은 사학자 또는 고고학자가 고증하고 있다. "고조선문명에서는 지배층 지식인만이 사용하던 고조선 말을 표기하는 '신지(神誌)문자'라는 글자가 있었다. 그러나 유물이 적게 발견되어 아직 해독하지 못하고 있다. 고조선 황화 유역에서 이주민 밝족이 商(상=殷·은)을 건국한 후 고중국어를 표기하는 '한문자(漢文字)'를 발명하여 오늘날의 한문이 되었다. 고조선문명의 후예들은 민족별로 여러 가지 문자를 차용한 간이문자를 만들어 사용했다. 15세기 전반기에 들어와서 드디어 조선에 '훈민정음(訓民正音)'이라는 새로운 알파벳이 발명되어 모든 우랄·알타이어족 언어와 세계 모든 언어를 쉽고 정확하게 표기할 수 있는 세계 문자가 창조되었다."[21]고 한다.

상나라 은의 갑골문자를 창조한 주체가 동이(조선)면 하나라의 우나 계가 동이의 후손이고, 요·순 역시 동이라고 인정했으면 그 시대에 발굴된 같은 형식의 갑골문자가 동이(조선)의 문자다. 삼황오제가 동이면 하·상·주 왕조 역시 동이

---

20) 신용하,『고조선문명』참조.
21) 신용하,『고조선문명』재 인용

라는 필자의 견해에 이의를 달 사람은 없다고 본다.

세계 최초로 한글을 창조한 한국인이 갑골문의 문양을 보고 입으로 불러보는 것만으로도, 상고시대 조선국 선조들이 일상에서 하던 말을 글로 옮긴 것이 분명하기 때문이다. 동이(조선)가 창조한 갑골문자가 현 지나인들이 쓰고 있는 한자의 기원이라고 강변하는 주장은 많이 들었지만, 지나(화하)인들이 쓰던 상고시대의 말이 갑골문으로 발전되었다고 입증한 어문연구는 들어보지 못했다.

▲ 소하연문화(BC3000~BC2000) 토기 그림문자 탁본. 고조선시대의 토기·청동기·암벽 등 유적·유물에는 해독되지 않는 신석기 기호문자인 '신지문자'들이 남아 있다. 이것이 한문자(漢文字)나 훈민정음에도 영향을 미쳤을지는 학계의 연구과제이다. 사진은 요서지역 소하연문화(BC 3000~BC 2000) 토기 그림문자의 탁본

3. 요·순·우 선양과 오제역사 조작의 예

　지나인의 주장과 조선인의 주장이 서로 모순이다. 왕위를 선양했다는 설과 왕위를 빼앗았다는 주장이 같은 4000년 전 당대의 같은 선왕을 두고 "내 옳고 네 그르니" 하고 있는 것과 같다. 요·순·우의 왕조가 어떤 방식으로 계승이 되었든 간에 왕조의 존재는 인정하고 있다는 공통인식이 있는 사실이 모순이다. 부모혈통이 다른 자식들이 같은 아버지, 할아버지, 증조할아버지를 두고 서로 적통이라고 갑론을박하는 것과 마찬가지다.

　흔히 중국의 상고대사에 전설적인 제왕들이 등장하는데 소호, 전욱, 제곡, 요, 순을 오제(五帝)라 한다. 사마천은 『사기』에서 삼황이 모두 동이족의 시조가 분명하기 때문에 오제부터 중화민족의 시조로 삼았다. 오제본기에서 동이의 수령으로 분명한 소호금천을 황제로 왜곡하여 중국의 첫째 황제로 기술한 사실을 무려 2천 년 이상 숨기고 있던 사실이 한국 사학계[22]에서 바로 밝혔다. 황제헌원을 첫 번째 제왕으로 한 사마천의 기록에 중화민족으로서 자부심을 갖는 등 자랑하고 있었으나, 거짓말이었으니 중국정부나 사학계에서 함구하고 있다. 지나의 시조로 금과옥조처럼 생각했던 황제 역시 동이족 출신 조선 사람인 소호금천씨[23]로 확인되고 있으니,

---

22) 이덕일의 『신주사기열전』 등 다수 참조
23) 소호금천씨(少昊金天氏)는 삼황오제 중 오제(五帝)의 한 명이다. 〈산해경山海經〉 少昊屬金, 在西方。他的母親是天山的仙女皇娥/"소호의 금(쇠)무리는, 서쪽 방면에 있다. 〈춘추春秋〉공자가 노나라

중국입장에서는 이래저래 난감한 문제이다. 어떤 식으로 바꾸어 변명을 해본들 중국의 삼황오제는 조선국 사람이므로 또 중국인으로 바꿀 수는 없다. 중국의 시조가 조선의 시조면 중국의 역사는 한국의 역사라고 해명을 해야 할 형편이니, 중국 정부 주도의 역사굴기가 허구임이 만천하에 들어났다. 동북공정에 이어 하·상·주 단대공정을 중국정부 차원에서 비밀리에 추진하는 이유가 여기에 있다.

사관이 저작한 역사서에 자신의 글을 적어서 다시 편찬한 노나라의 역사서이다. "소호는 성이 '기', 일설에는 '영'이고, 이름은 '지'이며, 호는 '금천씨'이다. 전설에 소호가 즉위했을 때 봉황이 날아왔다고 전해진다. 소호금천씨는 한국과 중국의 김씨들의 조상으로 많이 언급된다. 특히 한국의 성씨인 경주 김씨와 김해 김씨는 소호금천씨를 시조로 언급한 기록이 전한다. 당나라에 살았던 신라인 김씨 부인의 행적을 기록한 대당고김씨부인묘명(大唐故金氏夫人墓銘)에는 신라 김씨의 조상이 소호씨금천(少昊氏金天)이라고 새겨져 있다. 김부식이 쓴 《삼국사》에는 가야 출신인 김유신 장군의 묘비명에 가야 김씨가 소호금천씨의 후손이라고 새겨져 있다는 기록이 있다. 소호금천을 국조로 삼는 나라가 담국이였으며 새들로 관직명을 정했다. [네이버 지식백과]

제3장 산동성과 산서성은 조선상고사의 강역

이 장은 산동성과 산서성은 조선 상고사의 강역에 대하여 다루고 있다. 먼저 지명과 위치의 정립으로 본 조선상고사를 살펴보고, 이를 토대로 발해의 위치이동과 조선국 도읍지를 비정하고, 낙랑(樂浪)의 실체와 조선국의 도읍지를 살펴보고자 한다. 그리고 산동성과 산서성은 동이(조선)의 중심 강역과 연나라 동쪽이 조선이며 조선의 동쪽은 요동인 것을 증명하고, 조·한 전쟁의 진실에 대하여 살펴볼 것이다.

1. 지명과 위치의 정립으로 본 조선상고사

대표적인 지명 조작 사례로 갈석산 위치를 살펴보면, 산서성 남부 삼문협 황하구, 하남성 회령부(하남 심양현) 춘추전국~전한 시대에 『사기』 또는 『한서』에 위만이 조선으로 망명할 때 건넌 패(浿)수가 제(濟)수로 제원시에 있다고 한다. 한무제가 이곳을 치러 갈 때 이곳을 지나 하북성 북쪽에서 전쟁하면서, 한무제 수군이 내륙호수로 발해로 나와 하북성의 왕검성을 친 것이다.[24]

---

24) 『옴니버스 한국사』 고조선 일부와 (2), (3), (4) 이돈성 재미학자의 글 인용.

『사기』 본기 권2 「하본기제우(禹)」에 "호구산과 뇌수산은 태악(太嶽)산까지 이어지고(태행산맥의 서쪽), 태행산과 상산은 갈석산에 이르러 해로 들어간다(태행산맥의 동쪽)"라고 인용하였다.

그리고 하북성 보정시 동쪽(남북조가 망할 때)은 조위~수나라 시대의 『후한서』, 『진서』, 『북위서』, 『수서』에 당시 보정 동부 문안 부근에 황하(일명 북해)가 흘렀다고 했다.

또한, 현재 진황도시에 있는 갈석산은 당나라 이후에 『구당서』, 『신당서서』 등 수당과 전쟁을 거치면서 고구려의 최전선 경계가 하북성 북부로 이동됨에 따라 위치가 옮겨졌다.

본 필자가 2016년 8월 초에 이덕일(미래로가는바른역사협의회 중원대륙 조선역사탐방시 인솔교수)과 함께 현장 답사한 곳으로, 당 태종의 걸쭉한 시(詩) 구절(고구려군에 패해 퇴각하는 길목에서 전쟁 패배의 고뇌와 쓰라린 마음을 표현한 내용)이 갈석산 등산로 입구 바위에 쓰여 있는 것을 보면서 잠시 쉬었던 곳이기도 하다.

명 태조 주원장이 처음 시작한 1381년 노룡두 명장성과 山海關은 明나라 때 건축했다고 한다. 진시황이 쌓은 만리장성이 아니다. 장성이 시작되는 산해관에 진황도시25)가 있는데 하북성 갈석산과 함께 지나의 역사조작에 이용된 것으로 확

---

25) 유관이라고도 한다. 明太祖朱元璋開始, 大修古北口的長城, 洪武十四年 (1381年) 修建老龍頭長城、小河口長城山海關位于燕山和渤海之間, 是明長城最東端的關隘, 故而被称爲 "天下第一關" 此處早在戰國時期就曾修筑有長城, 明洪武十四年 (1381年) 修筑現有關隘, 自此山海關成爲地理分界, 該關口以東區域被称爲"關外"(중국 위키백과)

인되고 있다. 산해관은 연산과 발해 사이에 위치해 있으며, 명장성 동쪽 끝의 관문이라 하여, 천하 제1관이라 불렀다.

그리고 현 요녕성 금주 지역은 송나라 이후의 『오대사』, 『송서』, 『요서』 등 당이 고구려를 요하 동쪽으로 밀어내고 멸망하자, 발해와 고려가 요동에서 개국, 다시 옮겨졌다.

2. 발해의 위치이동과 조선국 도읍지 비정

발해의 위치 조작도 마찬가지다. "발해(勃海 또는 渤海)의 안쪽과 북쪽에 조선이 있다."라고 했다. 본 필자는 기원전 2400년쯤 조선국이 중원대륙을 경영하던 때를 기록한 최고의 지리서 『산해경』을 정확한 기록이라 본다. 산해경 첫머리에, "동해의 안쪽과 북해의 모퉁이에 조선이란 국가가 있는데, 발해의 안쪽과 북쪽을 지나 조선이 있다."[26]라고 기록하고 있다. 지나 땅의 옛 중국에, 최초의 조선을 건국한 땅이 발해 안쪽에서 북쪽을 지나 모퉁이(상고 산동성 황하 하류에 인접한 제남시와 청주시 서쪽 일원에 발해가 있었다고 고증됨)라고 분명하게 기록하고 있음이 놀라울 뿐이다.

발해군(勃海郡)은 『한서』 지리지에 '발해군은 고제(한고조 유방)가 설치했는데, 사고(師古)가 말하기를 발해의 물가에 있기에 발해군으로 이름 지었다.' 산동성 덕주시 부근을 발해

---

26) 『산해경』 제18, 진기실참군 곽박전, 해내경 : 東海之內北海之隅有國名曰朝鮮…. 渤海內北經朝鮮也(동해지내북해지우유국명왈조선…. 발해내북경조선어)

군이라 했다.

그리고 발해는 큰 호수(海)를 말한다. 옛 발해(내지 또는 호수)지역을 사이에 두고 백제와 낙랑, 신라, 고구려가 전쟁한 기록이 『삼국사』와 지나 사서에 수없이 기록되어 있다. 발해는 남북으로 300리, 동서로 100리인 큰 호수로 해(海)라고 했다.

남북국시대(통일신라, 발해)에 대조영이 국호를 발해 또는 대진국이라 했는지 짐작이 간다. 한때 지나에게 중원의 패권을 빼앗겼던 조선국의 후예를 자부하면서 조선의 첫 도읍지 발해 지명을 따서 국호로 정한 것이다. 신라 역시 조선국의 후예로 삼한의 진국을 이어 초기에 조선국의 활동 지역인 이곳에 도읍을 정한 것으로 추정한다. 신라가 당나라의 사이에 도읍을 정하고 금맥(金脈)인 황하와 서역과의 교역하는 길목을 막고 있는 백제를 치기 위해 당과 연합하여 백제를 양자강 남쪽으로 밀어낸 중원의 패권을 다툰 핵심 강역이 기름진 황하(해(海)라고 함)를 끼고 있는 산동성 일원이다.

그리고 우이는 조선 땅이다. 『상서지리금석(尙書地理今釋)』에 우이(嵎夷)는 지금의 조선 땅이다. 공안국의 전(傳)에 동표(東表)의 땅을 우이라고 칭한다고 했다.

『사기정의』에 청주(靑州)는 동방 경계의 밖, 별유천지에 있으므로 표(表)라 하고 동표의 땅이라고 한다. 『우공추지(禹貢錐指)』에는 『후한서』 동이전에 따라, 우이를 조선 땅이라고 하였다. 대개 조선은 옛날 청주(靑州)에 속하였으며, 산동성 등주부(登州府)와 더불어 바다를 사이에 두고 서로 대하고

있으니, 공안국의 전에 동표의 땅이라는 말과 정확히 부합한
다.27)

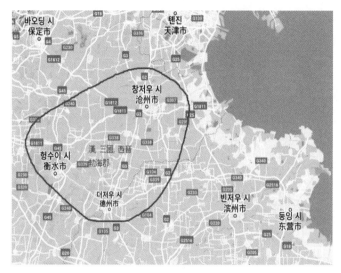

▲ 산동성 덕주시 지도. 멀리 서북쪽에 보정시와 동북쪽에 천
진시가 보임

우공(禹貢)편에 하우씨가 홍수를 다스릴 때 천하를 구주
(九州)로 나누었는데, 우이는 구주 중에 청주(靑州)에 속한다
고 하고, 청주의 강역에 관해 '동해로부터 태산(太山) 사이가
청주'라고 했다. 태산은 현재 중국 산동성에 있는 산으로 오
악 중의 동악(東嶽)이다.

---

27) 嵎夷 今朝鮮地 按孔安國傳 東表之地稱嵎夷 正義曰 靑州在東界外之
    畔爲表 故云 東表之地 禹貢錐指 援据後漢書 以嵎夷爲朝鮮地 盖朝鮮
    古屬靑州 與今山東登州府 隔海相對 正合孔傳 東表之語 『상서지리금
    석(尙書地理今釋)』

3. 낙랑(樂浪)의 실체와 조선국 도읍지

낙랑조선(樂浪朝鮮)은 『사기』 주기에서 장안이 "조선에 습수(濕水), 열수(洌水), 산수(汕水)가 있다. 삼수가 합치는 곳이 열수니 아마 '낙랑조선'에서 그 이름을 취한 듯하다."라고 했다. 각종 사서와 문헌에서 낙랑조선은 조선 국호와 도읍지와 같은 개념으로 불린다.

그리고 강희자전에서 "제진왈사연지외교조선열수지간왈국(齊陳曰 斯燕之外郊 朝鮮洌水之間曰掬)"이라 하고, 제(齊)와 진(陳)은 산동성 또는 인접해 있으며, 제와 진의 지방에서 남연의 외교에 "열수"가 있다고 한다.

낙랑조선은 기자가 은나라에서 돌아온 조선국이다. 기자조선과 낙랑조선과의 관계를 살펴보면 알 수 있다. 주 무왕(武王)이 '기자를 낙랑조선에 봉했다.'고 하는, 그 낙랑조선이 산동성으로 추정한다고 필자가 연구하여 발표한 적이 있다. 이는 기자를 주 무왕이 봉할 자격도 없는 이유를 전제로 주나라 이전에 조선국이 있었고, 조선국을 낙랑조선이라고 했다는 기록이 중요하다는 논제였다. 한반도에서 기자숭배를 주도한 태원 선우 씨는 대대로 고구려 땅에 살았기에, 족보의 기록에서 선우 씨가 '낙랑조선'에 살고 있다는 기록이 있다. 또한 상당 한 씨의 상당이 산서성 장치시의 옛 이름이라고 한다.

필자가 연구한 바에 따르면, 초기 기자가 산서성 태원강역(고죽국 존재)에 있다가 산동성으로 이동한 것으로 보인다.

1281년 일연은 『삼국유사』에서 "주 호왕(虎王, 武王) 즉위기묘년에 기자를 조선에 봉(封)하자 단군이 장당경(藏唐京)으로 옮겼으나, 뒤에 다시 돌아와서 아사달에 들어가서 산신이 되었다."라고 썼다. 기자가 은의 지배층 5천 명을 이끌고 조선국으로 돌아오자, 단군임금은 그 자리를 기자에게 선양하고 입적한, 단군조선의 정역사로 해석하는 것이 옳다고 생각한다.

이러한 해석은 기자와 기자조선에 관한 민족주의 사학계의 연구에도 잘 나타난다. 주나라가 은나라를 칠 BC12세기경에는 중원대륙에서 은나라를 제후로 경영할 만큼 단군조선의 국력이 강했다. 그러나 은의 주(紂)왕의 폭정으로 신흥세력인 주나라 무왕에게 죽임을 당했으며, 은나라는 태사 기자를 중심으로 주 무왕에게 대항할 정도로 은나라의 힘도 만만하지 않았다. 그러한 상황에서 대규모 군사와 지도층을 이끌고 고국 조선으로 돌아오는 기자에게, 단군이 왕위를 스스로 물려준 것이다.

이는 중원대륙에서 1천 년 단군조선의 명을 동이(조선)의 묘예(苗裔)28)인 은나라 태사 기자가 선양받은 것으로 본다. 기자(한반도)동래설 자체는 지금까지 고고학적인 근거가 없으므로 허구라고 주장하는 것까지는 이해하지만, 기자가 단군조선의 대 강역에서 의를 잃지 않고 지나인들로부터도 군자

---

28) 『삼국사』에 단군조선의 모예가 신라, 고구려, 백제임을 기록하였음에도 주류든 비주류든 사학자들은 이와 같은 사실을 숨겨왔거나 존재 사실도 모르고 아예 연구도 공부도 하지 않았다고 생각하니, 한국의 사학계가 슬프고 안타까울 뿐이다. 역사학자도 아닌 필자가 팔을 걷어붙이고 조선상고사를 밝히는 이유이다.

로 존경받으면서 활동한 본질을 부정하면 안 된다. 중원대륙에서 기자의 광범위한 활동의 역사와 기자조선의 실체를 심층적으로 고증한 학자는 지금껏 한 사람도 없었기 때문에 속단하여 자신의 발등을 찍으면 안 된다.

이미 조작될 때로 조작되어 걸레가 된 조선상고사를 어렵게 연구하면서, 진짜 조선국 역사를 확인하며 "역사는 보는 관점에 따라 다를 수 있다."라고 큰 깨달음을 얻는다.

그리고 사학계의 기자조선에 관한 연구동향을 살펴보면, 기자조선의 실체를 주장한 박은식은 『한국통사(韓國痛史)』에서 "은태사(殷太師) 기자가 주나라를 피하여 동쪽으로 왔는데, 따라온 자가 5천 명이었다. 봉천 광녕현(廣寧縣)에서 살면서 국호를 여전히 조선으로 불렀다. 예로써 백성을 교화하고 8조 금법을 만들어 백성이 도둑질하지 않고 바깥문을 잠그지 않았고, 부녀들이 정신하여 음탕하지 않아 인현(仁賢)의 교화가 이루어졌다. 그래서 주나라가 쇠약해지자 공자(孔子)가 조선에 와서 살고 싶어 했다."라고 긍정했다.

최남선은 '아시조선(兒時朝鮮)', 안재홍은 '크치조선', 정인보는 '검의 조선'으로 '기자조선'의 이름을 바꾸었다. 이형구는 '기자조선의 실재'를 연구하는 등 기자조선을 긍정하고 있다. 이와는 반대로 "『한단고기』류의 종교와 관련된 학자들의 큰 문제점은, 1천 년의 기자조선을 부인하고 있다."[29]라고 비판한다.

---

29) '기자조선은 사실인가 허구인가', 2021.6.4. 한영우 서울대 논문 일부 인용. 기자조선은 41대 928년간 존속했으며 마한을 다스린 200년을 더해 1120년이라 한다. 기자세가 허옥.

이러한 민족주의 사학자들의 연구는 기자와 기자조선의 역사적 가치를 생각하면 매우 바람직하다. 공자는 구이(九夷, 조선)를 군자국으로 부르면서, "뗏목을 타고 가서 살고 싶다."라고 했다. 필자가 이미 밝혔듯이 옛날 발해는 큰 호수였기 때문에 뗏목으로 충분히 건널 수 있었다. 공자가 산동성 곡부에서, 수 천리 건너 동쪽의 한반도까지 뗏목 타고 가서 살고 싶다는 뜻은 아니었을 터이니 말이다. 공자가 가고자 했던 '군자가 사는 발해'를 건넌 땅 또한 산동성으로 호수내지 안의 북쪽 두둑에 낙랑조선과 조선국이 있었다는 사실이다. 기자 역시 주 무왕의 권유를 거절30)하고, 조선 땅이자 상고시대 구이의 중심인 우이가 있었던 산동성 발해 모퉁이에 단군을 계승한 나라를 세웠다고 보면 조선국의 상고왕조사를 이해하기가 훨씬 쉬워진다.

단군조선의 묘예 고구려 때에도, 기자를 단군신과 같이 신(神)으로 모시어 제사를 지냈다고 역사는 기록하고 있다. 없는 왕조 역사를 공정(조작)하여 자기네 것으로 만드는 중국 정부와 아예 없었던 수천 년 연대를 가공하여 있는 역사로 만든 것은 일본이다. 버젓이 사서와 유물로 실체가 있었고 상고 정치가로서 활약상을 세상 어디에 내놓아도 손색없을 기자와 기자조선의 역사가 허구라는 주장에는 동의할 수 없다. 조선국이 수 천 년 이상 중원대륙을 품은 동아시아의 맹주로

---

30) 기자는 "상(商)이 윤리를 잃었으므로 신하로 복종하지 않겠다."라고 했다. 주 무왕에게 홍범구주를 가르칠 정도로 학식과 지식이 풍부하고 백성을 위하는 예 등의 정치를 실천한 왕으로서 도덕성까지 겸비한 정치가였으니 성인이라는 공자가 흠모할 만하다.

서 위대한 조선 문명을 창시한 사실에 관한 연구가 없었거나, 객관성이 모자란 채 지나와 일제의 반도식민사관을 추종하는 부류와 다름이 없다. 그렇지 않으면 기자조선의 역사를 뛰어넘어 단군조선 1천 년 이후의 실체를 고고학적인 고증을 통해 객관적으로 밝힌 후 선후와 경중을 다투어도 늦지 않다.

결국, 조선과 낙랑군(樂浪郡)은 같은 지역일 수밖에 없다. "조선은 옛 낙랑군이다(朝鮮今樂浪郡也)."[31]라고 분명하게 기록된 것을 보아 조선과 낙랑군은 같은 지역에 있었음을 알 수 있다. 『사기』 조선열전 장안 주기에도 "삼수(습수 열수 산수)가 합쳐지는 열수에 낙랑조선이 있다."고 했으니, 낙랑과 조선은 하나라고 기록한 것이다. 또한 『삼국사』 백제본기에, "온조왕 13년 5월, 우리나라(백제)의 동쪽에 낙랑이 있고, 북쪽에 말갈이 있다."라고 했다. 백제의 동쪽이면 신라의 서쪽에 낙랑이 있었으며, 백제가 말갈의 남쪽이면 고구려는 말갈의 북쪽이다. 이처럼 산동성을 중심으로 조선국은 물론, 낙랑, 신라, 백제, 말갈, 고구려 등 동이(조선)가 경영 또는 활동한 핵심 강역이다.

우리가 사료를 채택할 때 신중을 기해야 한다는 것은 앞에서도 말했지만, 필자가 조선국 도읍지 연구에 많이 인용한 『산해경』의 기록에도 서로 상이한 부분이 나타난다. 『산해경』 해내경의 두 개의 필사본을 연구하면서 오류를 발견했는데, 발해를 나타낸 문건과 발해의 발 자가 없는 문건의 내용이

---

31) 『산해경』 제18 진 곽박전, 해내경에 "東海之內北海之隅有國名曰朝鮮朝鮮今樂浪郡也….朝鮮已見海內北經(동해지내북해지우유국명왈조선조선금낙랑군야….조선사견해내북경)"이라고 했다.

서로 다르다는 것이다. 다음 그림 (A)와 그림 (B)를 비교하여, 간단히 분석해 봤다. 소문대로 조직적으로 중원대륙 산동성 발해 인근에 조선국을 건국한 핵심 기록을 삭제 또는 조작한 게 분명하다. 위서 논란이 있어 온 『산해경』 해내경에서 조선의 도읍지와 낙랑조선과의 관계를 연구하는 중에 문자조작을 보고 충격을 받았다. 따라서 아래 (A)와 (B)의 차이를 비교하여 핵심 강역의 명칭과 위치 등 기록이 조작되었음을 확인하고, 추후 별도로 조사·연구하여 서책으로 펴낼 예정임을 밝힌다. 문제의 핵심은 다름 아닌 발해의 위치와 낙랑군의 위치 비정 조작 등으로 조선국이 중원대륙 산동성 발해지역에서 건국한 명명백백한 사실을 감추기 위함이다.

조선국 최초의 도읍지는 산동성 발해(호수)안의 북쪽 모퉁이다. 소호금천의 활동지, 용산문화와 황하문명 강역의 기름진 땅 산동성, 우이의 조선 땅, 아사달문양 빗살무늬토기가 발굴된 산동성, 공자가 뗏목을 타고 가서라도 살고 싶어 한 군자국, 기자가 은나라(조선) 유민 5천 명을 인솔하고 환향한 곳, 기준이 도망간 해, 삼국사의 중심…, 등등 증거는 차고 넘친다.

해내경에 "조선금낙랑군야의행(朝鮮今樂浪郡也懿行) 조선사견해내북경(朝鮮已見海內北經)　천독기인수거(天毒其人水居) 조선은 지금의 낙랑군으로 아름답다. 조선 사람들은 (발)해의 안쪽에서 북쪽을 지나 모퉁이(두둑)에 사는데 하늘과 물을 다스리며 산다."라고 해석되고 있다.

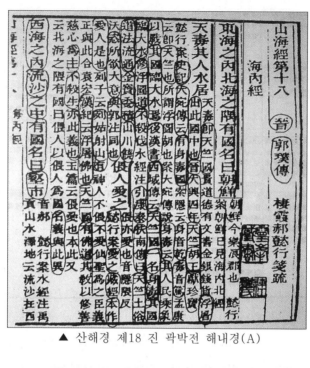

▲ 산해경 제18 진 곽박전 해내경(A)

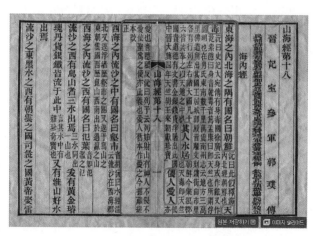

▲ 산해경 제18 진기실삼군곽박전 해내경(B)

정립과 통일

그리고 "원왈차사발해(沅曰此似勃海) 내북경조선야천(內北經朝鮮也天) 독원왈(毒沅曰)…."으로 "강 이름은 (발)해와 같으며, (발)해안의 북쪽을 지나 조선이 있는데 하늘을 다스리며…."라고 해석된다.

4. 산동성과 산서성은 동이(조선)의 중심 강역

상고시대 최초의 조선국 핵심 강역은 한반도가 아니며, 모두 중원대륙에 있었다. 『삼국지』동이전과 『사기』백이열전, 『창락현 속지』, 『상서지리금석』 등이 이를 증명하고 있다. 이를 자세히 살펴보면, 첫째, BC194년 기준이 위만에게 패하고 도망간 해(海)가 발해이며, 『삼국지』동이전에 "(기준이) 궁인들과 해(海)로 들어가 한의 땅(韓地[32]))에 살았고 스스로 한왕(韓王)이라 칭했다." 또 해(海)는 『후한서』동이전에 "처음에 조선왕 준이 위만에게 패해 남은 군사 수천 명을 데리고 해(海)로 들어가 마한을 공격해 깨고 자립해서 한 왕이 되었으며, 기준 이후에 멸망하여 마한인들이 스스로 일어나서 진(辰)왕이 되었다." 여기에서 해는 발해로 동해라고도 불리었다.

둘째, 북해는 『사기』백이열전에 "집해에서 마융이 말하기를 수양산[33])은 하동의 포판 화산의 북쪽에 있고 강이 꺾이는

---

32) 한지는 하남성 낙양과 정주사이에 있던 조그만 나라이다. 『사기』
33) 수양산은 산서성 영제시 황하변, 북해(운성염지)와 인접한 곳에 위치하고 있다.

곳에 있다. 맹자, 백이·숙제가 주 무왕을 피해 산 곳은 북해의 해변으로 수양산이다.", 또 한후(韓侯)의 『잠부론』 지씨 성에 "옛날 주 선왕 때 한 후가 있었는데, 그 나라는 연나라와 가까운 곳에 있었다고 하였다." 그리고 "옛날 시경에 이르기를, 옛날 한성(韓城)은 연나라에 의해 완성되었는데 그 후 한의 서쪽에 한씨 성이 있었다. 그들은 위만의 침략을 받아 바다 가운데로 옮겨 갔다고 하였다."라고 하였다.

셋째, 산동성 유방시 창락현의 『창락현 속지』에는 백이숙제가 머물렀던 얘기와 기자 얘기가 함께 소개되어 있다. 창락은 '상고신문자'가 발견된 곳으로, 현재의 이름은 고산이지만 옛날에는 수양산으로 불렀다. "BC1046년 주(周)가 상(商)을 멸하고 강태공(BC1156~1017)을 동이에 분봉하여 제국을 세우고(제나라) 영구에 도읍했는데, 영구는 산동성 창락 아래 지금의 영구진이다."라고 하였다.

넷째, 산동성 우이는 조선, 옛 청주로 등주부 해로 "우이는 청주의 동쪽 경계 밖의 두둑(畔)을 말하며 우공추지와 후한서에 우이는 조선을 말한다."라고 했다. 앞에서 말한 것처럼 『상서지리금석』의 조선 도읍지 위치와 『산해경』의 "동해지내 북해지우"의 조선의 위치가 정확히 일치하고 있다. "우이는 청주의 동쪽 경계 밖의 두둑(畔)을 말하며, 우공추지와 후한서에 우이는 조선을 말한다."라고 명확하게 기록했다.

상고시대 최초의 조선국 핵심 강역이 모두 중원대륙이고 조선국의 후예인 북부여, 신라, 고구려, 백제, 가야, 왜 등의 국가로 이어지는 강역 또한 동이(조선)의 땅으로 그 중심이 산동성이다. 지금부터 5800년에서 4500년 사이에 국가로 발전한 중원대륙의 주체가 동이(조선)가 일군 '조선문명'[34]으로 비정한다. 앞에서 연구한 것처럼 산동성 일원의 대문구문화를 계승한 황하문명 강역의 주체는 지나가 아닌 조선국이다.

▲ 『상서지리금석』, 우서 요전주 : 우이는 옛 조선 땅, 청주(靑州)

---

34) 필자는 산동성 일원을 비롯한 중원대륙의 문명을 '조선문명'이라 비정해야 한다고 생각한다.

5. 연나라 동쪽이 조선이며 조선의 동쪽은 요동

전국시대 전국 7웅 중 가장 강력한 진나라에 맞선 소진이, 연나라에 가서 설파한 내용에 연나라 위치가 나타난다. 이 연나라 동쪽 이웃에 조선과 요동이 있다고 했다.[35] 그리고 북쪽에는 임호와 누번이 있으며, 서쪽에는 운중과 구원이 있고, 남쪽에는 호타와 역수가 있다. 지방이 이천여 리라 했다. 여기에서 분명히 확인되는 것은 연나라의 남쪽에 있다는 안문, 호타, 갈석, 역수가 지금도 그 명칭이 명확히 확인된다.

그리고 안문은 지금도 산서성 흔주시 대현에 안문관(雁門關)으로 남아 있고, 호타의 호타하와 발원지가 산서성 흔주시 번치현에 고산수고(孤山水庫)가 현재 있으며, 갈석이 이후 기록에 의하여 이것이 당시의 갈석산인 것으로 확인되는 산이 하북성 보정시 래원현에 백석산(白石山)이 존재하고, 역수가 지금도 하북성 보정시 역현에 역수와 역수의 발원지인 역수호(安格庄水庫)가 존재한다.[36]

이상 네 곳이 산서성 서쪽에서 동쪽으로 나란히 있는 곳에

---

35) 『사기』「권69 소진열전 제9」에 연나라 문후에게 유세하여 말하였다. "연나라의 동쪽에는 조선과 요동이 있고, 북쪽에는 임호와 누번이 있으며, 서쪽에는 운중과 구원이 있고, 남쪽에는 호타와 역수가 있다. 지방이 이천여 리이며, 갑옷 입은 군사가 수십만이고, 전차가 육백 대이며, 기마가 육천 필이고, 곡식은 수년을 지탱할 수 있다. 남쪽에는 갈석과 안문의 풍요로움이 있고, 북쪽에는 대추와 밤의 이로움이 있다. 백성들이 비록 농사짓지 않아도 대추와 밤으로 넉넉하니, 이것이 이른바 천부이다."

36) '연나라 위치를 알면 단군조선이 보인다.' 전우성 기자, 2023년 01월 03일자 코리아 히스토리 타임스(http://www.koreahiti.com) 보도.

전국시대 연나라가 있었다고 한다. 연나라 동쪽에 조선과 요동이 있었으면, 단군조선은 요서에 있었다는 간접증거다. 산서성과 산동성으로 이어지는 황하 강역에 연나라가 있었다면 BC108년 조한전쟁 당시 위만정권의 왕검성은 의당 단군조선의 강역이다. 소위 위만조선이 조선의 제후국이었는지는 별도로 연구할 논제다. "단군이 처음 도읍을 정한(檀君始都處) 옛 임검성(故王儉成, 왕검성이라고도 함)이 바로 평양이다(即平壤也)."라고 한 위치가 "하북성 보정시 정흥현의 범양고성이고, 정흥현 고성진에 고성기념비가 있다."라고 하는 청평의 기록과[37] 틀리지 않는 강역이다.

▲ 춘추전국시대, 연나라 위치. 춘추전국시대 연나라는 북경이 아닌 산서성에 있었다. 코리아히스토리타임스© http://www.koreahiti.com. 2023.1.3.

---

37) 청평은 『진격유기』의 저자 이명(李茗)의 호로 『규원사화』에 인용된 『진격유기』의 기록에 있다. 청평이 말하기를 속말수의 북쪽에 발해 중경현덕부의 땅이 있으니, 이곳이 바로 단군이 처음으로 도읍을 정한 임금성으로 곧 평양이라고 했다.

6. 조한 전쟁의 진실

조한전쟁은 BC108년 한나라 무제가 위만조선을 침공하여 조선국을 멸망시킨 것이 일반적으로 알려진 사건이다. 반면, 이와 반대로 북부여 등 조선국의 거수국과 단군의 후예들이 일어나 한나라와 전쟁에서 승리하여 빼앗긴 강역을 되찾는 등 조선국은 북부여와 삼국시대에 접어들었다. 지나 또한 춘추전국시대에 접어들어 혼란한 상태가 수십 년 이상 진행되었다.

조한전쟁에서 위만조선의 우거왕을 멸하고 한 무제가 논공행상하는데 자신의 부하는 죽이고, 조선의 반역자 5적(참, 음, 겹, 장, 최)을 각각 한나라의 제후로 봉한다. 조선인을 제후로 봉한 위치가 산동성 2곳을 비롯하여 산서성, 천진 남쪽(산동성과 하북성 경계), 하남성 등 황하 강역이므로 이곳은 조선의 강역이다. 이는 한사군은 하북성 노룡현도 아니고 현재의 요동도 아니며, 한반도는 얘기할 가치도 없이 단군조선의 황하 강역이었다.

한나라가 조선국 장군 등 5명을 제후로 봉한 지역38)은 산

---

38) ①홰청후는 BC99년 폐지됨. 참(니계상 參)을 평주에 봉지, 산동성 임치 부근 ②적저(狄苴) 후는 BC91년 폐지됨. 음(조선상 韓陰)을 봉지, 천진 남쪽 ③평주후는 BC107년 폐지됨. 겹(장군 왕협唊)을 봉지, 산동성 태안 부근 ④기후는 BC105년 폐지됨. 장(우거왕 아들 長), 산서성 임분 서쪽 ⑤열양涅陽후는 BC103년 폐지됨. 최(조선상 老人)를 봉지, 하남성 진평 제齊,『사기』조선열전,『건원이래후자연표』,『한서』권7 표,『경무소선원성공신표』.

동성을 중심으로 서쪽은 산서성, 하남성, 북쪽은 하북성이다. 위만조선의 강역이 적어도 4개의 성 강역을 포함하고 있을 터니, 단군조선이 경영한 지역이 조한전쟁을 벌인 곳이다. 연나라의 남서쪽은 한나라와 경계이고, 동남쪽은 단군조선이 있던 곳이다. 따라서 한사군의 위치는 처음부터 황하유역이므로, 기존의 북경 일원이란 위치 비정은 조작임을 밝힌다. 하북성 노룡현 지역보다 훨씬 내륙인 황하가 동으로 흐르는 조선국의 강역에 있던 위만의 왕검성을 두고, 한나라는 빼앗고 조선은 수성한 싸움이 진짜 조한전쟁이다.

그리고 지나의 황하문명 강역이 처음부터 단군조선의 강역이었음을 반복해서 알려주고 있다. 이는 백이숙제의 진짜무덤이 있는 산서성 남쪽(황화가 꺾이는 곳)에 있는 수양산을 하북성 노룡현에 지명 위치와 기자(한반도)동래설을 조작하여, 단군조선의 강역을 중원대륙에서 장성 밖으로 축소하고자 하는 BC194년 주나라 때의 조선상고사 조작행태와 맥락이 같다.

『사기』와 『삼국사』의 교차해석과 옛 지명 찾기로 위치 확인만 해도 입증이 가능하다. 조선이 활동했던 상고 발해지역, 황하문명 지, 그리고 대문구문화 강역을 경영하면서 한참 늦은 지나인과 중원대륙을 놓고 패권을 다툰 조선의 전쟁역사가 진짜 조선상고사이다.

제4장 조선사 복원은 한민족 통합의 지름길

이 장은 제4장 조선사 복원은 한민족 통합의 지름길에 대하여 다루고 있다. 먼저 중국의 한국사공정은 남북통일의 걸림돌이자 공멸의 길이며, 통일과 한국 상고사 복원은 한국인의 숙명이라는 것에 대하여 설명하고, 단군조선은 동아시아와 중원대륙 최초의 국가이기 때문에 중원의 상고사 정립은 한중일 공동번영의 길에 대하여 살펴볼 것이다.

1. 중국의 한국사공정은 남북통일의 걸림돌이자 공멸의 길

서기전 백 년쯤 한나라가 조선국을 넘볼 때부터 지나족은 동이국과 조선국의 대 세력을 중원대륙에서 동남쪽으로 밀어내고, 한족의 중국역사로 독립한 것으로 본다. 서기전에는 지나족의 역사는 중원에서 찾아볼 수가 없다. 온통 조선과 동이의 역사이니 그들이 분리 독립을 위해 지속해서 조선의 장구한 역사를 조작해 온 것이라고 본다.

조선국과 한나라의 조한전쟁 중에 사마천은 『사기』를 편찬하여, 조선국의 삼황오제 왕조를 그들의 조상으로 하우를 중심으로, 상·주·진·한의 조선(동이)역사를 조작하여 지나(중국)역사로 바꾼 것이다.

서량지는 "4,000여 년 전 한족(漢族)이 중국 땅에 들어오기 전에, 중원의 북부와 남부를 이미 묘족(苗族 東夷)이 점령하여 경영하고 있었다. 한족이 중국에 들어온 뒤에 점점 서로 더불어 접촉하였다."라고 하였으며, "은(殷)과 주(周) 이전과 은·주대에도 동이의 활동무대가 실로 오늘날의 산동, 하북, 발해연안, 하남, 강소, 안휘, 호북지방, 요동반도, 조선반도의 광대한 지역을 모두 포괄하였는데 '산동반도'가 그 중심지였다."라고 『중국사전사화(中國史前史話)』(1943.10. 초판)에 썼다.

대만학자 노간은 동방사람들을 동이라 했다. 승정원일기 영조편을 보면, 단군은 동방국 최초의 임금이라 했다. 따라서 단군이 동방국 또는 동이족 최초의 임금이면 단군이 세운 조선국은 동방국 최초의 국가다.

소병기(蘇秉琦)는 "은(상)의 조상은 남으로는 연산(燕山)에서 북으로는 백산흑수(백두산과 흑룡강)까지 이른다."라고 했다. 부사년(傅斯)은 안양 은허(殷墟)유적을 총지휘했던 자인데, "상나라는 동북쪽에서 와서 흥했으며, 상이 망하자 동북으로 갔다."라고 단정했다.

고고학자 양사영(楊士瀛)은 1934년 삼첩층문화 이론을 제창하면서 핵심은 앙소문화(BC5000~BC3000), 용산문화(BC2500~ BC2000), 상나라문화(BC1600~BC1046)가 서로 계승 관계에 있으며 상나라문화로 이어진다고 했다. 두말할 나위 없이 지나 상고사는 조선상고사이다.

2. 통일과 한국 상고사 복원은 한국인의 숙명

중화를 표방한 지나가 조작한, 장구한 조선상고사를 복원하지 않고 통일을 얘기하는 것은 어불성설이다. 통일한국과 중국의 바른 역사정립에 남한과 북한의 함께 나서야 한다. 역사관 개벽과 삼국시대를 포함한 옛 조선의 역사통일 사업은 의무이고 남북한 국민의 숙명이다. 이와 함께 식민사관과 반도사관으로 조선사를 절단한 일본 역시 바른 역사정립에 동참해야 한다. 조선사 정립은 동아시아의 평화를 위해서 반드시 필요하다. 비록 낡은 분단이념과 체제논리로 이원화되어 있지만, 한민족의 조선사관은 하나다.

『삼국사』에는 조선이 기록되지 않았어도, 삼국 이전 선인의 역사가 있다. 묘예(苗裔)에서 신라의 조상은 소호금천씨, 고구려의 조상은 고신씨라 했다. 『삼국사』 권41에서 설명하기를 『예기』에 구려(九黎) 또는 묘민(苗民)이라고 했다. 또 『사기』에 "치우는 구려의 임금이고, 옛 천자다."라고 했으며, "헌원은 제후의 아들이다(소전지자)."라고 했다.

지나의 전설로 모신 요·순·우가 동이족임에도 그들 화하의 조상으로 가로채고, 같은 시대의 단군조선의 실체를 숨긴다고 한들 조선국의 역사가 지워지는 것은 아니다. 단군조선 이전 선인(동이)의 역사가 요하-황하-양자강 등 중원대륙 문명의 주체로 사서에 기록되어 있기 때문이다.

그리고 요하문명의 하가점하층문화는 고조선이 방국 국가급 정치세력이며[39], 하가점하층문화는 동이문화의 주류라고 중국의 학자들은 이구동성으로 말한다. 중국학자 왕혜덕(王惠德)은 30여 년 전에 "환발해(環渤海)의 신석기시대 문화지역 계통에서 후(後)홍산문화인 소하연 유형은 위로는 조보구문화를 계승하고 아래로는 하가점하층문화로 이어지는 하나의 완정(完整)한 발전 과정이 있는바, 이를 동이문화의 주류"(鳥圖騰的濫觴一兼談東夷文化, 1990년)라고 명백히 지적했다. 그럼에도 불구하고 정작 국내 언론이나 학계에서 고조선문자로 추정할 수 있는 하가점하층문화의 고고학적 발굴 사실을 숨겨온 점이 이상하다. 특히 상(商)의 갑골문보다 더 이른 시기에 조선문명권에서 갑골문이 발견된 것은 그동안 상(商)에만 갑골문이 있었다는 주장보다 진보된 사안이다. 아울러 도기문자도 묵서(墨書)로 기록했다는 면에서 붓의 역사도 하가점허층문화가 상(商)보다 앞선 것으로 볼 수 있다고 한다. 필자는 조선국이 세운 상(商)은 같은 동이문화권으로서 선후관계로 보는 것이 옳다고 생각한다. 부여의 영고(迎鼓)가 상나라 달력으로 정월에 천신에게 제사를 지냈다는 기록역시 조선 문명권으로 봐야한다.

 BC2000전 요·순·우의 선양 당부와 관계없이 해석상 단군조선의 제후국이라는 한국민족사학자들의 주장이다. 반대로 조선국의 왕이 지나 왕조의 제후였다는 대립적 관점의 모순도 사서의 교차검증 연구와 현대과학이 접지된 최첨단 고고학시대에서 더는 통할 리가 없다.

---

39) 한가람 역사문화연구소 이덕일 소장은 "이 시기, 이 일대의 방국(方國) 세력으로 분류할 수 있는 정치세력은 고조선밖에 없다는 점에서 하가점하층문화는 고조선 문화"라고 2019년 한국통사에서 직접적으로 밝혔다.

3. 중원의 상고사 정립은 한중일 공동번영의 길

동이(조선)가 창조한 갑골문이 한자로 발전했고, 한글의 창제에도 큰 영향을 미쳤다고 생각한다. 지나가 안양 은허(인쉬)에서 발굴한 16만 자에 이르는 대규모의 갑골문의 주인공이 조선인이라는 사실에, 더는 이의를 제기할 사람은 없으리라 본다. 지나의 많은 어문학자가 아직도 은나라의 갑골문을 해석하지 못하고 있다.

반면에 소수의 한국어문학자들은 어렵지 않게 선인들이 남긴 갑골문을 쉽게 풀이하고 있다. 필자 역시 갑골문자를 보고 말을 문자로 연결해 보면서, 상고 선인들이 일상에서 쓰는 말을 문자 형태로 바꾸어 갑골에 새겨 남긴 문자가 갑골문이고, 문자 문명이 발전하면서 한자와 한글 등으로 발전되었음을 알 수 있었다.

북평과 평주의 동쪽은 조선 땅이었다. 지나의 몸통이 중국 정부가 통제할 수 없을 만큼 거대해지자, 각 성별 또는 민족별로 진짜 역사관에 근거한 독립운동을 하려는 움직임이 보인다.

1929년경 중화민국 국민당 총통 장개석은 자신의 고향이 상고 백제가 경영하는 곳이라고 대한민국임시정부 김구 주석에게 밝혔다. 또한, 1949년 10월 중화인민공화국 전당대회에서 모택동 주석은 "지금의 북평(북경)과 평주(명나라 때 쌓은 만리장성 끝 지역)의 동쪽은 조선의 땅이라고 천명했다. 그리고 지금의 동북삼성(요녕·길림·흑룡강성)은 일본이 국제법을 어기고, 대한제국의 승인 없이 간도협약이란 핑계로 청에 팔아넘긴 조선국의 땅이다."라고 말했다.

중국이 바른 역사정립을 하지 않는다면, 한때 조선국이 경영했던 많은 중국연방의 인민들이 그들의 상고시대 역사와 문화가 옛 조선국의 역사임을 알고도 언제까지나 침묵하지 않을 것이라 예상된다. 최근까지 중국정부가 동북공정과 하상주단대공정을 통해, 중원대륙의 한중역사를 중국역사 일방으로 조작하는 사업에 침묵하고 있던 중국의 식자층이 적지 않다. 게다가 세계 최초의 조선국의 시원문명으로 세계가 인정하는 요하문명을 황하문명을 만든 중국문명이라 하고, 중국문명의 주류였던 동이까지 중국인으로 만드는 정부의 엉터리 역사·문화공정을 바라보면서 원성이 커지고 있다.

세계적인 석학들은 머지않아 중국의 국민총생산이 미국을 앞지를 것이며, 일등경제대국이 될 것이라고 단언하고 있다. 그런데도 잘못된 상고 한중역사문화의 조작과 왜곡에서 벌어지고 있는 감정적인 틈새가 점점 커져 적개심에 불타오를지도 모른다. 시급한 양국의 국민적인 공통관심사인 역사독립과 개벽적인 역사관 공유 없이, 중국이 꿈꾸는 세계화와 중화주의는 큰 걸림돌이 될 것이다.

4. 소결론

일본이 조작한 반도식민사관은 한중일 공멸의 길이다. 조선국이 한나라와의 전쟁에서 패한 후 조선의 유민들이 다시 나라를 세웠다. 황하 동쪽 태원을 중심으로 남동 북쪽으로는 고구려. 고구려 서남쪽인 하남성 중동쪽, 산동성 서쪽, 호북성 북쪽에 백제. 산동성 중동쪽과 강소성과 안휘성에 신라. 그리고 고구려의 북쪽인 지금의 내몽골 자치구를 비롯한 옛 요하문명지 북쪽에 북부여가 도읍한다.

한편 백제와 신라 사이에 가야가 도읍하고, 백제 가야 신라의 남쪽에 왜가 있다. 이 왜가 후에 일본 열도로 건너가 일본을 세운다. 지금의 대만이 왜의 강역이었다는 사실은 중국 고지도로 쉽게 확인된다. 지나의 시각에서 볼 때, 북부여·신라·고구려·백제·가야·왜 6국이 모두 동이라고 하고, 사서에 동이족의 나라로 기록했다.

그동안 경상남도지역을 중심으로 가야를 정복한 후 임나일본부를 설치해서 삼국을 경영했다는 일본은 역사를 처음부터 다시 그리고, 한국인과 중국인에게 반성하여야 한다. 반도식민사관의 노예가 되어 식민지국으로 전락했던 한국의 사학계와 역대 지도층은 차제에 백지상태에서 역사공부를 다시 해야 한다.

중국은 현재 중원대륙 대부분의 강역을 차지하고 있는 사실이, 자신들이 스스로 조작한 상고사의 진실을 연구하여 잘못을 반성하고 부끄럽게 생각해야 한다. 결국 동북삼성만 해도 일본제국주의 동아시아 식민지정책의 일환에서 청일전쟁으로 어부지리로 불법으로 얻은 강역임을 직시하고 즉시 반환해야 한다. 그리고 중원대륙의 주인이면 주인답게 중국의 지도층은

선 대국인 한국과 선인인 한국인에게 겸손해야 한다.

"역사를 모르는 민족에게는 미래가 없다."라고 한다. 한중일 국민이 수천 년 이상 동이족으로서 요하문명을 위시한 위대한 동아시아 문명과 역사를 창조했다는 공통의 인식을 진실로 공유할 때, 세계 속의 일등 국가와 동아시아 민족으로 상생하는 다시 개벽의 찬란한 미래가 필연으로 온다. 더는 공멸의 길을 가지 말아야 한다. 19세기에 수운 최제우가 천하(중국)가 망하니 순망지탄이라 포효했다. 동학인의 눈으로 본 한중일의 바른 상고사로 처음처럼 삼국이 하나 되어, 세계 최고의 동아시아 문명을 함께 누리길 기대한다.

제2부 기자조선연구

손 윤 박사

제2부는 우리 상고사 연구로 기자조선를 다루고 있다. 제2부는 다섯 개의 장으로 구성되어 있다. 제5장에서는 기자의 활동과 조선 상고사를, 제6장에서는 기자조선 실체에 관한 쟁점 사항을 살펴보고, 제7장에서는 산서성 중심의 조선국 역사를 근거로 삼아 제8장에서는 기자조선을 부정하는 것은 단군조선을 부정하는 것으로 제9장에서는 단군조선과 기자조선은 하나라는 연구 결과를 제시하겠다.

이 장은 기자의 활동과 조선 상고사를 다루고 있다. 먼저 기자의 활동지역 개요를 살펴보고 기자조선이 차지하는 조선상고사를 분석하고자 한다. 마지막으로 고조선의 중심지는 모두 중원대륙인 것을 강조하겠다.

1. 기자의 활동지역 개요

기자(箕子)가 동천한 종착지는 산동성 "묘도열도(廟島列島)의 사문도(沙門島)"1)라고 주장하는 학자가 있다. 기자가 조

---

1) 기자(箕子)동천의 종착지는 묘도열도(廟島列島)의 사문도(沙門島)이다. 구산(九山), 2015. 2. 16. 남당 박창화. (1)文(문)은 紋(문)에서 생겨났다. 艮(간, 북동쪽)은 道(도)의 宗(종)이며, 傳(전)하여 渤海(발해)에 있었다. 辰(진, 동쪽)은 法(법)의 本(본)이니, 連山(연산)과 歸藏(귀장)이다. 農(농), 工(공), 医(의), 藥(약), 禮(예), 樂(악), 射(사), 御(어), 書(서), 數(수)의 術(술)이 갖춰지지 않는 것이 없었다. 姜(강, 姜太公)을 초빙한 姬旦(희단)의 다스림은 우리에게 얻어서 저들에게 쓴 것이다. 오래도록 비옥하고 따뜻한 땅을 占(점)하는 것을 오랫동안 安樂(안락)의 계책을 삼았으나, 안주하는 자는 게을러서 망하고, 애쓰는 자는 부지런하여 흥하노라. (2)文(문)은 紋(문)에서 생겨났다. 艮(간, 북동쪽)은 道(도)의 宗(종)이며, 傳(전)하여 渤海(발해)에 있었다는 말은 모든 문물의 중심이 발해내역에 있었다는 말에 주목해야 한다. 다음과 같은 설을 제기한 학자도 있다. 은(殷)나라 초기에 箕씨는 지금의 산서성 포현(蒲縣) 즉 진인패적기(晉人敗狄於箕)에 나오는 기(箕)라는 곳에 처음 살았다. 은대

선으로 간곳은 발해내역에 있던 조선이다. 왕헌당이 고증한 지금의 산동성 거현 북부의 유수 발원지 근방외에도, 아래와 같은 몇 가지 관점이 있다. 역대 기록에는 기(箕(其))씨 기물이 지금의 하남성 안양(安陽) 일대 지역에서 많이 출토하였다고 전해진다. 이 때문에 기족(箕族)이 처음 살던 곳은 상(商)나라 기내(畿內)라고 주장한다. 기수(淇水) 유역이라는 주장도 있다. 또 북경과 요녕성 서부 사이에서, 상(商)말 주(周)초 시기의 기후병기라는 명문이 있는 청동솥(鼎)과 향로 등의 제기가 골고루 발견되었다. 이 때문에 箕族은 하북성 사하(沙河) 유역에서 발단하였다고 한다. 요서 등지라고 추정하는 등 기(箕)씨 유물이 발견된 곳은 하나가 아니다.

조선상고사를 한반도에 묶어두려는 반도식민사관을 추종하는 부류는 일제의 논리와 함께 기자조선을 통째로 부인하고 있다. 기자조선을 역사로 인정하는 순간, 그들이 조선상고대사에서 없앤 단군조선의 실체가 밝혀지는 것을 억지로 막을 수 없음이다. 또한 기자조선 사를 매개로 삼국사기 초기기록을 불신한 그들의 만행이 만천하에 드러나기 때문이다. 한편

(殷代) 중만기에 또한 북방 燕나라 땅으로 옮겨갔고, 춘추시대에 거듭해서 산동성 거현의 북쪽으로 옮겨갔다(陳槃). 기(箕)씨는 제(齊)나라 지역에서 활동한 화살을 숭상하던 민족의 한 갈래이어야 할 것으로 생각된다. 이곳이 은대의 기국(其國)땅이라는 강력한 증거는 1975년에 산동임구영자공사(山東臨朐營子公社)가 무더기로 발견한 상(商)나라 말기의 기씨 청동기이다.(孫敬明 1988, 王永波 1990). 만약 기족(箕族)이 강성(姜姓)에 속할 개연성이 있다고 한다면 그들이 염제(炎帝) 신농씨(神農氏)의 후예라는데 아무런 의문이 없다. 염제 신농씨는 동이(東夷)의 한갈래 종족인데 산동지역이 그들의 기원지이다王獻唐 1983, 李德山)

일부 사학자들은 기자가 한반도에 들어오지 않았다는 이유만으로, 기자는 존재하지만 기자조선의 실체는 없다는 모호한 논문 등 글을 쓰면서 조선상고사의 진실을 호도하고 있다. 혹여 기자와 기자조선의 역사를 말하면 중화사대주의자라고 비난을 하면서, 대안은 제시하지 않는 한국 일부 사학계의 현실을 안타깝게 마주하고 있다.

고고학적인 관점에서 기자와 관련한 유물이 하남성 안양(安陽) 일대 지역에서 많이 출토됨을 이유로 기자가 처음 살던 곳은 상나라라고 주장한다. 또 북경과 요녕성 서쪽에서 상나라 말기와 주나라 초기 시기의 기후병기라는 명문이 새겨진 청동기 유물이 많이 발견되었다. 이 때문에 기자조선은 하북성 유역에서 발단하였다고 한다. 산동성에서는 상나라 때의 대규모 기씨 관련 청동기가 발견되었다. 이와 같이 기자의 유물이 발굴된 곳은 산서성과 하남성, 하북성, 산동성 등 중원대륙 중심 여러 곳에 수없이 분포 또는 산재되어 있다. 이와 더불어 사서 또는 문헌 등 기록은 헤아릴 수 없을 만큼 지나와 중원대륙에서 나온다. 기자가 상나라 초기에는 산서성 포현에 처음 살았다고 하고 또는 상나라 말기에 연(燕)나라 땅으로 옮겨갔으며 춘추시대에는 산동성 거현의 북쪽으로 옮겨갔다는 등 분분하다. 이상과 같이 기자의 활동지역을 분석해 보면, 기자조선을 부정하는 부류처럼 "상나라를 멸한 주 무왕이 기자를 조선왕으로 봉하니 고향으로 돌아가서 살다가 죽었다."는 논리는 거짓이다. 그리고 기자는 지나인이 아니라 조선 사람이니, 아니 땐 굴뚝에서 연기가 나지 않는 법이다.

2. 기자조선이 차지하는 조선상고사

조선상고사 연구에서 중원대륙에서의 기자의 활동을 빼놓고 논하는 것은 어불성설이다. 기자조선을 의미하는 많은 지나 사서 기록이 기자와 연결되어 있다. 기자가 조선으로 갔다는 것은 BC1122년 경 이전에 조선국이 중원대륙에 있었다는 사실을 반증하는 역사로 단군왕검이 조선을 BC2333년에 건국한 『삼국유사』 및 삼국사 이전에 선인이 있었다는 『삼국사기』에 부합한다. 주은래는 1963년 6월 북한과학원 방중단을 환영하는 연설에서 "중국 역사학자들은 어떤 때는 상고사를 왜곡했고, 심지어 조선족은 '기자자손(箕子之后)이라는 말을 억지로 덧씌우기도 했는데 이것은 역사왜곡'이라며, "어떻게 이렇게 될 수가 있다는 말이냐"라고 하며 중원내의 상고조선사를 확인했다. 그럼에도 불구하고 한국사학계에서는 별다른 이유 없이 한반도의 기자동래설을 부정하고 있는 것이 오늘날의 대체적인 현실이다. 기자가 한반도가 아닌 중원대륙에서 활동했으며 마지막 왕 기준이 BC194년 위만정권에 패한 후 중원에서 조선국 역사를 이어 갔음에도 기자조선의 실체를 부인하는 이유가 궁금하다. 지나 입장에서 단군과 기자조선이 수천 년간 중원대륙을 경영한 사실을 없애기 위하여 기자가 한반도로 동래하였다는 설을 왜곡하여 왔다는 사실조차 모르고 있다는 말이다. 기자조선 실체를 부인한다면 단군조선 이후 신라, 고구려, 백제 등 열국이 중원대륙에서 단군조선의 묘예임을 자랑스럽게 앞세우고 잠시 빼앗긴 선조 조선국의 강역을 되찾아 1천 년 이상 경영한 사실 역시 모른다는 의미다. 이는 지나 사대주의 추종자들이나 일제 반도식민사관의 부류가 조선상고사와 삼국사는 한반도에서 있었던 반도역사라고 거짓 주장하는 것에 동조하는 것이다. 역사학자 심백강은 "상고사를 연구하는 데 있어서 금석문만큼 중요한 사료는 없다. 금석문은 한번 글자를 새겨 넣은 다음에는 위조나 변조가 용이하지 않기 때문이다. '두로공신도비'는 중국 남북조시대에 농우총관부장사를 역임하고 태자소보에 증직된 두로영은공의 신도비다. 그의 본래 성은 모용이고 두로은으로도 불려 '두로은비', '모용은비'로 불리기도 한다."[2]고 발표했다. 이 비는 지금까지 보존되어 중국 섬서성의 함양박물관에 보관되어 있다고 한다. 우리가 1500년 전 요서에서 활동한 선비족 두로영은의 신도비문을 주목하는 까닭은 요서에 있었던 조선국의 실체를 알려주는 결정적인 내용이 이 비문에 포함되어 있기 때문이다. 두로공신도 비문에 나오는 첫 구절은 '조선건국(朝鮮建國) 고죽위군(孤竹爲君)'으로 조선을 건국한 사람은 고죽의 임금이라는 사실을 밝힌 것이다. 지나의 위치조작으로 유명한 조선국의 방국인 고죽국은 기자가 활동했던 기자조선의 초기 강역이기도 하다.

---

2) 출처 : 의회신문(http://www.icouncil.kr), 2015.10.26. 심백강.

▲ 조선건국 고죽위군과 두로영은비. 중국 섬서성
함양 박물관에 보관되어 있는 '두로 영은비'의
조선건국 기록

    요서에 있던 조선국과 고죽국은 모용씨가 세운 연나라의
건국과 통치의 중심이 되었다. 그래서 그것을 "조선건국 고죽
위군"이라고 요약한 것이다. 모용선비의 주요 활동지역은 진
한시대의 요서와 요동, 그리고 하북성 서북과 중부 지역까지
를 포괄했다. 이 지역은 이른바 고조선이 건국을 했고 고죽국
이 통치를 했으며 한 무제가 한사군을 설치했던 곳이다. 그래
서 모용선비의 역사를 이야기 하며 "조선건국 고죽위군"이라
는 말을 하게 된 것이다. 심백강은 "두로영은의 신도비문에
나오는 이 짧은 문장은 요서에서 고조선이 건국을 하였다는
사실을 그 어떤 자료보다 확실하게 대변해주고 있다. 이 문구
가 일찍이 『삼국사기』, 『삼국유사』에 인용이 안 된 것은

천추에 한스러운 일이지만 지금이라도 베일을 벗고 우리 앞에 정체를 드러낸 것은 한국사의 재정립이라는 차원에서 볼 때 한편으론 천만 다행이 아닐 수 없다."고 밝혔다.

▲ 기자족 이동도 고죽국→산동반도 창락→묘도(사문도).
청대 중반 제작예상 일본 쓰쿠바대학 소장. 중국의 상고
및 춘추전국, 통일중국시대를 걸친 역사지명지도이다.
산해관과 영원 사이를 흐르는 패수를 주목. 난하는 보이
지도 않는다. 자료 제공 : 향고도.

요하문명을 중심으로 하는 '조선문명'3)을 바탕으로 4356년 전에 중원대륙에서 단군조선을 건국하여 기자조선에 이어 삼국사 및 남북국시대까지 3천 년 동안 경영한 조선인의 조선국 역사가 진짜 조선상고사다. 단군조선을 신화로 조작하고,

---

3) 필자는 조선은 동이와 같은 민족과 국호를 의미하는 명칭이며, 중원
대륙을 수천 년 이상 경영한 조선국 역사를 통틀어 '조선문명'이라고
앞에서 밝혔다. 지나가 국가형태로 건국하기 훨씬 전부터 조선국과
조선인은 동아시아 최초의 국가로서 중원대륙은 물론, 한반도와 일
본열도를 지배하고 번영시킨 주체이기 때문이다.

기자조선을 허구로 보면 조선국의 역사는 없어지고 삼국사일 부만 남는 것이 되므로 일제의 식민사관과 지나의 중화사대 주의를 추종하는 어리석은 짓으로 가짜 조선사관이다.

위 지도에 나타난 동해지내 북해지우 '조선'의 위치는 『산해경』을 참조하여 살펴보면, 좌상→우로는 고죽국, 영평노룡, 낙정, '한유봉창 여백기선 창려인지 李北평양(平陽)', 창려, 산해관, 요서군, '순분(舜分)제주동북 북위영주'/북해 즉 발해 가 나타나고, 좌하→우로는 낙안, 백이대제처, 고산, 조해(성표식), 래이(萊夷), 조도, 수성(성표시), 등주, 우이(嵎夷, 산모퉁이 대인)이 나타난다.

이와 같이 고지도는 "동해지내 북해지우"라고 산해경에 기록한 것은 동해의 안쪽이라고 했으니, 이곳은 중원대륙의 동쪽 땅이기도 하지만 상고에는 뻘밭이었던 발해를 뜻한다. 북해지우는 북해의 모퉁이라고 하는데 북해가 바로 발해임을 알 수 있다.

우리는 조선건국 시기를 2천 년 줄여 BC4세기경으로 조작해야 일본건국(BC6세기 경)이 조선건국(BC2333) 연대에 비교하여 200년 정도 앞선다는 일본의 치졸한 속셈을 파악하고 있었지만 적극적으로 대응하지 않았다. 한술 더 떠서 중국은 고고학적으로 입증도 안 된 하나라의 왕조를 단대공정 (BC2070년)한 후, 지나의 건국연대가 조선의 위만조선 (BC194)보다 훨씬 앞선다는 해괴한 거짓 논리로 한국의 장구한 역사 강역을 침식하고 있음에도 한국정부는 물론 주류 사학계 조차 무대응으로 일관하는 등 속수무책이다. 한편 재야사학계 역시 각자도생의 논리만 펼 뿐 진짜 ˙조선사관을 정립하려는 의지는 보이지 않고 그럴 힘도 없다.

▲ 상나라 강역도. 우이를 비롯한 구이가 조선국 강역(상서지리금석)

기자는 조선(동이)가 세운 상나라[4]의 왕족이자 태사로, BC1046년 서주의 무왕이 하남성 안양 은허에 있는 상의 주(紂)왕을 죽이고 상을 멸한 후, 기자를 중용하고자 한 주 무

---

4) 이하 상과 은으로 혼용하고 있는 것을 상나라로 국가 명을 통일하기로 한다. 상은 동이(조선)가 세운 제국으로 지나 역시 최초의 국가로 인정하고 있기 때문이다. 은이라는 명칭을 상나라를 폄하하는 지나(화화)의 편견에 기인한 것으로 본다. 그 이유는 상나라가 조선인(설)이 세운 사실이 분명하니 은으로 낮추어 불러온 것이다. 이에 필자가 은을 상으로 바로 잡는 이유다.

왕을 버리고 "기자가 조선유민 5천 명을 이끌고 본향인 조선으로 갔다(入朝鮮)"고 주사(周史)를 인용하여 명나라 함허자가 말했다. BC11세기 주 무왕이 상나라를 멸하기 훨씬 전에도 조선국이 있었다는 사실을 말해주고 있다. 지나가 백이·숙제의 무덤(산서성 서남부 황하굴곡지점에 백이·숙제의 진짜 무덤 2개가 있다)의 위치를 조작한 것처럼 고죽국이 하북성 노룡현에 있다고 조작했다. 이는 기자조선의 위치 역시 조작한 증거이며, 여하튼 북경이 조선의 강역이었음을 지나가 인정한 사실이 중요하다.

▲ 요녕성 객좌현 북동촌 유적 출토품 제기. 객좌현에서 출토한 청동기 유물

요녕성 객좌현 북동유적에서 '기후(箕候)명방정'과 '고죽(孤竹)명뢰'라는 명문이 새겨진 청동기가 발굴되었다. 이는 기자조선의 태초 강역을 요서에서 요동으로 바꾼다고 고고학적인 유물까지 이전할 수 없는 것으로 기자조선의 이동에 따라 고죽국의 도성도 이동한데 따른 유물이며, 기자조선국의 넓은 활동지역을 가늠해 볼 수 있는 고고학적 증거다.

1930년대에 안양의 은허유적 발굴을 총지휘한 부사년은 "은상의 선조가 동북에서 황허 하류로 와서 나라를 건국하고, 은이 망하자 기자(箕子)가 동북(고향)으로 돌아갔다."5)라고 했고, 중국역사학자 왕국유는 "은이 망한 뒤 기자는 선조의 땅으로 돌아갔다."라고 했다. 사기정의에서는 "고죽성은 노룡현 남쪽으로 12리 떨어진 곳에 있으며, 은나라 제후국인 고죽국이다."6)라고 기록했다. 모두 은나라와 고죽국은 동이족 또는 조선국임을 말하고 있다. 기자의 고향은 조선이고 기자는 조선 사람이다. 지나 땅 중원대륙에서 조선인의 명예를 잃지 않고, 왕도정치를 실천한 기자 왕이 한반도에 없었다는 자학지심을 앞세워 기자조선의 실체를 부정하는 것은 자가당착이다.

한편, 남당 박창화는 "기자가 조선으로 간 곳은 발해 내역에 있던 조선이다."라고 한다. 필자 역시 BC194년 기자조선 마지막 기준 왕(41세)이 연나라에서 망명하여 조선정권을 세운 위만과 전쟁에서 패하자, 산동성에 위치한 대야택(옛 발해7)의 조선 사람들이 집단으로 있던 마한으로 상고에 '발해

---

5) 『동북사강(東北史綱)』.
6) 사기정의 주석서.
7) 여기에서 발해는 『산해경』 해내경 편에 "동해지내 북해지우 유국명

군'이라는 지명이 존재) 내지 해(海)로 들어가서[8] 조선국의 묘예인 신라와 백제 등을 건국하는 과정에서 마한(馬韓)의 시조 역할을 한 것으로 추정한다.

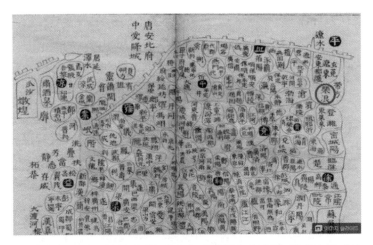

▲ 서진군국도(西晉郡國圖). 낙랑과 대방군은 동주를 경계로 발해협에 그려져 있다. 요수와 평, 장성, 안동도호, 요동, 현토, 발해, 창, 낙랑, 대방 등의 지명이 보인다.

위 그림에서 요수와 장성의 남쪽에 안동도호, 요동, 현토라는 지명이 있고 그 밑에 낙랑이 있으며 낙랑 우측에 대방이

왈 조선"라 기록한 육지 안(동해지내)에 있었던 북해를 말함이며, 춘추전국시대에 북해를 발해라고 했다고 한다.
8) 『후한서 동이전』 "처음에 조선왕 기준이 위만에게 패해 남은 군사 수천 명을 데리고 해(海)로 가서 마한을 공격해 깨고 자립해 한 왕이 되었고 준 이후에 멸망해 마한인이 다시 진왕이 되었다.(初朝鮮王準爲衛滿所破乃將其餘衆數千人走入海攻馬韓破之自立爲韓王準後滅絶馬韓人復自立爲辰王)"이라는 기록이 있다. 위만에게 패한 기준 왕이 간 곳은 상당(上黨)으로 지금의 산서성 동남부에 있는 장치시의 장자현 일대라고 한다.

그려져 있으므로 당나라가 고구려를 멸하고 안동도호부를 설치한 668년경의 지도로 보인다. 또 낙랑 좌측에 발해(渤海)가 그려져 있는 것으로 보아 대조영이 698년 발해를 건국하기 이전에도 발해는 동해내지에 있었던 지명으로 확인된다. 따라서 조선국이 도읍한 곳은 만리장성의 남쪽으로 『산해경』의 동해안(발해 내지) 북해 모퉁가 산동성 북쪽이라고 본다. 이와는 다르게 한 무제 때(BC108년) 설치했다는 내지의 발해를 황해(동해)로 조작하여 현 북경 쪽으로 해석하여 조선국의 강역을 축소시켜온 지나 사가들의 창작품임을 확인한다. 따라서 한사군의 위치 역시 산동성과 하북성 남쪽에 인접한 발해, 현토, 대방, 낙랑 지역 즉 요서로 비정해야 한다고 본다.

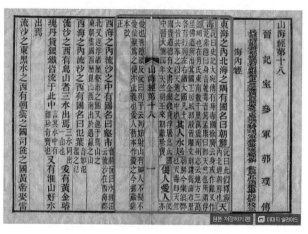

▲ 산해경 중 해내경, 산동성 우이땅 발해가 조선. 조선,
발해, 천독, 기인수거, 외인애인

한국 상고사에서 수천 년 이상 중원대륙을 경영한 단군조선을 신화로 빼고 기자조선의 실체까지 없앤다면, 4356년의 장구한 조선국 역사는 중화사대주의와 일제식민사관을 추종하는 자학사관만 남는다. 기자가 황화문명 지를 중심으로 옮겨 다닌 것을 지나의 잘못된 기록 등을 터 잡아 기자조선이 없었다고 주장하는 부류는 기자를 화하족이라 강변하는 꼴이다.

▲ 우이는 옛 조선 땅 청주(靑州). 『상서지리금석』
우서 요전

설사 고죽이 조선국의 제후 또는 거수 국이라 할지라도 기자조선의 실체를 부인하는 우를 범하면 소탐대실이다. 기자조선이 제후국이라 한들 중원대륙을 호령하던 조선국이다. 중원대륙에서 기자의 활동반경 및 조선국의 중원대륙 경영 전반의 역사적 실체를 온전하게 밝혀보지도 않은 채, 허접한 '기자동래설'로 기자조선을 에둘러 부인하는 것이야 말로 단군조선을 부정하고 조선건국의 위대한 역사와 한국인의 상고강역인 중원대륙의 있는 지명을 한반도 내에 있지도 않았던 지명으로 옮겨 선조의 땅을 옛 조선국의 강역을 축소했던 바보들과의 합창이다.

3. 고대 조선의 중심지는 모두 중원대륙

필자가 연구한 바, 상고시대 조선의 핵심강역이 모두 중원대륙이고 조선국의 묘예인 북부여와 신라, 고구려, 백제, 가야, 왜 등의 국가로 이어지는 강역 또한 조선국의 땅이었다. 지금부터 5800년에서 4500년 전에 '조선 문명' 강역 산동성을 중심으로 '대문구문화'와 황하문명의 주체가 지나가 아닌 조선으로 밝혀지고 있다. 기원전후 조·한전쟁의 역사, 한국과 지나의 왜곡된 상고사를 바로 세우는 대안 없이 옛 성현들이 남긴 사서와 유산을 함부로 버리고 예단하는 일이 더 이상 있어서는 안 된다. 오늘날 세계중심국가로 발전하고 있는 한·중·일 역사의 모태가 된 동아시아 문명과 상고사의 경영주체가 조선국이었음에도 불구하고, 현실은 거대한 중원대륙을 차지하고 있는 중화인민공화국의 잘못된 역사공정에 의해 한국과 중국의 모순된 역사관의 양립으로 양국관계는 파탄지경에 이르렀다. 요임금 때 우이가 조선이고 우이가 청주라고 기록해 왔으니, 산동성에 조선국이 있었음을 중국정부가 감춘다고 해서 되는 일이 아니다. 최근 들어 많은 세계적인 선진국 사학자 또는 고고학 전문가들이 중국의 역사조작과 왜곡선전의 문제를 비웃고 있음을 알아야 한다. 이와 같은 비웃음이 한국정부와 역사학계를 부정적으로 지목하고 있는 상황임에도 불구하고 교육정책 부서와 사학 관계자들은 침묵으로 일관하고 있는 등 이해할 수 없는 일들이 지속되고 있다.

지나는 그렇다 치더라도 최초의 조선의 건국사실을 기록하고 있는 세계적인 3대 지리서로 평가받고 있는 『산해경』이라는 가장 오래된 기원전의 지리서가 있는데도 13세기경에 나온 『삼국유사』나 『삼국사기』 외엔 앞선 연대의 사서 또는 문헌이 없어서 고대사를 연구할 수 없었다는 평계가 더 이상 통하지 않는다. "동해 밖의 소호지국"9), 공자 왈 "옛날에 동방군자의 나라가 있어", 『사기』에 "황제가 누조를 아내로 맞아 현효(玄囂)를 낳음. 그가 소호", 소호금천의 유래10), "소

---

9) 『산해경』 대황동경 : 東海之外 大壑 少昊之國 少昊孺帝顓頊于此 棄其琴瑟 有甘山者 甘水出焉 生甘淵 동해지외 대학 소호지국 소호유제 전욱우차 기기금슬 유감산자 감수출언 생감연 [풀이] 동해(중국의 동해 즉 황해)의 밖에 위대한 골짜기(大壑)가 있는데 소호(少昊)의 나라이다. 소호(少昊)가 전욱(顓頊)을 이곳에서 키웠고 기(其)와 금(琴)과 슬(瑟)을 버리고 떠났다. 감산(甘山)이 있는데 감수(甘水)에서 봉황(焉)이 나온다.

호는 담국의 군주"11)라고 사서에 수없이 동이(조선)의 수령인 소호금천의 애기가 중원대륙에 널브러져 있는데도 아무도 연구하지 않았다. 부끄러운 우리의 자학사대 역사관이며 오랫동안 누적된 일제 식민사관의 영향이 그만큼 크다. 조선국의 묘예인 북부여, 신라, 고구려, 백제 등 열국사도 중원대륙에서 태동했기는 마찬가지다. 예를 들어 신라는 박혁거세가 건국한 이후부터 마지막 경순왕이 왕건에게 멸망할 때까지 모든 강역이 한반도의 일부 외엔 모두 대륙에 있었다고 나타나고 있는 놀라운 사실이 벌어지고 있다.

---

10) 『춘추좌씨전』 소공 : 소공 17년 가을에 담자가 조회하니 소공이 소호가 관직의 명칭을 새의 이름으로 삼은 유래를 묻자, 담자가 답하길 "자신의 선조인 소호가 즉위하자 봉황이 날아들었다. 이로 인해 소호는 새로써 법도를 정하고, 이를 관직명으로 삼았다. 봉조씨는 역을 주관하였고, 현조씨는 춘분과 추분의 시기를 구별하는 일을 담당하며 백조씨는 하지와 동지를 구별하는 일을 관장하였다. 청조씨는 양기가 만물의 힘을 열어주는 일을 관장하였고, 저구씨는 사마를, 축구씨는 사도를 담당했다. 시구씨는 사공을 맡았고, 상조씨는 사구를 관장하며, 골구씨는 사사를 담당하였다." 라고 말했다고 한다. 소호 금천은 농정 및 공정과 같은 농업 및 수공업과 관련된 관직을 설치함으로써 고대 농업 생산력의 발전을 도모했다고 한다.

11) 『左傳』 등 "소호씨는 새의 이름을 딴 벼슬이름이다."라고 돼 있다. 이것은 각종 새 이름으로 주요 관직의 이름을 지었다는 것이다. 郯國(담국, 지금의 산동성 郯城縣)의 군주가 노나라에 왔을 때에 노나라 昭公에게 풀어서 말해주기를 "우리 高祖 소호가 세운 땅인데 때마침 봉(鳳)새가 날아왔기에 그 것을 기려 새를 모시고 그 이름으로 했다."고 했다. 그리고 "그것으로서 백성들의 일을 가르쳤고 (以敎民事) 역법을 만들고 수공업 등을 열었다."

제6장 기자조선 실체에 관한 쟁점

이 장은 기자조선 실체에 관한 쟁점에 대해 다루고 있다. 먼저 기자조선은 사대주의가 만든 허구라는 설에 대하여 검토하고, 기자조선은 가짜가 아니고 조선의 역사인 것을 증명할 것이다.

1. 기자조선은 사대주의가 만든 허구라는 설

중·일과 사대주의자가 만든 기자조선은 허구다.[12] 기자조선의 실체가 『사기』에 안 보인다.[13], 『상서대전』[14]과 『한서』[15]

---

12) 40여대 계승된 군주 이름과 천년 역사 기록 전무, 중국의 조선 속국 주장 엉터리, 이을형 전 숭실대 법대 교수.
13) 『사기』에 "송미자세가(宋微子世家)에는 무왕이 은을 정복한 뒤 기자를 방문하여, 백성을 편안하게 하는 방도를 묻자 홍범9주를 지어 바쳤다. 이에 무왕이 그를 조선왕으로 봉해주었으나, 기자는 신하의 예를 갖추지 않았다."고 한다.
14) 『상서대전』에 "주(周)의 무왕(武王)이 은(殷)을 멸망시키고 감옥에 갇힌 기자를 서방하자, 그는 이를 탐탁지 않게 여겨 조선으로 달아났다. 무왕이 이 소식을 듣고 조선왕으로 봉하였다. 주의 책봉(册封)을 받은 기자는 부득이 신하의 예를 차려야 하였으므로 BC 1100년경(무왕 13)에 주나라에 가서 무왕을 만났는데, 무왕은 그에게 홍범9주(洪範九疇)에 대해서 물었다."고 한다.
15) 『한서』 지리지 연조(燕條)에는 "은나라가 쇠하여지자 기자가 조선에 가서 그 백성에게 예의와 농사·양잠·베짜기 기술을 가르쳤더니, 낙랑조선(樂浪朝鮮) 사회에서는 범금팔조(犯禁八條)가 행해지

에도 역시 기자는 보이는데, 조선은 없다. 주나라 무왕이 상나라를 정복한 뒤 기자를 방문하여, 백성을 편안하게 하는 방도를 묻자 홍범9주를 지어 바쳤다. 이에 무왕이 그를 조선왕으로 봉해주었으나, 기자는 신하의 예를 갖추지 않았다. 연조(燕條)에는 은나라가 쇠하여지자 기자가 조선에 가서 그 백성에게 예의와 농사·양잠·베짜기 기술을 가르쳤고, 낙랑조선(樂浪朝鮮) 사회에서는 범금팔조(犯禁八條)가 행해지게 되었다고 전한다. 고려와 조선시대에는 기자조선의 실체를 인정하였지만, 최근에는 이를 부정하는 견해가 지배적이다. 먼저 문헌상으로 기자가 조선에 와서 왕이 되었다는 것을 입증하기가 어렵기 때문이다. 기자는 기원전 1100년 전후의 인물인데, 기원전 3세기 이전에 쓰여 진 『논어』, 『죽서기년(竹書紀年)』등에 기자가 조선으로 갔다는 기록은 없고 기자의 존재 자체만 언급하고 있다. 기자동래설은 기원전 3~2세기 무렵에 중국인들이 중화사상에 입각하여 조작해낸 것이라고 본다.

기자는 상의 시조 성탕(成湯)의 16세 손으로 동이족에 속한다. 서전(書傳) 홍범장(洪範章)에 기자가 홍범구주(洪範九疇)를 주무왕에게 전도하였으나 벼슬은 하지 않았다(尚書今古文注疏 卷二十五). 중국역사인 한서(漢書)에 '箕子去之朝鮮(師古曰 史記云 武王伐紂 封箕子於朝鮮 與此不同)'이라 하였다. 즉, 기자가 스스로 조선에 망명한 것이요, 주무왕의 임명을 받아 한민족을 지배한 일이 없다고 한 것이다. 주무왕이 기자를 임명하였다는 주장은 상서(尚書) 홍범장 주(註)에 '武

게 되었다."고 한다.

王封箕子于朝鮮'이라는 문구를 근거한 것이다. 그러나 원문을 다시 검토하면 봉(封)자는 위조인 것이다. 그 원문에는 분명히 '箕子 嘗言 商其淪喪 我罔爲臣僕 史記 亦載箕子 陳洪範之後 武王 封箕子于 朝鮮 而不臣也 蓋箕子 不可臣 武王 亦遂其志 而不臣也'라고 하였다. 기자가 '나는 상이 망한 후에 주무왕이 임명을 받는 신복(臣僕)이 되지 아니하겠다.'라고 말하였다. 사기에도 기자가 천도(天道)인 홍범을 설교한 후에 주무왕이 기자를 조선에 봉하고 임명하는 신복으로 대우하지 아니하였다고 하였다(漢書 卷之二十八, 地理志 第八下). 그렇다면 기자조선은 무엇인가? 해동역사(海東繹史)의 기록은 '기자가 중국인 5천 명을 거느리고 동래하였다.'라고 하였다. 서기전 1122년, 상나라가 주나라에게 망했다. 이때 상나라사람 기자가 '왕조궁터에 잡초가 무성타' 한탄하며 무리 다수를 거느리고 고조선으로 망명해 왔다. 그 이후 조선에서 기자의 소식은 없다.16)라고 주장하면서 기자조선은 허구라고 강변한다.

2. 기자조선은 역사다

최근 기자조선의 실체를 부정해서는 안 된다는 논문이 발표되어 그 내용을 살펴보면, "기자조선의 실재를 증명할 수 있는 근거는 크게 세 가지다. 하나는 삼국 가운데 유일하게

---

16) 본 칼럼은 최태영의 '한국상고사', '한국상고사를 생각 한다.'등 다수의 서책을 참조, 본문을 인용함. [출처] 중국사·일본사는 어디까지가 진실인가! 본 칼럼은 - 삭제하거나 다른 표현으로

고조선을 계승한 고구려가 제천행사에서 기자신(箕子神)을 가한신(可汗神)과 더불어 토착신(土着神)의 하나로 제사지냈다."라는 것이다. 가한신은 고조선시조 단군을 가리키며, 기자신은 후조선시조로 보아 숭배한 것으로 해석된다. 평양과 그 인근지역에는 기자후손 선우 씨가 엄연히 존재해 있었다. 둘째로 요서와 요동, 평양에 남아 있는 수많은 기자관련 유적과 유물은 그 진가가 중요한 것이 아니라 그것을 만든 사람들이 기자 후손이라는 사실을 주목할 필요가 있다. 셋째로, 기자후손은 고구려지역의 선우 씨, 신라지역의 한씨, 백제지역의 기씨로 분화되어 이성동본(異姓同本)으로 살아왔을 뿐 아니라, 그들이 고려와 조선시대 평양의 기자사당(箕子祠堂) 제사와 기자숭배를 주도해 왔다는 사실을 간과해서는 안 된다. 선우 씨와 한 씨가 기자후손이라는 것은 『위략(魏略)』이후로 정사와 야사에 수많은 기록이 전해오고 있다.17) 저자는 논문에

---

17) 기자조선은 사실인가 허구인가, 한영우, 학술지정보 진단학보, 2021 136권, 0호 초록에서 한편, 기자조선 인정론자들은 기자조선 관련 문헌을 충분히 검토하지 못한 것이 약점이다. 중국측 기록은 한대 이후로 우리나라와의 관계가 더욱 밀접해지면서 기자후손이 세운 마한(馬韓)까지 언급하고, 나아가 기자후손이 고구려에서는 선우씨(鮮于氏)가 되고, 마한이 망한 뒤에는 한씨(韓氏)와 기씨(奇氏)로 분화되었다는 사실까지도 기록하고 있다. 다만, 우리나라에 대한 중국의 대외정책이 바뀌면서 기자조선을 제후로 보기도 하고 독립국으로 보기도 하는 등 오락가락하지만, 그것은 미세한 부분에 속한다. 한국인이 기자와 기자조선을 숭배한 것은 그 문화적 업적에 대한 숭모 때문이며, 제후보다는 독립성에 더 무게를 두었다. 선우씨와 한씨가 기자후손이라는 것은 위략(魏略)이후로 정사와 야사에 수많은 기록이 전해오고 있다. 기씨는 백제가 마한을 정복할 때 마지막 저항세력을 한북(漢北)으로 강제 이주시켰다고 에 기록되어 있는데, 이들이 바로 이주지역인 행주(幸州)를 본관으로 삼아 기씨

서 고구려 때에도 단군과 기자를 함께 제사지냈다는 문헌과 기록, 중원대륙 중심 강역과 한반도에서 나타나는 다량의 기자유물, 후손이 한반도에 여럿 존재하고 있다는 세 가지만 보아도 기자조선은 단군조선을 이은 조선사의 실재 역사로 논증한다. "기자조선은 중국이나 한국에서 근대 이전까지는 아무도 그 실재를 의심하지 않았으나 일제강점기 이후 일본 식민주의자들이 기자조선을 중국의 식민지처럼 왜곡하면서 민족주의 역사가들이 갑자기 기자조선의 존재를 날조로 보기 시작했는데, 그 뒤로 기자조선은 한국사에서 사라졌다. 기자조선을 부인하는 주장들은 유물과 유적의 진가를 의심하거나 한대(漢代) 이후 처음으로 기록이 등장하는 점을 들어 중화사상에 의한 날조로 본다. 그러나 한대 이후로 기록이 나타나는 것은 이때부터 중국과 조선의 관계가 밀접하여 고조선에 관한 정보가 비로소 중국에 전달되었다는 사실을 주목할 필요가 있다. 한편, 기자조선 인정론자들은 기자조선 관련 문헌을 충분히 검토하지 못한 것이 약점이다. 기자조선의 실재를 증명할 수 있는 근거는 크게 세 가지다. 하나는 삼국 가운데 유일하게 고조선을 계승한 고구려가 제천행사에서 기자신(箕

_____

가 되었다. 세 성씨는 고려-조선시대에 정치적 위상도 만만치 않아서 선우씨는 주로 평양의 기자사당을 제사하는 일에 집중하고, 기씨는 고려말기 기황후(奇皇后)가 등장하여 전성기를 구가하고, 특히 마한 도읍지였던 익산(益山)을 외향(外鄉)으로 인정하여 익주(益州)로 승격시켰으며, 조선시대에 많은 성리학자를 배출했다. 한편 한씨는 조선전기에 6명의 왕비를 배출하여 막강한 명문으로 등장했다. 본고는 이상과 같은 문제의식에서 기자조선의 실재를 증명하고, 나아가 기자조선에 대한 한국인의 숭모와 연구가 어떻게 진행되어 왔는가를 사학사적으로 구명하였다.

子神)을 가한신(可汗神)과 더불어 토착신(土着神)의 하나로 제사했다는 것이다. 가한신은 고조선시조 단군을 가리키며, 기자신은 후조선시조로 보아 숭배한 것으로 해석된다. 평양과 그 인근지역에는 기자후손 선우씨가 엄연히 존재해 있었다.

둘째로 요서, 요동, 평양에 남아 있는 수많은 기자관련 유적과 유물은 그 진가가 중요한 것이 아니라 그것을 만든 사람들이 기자 후손이라는 사실을 주목할 필요가 있다. 셋째로, 기자후손은 고구려지역의 선우씨, 신라지역의 한씨, 백제지역의 기씨로 분화되어 이성동본(異姓同本)으로 살아왔을 뿐 아니라, 그들이 고려와 조선시대 평양의 기자사당(箕子祠堂) 제사와 기자숭배를 주도해 왔다는 사실을 간과해서는 안 된다."18)라고 했다. 두말할 나위 없이 기자조선은 엄연한 조선국의 역사다. 1931년 중국 섬서성 강역에서 출토된 '조선건국 고죽위군'의 금석문은 고고학 증거이며, 많은 지나 사서와 문헌과도 일치한다. 『수서』와『구당서』에서 배구전은 "고려 땅은 원래 고죽국이다. 주나라에서 기자를 봉했다."고 했다. 『사기 열전』권 129 화식열전에 "연나라 동쪽은 예맥조선과 진번이 집결되어 있다."라고 했다. 모두 기자조선과 관련하여 무려 1천 년을 단군조선에 이어 조선국이 중원대륙에 있었다는 기록 일색이다. 쟁점의 핵심은 중원대륙에 기자조선이 있었다는 사실과 최초 산서성 고죽국의 위치를 동쪽으로 수회 옮겨, 있지도 않은 한반도까지 이동시킨 것이다. 이것은 기자조선의 위치를 조작한 지나의 속셈과 일제 반도사관의 합작품이나,

---

18) 한영우 논문 재인용.

그들의 조작을 산산이 깨부수는 유물과 고고학적인 증거가 많다. 진짜 백이·숙제의 무덤이 하북성이 아닌 산서성 영제시에 있으며, 산서성에 인접한 주나라의 도읍지였던 함양의 '두로영은비'만으로도 이와 같은 위치조작 사실이 드러난다. 한국 사학계에서 한 동안 일반화되어 온 기자조선에 대한 부정적인 견해는 한반도 기자동래설에 대한 연구부재의 소치이며 뿌리 깊은 일제의 반도식민사관에 쇠뇌 된 영향이 매우 크다.

차제에 삼국사에 이어 중원대륙에서 존재하고 활동한 기자조선과 단군조선의 상고사를 묶어서 우리나라 정부차원에서 막대한 국민의 세금이 들더라도 심층 연구하여 진실을 밝혀야 한다. 하마터면 단절될 수도 있었던 단군조선의 역사는 물론, 그 이전의 한국과 지나의 상고사 역시 바로 잡는 계기를 조성해서 더 이상 한중관계가 악화되지 않도록 양국의 상고사부터 공감하는 분위기를 만들어야 한다. 그리고 한국인으로 하여금 중국문명을 일으키고 발전시킨 세계 최고의 조선국 후예임을 자부하게 하고 인류의 평화와 발전을 위해 5천년 이상 앞장서온 선구자임을 낱낱이 보여줘야 한다. 3천년 이상 중원대륙을 지배한 조선사를 없다고 하는 바보는 세상천지에 더 없다.

이 장은 산서성 중심의 조선국 역사에 대하여 다루고 있다. 먼저 기자를 소개하고, 고죽국과 기자조선의 관계, 산서성은 기자 성씨의 기원 기록을 요약하여 살펴본다. 그리고 산서성은 초기 고죽국이고, 기자와 상나라에 대한 부정적 이미지 사례를 통하여 살펴볼 것이다.

1. 기자 소개

상나라 말기 미자(微子)·비간(比干)과 함께 3현에 속하는 기자(箕子)의 이름은 서여(胥餘)다. 29대 문정(태정)왕의 아들로 30대 제을왕의 동생이며, 31대 마지막 주(紂)왕의 숙부이자 태사(太師, 황제의 스승)이다. 기자의 작위는 자로 기자(箕子)라 한다. 하남성 서화(西華)현의 기 땅을 봉지로 받았으며, 조선왕이 되었으니 서화 땅 역시 조선국의 땅이며, 기자가 이미 조선국에 있었다.[19] 작위는 기자로 상나라 말기 명현이자 충신으로 상나라의 운이 다하자 조선으로 가서 동방군자국(東方君子國)을 건립하였는데, 그 유풍이 지금까지 여러 형태로 전해지고 있다. 기자를 부정하는 부류와 사가들

---

19) 『사기』 권38, 『삼국지』 권30.

은 기자가 한반도에 동래하지 않은 불분명한 사안만을 갖고 기자를 부인하고 있는 실정이다. 주 무왕이 거짓으로 조선왕에 봉했다고 해서 지나(중국)인이 되는 것은 아니다. 기자는 처음부터 조선 사람으로 중원대륙에서 태어나서 조선국을 경영하다 죽었으며 중원대륙에 묻혀있다. 그 당시 한반도에 올 수 있는 물리적인 시간도 없었으니 모두 일제식민사관이 꾸며낸 소설에 한국인이 놀아나고 단군조선과 연관되는 역사는 일제사관으로 굳혀진 것에 불과하다. 단군조선이 중원대륙에서 동아시아를 경영했다고 해서 한국사가 아닌 것은 아니다.

2. 고죽국과 기자조선

기산(箕山)은 기자의 봉지로 산서성 태원(太原)시 남쪽 태곡(太谷)현20)에 있다. 당시 상나라 도읍은 조가(朝歌)로 지금의 황하북부 하남성을 흐르는 기수(淇水)변에 있는 기현(淇縣)이다. 기산의 현재 이름은 산서성 동남부 진성시 능천

---

20) 중국에서는 기(箕) 지역을 산서성 중부 태원(太原)시 남쪽 태곡(太谷)현이라고 한다. 태원은 원래 산서남부에서 중부로 이동시킨 지명으로 확인되고 있다. 왜냐하면 태원군은 '한서지리지'에서 병주(幷州)에 속한다. 같은 병주에 속하는 상당군이 산서성 동남부 장자현 일대이고, 고지도에도 산서성 남부로 그려져 있기 때문이다. '한서지리지'에 의하면 병주(幷州)는 정북쪽에 있고 유주(幽州)는 동북쪽에 있으니 병주는 유주의 서쪽이어야 한다. 유주가 산서성 남부 일대이므로 태원은 고지도에 그려졌듯이 산서성 남부여야 옳을 것이다. 기자의 후손인 선우(鮮于) 씨의 본향인 태원이 바로 이곳이다.

(晋城綾川)현에 있는 해발 1488m 기자산(棋子山)으로 현재 중국 바둑의 기원지이며 기자의 기념지로 알려져 있다. 중국 자료에 의하면 이 부근에 진짜 기자묘가 있을 가능성이 크다. 『수경주』에서 두예가 말하기를 "양국 몽현 북쪽에 있는 박벌성의 가운데 성 탕왕의 무덤이 있고 그 서쪽에 기자총이 있다."21)와 『태평환우기』에서 "기자총은 송성(宋城)현 북쪽 41리 30보 거리의 몽성(蒙城) 안에 있다."22)라고 하였다. 기자가 머물렀다는 서화(西華)를 현재 하남성 남부 주구(周口)시 서북쪽 서화현이라고 하는데 서화 역시 유주(산서남부·북부하남)쪽이 아닌가 생각된다.

현재 중국의 기자묘는 ①하남성 상구현 양원구 ②산동성 하택시 조현 ③산서성 능천현 등 3군데 있는데 ①과 ②는 가까운 곳이다. 중국이 기자묘 비석을 세웠음에도 평양에서만 기자릉 비석이 세워져 있어 조선왕조 사대부들의 기자숭배사상을 엿볼 수 있다. 그런데 산서성 능천현에 있는 기자묘는 지금까지 한국은 물론 중국에서도 거의 알려지지 않았는데 이게 기자의 시신이 묻힌 진짜 묘일 가능성이 아주 높아 보인다. 관련 중국 자료는 다음과 같다. "인근 로성(潞城)현 미자(微子)진 자북촌에 높이 6장(20m)에 점유 면적 2묘(400평)의 언덕이 있는데 그곳 사람들은 옛날부터 지금까지 기자묘(箕子墓)라 부르고 있다. 미자진은 역사적으로 미자의 봉지(송)으로 기자의 봉지와 약 150km 정도 떨어져 있으므로 만

---

21) 杜預曰梁國蒙縣北有薄伐城 城中有成湯冢其西有箕子冢.
22) 箕子冢在宋城縣北四十一里三十步古蒙城內.

일 서로 교류가 있었다면 여러 번 방문했을 것이므로 최소한 그의 주민들이 의관총이라도 세웠을 것이다."

또한 『고금도서집성』 제335권에 "기자와 이윤 묘는 (로성) 현 동쪽 15리 미자촌의 북쪽에 있다. 미자촌 동쪽에는 3현인의 사당이 있고 그곳을 비간령이라고 부르는데 이를 기자묘라고 한다."[23] 기자의 활동무대는 고죽국 백이·숙제의 활동무대와 거의 일치하므로 산서성 남부나 멀어야 자신의 본국이 있던 북부 하남성 일대일 것이다.

▲ 하남성과 산동성 일원도. 화산과 뇌수, 태원, 악양, 기주, 태악, 태행, 제수 등의 지명이 보인다.

---

23) 「古今圖書集成」第三百三十五卷 "(潞城縣) 箕子伊尹墓在縣東十五里 微子村北。俗因微子村東有三仁廟, 呼其地位比干岭, 此曰箕子墓)"

3. 산서성은 기자 성씨의 기원, 기록 요약

　태원 선우씨(太原 鮮于氏), 청주 한씨(淸州 韓氏), 행주 기씨(幸州 奇氏) "청주 한씨 세보"에 따르면 마한(馬韓) 8대 원왕(元王)의 세 아들인 우평(友平)과 우량(友諒), 우성(友誠)이 각각 태원 선우씨(太原 鮮于氏), 청주 한씨(淸州韓氏), 행주 기씨(幸州奇氏)가 되었다고 한다. 선우씨와 청주 한씨 그리고 행주 기씨는 한 집안이라는 의미다. 이처럼 족보에서는 기자조선을 건국한 "기자의 후예(後裔)"라고 주장하고 있지만, 이는 학계에서 인정받지 못하며 한씨 족보를 고증할 문헌이 전하지 않아 세계가 명확하지 못하여 고려 개국공신 한란(韓蘭)을 시조(始祖)로 삼고 있다.

　기자조선과 고죽국(孤竹國)의 불가분의 관계(같은 지역)24)로, 상나라 29대 문정왕의 아들로 왕족으로 조선왕의 자격을 갖추었고, 기자조선의 연대(BC1122~BC195)와 상나라 멸망한 해(BC1046)가 상이한 것으로 보아 기자는 상나라가 소멸

─────────────────

24) 고구리 영양왕 시기에 隋(수)나라가 고구리를 침공하려 하자 裴矩(배구)가 수양제에게 올린 글에서 "고리(고구리)의 땅은 본래 고죽국이었으며 주나라 때에는 기자를 봉한 곳이었다." 라는 것이 『隋書』 권67의 기록 입니다. 이러한 기록은 『舊唐書』와 『新唐書』의 『裴矩列傳』에도 기록되어 있고, 이를 인용한 일연의 『三國遺事』 고조선 편에도 똑같이 기록하고 있습니다. 그런데 고죽국의 위치에 대하여는 후대에 사마천의 『史記』를 주해한 집해(集解)에서 "孤竹國은 遼西의 令支에 있으며, 『정의 괄지지』에 이르기를 고죽의 옛 성이 평주 로룡현 남쪽 10리에 있는데 은나라 때 제후국이었던 고죽국이다."라고 기록하고 있습니다. 요서는 산서성 서쪽을 말하는 것이며 평주 역시 산서성 서남쪽을 말하는 것이며 영지(令支)라는 땅은 하동군 서남쪽 끝인 薄阪(포판)입니다.

되기 전에 조선의 왕이 된 것으로 추정된다. 그리고 주나라 무왕은 기자를 스승(父師 태사)25)으로 존경하였다.

▲ 초기 고죽국 때 산서성 영제시 수양산 일원도. 영제와 수양산, 임기, 우 평요 등의 지명이 보인다.

---

25) 주무왕은 상나라를 멸하고 기자와 함께 마주 앉아 기자에게 향후 국정을 어떻게 운영하는지에 대한 의논을 하는 기록이 존재 합니다. 또한 기자가 조선으로 들어가자 단군이 장당경으로 숨어들었다는 것으로 보아 주무왕은 기자에게 단군으로서는 감당하기 어려운 병력을 주어 조선으로 들어가게 했던 것으로 보입니다.

4. 산서성은 초기 고죽국[26]

중국백과사전에 "고죽국은 상나라 일가이며 제후국, 산융을 말한다."[27]라고 기술하고 있다. 갑골문자가 은허에서 "죽 후" 다량 출토되는데, 함양박물관의 '두로영은비'는 섬서성과 산서성 사이에 위치한 증거이다. "조선건국 고죽위"[28], 고죽이 조선국 또는 조선국의 제후국이라 하였다. 그리고 기자 '고죽국의 왕'으로 추정된다.

지나의 지명 조작으로 조선국 강역을 동쪽으로 옮겨 의도적으로 축소한 명칭 들이 많이 나타난다. 즉, 기자, 백이숙제, 조선성, 고죽국, 낙랑군, 수양산, 갈석산, 평양성, 발해, 한사군, 만리장성 등을 들 수 있다.

---

26) 대한민국 위키백과에는 고죽국(孤竹國, 기원전 11세기~기원전 664
년)은 상주대부터 춘추시대 후기까지 현재의 중화인민공화국 허베이성 탕산시"에 있었다고 나와 있다.
27) 중국정부백과사전에는 孤竹國是中國上古的國家, 在商代時出現, 其
王族爲子姓, 與商朝王室同宗, 春秋時被列爲山戎之一, 早期王城位
于今天的唐山市附近早期疆城, 西至今唐山市、遷西縣興城鎭、北達
凌源、朝陽、西遼河、東抵葫芦島, 西南迄樂亭、滦南、曹妃甸等
地。東臨渤海, 西邊和燕國接壤, 南邊是齊國) 始封于商代, 殷墟甲
骨文中作"竹侯". 요약하면 고죽국이라는 나라는 상나라 초기에 세
워진 나라이며 상나라 왕조와 성씨와 근본이 같은 일가라는 것이
며 탕왕에 의해 제후국으로 봉해진 나라 이며 춘추시대 때에는 산
융으로 분류 된다.
28) 두루영은비는 선비족 모용외 1500년 전 "조선건국 고죽위군"라고
기록되어 잇다.

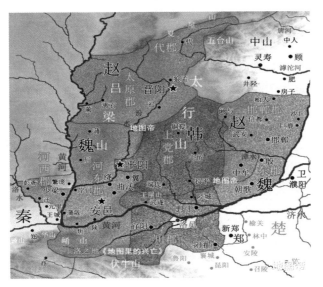

▲ 춘추전국시대 강역도. 진, 상, 포판, 하동군, 안읍, 평양, 왕옥산, 상당군, 낙읍 등의 지명이 보인다.

5. 기자와 상나라에 대한 부정적 이미지 사례

이상의 마지막 임금 주는 힘과 총명함을 동시에 갖춘 대단한 통치자였다. 하지만 자만심이 너무 강하여 나라를 독단적으로 통치하고 주색을 지나치게 밝히는 등 백성들로부터 많은 원성을 샀다. 주왕의 또 다른 친척이었던 비간은 "군주가 과실이 있는데도 죽을힘을 다해 직언하지 않는다면, 백성들에게만 죄가 있다는 말밖에 더 되겠느냐?"며 주왕에게 달려가 직언했다. 주왕은 크게 성을 내며 "성인의 심장에는 구멍이 일곱 개나 된다던데 정말 그럴까?"라며 비간을 죽여 심장을 갈랐다. 주왕의 배다른 형이었던 미자는 이런 동생의 모습에 놀라 태사(太師)·소사(小師) 등과 함께 제기(祭器, 제사에 쓰이는 각종 물품)를 들고 주나라로 도망쳐버렸다. 주나라의 무왕은 이런 상나라 내부 상황을 속속들이 파악하고는 군대를 일으켜 일거에 주왕을 물리쳤고, 주왕은 타오르는 불길에 뛰어들어 자살했다. 이로써 상나라가 망하고 주나라가 들어서는 전격적인 정권교체(상주혁명)가 이루어졌다.

그리고 상나라가 점점 멸망으로 치닫고 있다는 것을 진작 감지한 사람이 있었는데, 바로 주왕의 숙부였던 기자였다. 기자는 주왕이 상아 젓가락을 사용하는 것을 보고 그가 장차 더욱더 사치와 향락에 빠져 나라를 망칠 것이라고 예견했다. 여기서 '미미한 것을 보고 앞으로 드러날 것을 안다.'는 '견미지저'[29]라는 고사성어가 나왔다. "겉모습을 꾸며 천하에 뽐

---

29) 윤기(尹愭, 1741~1826)가 정력(定力)에서 말했다. "겉모습을 꾸며 천하에 뽐내어 굳센 의지가 있다는 명성을 훔치려는 자는 비록 힘써 마음을 눌러 자취를 감추려 해도 자연스레 그렇게 한 것이 아닌지라 끝내 덮어 가릴 수가 없다. 이 때문에 천금 값어치의 구슬을 깬다면서 깨진 솥에 놀라 소리 지르고, 벼랑 위의 범을 때려잡을 수 있다지만 벌이나 전갈에 깜짝 놀란다. 능히 천승(千乘)의 나라를 사양한다면서 대그릇 밥과 나물국 앞에 속마음이 그만 드러나고 만다. 마침내 용두사미여서 본색이 다 드러나 남의 비웃음을 사고서야 그만둔다(欲以粧外面而誇天下, 掠取定力之名者, 雖欲力制其心, 不彰其迹, 而苟非自然而然, 終有所不可得而掩者. 故能碎千金之璧, 而不能不失聲於破釜. 能搏裂崖之虎, 而不能不變色於蜂蠆. 能讓千乘之國, 而不能不露眞情於簞食豆羹之間. 畢竟虎頭蛇尾, 手脚盡露, 爲人笑囮而止)." 정력(定力)은 굳센 의지력을 말한다. 비싼 구슬이 박살나도 표정 하나 변하지 않던 사람이 솥이 떨어져 깨지자 저도 모르게 놀라 소리를 지른다. 사나운 범도 때려잡는 용맹을 지녔다

내어 굳센 의지가 있다는 명성을 훔치려는 자는 비록 힘써 마음을 눌러 자취를 감추려 해도 자연스레 그렇게 한 것이 아닌지라 끝내 덮어 가릴 수가 없다. 이 때문에 천금 값어치의 구슬을 깬다면서 깨진 솥에 놀라 소리 지르고, 벼랑 위의 범을 때려잡을 수 있다지만 벌이나 전갈에 깜짝 놀란다. 능히 천승(千乘)의 나라를 사양한다면서 대그릇 밥과 나물국 앞에 속마음이 그만 드러나고 만다. 마침내 용두사미여서 본색이 다 드러나 남의 비웃음을 사고서야 그만둔다."는 의미다. 사마천은 『사기』「송미자세가」에서 이와 관련하여 다음과 같이 기록하고 있다. "주 임금이 상아 젓가락을 사용하기 시작하자 기자는 '상아 젓가락을 쓰기 시작한 이상 이제 옥잔을 사용할 것이 틀림없고, 옥잔을 쓰면 곧 먼 지방에서 올라온 귀하고 기이한 기물들을 사용하려 들 것이다. 앞으로 수레와 말 그리고 궁실의 사치스러움도 이렇게 시작되어 진정시킬 수 없을 것이다.'라며 탄식했다." 기자의 예견대로 주왕은 날이 갈수록 음탕한 생활에 빠졌다. 기자가 충고했으나 듣지 않았다. 주위에서는 기자에게 차라리 떠나는 것이 낫지 않겠냐고 했으나 기자는 "신하된 자가 자신의 충고를 듣지 않는다 하여 떠나버

면서 불시에 날아든 벌이나 땅바닥의 전갈에 깜짝 놀란다. 소식(蘇軾)이 '힐서부(黠鼠賦)'에서 한 말이다. 맹자의 말은 이렇다. "명예를 좋아하는 사람은 능히 천승의 나라를 사양한다. 하지만 그럴 만한 사람이 아닐 경우, 대그릇의 밥이나 제기에 담긴 국에도 낯빛이 바로 드러난다(好名之人, 能讓千乘之國. 苟非其人, 簞食豆羹, 見於色)." 천승의 나라를 양보하는 통 큰 사람이 정작 초라한 밥상을 받자 불쾌한 낯빛을 보인다. 그의 사양이 사실은 명예를 구하는 마음에서 나왔기 때문이다. '맹자' 진심(盡心) 하(下)에 나온다. 출처 : 정민, 世說新語.

리는 것은 군주의 잘못을 부추기는 꼴이 되고, 나 자신도 백성들의 기쁨을 뺏게 되니 차마 그럴 수 없다."며 머리를 풀어 헤치고 미친 척하다가 잡혀서 노예가 되었다. 미친 척하다가 감옥에 갇혀서 화를 피한 기자는 훗날 주 무왕이 은나라를 정벌하여 멸망시키고 주나라를 건국한 다음에야 감옥에서 석방되었다. 무왕이 기자를 조선에 봉하고 그에게 통치의 이치를 묻자, 기자는 '홍범구주'[30]로 통치의 요체를 설파했는데 이것이 『주서』「홍범(洪範)」편이라고 한다. 기자가 이를 9가지 조항으로 설명했다고 하는데, 이를 홍범구주라 일컫는다. 9가지 조항은 오행(五行)·오사(五事)·팔정(八政)·오기(五紀)·황극(皇極)·삼덕(三德)·계의(稽疑)·서징(庶徵) 및 오복(五福)과 육극(六極)을 뜻합니다.(중략) 홍범구주는 한국인에게도 많은 영향을 끼친 것으로 보인다. 한편, 기자는 망국의 한을 담은 『맥수가(麥秀歌)』를 지었다고 전한다. 기자가 조선에 봉해졌

---

30) 주무왕이 은나라를 멸망시킨 후 기자를 감옥에서 풀어주었습니다. 그로부터 2년이 지난 어느 날, 무왕은 기자에게 은나라가 망한 까닭을 물었습니다. 기자는 차마 은나라의 악행을 말하지 못했습니다. 대신 나라가 흥망하는 마땅한 이치를 자세하게 말했다고 합니다. 이를 9가지 조항으로 설명했다고 하는데, 이를 홍범구주라 일컫습니다. 9가지 조항은 오행(五行)·오사(五事)·팔정(八政)·오기(五紀)·황극(皇極)·삼덕(三德)·계의(稽疑)·서징(庶徵) 및 오복(五福)과 육극(六極)을 뜻합니다. (중략) 홍범구주는 한국인에게도 많은 영향을 끼친 것으로 보입니다. 퇴계 이황은 무진경연계차(戊辰經筵啓箚), 진성학십도차(進聖學十圖箚), 천명도설후서(天命圖說後筮), 답김이정(答金而精) 등에서 홍범구주의 내용 일부를 인용해 자신의 학설을 전개했습니다. 율곡 이이 역시 역수책(易數策), 천도책(天道策)등에서 홍범구주의 내용 일부를 인용했음을 알 수 있습니다. 『신주사기』 3 은본기 주본기, 저자 사마천, 번역 2020.03.16. 한가람역사문화연구소.

다는 기록 때문에 기자조선의 실체에 관해 오랫동안 논쟁이 끊이지 않았고, 이 문제는 아직도 진행형이다. 특히 일본 식민사학에 의해 기자조선이 철저하게 부정됨으로써 고대 조선사 연구의 한 고리를 잃은 측면도 있어, 향후 이 문제에 관한 논의가 어떻게 진행되느냐에 따라 고대 조선사 문제에 대한 논의도 달라질 것으로 보인다.

제8장 기자조선 부정은 단군조선 부정

이 장에서는 기자조선을 부정하는 것은 단군조선을 부정하는 것에 대하여 다루고 있다. 먼저 사서와 문헌에 비친 단군·기자 조선과 신라에 대하여 살펴보고, 상나라는 조선이 세운 국가라는 것을 고고학적으로 해석한 사례를 들어 분석하고. 기자와 백이숙제의 활동 사항 등에 대한 지속적이고 체계적인 고조선 연구의 필요성에 대하여 살펴볼 것이다.

1. 사서와 문헌에 비친 단군·기자조선, 그리고 신라

단군·기자조선의 도읍지에 대한 기록을 살펴보면, 단군조선 천년, 그리고 기자조선 천년의 도읍지는 같은 곳으로 해가 처음 뜨는 우이(嵎夷)로 확인되고 있으며, 신라 역시 조선국을 계승하여 산동성 강역에 첫 도읍을 정하고 천년왕조를 누린 것으로 본다. 산동성 우이는 중원대륙을 3천 년 이상 지배한 조선국 상고의 본향이다.

『위서(魏書)』에서, 지금으로부터 2천여 년 전에 단군왕검이 있어 아사달(阿斯達)에 도읍을 정하고 나라를 세워 국호를 조선이라고 불렀으니 이것은 요와 같은 시대라고 썼다. 고기 (古記)에서, 환웅이 웅녀와 혼인하여 왕검을 낳았고 단군왕검은 요임금이 즉위한 지 50년에 평양성에 도읍하여 비로소 조선이라 불렀다고 했다. 『상서』에서, 희중(羲仲)에게 명하여 우이에 살게 하니 양곡(暘谷)이라고 하고 동표(東表)의 땅을 우이라고 했으니 양곡과 우이는 동일하다. 희중은 "우이에 살면서 동방(東方, 조선)을 다스리는 관직이다."라고 지나 사서는 말하면서 누가 임금이고 제후인지는 주장이 분분하나 조선국의 실체는 확인되고 남음이 있다.31) 동해와 태산(泰山) 사이가 청주이며32), 청주는 동방 경계의 별유천지에 있으므로 표(表)라고 하여 동표(東表)의 땅이라고 한다. 『우공추지(禹貢錐指)』에는 『후한서』 동이전에 의거하여 우이를 조선 땅이라고 하였다. 대개 조선은 옛날 구주 중에 청주에 속하였으며 산동(山東) 등주부(登州府)와 더불어 바다를 사이에 두고 서로 대하고 있으니 공안국 전(傳)에, 동표 땅을 우이라고 칭한다는 말과 정확히 부합된다.33) 하우씨가 천하를 구주로 나눌 때 우이는 청주에 속해 있고 『상서지리금석』에서도 우이는 지금의 조선 땅이라고 하였으니 단군조선의 강역은 청주이고, 도읍지인 신시(神市)는 바로 우이라고 본다. 『신증동

31) 分命羲仲 宅嵎夷 曰暘谷[宅居也 東表之地 稱嵎夷 暘明也 日出於谷 而天下明 故稱暘谷 暘谷嵎夷一也 羲仲居治東方之官] 寅賓出日 平秩東作[寅敬 賓導 秩序也 歲起於東 而始就耕 謂之東作 東方之官 敬導出日 平均次序 東作之事 以務農也,『상서(尙書)』요전(堯典).

32) 海岱惟青州 [東北據海 西南距岱] 嵎夷旣略 [嵎夷地名 用功少曰略] 濰淄其道 [濰淄二水 復其故道],『상서(尙書)』우공(禹貢) , 괄호 안은 공안국의 전(傳).

33) 嵎夷 今朝鮮地 按孔安國傳 東表之地稱嵎夷 正義曰 靑州在東界外之 畔爲表 故云 東表之地 禹貢錐指 援据後漢書 以嵎夷爲朝鮮地 蓋朝鮮 古屬靑州 與今山東登州府 隔海相對 正合孔傳 東表之語,『상서지리금석(尙書地理今釋)』.

국여지승람』에서 우이에 고조선 단군왕검의 궁궐이 있었기 때문에 국호를 조선이라고 한다고 했다. 『사기』에 "2월에 순 (舜)은 동쪽을 순수하고 태산에 이르러 시제(柴祭)를 지내고, 아울러 동국의 명산대천에 제사 지내고 드디어 동방(東方)의 군장(君長)을 알현(謁見)하고 사시(四時)의 절기와 12달, 정월 초하루를 통합하고, 율(律)·도(度)·량(量)·형(衡)을 통일하고 오례(五禮)를 편수하였다."[34]라고 하는 등 산동성 우이가 조선국의 첫 도읍지임을 천하가 고증하고 있다.

산동성 '우이'의 정확한 위치는 어디인가? 신라 효소왕(孝昭王) 때의 국사(國師) 혜통의 전기에 신라 도읍지를 해 뜨는 곳인 우이라고 하였다. 또 이차돈의 순교에 관한 글에 이런 말이 있다. 옛날 법흥대왕이 자극전(紫極殿)에서 팔짱 끼고 옷자락을 늘어뜨리며 부상(扶桑)[35]의 구역을 굽어 살피며 좌우에 이르기를…(중략)[36] 또 『삼국사기』에서, 진성여왕 11년(897년) 여름 6월에 왕이 태자 요에게 왕위를 넘겨주었다. 이에 당나라에 사신을 보내 표문으로 아뢰기를, "신 아무는 삼가 아룁니다. 우이에 살면서 희중(義仲)의 관직에 있는 것이 신의 본분이 아니고, 연릉(延陵)의 절개를 지키는 것이 저의 좋은 방책인가 합니다." 신라는 단군과 기자조선의 정통성을 계승하여 해 뜨는 우이에 도읍을 정하고 나라를 다스리기 때문에 역대 신라왕은 요임금이 제정한 희중의 관직에 해당

---

34) 歲二月 東巡狩 至於岱宗柴 望秩於山川 遂見東方君長 合時月正日 同 律度量衡 修五禮, 『사기(史記)』 오제본기.
35) 부상(扶桑)은 해 뜨는 양곡(暘谷)에 있다는 신령한 뽕나무를 말한다.
36) 『삼국유사』

한다는 의미의 말이다. 이는 나당연합군을 편성할 때 당 고종
이 신라왕 김춘추를 우이도(嵎夷道) 행군총관으로 삼은 것과
같은 의미라고 본다.

"동해의 안쪽 북해의 모퉁이에 조선이라는 나라가 있는데,
그 사람들은 물에서 살며 사람을 존중하고 사랑한다. 조선은
지금의 낙랑군이다. 도덕을 귀하게 여기고 문자·서책·금·은·동
전·화폐가 있었다. 부도(浮屠)는 이 나라에서 나온 것이다."37)
"조선은 열양(列陽)에 있는데, 동해의 북쪽 열고야산의 남쪽
이고 열양은 연에 속한다. 조선은 지금의 낙랑군의 현으로 기
자가 봉해진 곳이다. 열(列) 또한 강 이름으로 지금의 대방현
(帶方縣)에 있으며 대방현과 열구현(列口縣)이 있다."38)

"낙랑군(한무제 원봉 3년, BC108)39)은 옛 조선의 도읍지
로 조선현은 25개의 첫 현으로 무왕이 기자를 조선현에 봉했
다고 하였다."『삼국사기』에 "신라 진흥왕 이래로 중국 황실
에서 역대 신라왕을 '낙랑군공 신라왕(樂浪郡公 新羅王)'으로
책봉하였다."라고 했다. 신라 역시 단군조선을 계승하여 우이
에 도읍하고 천년을 누렸다. 이런 관점으로 볼 때 단군조선과
기자조선 그리고 신라는 우이에 도읍을 정하였다고 추론할

---

37) 東海之內 北海之隅 有國名曰 朝鮮天毒 其人水居 偎人愛之(朝鮮 今
   樂浪郡也. 天毒卽天竺國 貴道德 有文書金銀錢貨 浮屠出此國中也)
   『산해경』제18 해내경.
38) 朝鮮在列陽 東海北山南 列陽屬燕(朝鮮 今樂浪縣 箕子所封也. 列亦
   水名也 今在帶方 帶方在列口縣),『산해경』제12 海內北經. 괄호 안
   은 곽박(郭璞)의 전(傳)이다.
39) 樂浪郡: 武帝元封三年開 [應劭曰 故朝鮮國也] 縣二十五: 朝鮮[應劭
   曰 武王封箕子於朝鮮],『한서』지리지.

수 있다. 단군조선 시대에 간행된 『산해경』에 이미 조선에 관한 기록이 있고, 또 삼국유사가 간행된 시기보다 천여 년 이전에 생존했던 곽박의 주석에서 조선의 건국과 도읍지의 위치에 대해서 밝히고 있다. 이뿐만이 아니라 『상서』요전에 나오는 우이는 단군과 기자, 그리고 신라로 이어지는 왕조의 도읍지이고, 또 우공(禹貢)편에 나오는 구주 중에 산동성에 위치한 청주는 단군조선의 강역임을 분명하게 기록했다.

우이는 소호, 전욱, 그리고 단군의 도읍지였다. "동해의 밖 대학(大壑, 삼신산)은 소호(少昊)의 도읍지이다. 소호가 전욱(顓頊)을 이곳에서 키우고 그때의 거문고와 비파(琵琶)를 남겨두었다. 감산(甘山)이라는 곳이 있어 감수(甘水)가 여기에서 나와 감연(甘淵)을 이룬다."40) 감수(甘水) 근방에 희화국(羲和國)이 있다. 희화(羲和)라는 여자가 있어 이제 막 감연(甘淵)에서 해를 목욕시키려 하고 있다. 희화는 대개 천지가 처음 생겼을 때에 일월을 주관하는 여신이다. 그러므로 『계서(啓筮)』에 '공상(空桑)이 푸르고 팔방이 이미 열려 이에 희화가 있어 일월의 출입을 주관하는 일을 직무로 하여 이로써 밤과 낮이 되었다.'고 하였다.

또 말하기를 저 위로 하늘을 보면 한 번 밝아지면 한 번 어두워지는데 희화가 있어 해와 달을 양곡(暘谷)으로부터 내는 것이다. 그래서 요는 이로 말미암아 희화의 관직을 두고 사계절을 관장시켰다. 그 후세(단군으로 추정)에 마침내 이곳

---

40) 東海之外大壑 少昊之國 少昊孺帝顓頊于此 棄其琴瑟 有甘山者 甘水出焉 生甘淵. 『산해경(山海經)』제14 대황동경(大荒東經).

에서 나라를 세우고 일월의 모형을 만들어 관장하며 감수에서 목욕도 시키고 운행도 시키며 해가 양곡에서 떠서 우연(虞淵)으로 지는 것을 본떴으니 이른바 세상에서 없어지지 않는 직책이 되었다. 희화는 제준(帝俊)의 아내로 열 개의 해를 낳았다는 것이다.[41]

　삼황오제 중의 소호와 전욱의 도읍지가 우이에 있었으며, 요임금이 희중을 보내 살게 했던 곳이 우이이며 단군이 바로 이곳에 도읍을 정하고 조선을 개국하였다는 기록이다. 따라서 『산해경』제15 대황남경 곽박의 주(注)에 '그 후세(後世)에 마침내 이곳에서 나라를 세우고 운운'한 기록은 단군조선 건국과 도읍지에 관한 최초의 지나(중국)의 문헌이며, 조선국의 선조인 황제소호, 황제전욱, 그리고 단군조선의 도읍지를 같은 곳으로 기록하고 있다. 이러한 사서의 구체적인 기록들을 연구조차 하지 않고 『삼국유사』 외엔 그 이전의 단군조선의 기록이 없다는 주장은 말이 안 된다.

---

41) 甘水之間 有羲和國 有女子 名曰羲和 方日欲于甘淵〔羲和蓋天地始生 主日月者也 故啓筮曰 空桑之蒼蒼 八極之旣張 乃有夫羲和 是主日月 職出入爲晦明 又曰 瞻彼上天 一明一晦 有夫羲和之子 出于暘谷 故堯 因此而羲和之官 以主四時 其後世遂爲此國 作日月之象而掌之 沐浴運 轉之於甘水中 以效其出入 暘谷虞淵也 所謂世不失職耳〕羲和者帝俊 之妻 生十日.(言生十子 各以日名名之 言生十日),『산해경』제15 대황남경(大荒南經). 열 아들을 낳았다는 말은 각각 해에 이름이 있어 열 개의 해를 낳았다고 하는 것이다. 괄호 안은 곽박의 주(注)이며, 희·화(羲和)의 관직은 『상서(尙書)』요전(堯典)에 나오는 요임금이 제정한 희중(羲仲)·희숙(羲叔)·화중(和仲)·화숙(和叔)의 관직을 말한다.

2. 상나라는 조선이 세운 국가

상나라의 시조는 설이고, 설은 소호금천의 후손이며 설의 14대 손이 상탕(BC1600~1589, 상탕 후손 미증의 6세 손 이 공자)[42]이다. 필자는 조선상고사를 연구하면서 지나와 한국의 역사조작 공방의 문제는 요·순·우에서 시작되어 하·상·주에서 절정으로 치닫고 현재까지 이어지고 있다고 보았다. 그 이유는 중국이 최초의 국가로 비정했던 상나라가 조선의 묘예라는 사실에 기인하기 때문이다. 게다가 상나라를 멸한 주나라의 시조 역시 소호금천의 후예이니 지나의 역사공정이 정부차원의 조작으로 이어지고 있는 것이다. 상고 중국은 한국의 일부라고 한 모 역사학자의 말에 공감이 간다.

하남성에 위치한 안양('은허'라고 불림)은 상나라 초부터 도읍지로 보이는 데, 이에 대한 명확한 해석이 아직도 분분하다. 은허유지에서 발굴한 '노예제사갱'이 하나라 계가 우의 정비이자 계의 모인 사모무방정고 제익(益)을 죽여서 묻은 곳이라는 주장이 단군조선과 관련이 있다고 의심이 간다(금문신고 인용). 조선국 제후인 기자가 상나라 주(紂)의 폭정을 보고 조선의 땅인 산서성으로 들어갔다가 주나라의 압력에 밀려 산동성에 있는 단군조선에 가서 쇠락했던 조선국통을 이어 받았거나, 산서성에 있던 고죽국 또는 후에 이전한 하북성 노룡현 고죽국을 다스린 것으로 추정된다. 기자조선 역시

---

42) 소호(현효) · 경도-교극-고신 · 원비-후직(주시조) VS 소호-교극-제곡고신 · 차비-설(상시조).

단군조선처럼 기자는 연호다. 역대로 요하의 조선국강역 객좌현에서 기후정방과 죽후 등 고죽국 유물이 많이 출토된 것이 기자조선의 실체를 말해주고 있다. 한편 단군왕검은 BC2333년 또는 BC2307년(2357-50년, 삼국유사) 또는 BC2303년(백익이 단군일 가능성 포함, BC2297년 계(夏)가 쿠데타를 일으킨 연도와 일치할 때)으로 보는 학자들이 있으므로 계속 연구할 가치가 있다. 상나라의 연대인 BC1600년 이전의 하나라 왕조 400년(BC2070~BC1600)의 실체적 진실이 밝혀진 게 없기 때문이다.

▲ 상나라 강역도. 주나라 수도 호경(서안), 싱나라 수도 은허(안양)

따라서 단군조선과 같은 시대인 요·순·우의 지나와 상나라와의 관계, 상나라 멸망전후 주나라와 기자조선의 중원 패권전쟁의 상관관계를 밝히는 것이 조선상고사의 핵심 연구과제라고 본다. 필자는 단군조선에서 기자조선으로 이어지는 상고조선사는 하나인데, 지나가 조선사를 화하족의 역사로 만들기 위해 도둑질한 것으로 합리적인 의심을 갖고 상고 중원대륙의 조선사를 연구해 왔다. 지나의 사서에서 기자의 기록은 수 없이 많지만 단군에 관한 기록은 거의 찾아볼 수가 없는 이유가 지나의 '조선국 역사 탈취의 범죄'가 아닌가 의심하는 것이다.

3. 고고학적 해석 사례 연구

요하에서 발굴된 객좌현 청동기유물은 기(箕)의 것이 아니라는 설도 있어 소개한다. "고죽군은 상의 탕(湯)왕이 봉하였으며, 고죽씨족의 수령이 유융씨(有娀氏) 중의 일원이었다. 따라서 고죽족은 은상(殷商)의 시조인 설(契)의 모친인 간적(簡狄)에게서 배출된 씨족으로 성(姓)은 묵태(墨胎)이다. 객좌현 북동촌 1호 교장에서 발견된 '수이함한뢰(首耳銜環罍)'라는 술독에 새겨진 금문은 중국학계는 서주시기 또는 상대 후기로 비정하였다. 사학자 B씨 역시 상대 만기(晚期), 즉 상대 후기로 단정하였으며, 금문 6자의 명문(銘文)은 "부정(父丁), 고죽(孤竹), 아미(亞微)"로 해독하였다. 그는 송(宋) 이래 저록(著錄)된 청동기 명문(銘文)인 「박고도(博古圖)」와 비슷한 '아(亞)'형과 '고죽(孤竹)' 및 '죽(竹)'의 문자가 들어

간 5건의 명문(銘文)을 참고하고 비교 설명하고 있다. 또한 그의 다른 논문에서는 『설문(說文)』 등의 문헌에 기록된 문자를 예를 들어 '고죽'을 설명하였다. 그리고 『박고도(博古圖)』 명문의 해석문은 '아헌(亞憲), 고죽, 내(酉)'이다.

그리고 B씨는 '고죽'이 들어간 '수이함환뢰(首耳銜環罍)'라는 술독의 명문이 고죽국의 1차적으로 중요한 발견이라고 하였다. 그는 문헌과 금문(金文) 및 갑골문까지 비교 분석하면서 '고죽'의 의미를 규명하려고 하였다.

그러나 '고죽'이라는 문자가 새겨진 '수이함환뢰(首耳銜環罍)'라는 명칭은 술독의 형태에 따라 지어진 명칭이다. 이 청동기의 명문(銘文) 내용은 B씨가 올바르게 추론한 내용이 아니다. A씨, B씨는 객좌현의 출토된 청동기의 명문(銘文)에 새겨진 기후(曩候)와 언후(匽候) 및 아오(亞吳)의 숨겨진 의미를 모른 채, 기후(曩候)가 기자라고 단정하였다. 따라서 상말주초에 기자가 조선으로 갔다는 왜곡된 추론에 의거해 '고죽'이라는 문자가 고죽국으로 추측하였던 것이다. A씨와 B씨의 해석에 의거하면, 결국 기자가 조선으로 가서 기자조선을 건국하여 통치했다는 것이다.

이와 같은 결과는 우리 민족의 상고사가 "삼국유사-기본사료인 체계"인 '고조선-열국시대' 체계는 검증된 '강호사학계'의 역사체계이며, 반면 "제왕운기-고려사 체계"는 '고조선-기자조선-위만조선-한사군-열국시대' 체계는 일부 학계의 역사체계이다. 전자는 단군조선의 강역과 낙랑군의 위치를 만주로 비정한 반면, 후자는 단군조선의 강역을 평양 중심의 강역으로 비정하였다.

먼저 일부 학계가 착오를 범한 기후(夔侯)와 언후(匽侯) 및 '고죽'으로 해석한 도상(圖像) 문자를 풀어보자. 기후(夔侯)는 기후방정에 새겨진 "기후아오(夔侯亞吳)"의 의미를 분석하면, 큰 아(亞)자 형태 안에는 기후(夔侯)의 고금문 형태가 아래로 그려져 있다. 기후는 고신(高辛)과 차비(次妃)인 간적(簡狄) 사이에 태어난 딸인 아황(蛾皇)이다. 간적(簡狄)은 고양의 3자인 곤(鯀)의 양딸이며 요와는 남매간이다. 반면에 언후(匽侯)는 요의 딸인 여영(女英)이며 언후(匽侯)는 아오(亞吳)의 관직명이기도 하다. 아오는 오회(吳回)이며, 요의 두 번째 공공(公工)이 되어 정치를 관장하였다. 그러나 오회(吳回)가 실각하여 유주로 쫓겨 가면서 큰 새(鳳·鵬)가 기러기(雁)로 변하고, 또한 제비 연(燕)으로 격하된다. 따라서 오회가 귀양 간 북경 부근의 유주(幽州)가 연으로 바뀐다.

▲ 기후아오(夔侯亞吳)

위 그림의 큰 아(亞)자 형태는 혼인제도의 '동실형제(同室兄弟)'임을 나타내는 양급제(兩級制)인 푸날루아(Punalua) 체제임을 의미한다. 특히 아자가 있으면 저(貯)로 표시하여 기재한다. 아자 형태의 족휘(族徽)는 신농의 현손이며 고양의 손자인 오회(吳回)와 순(舜) 계열의 명씨예기(命氏禮器)로 사용한다. 저기후(貯萁侯) 오·우(吳·虞)는 제곡의 자서(子壻)이며, 고양(高陽)의 손자 중의 한 사람이며, 제순(帝舜)과 '동실형제'가 된다. 큰 아자 밑의 '오(吳)'자는 '오'(우·虞)의 자체자(子體字)로, 변음 '우(虞)' 소리(聲)로 읽는다. '기(萁)'는 바로 '아황(娥皇)'이다. '사기(巳其)'라는 호칭에서 '사(巳)'는 자성(子姓)이 되는데, 이는 '기(其)'가 자일급여성의 소생임을 말한다. 그러나 그녀는 오히려 제요(帝堯)의 모일급처속 소생의 '언·안(匽·雁)'보다 위에 위치하는데, 그러면 이 '기(萁)'는 제곡(帝嚳) 고신의 자일급처속 소생의 여아(女兒)가 된다.

부계(父系)에 따르면 그녀는 제요(帝堯)의 자매가 되고, 여영(女英·鷹)의 고모가 된다. 여영(女英)은 고모를 따라 시집 간 자일급처속인 '잉첩(媵妾)'이다. 순(舜)과 저오(貯吳)는 동실(同室)의 형제이다. 족휘(族徽)인 아(亞)를 나타내는 족칭은 『저(주) 씨족·貯(籌) 씨족을 호위한다.』는 개념을 나타내는 것이다.

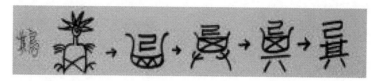

▲ 기(箕)자의 고금문 형태에서 변화과정

　위 그림의 기(箕)자의 고금문 형태의 변화과정을 보면, 머리에 해바라기(葵)를 이고 있다. 이 해바라기는 고신과 간적의 혼인관계를 의미하며, 몸통은 외증조모인 칭(稱)의 금문자를 합친 도상(圖像) 문자이다. 기(其) 위의 ㄹ자는 자일급소생이 쓰는 글자로 사(厶)·기(己)이다. 여성을 이것을 뒤집어 표시한다. 기후(箕候) 아황은 고신과 차비인 간적 사이에 태어난 자일급소생이다. 따라서 기후는 기자가 아니다. 기후(箕候)인 아황은 서기전 25세기 초에 고신(高辛)의 딸이며, 기자(箕子)는 상말주초(商末周初)인 서기전 12세기에 활동한 사람이다. 무려 13세기의 시간적 차이가 있는데도 일부 학자들은 기후방정(箕候方鼎)의 명문(銘文)을 보고 기자동래설의 대한 확실한 증거로 삼는다고 말할 수는 없을 것이다. A씨 석사논문은 북경대학 출신 원로 고고학자 등이 논문지도와 심사를 했음에도 불구하고 이와 같은 심대한 착오를 범한 것은 100년전 고힐강(顧頡剛) 등이 중심이 된 '고사부정론'에 중국학계가 벗어나지 못하고 있기 때문이다.

▲ 수이함환뢰(首耳衛環罍)

고죽군은 상(商)의 탕왕이 봉하였으며, 죽씨족의 수령이 유융씨(有娀氏) 중의 일원이었다. 따라서 고죽족은 은상(殷商)의 시조인 설(契)의 모친인 간적(簡狄)에게서 배출된 씨족으로 성(姓)은 묵태(墨胎)이다. 객좌현 북동촌 1호 교장에서 발견된 '수이함한뢰 首耳衛環罍)'라는 술독에 새겨진 금문은 중국학계는 서주시기 또는 상대 후기로 비정하였다. 사학자 B씨 역시 상대 만기(晩期), 즉 상대 후기로 단정하였으며, 금문 6자의 명문(銘文)은 "부정(父丁), 고죽(孤竹), 아미(亞微)"로 해독하였다. 그림 1의 큰 아(亞)자 형태는 혼인제도의 '동실형제'임을 나타내는 양급제(兩級制)인 푸날루아(Punalua) 체제임을 의미한다. 특히 아자가 있으면 저(貯)로 표시하여 기재한다. 아자 형태의 족휘(族徽)는 신농의 현손이며 고양의 손자인 오회(吳回)와 순(舜) 계열의 명씨예기(命氏禮器)로 사용한다. 저기후(貯曁侯) 오·우(吳·虞)는 제곡의 자서(子壻)이며, 고양의 손자 중의 한 사람이며, 제순(帝舜)과 '동실형제'가 된다. 큰 아자 밑의 '오'자는 '오'의 자체자로, 변음 '우(虞)' 소리(聲)로 읽는다. '기(曁)'는 바로 '아황(娥皇)'이다. '사기(巳其)'라는 호칭에서 '사(巳)'는 자성(子姓)이 되는데, 이는 '기(其)'가 자일급여성의 소생임을 말한다. 그러나 그녀는 오히려 제요(帝堯)의 모일급처속 소생의 '언·안(匽·雁)'보다 위에 위치하는데, 그러면 이 '기'는 제곡(帝嚳) 고신의 자일급처속 소생의 여아(女兒)가 된다. 부계(父系)에 따르면 그녀는 제요(帝堯)의 자매가 되고, 여영(女英·鷹)의 고모가 된다. 여영(女英)은 고모를 따라 시집간 자일급처속인 '잉첩(媵妾)'이다. 순(舜)과 저오(貯吳)는 동실(同室)의 형제이다. 족휘(族徽)인 아(亞)를 나타내는 족칭은 '저 씨족을 호위한다.'는 개념을 나타내는 것이다. 그림의 기(曁)자의 고금문 형태의 변화과정을 보면, 머리에 해바라기(葵)를 이고 있다. 이 해바라기는 고신과 간적의 혼인관계를 의미하며, 몸통은 외증조모인 칭(稱)의 금문자를 합친 도상(圖像) 문자이다. 기 위의 르자는 자일급소생이 쓰는 글자로 사(厶)·기(己)이다. 여성을 이것을 뒤집어 표시한다. 기후(曁侯) 아황은 고신과 차비인 간적 사이에 태어난 자일급소생이다. 따라서 기후(曁侯)는 기자가 아니다. 기후인 아황은 서기전 25세기 초에 고신(高辛)의 딸이며, 기자는 상말주초(商末周初)인 서기전 12

세기에 활동한 사람이다. 무려 13세기의 시간적 차이가 있는
데도 일부 학자들은 기후방정(箕候方鼎)의 명문(銘文)을 보
고 기자동래설의 대한 확실한 증거로 삼는다고 말할 수는 없
을 것이다."[43]

그리고 기후는 고신과 차비(次妃)인 간적(簡狄) 사이에 태
어난 딸인 아황(蛾皇)이라는 주장도 있다. 그러나 객좌현에서
고죽국의 '죽후' 역시 다량으로 발굴되었으며,[44] '부정고국아

---

43) 이일걸, 우리땅 간도대륙 홍산유적지 청동기 명문(銘文)의 실체를
분명히 밝힐 때다. '고사부정론자' 학설을 맹신하는 중국학자들 주
장의 허점 2021.2.10. 이일걸 한국간도학회.

44) 1973년에 중국 요령성 객좌현 고산 북동촌(北洞村) 산기슭 제1호
매장지 구덩이에서 상나라 후기 수도 은허에서 발굴된 청동기보다
시기도 앞서고 더욱 선진한 청동예기 6점이 발굴됐다. 그중에 청동
·술단지 제기 하나에 '父丁孤竹亞微(부정고국아미)'라는 명문이 있
어서 이 청동기들이 고죽국의 청동기라는 사실이 증명됐다. 이어서
부근의 제2호 매장지에서 또 6점의 청동기가 출토됐다. 고죽국 청
동기가 12점이나 발견되자, 중국 학계에서는 고죽국을 상의 제후국
으로 만들려는 시도가 일어났다. 이웃인 하북성 당산시 대성산 유
적에서 구멍 뚫린 자연동(紅銅·홍동) 장식물 2점이 1959년에 출토
됐는데, 중국에서는 이것을 BC 2000년경의 중국 최초의 동기(銅
器)로 설명하고 있었기 때문이다. 문제는 중국의 가장 오래된 고문
헌들이 '고죽국'을 중국의 조상국가가 아니라 '동이족'의 국가라고
기록하고 있는 것이다. 조선에서 맨 처음 '고죽국'이 조선 사람의
조상국가라고 주장한 학자는 성호 이익이다. 이익은 명나라 지리서
'대명일통지(大明一統志)'에 조선성(朝鮮城)이 북경에 가까운 영평
부(永平府) 경내 있다는 글을 읽고, "고죽국은 영평부에 있었다.
고죽국 세 임금의 무덤과 백이(伯夷) 숙제(叔齊)의 묘(墓)도 그곳
에 있다."고 했다.('성호사설') 이익은 고죽국이 고조선 후국임을
잘 인지하여, "고죽의 옛터가 오늘의 요심(遼瀋)에 있으면서 북해
(北海, 발해)의 바닷가로 일컬어지는 것이다. 단군…시대에 이 고
장은 조선에 통합됐다."고 기술했다. 이어 신채호 선생이 중국 고
문헌 '수문비고(修文備考)'에 "고죽국은 '조선종(朝鮮種)'"이라 하
였고, "고죽은 9족(九族, 조선족의 별칭)의 하나"라고 했다. '조선
상고문화사', 신채호 선생을 따라 추적해보았더니, 중세 중국학자들

미 (父丁孤竹亞微)'라는 명문이 있어서 이 청동기들이 고죽국의 것이라고 증명됐다. 이어서 부근의 제2호 매장지에서 또 6점의 청동기가 출토됐다. 고죽국 청동기가 12점이나 발견되자, 중국정부 및 학계에서는 고죽국을 상나라의 제후국으로 만들려는 시도까지 일어났다고 한다. 명나라 조정에서 고죽국은 조선국의 하나라고 공식적으로 밝힌 북경대 도서관에 수장된 『황명수문비사』에 기록되어 있기 때문이다.

그럼에도 불구하고 필자는 기자가 만리장성(현 산해관)을 넘지 않았다고 본다. 기자의 조선은 최후의 왕검성(하북성 보정시 일원)에서 산동성 내지 발해로 들어가서 기자의 후손인 기준왕이 본향인 산동성 발해로 들어가 마한 건국을 도모한 것으로 나타나고 있다. 주나라 때 소멸된 중원대륙의 단군조선을 이은 기자조선의 후예로 지나에게 잃었던 조선국의 강역을 되찾기 위해서라도 기자조선의 역사는 위만조선과 함께 한국의 잃어버린 조선국과 삼국사를 밝히는 핵심단초이기 때문이다. 중원대륙에서 기자조선을 잃으면 단군조선은 신화로 굳혀지고 이어지는 대륙의 삼국사 역시 밝히는 것은 어렵다고 확신하고 일제식민시관이 단군조선에 이어 기자조선의 허구를 만들어 낸 악의를 잊지 말아야 한다.

도 '고죽국'이 동이족 고조선 국가임을 알고 있었다. '일주서(逸周書)' 왕회편에서는 고죽을 불령지, 불도하, 산융 등과 함께 들었는데, 공영달은 이들은 모두 동북이(東北夷)라고 했다. 북경대 도서관에 수장된 '황명수문비사(皇明修文備史)'의 '구변고(九邊考)'는 '고죽국을 조선과 함께 동이족'이라고 공식적으로 밝히고 있다. 이에 필자는 확신을 갖고 '고죽국'의 실체를 탐구하여 2013년 연구논문을 발표했다. 신용하, '古朝鮮문명' 새로 찾은 고조선 연방 고죽국.

4. 기자와 백이숙제의 활동 연구 필요

중원대륙을 수천 년 이상 경영한 단군조선이 기자와 기자조선마저 잃어버린다면 조선상고사는 영원히 복원될 수 없다. 기자조선의 연대가 불분명하니, 실체가 없느니 하는데, 중국사서와 문헌에서 기자의 기록은 비일비재하다. 중국은 중앙정부까지 나서서 조선상고사를 지우고 덮어씌우기를 위해 왕조와 연표도 창조하고 있다. 주나라가 조선의 후예인 상나라 주왕을 멸하고 춘추전국시대를 거쳐 한나라 BC108년에는 위만조선을 멸망시켜 중원대륙에서 조선국의 흔적을 지웠다. 『사기』등 정사에서도 중원의 조선역사를 지나의 역사로 만들기 위해 갖은 노력을 해온 것이 사실이며, 중국의 역사공정은 아직도 진행형이다. 이에 부합하여 일제 반도식민사관 추종자들은 상고 조선국 역사를 허물기 위해 단군조선, 기자조선의 실체를 부인하고 기원전에 건국한 삼국사도 5세기경에 국가가 탄생했다고 왜곡하는 등 조선상고사를 뿌리째 조작하는 일에 몰두하고 있다. 기자조선과 위만조선을 허구라 한다면 이를 대체할 대안과 널브러져 있는 사서에 대한 최소한의 연구와 고고학적 고증이 따라야 한다. 단군조선의 실체적 진실조차 외면하고 있는 한국의 사학계의 무지와 초라한 실력으로 보아, 자칫 조선상고사 전체를 중국과 일본에 헌납하는 결과만 예상되는 긴급한 상황이다. 참으로 한심한 일이고 소탐대실이다. 진짜 조선상고사를 복원함에 있어, 지나에서 존경받는 기자와 백이숙제의 활동과 역사연구는 조선사관을 새로이 정립하는 좋은 연구대상이다. 단군조선과 신라의 통일역사의 허리를 잇는 연구의 방향타로써 중화사대주의와 일제 반도사관을 근본적으로 꺾는 지름길이다.

제9장 단군조선과 기자조선은 하나다.

이 장에서는 '단군조선과 기자조선은 하나다.'를 다루고 있다. 먼저 초기 고죽국은 산서성 강역에 위치한 것을 살펴보고, 지나가 인정한 기자조선과 기자조선은 조선국의 역사임을 밝혔다. 그리고 기자조선에 관한 사서와 문헌을 통하여 단군조선과 기자조선은 하나인 것을 주장하고, 연구에 참고한 강역도를 제시할 것이다.

1. 초기 고죽국[45]은 산서성 강역에 위치

조선을 건국한 왕이 고죽이라는 비문이 함양에 있는 주나라 왕릉에서 출토되었으며 보관된 함양박물관의 두로영은비의 주인공은 모용은이고 '모용은비'라 했다. 비문시기가 566년이면 서위(550~557)와 북주(557~581)가 황하를 두고 서쪽에 서위가 동쪽에는 북위가 있었던 때다. 이 당시 서위와 북위는 각각 산서성에 도읍을 두고 있었다. "325년에 모용황이 조선공에 봉해졌다."[46]라고 했으니 모용황의 선비족 모용

---

45) 고죽국은 BC1600~BC664년 지나인들로부터 산융(북쪽 오랑캐, 조선이라고 불림), BC664년 연나라와 제나라(환공)의 협공으로 멸망할 때까지 1천 년을 존속한 강력한 국가였다.
46) 『진서』 109권 재기 모용황전.

외의 세자다. 4세기경에 산서성 강역에 고죽국이 있었다는 사실을 비문은 말해주고 있다. 모든 지나 사서 또는 문헌에서 중원대륙에서 단군조선이 건국한 BC2333년에서 일천 년 이상 지난 BC1122년에 기자조선이 단군조선을 계승하여 천년이 되는 BC194년에 위만이 기준 왕을 마한으로 쫓아내고 위만조선을 세운 후 100년도 안 된 BC108년에 중원대륙에서 조선국은 소멸한 것으로 알고 있었다. 그런데 중원대륙에서 조선국이 소멸된 후 5세기가 지난 325년에 중원대륙에서 고죽국의 왕인 모용황이 조선공에 봉해졌다고 하니, 지나 사서에서 BC664년에 멸망했다는 고죽국은 이후 언제까지 존속했는지, 모용황을 조선공에 봉한 주인공은 누구인지 고죽국의 진실과 기자조선의 관계는 어떠했는지 참으로 궁금한 일이 아닐 수 없다. 1931년 모용은비가 주능(周陵)에서 출토되어 실물이 섬서성 함양박물관에 있다면, 평주에 있는 낙랑군 산하에 조선현이 있었다면 주나라의 수도인 섬서성 함양에서 멀지 않은 산서성에 낙랑군 조선현이 있었다는 것이다. 모용황이 조선왕 또는 제후로 활동한 강역역시 함양과 산서성 인근에 위치하고 있었다는 증거다. 상나라의 기자가 상나라 유민 5000명을 데리고 간 곳은 조선 땅은 기자가 활동하고 있었던 산서성의 고죽국으로 보인다. 고죽국의 왕자였던 진짜 백이·숙제의 묘가 산서성에 있는 이유다. 고죽국의 왕인 기자가 상나라의 마지막 도읍지 은허에서 유민 5천을 이끌고 조선으로 들어갔거나 이미 기자가 주나라 이전에도 조선 땅 고죽국을 다스리고 있었다는 것이다. 사서기록에 의하면 기자가 조선으로 들어간 때는 BC1122년이고 주나라 무왕이 상나라는 멸한 때는 BC1046년이므로 시차가 76년이므로 누군가 기자조선의 역사를 조작했음을 설명해주고 있다. 상나라의 제후국에 불과했던 주나라가 상국이었던 조선국 상나라를 배반하고 전쟁을 일으키려고 하자, 상나라 주왕의 태사이자 왕족인 기자가 선조의 땅인 조선으로 돌아갔는데, 76년 후에 기자를 조선의 왕으로 임명할 권한도 없는 주 무왕이 주나라의 제후 조선국의 왕으로 봉(임명)했다는 사서기록은 거짓말이다. 다수의 기록에서 "은나라 왕족인 기자가 조선으로 가서 조선후로 봉해졌다."[47]라고 했으니, 조선후로 임명된 기자로부터 시작되는 기자조선은 조선국을 계승한 역사임이 분명하다.

2. 지나가 인정한 기자조선

1930년대 상나라의 마지막 수도인 인쉬(은허)[48] 발굴을 총지휘한 부사년(傅斯年)은 "은상의 선조가 동북에서 황허 하류로 와서 나라를 건국하고, 은이 망하자 기자가 동북(고향)으로 돌아갔다."라고 했다. 또 왕국유(王國維) 역시 "은이 망

---

47) 『상서대전』.
48) 산서성 은허로 상나라제국의 수도였다. 기자가 돌아가 고죽국은 동이(조선)이 최초의 단군조선에 이어 중원대륙에 건국한 상나라의 거수국이었다. 동이(조선)인 주 무왕이 비록 상나라 주왕의 스승이자 왕족인 태사기자 등 현인들까지 죽이고 가두는 등 폭정을 일삼는 상나라 주왕을 죽이고, 상나라를 멸한 후 존경하는 기자가 자신의 본향인 조선으로 돌아가는 것을 인정한 것이다.

한 뒤 기자는 선조의 땅으로 돌아갔다(從先王巨)"라고 했다. 함허자는 주사(周史)를 인용 "기자는 은나라 유민 5000명을 이끌고 조선으로 들어갔다."라고 했다. 동이(조선)에 맞서 최초로 지나와 하화를 주창한 것으로 알려진 주나라와 한나라가 힘을 키워 중원대륙의 조선국을 요서에서 요동으로, 요동에서 동쪽 끝 한반도로 밀어낸 지나와 조선의 중원패권전쟁의 산물을 선조들의 장구한 역사를 겸허하게 배우고 다시 찾는 노력을 해야 한다. 기자가 태어나고 죽은 조선 땅, 기자의 선조가 묻힌 조선 땅, 기자가 활동한 조선 땅은 중원대륙 황화문명 강역이었다. 중국의 저명한 학자들이 기자와 중원대륙에서 천 년 이상 존속한 조선의 고죽국이 바로 기자조선의 실체임을 인정하고 있다. 그럼에도 불구하고 한국의 일부 학자들은 이렇게 중요한 사실에 대해서는 침묵하고 있으며, 어떤 부류는 근거도 없이 기자조선의 실체를 부인하는데 만 열중하는 그 부끄러운 작태와 자국의 진짜 역사를 축소하려는 의도가 반도식민사관자임을 자백한다.

우리나라의 있는 조선국 상고사를 부인하면서 지나의 없는 역사공정을 비판 또는 거론할 자격이 없다. 『후한서』와『삼국지』에 따르면 기원전 2세기 초 기자조선의 마지막 왕 기준왕은 반란을 일으킨 위만(衛滿)에게 왕위를 빼앗기고 남쪽으로 피신하여 한(韓) 지역에 정착한 뒤 '한왕(韓王)'이라고 칭하였다고 한다. 조선 시대의 실학자들은 준왕의 이주 지역인 익산 지역을 강조하면서 "고조선의 정통성은 위만조선이 아니라 마한으로 이어진다는 삼한정통론을 제기하였다."고 한다. 과연 그런지 의심이 가지만 위 사진은 익산시 홍보자료에서 발췌한 자료로 연구해볼 필요가 있다.

▲ 전라북도 익산시 금마 지역 전경

3. 기자조선은 조선국의 역사다.

현재의 중국학자들도 인정하고 있는 기자조선을 어찌 사대주의라고 할 수 있는지 이해할 수 없다. 1500년 전 지나의 남북조시대 최고문장가 유신이 썼다는 모용은의 비문 '조선건국 고죽위군'을 풀이하면, "황하의 중심 산서성에 조선국을 세웠는데 고죽(孤竹)이 임금(君)이며, 백이·숙제의 나라 고죽국의 왕 모용은 이 이곳 함양에 묻혔다."라는 문장이다. 4세기에 조선국 고죽왕으로 칭한 모용은은 산융(山戎)의 왕이기도 하므로 산융국 역시 조선의 후예라는 사실을 확인했다. 『서경』에 '사근동후'49) 라는 구절이 있는데, 우순이 동쪽으로 순행하여 제사를 지내고 동쪽의 임금을 알현했다고 한다. 여기에서 동쪽의 임금은 산동성 우이의 조선국으로 순의 도읍지 산서성 서쪽에서 동쪽이다. 단군왕검은 당요와 같은 시기에 건국했다고 했으니, 우순이 동쪽의 단군왕검이 아닌 제3자에게 알현하지는 않았을 것은 분명하다. BC2400년 경 산서성 서남부에 순도가 있었고, 순조 동쪽에 요도(평양)이 있었으니, BC1600년 경 이곳에 조선국이 있었다는 것은 지나의 상고사를 통째로 부인하는 것으로 심층적인 연구가 뒤따라야 한다. 중국정부의 주장대로면 하나라가 BC2070년부터 이곳 안읍에 있다가 BC1600년 상나라 성탕에게 멸망한 것이다. 이처럼 산서성 중심 황하강역은 BC2333년 단군조선이 건국할 때부터 상나라 이전에 있었던 고죽국이 BC12세기 기자가 조선국을 세운이후 주나라의 동진에 따라 동쪽으로 이전50)할 때까지 1천 년 이상 동이를 거짓 참칭한 지나와 진짜 조선국이 혼재하여 패권을 다투었던 중원대륙의 핵심강역이다.

지나에는 고사부정론51)이 있다. 고사부정론은 『金文新考』序文을 통해 밝힌 상고사 왜곡, 『金文新考』는 "千年의 誤를

---

49) 서경(書經) 우서(虞書) 순전(舜典)에 "동순망질 東巡望秩 동쪽으로 순행하여 산천에 제를 지내고", "사근동후 肆覲東后 동방의 제후를 알현했다."라고 기록되어 있다.

50) 하북성 노룡현에 조선성이 있는데 고죽국이라고 한다. 요녕성 객좌현에서 기자의 제사용 청동기와 '죽후'라고 기록된 많은 유물이 출토됨으로써, 수도 없이 많은 지나 사서와 문헌기록에 이어 기자조선의 종착지가(처음에는 산서성에 있다가 산동성과 하북성 남쪽 황하를 거쳐) 하북성 강역임이 고고학적으로 고증된다. 기자한반도동래설은 가짜로 밝혀지고 있다.

51) 출처 : 중국의 동북공정 제2장.『古史辨』을 통한 上古史 否定, 현묵.

糾正한다."는 말로 시작하고 있다. 반세기 전까지만 해도 중국학술계의 옛 청동기 고증에 있어서 시대구분은, 청말 오대징과 같은 상고 역사학자나 문자학 분야에서 탁월한 공헌을 한 큰 스승 왕국유 등은 모두 송대 설상공, 구양순 등 준성(準星)과 같은 역대 금문 연구가의 관점과 일치하였다. 이제는 그 반대로 극소수를 예외로 한 대부분의 학자들이 '日辛', '日癸', '父乙', '父戊' 등의 문자가 새겨진 청동기를, 그것이 조상제사를 위한 제기이거나, 부족을 표시한 병기이거나 그 종류를 가리지 않고 모조리 일률적으로 은상시대의 청동기로 구분하고 있다. 이들이 내세운 유일한 근거는 진(晉)대 황보밀(皇甫謐)의 『제왕세기』에 기록된 "商나라 사람은 '日'로 이름을 지었는데, 이는 上甲(최초의 紀年)이 막 시작될 때부터이다(商人以日爲名, 自上甲微始)"라는 말인데, 이 말은 천년 동안 오해를 불러왔던 것이다. 그러나 중국역사학계는 정체되어 있지 않고, 은허갑골문의 출토로 왕국유 등 선학의 고증을 거쳐 사마천의 『사기』〈은본기〉가 역사실록이라는 것은 이미 국내외의 역사학계의 공인을 받게 되었다. 1923년 제1차 〈고사변〉 중에는 "허구에 허구를 층층으로 쌓아 올려 만든 상고사"라고 하는 고사 부정론자들이 출현하여, 하우(夏禹)를 허구의 '신화인물'이라고 할 뿐 아니라, 역사기록의 요·순도 "이상적 인격체의 명칭일 뿐이다."라고 하여 옛 역사를 의심하는 정도를 지나 완전히 부정해 버렸다. 호적(胡適)까지도 "층층으로 이루어진 상고사"라는 관점에 동조하였을 뿐 아니라, 이러한 견해는 "오늘날 중국사학계의 일대 공헌이다."라고 하였다. 이러한 논전 중에 끼어든 지질학계의 저명한 인물은 '하우가 원시석기시대 인물'이라는 논점을 제기하였으며, 이에 동조하는 부정론자 들이 내세우는 유일한 논거는 "우리가 지금까지 하대의 동기를 발견하지 못하였기 때문이다."라는 것이었다. 고사 부정론에 맞서는 논자는 양개초가 일찍이 지적한 "『堯典』의 '仲春日中星昴, 仲夏日中星火' 등의 기록은 일본 천문학자의 연구에 의하면 BC2400년의 천문현상과 일치하는 것으로 『堯典』은 최소한의 진서인 부분이 있다."라고 한 논거로 부정론자들을 비판하자, 부정론자는 "요·순 시대는 알 수 없을 뿐만 아니라, 『요전』에 기록된 중성이 BC2400년의 천문과 맞는다고 해서 요·순 시대의 진서라고 생각할 수 없다." 거나, "'日中星昴, 日中星火'라는 말은 너무 간단하여 BC2400년이라고 확실하게 말할 수 없으니 천문학자에게 의견을 물어야 한다."고 하여 의견을 들어보기 전에 이미 일본 천문학자가 '歲差'에 의해 추산한 과학적 연대를 부정하고 있었다. 1940년대 중국의 저명한 신역사학자들도 "은허에서 출토된 갑골문이 중국 문자 창조의 시초"라는 논점을 가지고 있었던 바, 과거 황보밀이 범했던 착오보다 심하여 역사실제와 더욱 멀어지게 되었다.

. 상(은)나라 이전의 역사는 무조건 부정하고 본다는 웃지 못할 코미디다. 그들이 지나 최초의 국가로 자랑해온 상나라가 조선인이 세운 나라이기 때문이다. 반세기 전까지만 해도 중국학술계의 옛 청동기 고증에 있어서 시대구분은, 청말 오대징과 같은 상고 역사학자나 문자학 분야에서 탁월한 공헌

을 한 큰 스승 왕국유 등은 모두 송대 설상공, 구양순 등 準星과 같은 역대 금문 연구가의 관점과 일치하였다고 한다. 이제는 그 반대로 극소수를 예외로 한 대부분의 학자들이 '일신(日辛)', '일발(日癸)', '부을(父乙)', '부무(父戊)'등의 문자가 새겨진 청동기를, 그것이 조상제사를 위한 제기이거나, 부족을 표시한 병기이거나 그 종류를 가리지 않고 모조리 일률적으로 은상시대의 청동기로 구분하고 있다고 한다. 1923년 제1차『고사변』 중에는 "허구에 허구를 층층으로 쌓아 올려 만든 상고사"라고 하는 고사 부정론자들이 출현하여, 하우를 허구의 '신화인물'이라고 할 뿐 아니라, 역사기록의 요·순도 "이상적 인격체의 명칭일 뿐이다."라고 하여 옛 역사를 의심하는 정도를 지나 완전히 부정해 버렸다.

상의 시조 설이 소호금천의 후예이면 단군조선의 후예로 1천 년 역사를 영면한 신라제국 역시 소호금천의 후예임이 분명하다. 중국정부가 얼마 전까지만 해도 지나의 상상고사는 무조건 전설이나 신화로 치부하고 부정해오다 최근 들어 동이(조선)의 고대사까지 지나의 역사로 포장해서 뺑튀기하고 있다. 상나라가 조선국이면 상나라보다 무려 733년이나 앞선 단군조선이 중원대륙을 수천 년 이상 경영한 진짜 조선사임을 어찌 쉽게 인정할 지나가 있을 것인가 상상이나 해보는 수밖에 없는지 자성할 때다. 기자조선 역시 처음에는 지나의 역사로 알고 명나라 때는 한반도 안의 상고조선사로 너덜너덜하게 만들어 놓았다. 이제 와서 지나의 선조로 포장한 상고사가 한국의 역사였음이 분명해지자 중국정부가 다시 대중화주의를 표방하고 나설 정도로 억울한 지나의 심정을 중원패권경쟁국이었던 대륙인 한국인으로서 이해해 줄 수는 있다. 그렇다고 해서 한국인조차 진짜 조선상고사를 부정하는 것은 하늘을 속이는 것이며 부모를 버리는 패륜과 같다. 기자가 한반도에 들어오지 않았으면 허구이고 기자조선의 영토와 활동지역이 중원대륙에 있으면 기자는 지나인의 조상이므로 기자조선은 한국의 역사가 아니라고 하겠는가.

4. 기자조선에 관한 사서, 문헌

이상과 같이 기자의 중원대륙 활동사와 기자조선에 관한 연구를 했으나 그 외에도 기자와 관련한 엄청난 사서 및 문헌 기록을 열거한다.

"은나라의 왕족인 기자가 조선으로 가서 조선후로 봉해졌다."[52) "대대로 큰 현인(大賢)의 가르침이 신라에 미쳤다.
"[53), '팔조지교(八條之敎)'[54), 현토와 낙랑은 본래 기자의 봉지이다. 옛날에 기자는 조선에 있었고, 그 백성은 예의를 가지고 가르치며…. (중략) 공자는 바다에 뗏목을 띄어 구이(九夷)에 가서 살고 싶다고 하였으니 있음직하다."[55)라고 하였다.

---

52) 『상서대전』 복승, 서한 초 BC3세기.
53) 당나라 현종이 743년에 신라에 보낸 국서에서.
54) 최치원『양위표』.
55) 『한서』반고(32~92) 및『자치통감』권21.

그리고 "동방예의지국이라 할만하다. 은나라 태사였던 기자가 주나라 신하를 거부하고 동이의 땅에 피해가서 거처하였고 우리 선대어른(공자)께서도 동이에 거처하고자 하였으며, 내 친구 노중련도 동쪽해안지방을 답사할 뜻을 가지고 있고 나도 역시 동이에 거처하려는 뜻이 있었는데 왕년에 동이의 사절이 우리나라(魏나라)에 입국하는 것을 살펴보니 대국인(大國人)의 금도가 있었다."[56]라고 하였다.

"'고구려는 영성신 태양신 가한신 기자신을 섬긴다.'[57], '고구려는 영성신 태양신 기자신 가한신 등에 제사를 지낸다.'[58], '요(遼)는 본래 조선의 땅이다. 기자8조의 가르침이 풍속으로 남아있다.'[59], '단군은 상나라 무정8년 을미에 아사달산에 들어가 신이 되었다. 나라를 누리기 1048년(BC1285년)이 되었다. 그 뒤 164년 후에(BC1122년) 기자가 와서 분봉받았다.'[60]라는 기록이 있다.

5. 연구에 참고한 강역도

'대청광여도'에는 '백이숙제묘'가 산서성 황하남쪽 주변에 그려져 있으며, 산서성-산서성-하남성이 교차하는 지점에

---

56) 『사기』 동이열전, 위나라 안리왕 10년(BC268), 곡부 공빈(공자 7대손).
57) 『구당서』.
58) 『신당서』.
59) 『요사』 중에서.
60) 『응제시주』 중에서 요약 정리하였음..

고죽국이 나타나 있다. 지도에는 평양부 위쪽에 '백이숙제묘'
가 보인다. 좌측으로부터 낙양(樂陽), 화산(華山), 우익시지,
호구산, 순도61), 포주, 포판, 뇌수산(수양산), 백이숙제묘, 태
평(옛 태원), 분하62), 명조63), 안읍, 하·우·우공기주지64),
평양부(옛 하동, 6주 28현, 임분), 요도, 진도(晉都), 대행산,
북망산, 요산, 왕옥산, 제원, 장치 등의 지명이 나타난다.

　'대청광여도'에 나타난 지명과 위치를 사서와 비교한 바, 기
자가 들어간 조선 땅은 고죽국의 왕자 백이숙제의 진짜 묘가
있으므로 산서성 기주 영제(영지)에 상나라 때의 고죽국(조
선)이 있었다고 추정한다. 이 고죽국은 주나라의 고죽국(조선
성)에 대한 공격으로 동쪽 조선국강역으로 이전했으며 주나
라 때의 유주 땅이다. 한사군전쟁의 주 무대인 패수는 과연
어디일까? 패수가 기록되어 있는 사서로는 가 있는데, 그 기
록에 따르면 유주에 속해 있는 10개 군 가운데 낙랑군이 있
고 그 낙랑군의 25개 현 가운데 패수현이 있다. 유주는 산서
성 남부와 북부하남성에 걸쳐있는 행정구역이다. 그 결정적

---

61) 순도 : 사근동후, 우순이 동쪽의 임금에 알현했다.
62) 분하(分河) : 옛 '압록수'를 말함. 분(分)을 분(汾)으로 명칭 바뀜.
63) 명조는 순임금의 묘, 맹자『이루장구하』"순임금이 명조에서 죽었다."
64) 우공기주는 『대명일통지』에 의하면 "순임금이 기주의 동북을 나누
어 유주와 금주로 했다. 상나라의 고죽국이며 주나라의 유주 땅이
다. 진나라 때에는 요동군 땅이었으며 또 이 유주는 요서군이 되었
다. 한나라 때는 무려와 망평현의 땅이었으며 요동군에 속했다. 당
나라에서는 유성현을 설차했으며 영주에 속했다."『서경』(31)하서
(1)우공편 기주의 치수와 부세에 "기주의 호구산에서 시작하여 태
원으로부터 악산의 남쪽 기슭 갈석산을 오른쪽으로 끼고 황하로 들
어왔다(入于河). 고사에서 말하는 동이, 방이, 구이는 모두 이(夷)
족이며 주거지는 주로 동쪽 바닷가였다."라고 기술하였다.

근거로는 고죽국 백이·숙제의 묘가 있는 곳이 요서군이기 때문이다. (낙랑군) 한 무제 3년에 설치했다. 유주에 속한다. 가구 수는 62,812호이고 인구는 406,748명으로 운장이 있다. 25개현으로는 조선현, 패수현, 수성현, 대방현 등이 있다. 패수현 서쪽으로 증지현까지 흘러 바다로 들어간다. 함자현에서 대수가 서쪽으로 대방현까지 흘러 바다로 들어간다. 분려산에서 열수가 나와 서쪽으로 점선까지 820리를 흘러 바다로 들어간다.[65]

또한 패수의 위치를 알 수 있는 또 다른 사서로는 을 들수 있다. "4개현과 6개의 진이 있다. 하내기, 태행 단층이 있고, 태행산, 황하, 심수, 패수가 있다. 무덕, 백향, 만선, 청화 등 4진을 두다. 수무현에 탁록성이 있다. 승은진이 있다. 흥정 4년 수무현 중천촌을 산양현으로 하여 휘주에 예속시켰다. 무척현에 태행산이 있고 천문산, 황하, 심수, 송곽진이 있다."[66] 위에서 말하는 지역은 바로 황하북부 하남성에 있는 지역들이다. 청나라 때 만든 지도에서 보듯이 태행산, 심수, 수무, 무척, 천문산 등은 모두 황하북부 하남성에 있는 지명들

---

65) (樂浪郡) 武帝元封三年開。莽曰樂鮮。屬幽州(속 유주)。戶六万二千八百一十二，口四十万六千七百四十八。有云郡。縣二十五：朝鮮(조선)，論邯，浿水(패수)，水西至增地入海。莽曰樂鮮亭。含資，帶水西至帶方入海。黏蟬，遂成，增地，莽曰增土。帶方(대방)，駟望，海冥，莽曰海桓，列口，長岑，屯有，昭明，高部都尉治。鏤方，提奚，渾弥，呑列，分黎山，列水所出。西至黏蟬入海，行八百二十里。東暆，不而，東部都尉治。蚕台，華麗，邪頭昧，前莫，夫租.

66) (원문) 縣四、鎭六： 河內倚。有太行陘、太行山、黃河、沁水、浿水(패수)。鎭四　武德、柏鄕、萬善、淸化。修武有濁鹿城。鎭一承恩。山陽興定四年以修武縣重泉村爲山陽縣，隷輝州。武陟有太行山、天門山、黃河、沁水。鎭一宋郭.

이다. 따라서 패수(浿水)도 당연히 황하북부 하남성에 있다고
보아야 할 것이다.[67]

　금사지리지에 언급된 지명이 다 들어있는 대청광여도.　패
수의 정확한 위치를 찾기 위해 와 의 기록을 보기로 한다. 추
수(溴水)는 (하남성) 제원현에 있다. 물의 근원이 세군데 있
는데, 동남류해 롱수(瀧水)와 합해져 동남으로 흘러 온현에서
황하로 흘러 들어가는 강이다.

---

67) 溴水在濟源縣　其源有三　一出琼山俗呼白澗水春秋公諸侯于梁此　一出
　　縣西二十里曲陽城西南山　一出陽城南溪俱東南流與瀧水合又東南至溫
　　縣入于黃河　원산은 하남성 제원현 서북 삼십리에 있다. 지금은 종
　　산이라 부르는데 추수(溴水)가 나오는 곳이다. 상련자가 망산이라
　　한다. 롱수가 여기서 나온다. (原山：在河南濟源縣西北三十里,　今名
　　琼山,　溴水所出,　相連者爲莽山,　瀧水出焉.)

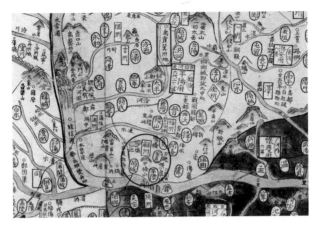

▲ '백이숙제묘'가 그려진 대청광여도. 좌측으로부터, 낙
양(樂陽), 화산(華山), 우익시지, 호구산, 순도, 포주,
포판, 뇌수산(수양산), 백이숙제묘, 태평(옛 태원), 분
하, 명조, 안읍, 하, 우, 우공기주지, 평양부(옛 하동,
6주 28현, 임분), 요도, 진도(晉都), 대행산, 북망산,
요산, 왕옥산, 제원, 장치 등의 지명이 보인다.

▲ 섬서성–산서성–하남성이 교차하는 고죽국. 함양, 서안, 영
전, 조읍, 화산, 영제(영지), 임기, 운성, 안읍, 하, 양평, 상낙

그리고 기자조선과 고죽국 관련사서, 문헌 등의 기록을 조사하여 정리한 것을 표로 나타내면 아래 표와 같다.

표 1 조선과 고죽국 관련사서, 문헌 기록 조사표

	사건별 요약	위치	연대비교
상나라 BC1600 ~ BC1046	설 시조, 상탕68) 중시조 20대 반경, 산동성 곡부에서 안양으로 수도 이전69), 성읍의 기원 소호금천이 상나라의 조상	하남성 안양70)은 상나라 마지막 수도 은허,『은허박물관>71)	단군조선 BC2333~ 기자조선 BC1122~
기 자 조 선 BC1122 ~ BC1046	①기자 상나라 유민 5000명을 데리고 조선에 기자조선을 세움→단군 왕 자리를 내주고 아사달에 입적72) ②주무왕 기자를 조선에 봉함 ③'하북성 노룡에서 요녕성 객좌까지 고죽국의 범위'73)	산서성 영제시, 서남쪽 황하L자로 꺾여 동쪽으로 흐르는 곳 ,북동측 수양산과 백이숙제묘74)	주 BC1046~ BC227 고죽국 BC1600 ~ BC664
BC 11세기	'무종국은 BC11세기에 기자족이 출발한 지역으로 기자족의 고죽국과 원래 가까운 이웃'75) '무종산 옥황묘문화'76) 무종산 위치변경(산서성-하북성)	현 '분양'으로 산서성 태원에 있다가 후에 진(晉)의 압력으로 하북성 옥전현 무종산77)으로 이주	서주 BC1046~771 춘추시대 BC771~BC403
BC663	'제나라 환공23년(BC663), 산융이 연나라 공격 – 연의 구원요청 – 산융을 정벌하고 고죽국까지 진출 – 고죽에 이르러 회군'78)	하북성	전국시대 BC403~BC221 동주 BC771~BC256
BC664	"산융, 북융, 무종의 세 이름은 실제로는 하나다"79)	하북성	진나라 BC221~BC206
BC	기자조선으로 가서 조선후로	요도평양과 안읍,	

3	봉해짐	하남성 낙양80), 조가, 상구	
BC268 위나라 안리왕 10년	동이고국(단군조선)은 동북쪽 선비와 접경 『홍사(鴻史)』 서문(공자의 7대손 공빈, 영조 때 지광한(池光翰) 인용)	별자리 기성(箕星)과 미성(尾星) 동북방, 땅은 선백(鮮白)에 접해있음 ※동쪽해안지방:산동성 단군조선 강역	한나라 BC205~ 선비족BC1세기~6세기
BC1세기	현토와 낙랑은 본래 기자의 봉지		

---

68) 탕왕은 BC1600~BC1589(재위기간), 후계 미증왕의 6세손이 공자 (BC551~BC479).

69) 상나라 시조 설부터 상 탕왕까지 8번 수도 천도, 『사기』.

70) 안양은 상나라의 수도, 상(은)나라의 시조는 설, 진시황 때 진나라 양공이 조상 소호에게 제사,"서쪽에서 소호에게 제사하였으며 조상들은 흰색을 숭상"『사기』봉선서 주석, 이덕일.

71) 『은허박물관〉에 '노예제사갱'이 있는데 BC2297년 하나라 우의 아들 계가 쿠데타를 일으켜 사모무(계의 모)와 백익을 살해하고 매장한 것으로 300여 명의 시체가 목이 잘려있다고 함, 지나에서는 '북조의 종묘제사갱'이라고 하는데, 중국인들조차 믿지 않는다고 함. 추정컨대 단군왕검의 죽음과 깊은 관계가 있는 것으로 보임. 백익은 소호 금천의 후손으로 단군왕검 재위 시절에 우와 함께 황하치수를 담당했던 사공이었다고 함, 장박『금문신고』참조.

72) 『삼국유사』.

73) 『문물』1973. 3기 당관의 글.

74) 『사기집해』"마융이 말하기를 수양산은 하동지방 포판이 있는 화산의 북쪽에 있고, 그곳은 황하가 꺾여 흐르는 곳이다",『대청광여도』지도상에 산서성 남쪽 황하가 L자로 꺾여 동쪽으로 가는 곳 북측에 수양산과 백이숙제의 묘라고 그려짐.

75) 『두산백과』산융(山戎).

76) 산서성 동북쪽 무종산 강역을 '옥황묘문화'라 함.

77) 현 하북성[옛 유주(幽州)], 조하(潮河)가 흘러 나가는 곳.

78) 『사기』제세가.

79) 『춘추좌전』장공30년조(BC664) 두예의 주석.

80) 낙양은 주나라의 수도이고, 상구는 상나라의 백성들이 모여서 살게 한 제후국으로 봉한 곳.

조선과 지나 강역 변천사 _145

위 표의 BC268 위나라 안리왕 10년의 동이고국(단군조선)은 동북쪽 선비와 접경은 『동이열전(東夷列傳)』 공빈(孔斌 : 공자의 7대손), 공빈(孔斌)은 전국시대 말기(약 2300년 전) 사람으로 위나라의 재상이었다고, 공자의 후손이라 합니다. 공빈은 일반 책에서 찾기가 어려운데 그것은 그가 젊은 시절의 공겸(孔謙)이라는 이름을 노년에 공빈으로 고쳤기 때문입니다.[81] 동방에 오랜 나라가 있으니 이름하여 동이(東夷)라고 부른다. 별자리 분류로는 기성(箕星)과 미성(尾星)의 방향(동북방)이며, 땅은 선백(鮮白)에 접해 있었다. 처음에 신인(神人) 단군(檀君)있었는데 마침내 아홉 이족의 추대에 응하여 임금이 되었으며 요임금과 더불어 병립하였다. 순임금이 동이에서 태어나서 중국에 들어와 천자가 되어 다스리기에 이르니 많은 왕들 중에서 탁월하게 뛰어난 분이셨다. 자부선인(紫府仙人)이 학문에 통달하고 다른 사람보다 지혜가 있으니 황제 헌원이 그에게서 공부하고 내황문을 받아와서 염제

---

81) 사기 참고. 『동이열전』의 내용 東方有古國 名曰東夷 星分箕尾 地接鮮白. 始有神人檀君 遂應九夷之推戴而爲君 與堯竝立. 虞舜 生於東夷 而入中國 爲天子至治 卓冠百王. 紫府仙人 有通之學 過人之智 黃帝受內皇文於門下 代炎帝而爲帝. 小連大連 善居喪 三日不怠 三年憂 吾先夫子稱之. 夏禹塗山會 夫婁親臨 而定國界. 有爲子 以天生聖人 英名洋溢乎中國 伊尹受業於門 而爲殷湯之賢相. 其國雖大 不自驕矜 其兵雖强 不侵人國 風俗淳厚 行者讓路 食者推飯 男女異處 而不同席 可謂東方禮儀之君子國也. 是故 殷太師箕子有不臣於周朝之心 而避居於東夷地. 吾先夫子 欲居東夷 而不以爲陋. 吾友魯仲連亦有欲踏東海之志, 余亦欲居東夷之意. 往年賦觀東夷使節之入國其儀容有大國人之袗度也. 東夷蓋自千有餘年以來 與吾中華 相有友邦之義, 人民互相來居往住者接踵不絶. 吾先夫子 印夷不以爲陋者 其意亦在乎此也. 故余亦有感而記實情以示後人焉. 魏 安釐王 十年 曲阜 孔斌 記.

신농씨 대신 임금이 되었다. 소련과 대련(동이족으로 공자 선생 등이 '효경' 등에서 언급이 자주 되는 인물)이 부모의 상을 잘 치러 3일을 게을리 하지 않고 3년을 근심하니 나의 할아버지께서 칭찬하셨다. 하(夏) 우(禹)가 도산(塗山)에서 회맹(會盟)할 때에 부루(扶婁)께서 몸소 임하시어 나라의 경계를 정하였다. 유위자가 하늘이 낳은 성인으로 훌륭한 이름이 중국에도 넘쳐흐르니 이윤이 그 제자로 공부해서 은나라(동이족왕조) 탕임금의 어진 재상이 되었다. 그 나라는 비록 크나 스스로 교만하지 아니하며 그 병력은 비록 강하나 남의 나라를 침범하지 않으며, 풍속이 순후(淳厚)하여 길을 가는 사람이 양보하고 먹는 사람은 밥을 상대에게 권했었고 남녀가 처하는 곳을 달리하여 앉은자리를 함께 하지 않으니 동방예의의 군자국(東方禮儀之君子國)이라고 할 만 하다. 이런 연유로 은나라 태사(太史)였던 기자(箕子)가 주(周)나라 조정에서 신하 노릇하지 않으려는 마음이 있어서 동이(東夷)의 땅에 피해 가서 거처하였고 우리 선대 어른(공자)께서 동이에 거처하고자 하셨으며 누추하지 않다고 여기셨다. 내 친구 노중련(魯仲連) 역시 동쪽 해안 지방을 답사할 뜻을 가지고 있고 나도 역시 동이에 거처하려는 뜻이 있었는데 왕년(往年)에 동이의 사절이 (우리나라 즉, 魏나라에) 입국하는 것을 살펴보니 그 몸가짐이 대국인(大國人)의 금도(衿度)가 있었다. 동이는 대개 천여 년 이래로부터 우리 중화(中華)와 서로 우방의 의리가 있어서 나라 사람들이 서로 와서 거처하고 가서 사는 경우가 끊임없이 이어져 왔던 것이다. 우리 선대 어른께서 동이가 누추하지 않다고 여기신 것은 그 뜻 역시 여기에 있었던 것이다. 그러므로 나 역시 깊이 느낀 바가 있어 이 진상을 기록함으로써 후인들에게 보이는 것이다. 위(魏)나라 안리왕(安釐王) 10년(BC268년) 곡부(曲阜) 공빈(孔斌)이 기록하다.[82]

표 2 기자조선, 고죽국 관련사서, 문헌 등 기록조사표(기원후)

	사건별 요약	위치	연대비교
AD1세기	'은나라의 도가 쇠하니 기자가 조선으로 갔다. 조선예맥 만이구려'[83]		한
321년 12월	모용황(297~348, 모용외 자) 조선공에 봉해짐	조선공은 낙랑군 조선현의 현공	한
323~325 말	모용황 평북장군 임명되어 조선공에 봉	조선공은 낙랑군 조선현의 현공	
342	모용황 고구려 침공, 미천왕의 시체와 5만명을 포로로 끌고 감. 343년 고국원왕과 인질반환협상	요동지역	고구려 고국원왕12~13년 전연 337~370 선비족 BC1세기~6세기
333년 5월	모용외 사망	요동궁터, 평주자사, 자치통감[84]권95 함화8년(333)조	
566년	모용은비(두로영은비), 1931년 주능에서 출토, 『함양박물관』 소장, '조선건국 고죽위군'[85]	섬서성과 산서성 사이 활동(추정)	서위550~557 북주557~581

---

82) 사기 참고. 『동이열전』의 내용 요약 정리.

공자의 7대손 공빈(孔斌)은 전국시대 말기(약 2300년 전) 사람으로 위나라의 재상으로 다음과 같이 말했다. "동방에 오랜 나라가 있으니 이름하여 동이(東夷)라고 부른다. 별자리 분류로는 기성(箕星)과 미성(尾星)의 방향(동북방)이며, 땅은 선백(鮮白)에 접해 있었다. 처음에 신인(神人) 단군(檀君) 있었는데 마침내 아홉 이족의 추대에 응하여 임금이 되었으며 요임금과 더불어 병립하였다. 순임금이 동이에서 태어나서 중국에 들어와 천자가 되어 다스리기에 이르니 많은 왕들 중에서 탁월하게 뛰어난 분이셨다. 자부선인(紫府仙人)이 학문에 통달하고 다른 사람보다 지혜가 있으니 황제 헌원이 그에게서 공부하고 내황문을 받아와서 염제 신농씨 대신 임금이 되었다. 소련과 대련(동이족으로 공자 선생 등이 '효경' 등에서 언급이 자주 되는 인물)이 부모의 상을 잘 치러 3일을 게을리 하지 않고 3년을 근심하니 나의 할아버지께서 칭찬하셨다. 하(夏) 우(禹)가 도산(塗山)에서 회맹(會盟)할 때에 부루(扶婁)께서 몸소 임하시어 나라의 경계를 정하였다. 유위자가 하늘이 낳은 성인으로 훌륭한 이름이 중국에도 넘쳐흐르니 이윤이 그 제자로 공부해서 은나라(동이족왕조) 탕임금의 어진 재상이 되었다. 그 나라는 비록 크나 스스로 교만하지 아니하며 그 병력은 비록 강하나 남의 나라를 침범하지 않으며, 풍

---

83)『전한서』 반고, 1세기.
84)『자치통감』 : 11세기 북송 사마광외 BC403~AD959기록.
85) 조선이 나라를 세웠는데 고죽을 임금으로 삼았다. 심백강. '중국은 한국의 일부였다.'

속이 순후(淳厚)하여 길을 가는 사람이 양보하고 먹는 사람
은 밥을 상대에게 권했었고 남녀가 처하는 곳을 달리하여 앉
은자리를 함께 하지 않으니 동방예의의 군자국(東方禮儀之君
子國)이라고 할 만 하다. 이런 연유로 은나라 태사(太史)였던
기자(箕子)가 주(周)나라 조정에서 신하 노릇하지 않으려는
마음이 있어서 동이(東夷)의 땅에 피해 가서 거처하였고 우
리 선대 어른(공자)께서 동이에 거처하고자 하셨으며 누추하
지 않다고 여기셨다. 내 친구 노중련(魯仲連) 역시 동쪽 해안
지방을 답사할 뜻을 가지고 있고 나도 역시 동이에 거처하려
는 뜻이 있었는데 왕년(往年)에 동이의 사절이 (우리나라 즉,
魏나라에) 입국하는 것을 살펴보니 그 몸가짐이 대국인(大國
人)의 금도(衿度)가 있었다. 동이는 대개 천여 년 이래로부터
우리 중화(中華)와 서로 우방의 의리가 있어서 나라 사람들
이 서로 와서 거처하고 가서 사는 경우가 끊임없이 이어져
왔던 것이다. 우리 선대 어른께서 동이가 누추하지 않다고 여
기신 것은 그 뜻 역시 여기에 있었던 것이다. 그러므로 나 역
시 깊이 느낀 바가 있어 이 진상을 기록함으로써 후인들에게
보이는 것이다."라고 했다. 공자의 후손 공빈이 말한 동쪽 해
안 지방은 산동성 동쪽 발해만 안쪽 바다 같은 호수 모퉁이
에 조선국이 있다는 말이다. 소호금천과 후예인 단군, 기자
같은 현인이 있었으니 왜인애지(畏人愛之)하는 군자들의 나
라가 조선국이라고 했을 것이다.

6. 소결론

　이상과 같이 기자조선에 대한 연구를 종합하여 보면, 단군조선과 기자조선은 하나다. 홍산문화를 기반을 둔 요하문명지의 집단(단군조선으로 추정)이 중원대륙에 남하하여 산동성의 대문구문화, 용산문화에 이어 산서성 중심지역에서 황하문명을 일으키고 한자의 기원[86]인 갑골문자를 창제하여 나라를 경영하는 등 경제 및 문화를 발전시켰다. 동이의 후예인 요임금 때 병립하여 단군왕검이 황화의 옛 발해지역(산동성 강역)에 조선을 건국했다. 필자는 기자조선을 연구하면서 새로운 사실을 발견했는데, 산해경에서 최초의 조선국 도읍지로 비정한 산동성 발해 동쪽 안 북쪽 모퉁이(해내지)가 공자가 뗏목을 타고 가고 싶은 군자국이 단군(檀君)과 기자의 조선 땅이자 우이(조선)의 땅, 동쪽해안지방(공빈의 글), 동쪽바닷가[87], 조선 사람이 하늘을 기르며 물과 함께 살고 있다는 산동성 강역임을 분명하게 밝힌다. 중원대륙 산동성으로 남하한 요하문명지의 조선민족을 비롯한 수개의 이민족 집단이 중원대륙의 핵심인 섬서성과 하남성 그리고 산서성이 교차하는 곡창지대이자 서역과의 핵심교역로인 황하중심 강역을 차지하기 위한 패권전쟁을 벌였던 것이다. 이러한 연유로 기자조선 역시 산서성의 조선 성으로 들어간 후 황하를 따라 산동성 황하지역(하북성 남쪽인접)을 거쳐 하북성 객좌현까지 고난의 민족 대이동을 한 것이다. 한편 17세기 경 상나라(제

---

86) 『동이한국사』 이기훈, "한자는 한반도에서 발전".
87) 우공기주는 "고사에서 말하는 동이, 방이, 구이는 모두 이족이며 주거지는 동쪽바닷가였다." 재인용.

국)이 배후에 조선국(고죽)을 남겨두고 요·순·우를 제압한 후 600년 이상 중원대륙을 경영하던 중 제후인 주나라가 지나와 화하를 내세우고 상나라와 전쟁을 일으키자 기자가 상나라 유민 5천 명을 데리고 선조의 조선국으로 귀환하니 이때까지 조선국을 통치하던 단군은 아사달로 돌아간다. 기자조선은 이렇게 단군조선을 이어 고죽국 등에서 지나와 패권을 다투었다. 주나라의 동진 정책에 따라 상의 유민 일부는 산동성으로 가고 산서성 고죽국에서 주나라와 전쟁을 하면서 춘추전국시대를 맞이한다. 고죽국과 조선국 유민들은 본래의 요하문명 강역으로 돌아갔다. 요녕성 객좌현에서 출토한 기후 청동기와 죽후 문자 및 유물이 기자조선의 대이동과 일천 년 고죽국의 실체를 잘 말해주고 있다. 우리는 중국이 문화혁명을 빙자하여 중원대륙에 산재했던 엄청난 조선상고사의 흔적을 불태우고 없애버린 지나 홍위병들의 못된 배반의 역사를 기억하고 있다. 일제 식민사학자들 역시 기자조선의 흔적을 지워 단군조선의 허리를 잘랐으며 찌질한 주류강단 사학자 부류도 이에 가세해온 것이 부끄러운 한국의 상고조선사다. 기자조선을 부정하는 것은 단군조선의 기반을 송두리째 없애서 무너뜨리는 한국을 부정하는 반국가행위로 중화사대·일제식민사관을 추종하는 반민족적범죄를 저지르는 것이다. 그리고 동아시아 최초의 국가를 세워 5천 년 이상 동북아시아를 주도적으로 경영해온 선인들에게 불효와 불충을 하는 패륜범죄다. 한국인이 3천 년 이상 중원대륙을 경영했으며 동아시아 최초로 조선을 건국한 역사의 주인공임을 한순간도 잊어서는 안 된다.

제3부　조선과 지나 강역 변천사

조병현 박사

3부는 조선과 지나의 오천 년 국경 변천사를 다룬다. 제10장에서는 국경과 상역에 대한 연구 방법론을 제시한다. 이를 바탕으로 시대별 국경의 변천사를 고찰하기 위해 제11장에서는 조선민족 전성시대의 강역, 제12장에서는 상해임시정부에서 편찬한 국사 교과서에 나타난 강역, 제13장에서는 강도회맹과 백두산정계비의 강역, 제14장에서는 일본과 청일이 맺은 간도협약에 의한 강역을 분석하고 제15에서는 한국과 중국의 국경문제 해결을 전망하고, 제16장에서는 고토회복을 위해서는 한반도 통일을 설명할 것이다.

제10장 강역 변천사 연구 방법론

    이 장은 연구의 목적을 효율적으로 달성하기 위한 이론적 근거를 제시하는 장이다. 그럼으로써 조선과 지나(支那)의 오천년 국경 변천의 현황 분석을 위한 이론적 토대를 제공하고자 한다. 이를 위해 먼저 연구의 범위와 내용을 확정하고, 역사연구의 새로운 접근방법을 모색하고자 한다. 영토의 지리적 범위를 확정하는데 가장 적합한 방법인 지적학(地籍學)의 접근방법에 대하여 고찰하고자 한다.

1. 연구범위 및 내용

    제1부에서 살펴본 바와 같이 고조선의 강역은 한반도에 위치한 것이 아니라 중원대륙에 위치하였다. 그러나 지명의 이동과 국내 자료 부족, 중국 자료의 해석 차이로 인하여 국경이 어디인지 정확하게 비정하지 못하고 있다. 이렇게 강역의 범위를 확정하지 못하는 것은 자료 부족과 기술적 한계도 있지만 근본적인 이유는 사대와 친일, 식민사관과 반도사관에서 비롯되고 있는 것이 현실이다. 따라서 식민사관에서 벗어나 한민족의 정체성과 고토 회복을 위한 첫걸음은 우리 고토의 지리적 범위의 확정이라고 판단하고 있다. 이러한 관점에서

우리는 우리 영토와 국경에 대하여 얼마나 알고 있을까? 조선과 지나의 최초 국경은 어디이며, 오천 년 동안 조선과 지나의 국경이 어떠한 과정을 거쳐 변천해 왔는지? 정부는 국경분쟁에 대한 정책이 존재할까? 존재하고 있다면 어떤 정책들이 있으며, 그러한 정책들이 영토를 수호하는데 어느 정도 기여하고 있을까? 등에 대한 의문점을 갖게 된 것이 본 연구의 배경이 된다.

이상과 같은 의문점을 해소하기 위해 먼저 국경의 개념과 획정 방법, 지적학의 접근방법에 의한 국경 연구 방법론을 토대로 단재 신채호 선생의 논문인 '조선민족의 전성시대'에 나타난 조선과 지나의 최초 강역과 상해임시정부에서 편찬한 국사교과서에 나타난 조선과 지나의 강역, 유조변책과 백두산정계비 상의 조선과 지나의 강역, 간도협약에 의한 조선과 지나의 강역을 대상으로 조사·분석하기로 하였다. 연구 내용은 여건상 부득이하게 조선과 지나의 강역에 대한 지리적 범위는 필자의 졸저 『북방영토 연구-지적학으로 풀어낸 북방영토 범위-』와 2021년 대한사랑·세계환단학회가 주최한 국제학술문화제 발표한 해임시정부 국사교과서에 나타난 대륙사관, 백산학회 및 지적학회에 게재한 강도회맹과 백두산정계비, 간도협약에 의한 강역의 범위 등을 중심으로 정리하였다. 이러한 내용을 바탕으로 나타난 국경의 변천 과정을 통해 한국과 중국의 국경분쟁 해소 방안을 제시하는 것이 본 연구의 목적이다.

이상과 같은 연구의 목적을 효율적으로 달성하기 위한 분석방법은 위성영상분석방법을 사용하였는데, 위성영상분석방법은 위성영상을 활용하여 수학적인 계산을 통하여 강역의 지리적 범위를 확정하게 된다. 조선과 지나의 국경에 대한 선행 연구는 최근 고려시대의 국경에 대한 관심이 증대되고 있지만, 국경변천사의 관점에서 조선과 지나의 국경 변천을 위성영상을 통하여 분석한 선행연구는 존재하지 않는다. 따라서 본 연구와 선행연구들과의 차별성으로는 선행연구에서 부족했던 부분인 조선과 지나의 오천 년 강역 변천에 초점을 맞추어 연구를 진행하였으며, 최초로 지적학의 접근방법에 의한 국경문제의 분석이론 및 이론적 체계화를 시도하였다는 점이다. 그리고 시대별 국경과 지리적 범위를 최신 기술인 위성영상분석방법을 통하여 영토의 물리적 범위인 위치·크기·모양 등을 확정하고, 효율적 해결방향을 제시한 데 차별성이 있다.

2. 영토연구의 새로운 접근 방법

중국의 동북공정에 대응하기 위하여 당시 우리 정부는 교육인적자원부와 한국정신문화연구원에 '한중역사공동연구회'를 설립하고, 2006년 '동북아역사재단'을 출범시켰다. '동북아역사재단'은 2005년 7월 19일부터 30일까지 백두산을 직접 답사하여 백두산정계비 터를 확인하는 등 고조선·고구려·발해 등의 역사에 대한 연구를 꾸준히 진행하여 나름대로 성과를 창출하였다. 일본과 중국, 미국 유럽지역의 학자들이 지은 서적들도 번역하여서 출판하였으며, 충주 고구려비를 최첨단 기술인 3D 스캐닝 데이터와 RTI 촬영으로 판독하고, 2017년 고구려 평양성을 국내외 최초로 입체로 구현하여 상상도를 만들기도 하였으나 국민의 눈높이에 미치지 못해 많은 비판을 받았다.

2012년 3월 미국 의회의 '동북아 역사에 대한 보고서(Congressional Research Service reports, CRS reports)' 발간이 대표적이다.

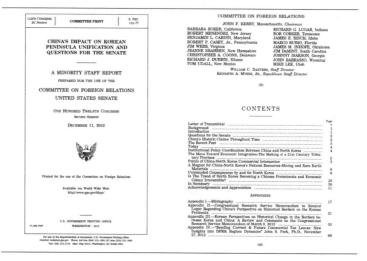

▲ CRS 보고서 표지 및 목차. CRS 보고서 참조 필자 직접 작성

'CRS보고서'는 고구려와 발해는 당나라 지방정권이라는 중국 측의 왜곡된 주장과 함께 과거 조선과 청나라의 국경설정 관련 기록 등에 대해 기술하였다. 특히 한반도에서 급변상황

이 발생했을 경우 중국의 개입 가능성을 전망하면서 중국이 자동으로 북한에 진주할 역사적 근원을 연구한 결과 "고토회복 차원에서 개입할 수 있다."는 중국 측 주장을 그대로 담고 있다. 당시 외교통상부는 동북아역사재단 전문가들을 보내 CRS에 우리 측 입장을 설명했으나, 그 내용이 보고서 본문에 반영되지 않고 부록에 수록되었다. 동북아역사재단은 우리의 국익에 영향을 미칠 중대사를 국회에 동의도 받지 않고 일방적으로 미의회에 서면으로 제출하여 이러한 결과를 초래하였다.

그리고 또 하나의 사례로 동북아역사재단에서 2008년부터 2015년까지 국고 47억을 들여 60여명의 대학교수들이 제작한 '동북아역사지도'의 논란이다. 이 지도에는 '북한은 중국 땅이며, 남한은 일본 땅이었고 독도는 그리지 않았다.'는 비판이 민간단체에서 제기되어 국회와 정부에서 조사한 결과 사실로 들어났다. 중국의 고사서들은 하나같이 낙랑군은 만리장성이 시발되는 갈석산의 수성현에 있다고 기록되어 있는데, 일제 강점기 이마니시류(今西龍)의 황해도 수안으로 비정했고, 해방 후 이병도도 마찬가지로 주장했던 것을 그대로 이 지도집에 그려 넣었다. '동북아역사재단'의 이러한 역사인식으로는 우리의 잘못된 상고사를 바로 잡을 수 없다.

문재인 정부의 가야사 연구도 마찬가지다. 경남을 중심으로 영호남에 걸쳐 찬란한 문화를 꽃피웠던 가야의 역사와 문화의 철저한 조사연구와 복원정비를 통해 가야유적·유물의 국가문화재 지정과 유네스코 세계유산으로 등재를 추진하고 있으나, 일본의 임나본부설에서 비정하고 있는 남원을 '기문국'으로, 합천을 '다라국'으로 만들어 일본의 역사왜곡을 합리화 시켜주는 상황이 되고 말았다. 안타까운 일이 계속 반복적으로 일어나고 있다. 이러한 문제는 영토에 대한 잘못된 인식과 주장에 대한 논리와 이론의 부재, 연구방법의 부적절에서 비롯된 것으로 판단되므로 이에 대한 대책이 시급하다.

영토문제도 마찬가지다. 'CRS보고서'에는 조선 시기 한중간의 경계를 표시한 지도에 조선 건국 초기 서북 방면으로는 압록강선을, 동북 방면으로는 현재 함경북도의 연안 지역까지 영역이 나타나 있다. 15세기 조선에서 여진을 정벌하고 압록강과 두만강을 북방 경계로 삼았고, 1712년 백두산정계비 건립으로 압록강-백두산-두만강 경계가 확정되었으며, 1962년 북·중 국경조약 체결과 1964년 의정서 체결로 압록강-백두산-두만강 국경선이 확정된 이래 현재에 이르는 것으로 설명하고 있다. 고조선의 강역과 간도문제는 어디에도 찾아볼 수 없다.

그리고 경기도교육청에서 평화교육자료집 "2012년 동북아 평화를 꿈꾸다."를 간행하여 교육에 활용하고자 하였으나, 간도는 간도협약이 무효 되면 영토 수복 가능하다는 기술에 대하여 간도협약 이전에 우리 영토로 편입된 사실이 없다고 하였으며, 단군신화는 역사적 사실이 아니라 신화이고, 백두산정계비는 국제법적 인식이 등장 전이라 적용이 어렵다는 입장을 취하였다. 참으로 한심한 일이 아닐 수 없다.

강역의 문제는 상고사에 대한 부문과 또 다른 전문 영역이다. 한중간에 민감한 사안으로 정부 차원에서 접근하기 어려운 점이 있기 때문에 민간단체 또는 전문가의 연구가 더 절실히 요구되는 분야이다. 한중간의 영토문제는 다른 국가 간에 대립되는 영토문제에서 보이는 일반적 특성과 부합되기도 하지만, 그와는 확연히 구별되는 몇 가지 두드러진 성격을 지니고 있다.

통상적으로 영토문제는 그 특성상 인접한 국가 간에 발생하는 경우가 대부분이기 때문에 일반적인 패턴을 띠게 된다. 영토분쟁은 다른 이슈에 비하여 무력사용과 무력충돌을 수반하는 경향이 강하며, 우크라이나 전쟁에서 보듯이 역사상 전쟁 사례의 많은 부분은 영토분쟁으로부터 기인하였으며, 국력 차이가 적거나 비슷한 국가들 사이에 발생할 가능성이 더 크다. 그리고 영토분쟁은 자원과 관련된 경우보다 민족·종족과 관련될 때 그 정도는 더 심각한 것으로 나타나고, 3개국의 공통 국경지대 경우보다 2개국만의 단일 국경지대에서 발생할 때 그 정도는 더 심각한 경향이 있다. 또한 영토분쟁은 서로 다른 블록에 속하는 국가들 간에 발생할 때 그 확산범위는 더 큰 경향이 있으며, 선진국 보다 후진국들 간에서 더 많이 발생하고 있다.

이와 같은 일반적인 영토분쟁의 특성에 기초해 볼 때, 한중의 영토문제의 특성은 첫째, 영토문제는 자원과 관련된 경우가 아닌 민족의 역사적 실체를 규명하는 문제이다. 둘째, 한·중 2개국만의 이해관계가 아닌 러시아, 일본 등이 관련된 첨예한 정치성을 지닌다. 셋째, 영토문제는 분명 영유권적 분쟁의 성격을 띠지만, 현 상태에서 영토이슈와 관련하여 무력충돌의 가능성은 적다는 것이다. 즉, 영토문제가 분쟁화 되더라도 1992년 한·중간의 국교수립이 성사된 상태에서 당사국간의 직접적인 무력충돌보다는 국제사법재판소 등의 법률적 해결이나 정치적 해결을 통해 합의도출이 용이하다는 것이다. 한중의 강역을 연구함에 있어 가장 중요한 것은 영토문제의 특성을 고려한 연구와 이를 위한 새로운 연구방법론을 적용해야 한다는 것이다.

이제 강역에 대한 연구는 종전의 연구 방법을 벗어나 새로운 연구방법과 논리로 접근해야 한다. 기존에는 주로 영토의식의 성장과 배경, 만주 고토에 대한 인식을 바탕으로 영토의 정치·지리적 특성을 개관하였다. 강역의 정치·지리적 위치를 맥킨더(H.J.Mackinder)의 내측 초생달지역(inner crescent)과 스파이크맨(N.J.Spykman)의 주변지역 이론(rimland)에 의해 추정하는 방법을 적용하였다. 스파이크맨은 맥킨더의 추축지역 이론을 발전시켜 심장지역 이론을 내세웠다. 그는 동부유럽을 지배하는 자는 심장지역을 지배하고, 심장지역을 지배하는 자는 세계도서를 지배하며, 세계도서를 지배하는 자는 세계를 지배한다고 주장하였다. 이 이론에 근거하여 동북아시아의 심장지역은 간도를 포함하는 만주지역이기 때문에 우리가 간도지역을 회복하여야만 동북아의 강대국으로 성장할 수 있다면서 간도 영유권 회복을 강조하였다. 그리고 우리가 잃어버린 땅, 즉 간도는 우리가 소유권을 직접 행사할 수 없기 때문에 실제 소유권 행사와 같은 효과를 가져올 수 있는 방안도 연구되었다. 이러한 잠재적 소유권을 확보할 수 있는 방안으로 '비정치적·생활권적 영토관'을 적용하는 시도가 있었다. 이는 국가가 놓인 상태에 있어서 현 상태의 세력 균형과 영토에 관한 현상 유지적 개념을 벗어나자는 것이다. 현상유지를 전제로 현재 시점에서의 배타적 국가관할권 유·무만을 영유권의 기준으로 삼고 있는 국제법의 최근 판결 동향에 비추어 볼 때 필요한 영토개념이다. 이러한 영토관은 현실적 영토관을 뒷면에서 보완하고, 도와주며 외교정책의 앞날을 밝혀주고 정신적 지표가 될 수도 있다. 여기서 '생활권'이란, 미국의 코리아타운과 같이 다른 나라의 영토 내에서 정치, 경제, 문화 등 여러 방면에서 국제적 교류와 협력이 이루어져 생활과 문화가 유지되는 일정한 지역을 말하는 것으로 생활권을 준영토적 의미로 사고하는 것이다. 따라서 '비정치적·생활권적 영토관'은 혈연, 언어, 역사, 전통과 관습, 종교 등의 동질성을 기반으로 성립되며, 이를 통해 직접 영토로 편입할 수 없는 지역의 소유권을 회복하는 대안이 될 수 있을 것이다. 지금까지 막연하게 단편적으로 주장만 제기해 왔던 소유권 회복문제에 정당한 이론적 근거로 『민족사적 생활영토론』을 발전시킨 것이다.

이와 같은 새로운 이론에 의한 간도문제의 연구는 올바른 영토관과 역사관의 확립으로 이어져 영토적 한계를 뛰어 넘어 경제적·문화적 일체성을 회복하여 언젠가는 우리 땅을 되찾겠다는 강력한 의지를 계속적으로 유지하게 될 것이다.

3. '부동산적역사관'과 '배달민족통일론' 적용

서론에서 언급하였지만, '부동산적역사관'은 터를 잘 잡은 인종이 승자가 되었다는 새로운 역사관이다. 인류의 역사 발전에 커다란 영향을 준 것은 기후론 못지않게 지형론에 좌우되었다는 것이다. 지형은 자연환경의 중요한 구성요소로서 인간이 땅을 딛고 그 위에서 삶을 전개하는 활동 공간이 되기 때문이다. 이것은 한나라의 산수지세나 한 개인이 주거지나 묘지가 그 나라의 국세나 개인의 운명에 영향을 미친다는 동양의 풍수지리설과동 맥을 같이 하고 있다. '역사의 아버지'라고 불리는 그리스 헤로도토스가 이집트 문명을 '나일강의 선물'이라고 한 말은 지형의 중요성을 나타낸 것이다. 상고 역사가 키케로 또한 로마가 위대한 문화를 창조할 수 있었던 것은 지형학적 배경 때문이라고 지적했다.

한 국가가 다른 국가를 지배·정복하는 역사의 부침은 그 국가가 지정학적으로 어디에 위치해 있느냐에 따라 결정된다는 '부동산적역사관'은 미국 캘리포니아 대학(UCLA)의 생물학자 다이아몬드 교수가 그의 저서 "총과 세균, 그리고 강철 : 인간 사회의 운명 요소들"(Norton, 1997)에 근거하여 지적을 전공한 필자의 역사인식 방법론으로 정립하고 있는 이론이다.

단재도 파미르고원에서 위리 나라가 '밝음'을 찾아 동래한 이유를 설명하고 있다. '부동산적 역사관' 이론을 적용하면 우리가 한반도에 자리 잡은 것은 '밝음'을 찾아서 같은 위도를 따라 동쪽으로 이동하여 가장 살기 좋은 한반도에 자리 잡아 세계로 나아가는 터미널 역할을 하고 있는 것이다.

또한 단재는 일찍이 우리나라의 지정학적 특성을 들어 간도협약의 철폐론을 주장하였다. 조선은 일찍이 예로부터 중국과 일본 사이에 끼어 있어서 양국의 울타리 역할을 하여 피차가 서로 해를 입지 않도록 하였다. 이는 진실로 수천 년 역사가 분명히 증명하고 있다. 수양제 당태종과 요태조, 금태조 등은 대륙에서 일어난 자들인데 그 무력이 압록강의 남북에서 그치고 동으로 일본을 어지럽히지 못한 것은 조선이 있었기 때문이다. 오랫동안 일본의 해적이 경상도 연안을 침범하였으나 그 흉악함이 거듭하여 중국을 집어삼키는 데 이르지 못한 것 또한 조선이 있었기 때문이다. 조선인은 동양에서 평화를 보전한 공이 또한 크다. 무릇 수가 오면 수를 막고, 당이 오면 당을 막고, 거란이 오면 거란을 막고, 여진이 오면 여진을 막고, 왜가 오면 왜를 막아 반도를 훌륭히 보장하고 해양과 대륙의 양 민족을 나누어 놓은 것이 진실로 유사 이래 조선인의 천직이다. 열국들은 왜가 함부로 날뛰고 방자하게 구는 것을 들어주고 조선을 병탄하는 것을 들었으니 왜가 두만강 압록강을 넘어 만주 땅을 어지럽히는 것을 누가 막을 수 있으며 북쪽으로 몽고를 넘보고, 서쪽으로 산동을 점령하여 동양의 평화를 유지할 수 없다고 단재는 일본의 조선과 만주 진출을 비판하였다. 그리고 일본의 간도 진출을 가능하게 했던 간도협약에 대해서도 철폐론을 주장한 것이다. 그리고 단재는 훈춘(훈춘사건) 해결방안으로 맺은 만몽조약(滿蒙條約)에 의해 간도협약은 효력을 잃은 것으로 보았다. 「천고

(天鼓)」에 의하면 중국은 간도조약의 특수성과 국제적 관례에 비추어 간도협약을 지키고자 하였으나 중국 정부의 능력이 간도의 치안을 보지(保持)할 수 없었기 때문에 일본의 요구를 용납하고 간도협약의 폐기를 동의하였다. 이와 같이 간도연구에 있어서 '부동산적역사관'은 핵심이론으로 자리 잡을 수 있기 때문에 이에 대한 지속적인 연구가 요구된다.

그리고 우리가 잘 아는 바와 같이 고조선의 강역이 우리의 고토가 된다. 배달시대에서 무진년 10월에 인민이 신인을 추대하여 단군을 대군주로 삼고 국호를 단(배달)이라하며, 도읍을 태백산 아래에 정하였다가 23년 후 경인해에 도읍을 평양으로 옮기고 국호를 조선으로 고쳤다. "임술해에 홍수가 범람하여 평양이 잠기거늘 도읍을 또 당장경으로 옮겨 홍수를 다스리니 북은 흑수에 이르고 남은 우수(지금의 춘천)에 이르며 동서는 대해에 닿도록 도로를 통하게 하여 백성들의 삶을 편안하게 하였다." 갑술해에 태자 부루를 파견하여 우국사신 하우와 양국 접경지역인 도산(직예 내지)에서 회합하여 나라의 경계를 정하였는데, "조선의 강역이 동은 대해요 서는 흥안령을 끼고, 남은 발해에 이르며 북은 흑룡강을 넘어 그 끝이 멀고 아득하였다. 유주와 영주가 조선에 속하였다. 땅의 넓이가 만여 리나 되었다." 이 강역이 바로 배달족 강역이다. '배달민족통일론'은 "배달민족 강역 안에서 이루어진 모든 국가들의 역사는 모두 배달민족의 역사이다."라는 이론이다. 이는 필자가 2021년 국제학술문화제에서 처음으로 주장한 역사 및 영토에 대한 인식론이다. 이 이론에 의하면 고조선 강역

안에서 일어난 모든 역사와 문화는 우리 역사와 문화가 된다. 고조선 강역 안에서 융기한 국가와 민족은 모두 배달민족이기 때문에 우리나라의 역사가 되는 것이다. 산해관 이남의 한족(漢族)이 우리 강역 안에서 세운 나라는 송나라와 명나라, 지금의 중국뿐이다. 한족의 통일국가인 송나라와 대치했던 요나라와 금나라의 역사는 중국의 역사가 될 수 없다. 역사적으로 배달민족 강역 안에서 분열과 통합을 반복하고, 전쟁을 수없이 했지만, 다 우리 배달민족 내분의 일로 이해하면 된다. 지금도 재중한인이 동북삼성에 우리 문화와 역사를 간직한 채 생활하고 있다는 것은 비록, 정치적·법률적 차원은 아니지만, 생활권적인 차원에서 그 일부를 잠재적으로 회복하였다는 것을 의미한다. 요나라와 금나라의 역사를 우리 민족사에 편입하지 않고, 그대로 세월이 지나면 "고구려는 중국의 지방정권이다."라는 중국의 동북공정을 도와주는 결과를 초래할 것이다.

'배달민족통일론'은 중국의 영토문제 해결 기본 이론인 '통일적다민족국가론'에 대응하는 논리와 이론으로 배달민족의 강역을 우리의 잠재적 영토로 인식하는 '비정치적·생활권적 영토관'에 근거하고 있다. 이를 기반으로 '배달민족통일론'에 대한 이론과 논리를 긴밀하고 치밀하고, 은밀하게, 전략적으로 연구하면 영토문제를 빠른 시일 내에 해결할 수 있다.

"만주를 차지하는 자 세계를 얻는다."라고 했다. 이제, '부동산적역사관'에 입각하여 영토문제를 재인식하고, '배달민족통일론'의 이론을 확립하여 영토수복의 기초이론을 제공할 것이다. 그리하여 몽골과 신장, 위구르자치구까지 배달민족의 강역에 포함하는 잠재적 영토관을 확립하여 파미르고원으로 되돌아가는 꿈을 이룰 수 있을 것이다.

4. 강역확정의 지적학적 접근방법

지적학은 인간과 토지와의 관계에서 발생하는 각종 지적현상에 대한 체계화된 원리를 탐구하는 학문분야이다.[1] 따라서 지적학의 주요 내용은 인간과 일필지(一筆地)간에 발생하는 지적활동의 결과인 지적현상이 어떠한 원리와 원칙을 가지고 발생·변경·소멸하는가에 대한 이론 정립에서부터 비롯된다. 또한, 일필지에 대한 실체적 관계로서 일필지의 구성요소와 구성요소들 간의 변동에 대한 인과관계, 그리고 일필지의 정보가 인간에게 가장 효율적으로 전달되기까지의 관련된 절차적 내용 등도 연구의 내용에 포함된다.

이러한 지적학의 이론 탐구와 실증과정을 위해서는 무엇보다도 지적학 연구의 접근방법론이 필요하게 된다. 이와 관련하여 박순표·최용규·강태석은 지적학의 연구방법으로 역사적 접근방법, 경제적 접근방법, 법률적 접근방법, 행태론적 접근방법, 비교론적 접근방법, 체계론적 접근방법을 제시하였고,[2] 이범관은 지적학 연구의 접근방법으로서 법률적 접근방법, 행정적 접근방법, 기술적 접근방법, 경제적 접근방법, 역사적 접

---

1) 이범관, 2007, 지적학원론, 대구, 삼지출판사, p.15.
2) 박순표·최용규·강태석, 1993, 지적학개론, 서울, 형설출판사, p.23.

근방법, 생태적 접근방법을 주장하였다.3)

이들의 주장은 모두 타당성이 있지만 지적학의 접근방법은 사회과학적인 연구방법을 토대로 지적활동의 결과인 지적현상을 효율적으로 규명하기 위한 접근방법이 적합한 것으로 판단된다. 이런 측면에서 볼 때 이범관의 주장이 더 설득력을 가진다. 따라서 본 연구에서는 이범관의 주장과 같이 법률적·행정적·기술적·경제적·역사적·생태적 접근방법을 채택하기로 한다. 지금까지 설명한 지적학의 접근방법을 그림으로 나타내면 아래와 같다.

표 3 지적학의 접근방법

	내　　　　　용
법률적 접근방법	일필지와 관련된 법적인 활동에 대한 지적현상을 다루고자 할 때 사용될 수 있는 접근방법
행정적 접근방법	일필지와 관련된 관리 활동에 관련된 지적현상을 다루고자 할 때 사용될 수 있는 접근방법
기술적 접근방법	일필지와 관련된 기술적인 활동에 관련된 지적현상을 다루고자 할 때 사용될 수 있는 접근방법
경제적 접근방법	일필지와 관련된 가치적인 활동에 관련된 지적현상을 다루고자 할 때 사용될 수 있는 접근방법
역사적 접근방법	일필지와 관련된 역사적인 활동에 관련된 현상을 다루고자 할 때 사용될 수 있는 접근방법
생태적 접근방법	일필지의 생성·분할·합병 등 토지이동과 관련된 현상을 다루고자 할 때 사용될 수 있는 접근방법

▲ 자료 : 이범관,『지적학원론』(대구 : 삼지출판사, 2007), p.23.

---

3) 이범관, 전게서, p.23.

이와 같은 여섯 가지 접근방법 중에서 일필지의 생성·분할·합병 등 토지이동과 관련된 현상을 다루고자 할 때 사용하는 생태적 접근방법이 간도지역의 범위를 분석하는데 가장 적합한 방법이라 판단되어 본 연구에서는 이 방법을 적용하여 간도지역의 범위를 분석하고자 한다.

인간의 몸이 약 60조에 달하는 세포로 구성되었듯이, 거대한 지구도 미세한 필지로 구성되어 있다. 지구에 있어서 필지는 인간의 미세한 세포와 같다. 인간이 성장과 더불어 세포분열을 하듯이, 지구 또한 필지의 분필과 합필을 반복하고 있다. 북방영토를 하나의 필지로 간주할 때, 그에 대한 물리적 현황 즉, 북방영토의 위치, 크기, 모양과 관련된 내용은 생태적 접근방법을 이용하여 지적학의 기초이론 분야인 경계론과 면적론, 필지론의 제이론을 적용하면 구체적인 연구가 가능하다.

그 중, 북방영토의 위치와 모양은 지적학 영역에서 필지의 경계확정과 직결된다. 경계(boundary)란 일반적으로 사물이 맞닿는 자리라 할 수 있지만, 지적학에서는 자연물인 지구를 인간의 필요에 의해 인위적으로 구획한 산물인 필지의 외곽선으로 소유권의 한계를 나타내는 곳으로 정의되는데, 이러한 필지의 경계가 확정되게 되면 필지모양도 자연적으로 드러나게 된다.

토지의 효율적인 관리 수단으로 지상의 경계선을 지도상에 옮겨서 관리하면서부터 경계의 설정내용, 관련법, 경계표지의 대상, 조사여부에 따라 다양한 경계가 존재하게 되었다.4) 이런 관계로 인하여 지적학 분야에서 위치와 경계를 확정하고 감정하는 활동은 지적활동에서 가장 중요하게 다루어지고 있다.

한편, 간도지역의 크기는 확정된 경계에 따라 정해지는 일필지의 면적과 관계되는데, 이러한 간도지역의 크기는 경계에 따라 표시된 선과 좌표에 의해 산출된다. 면적이란 일반적으로 한정된 평면이나, 구면의 크기 또는 넓이를 의미한다고 할 수 있다. 그러나 지적법에서 면적이란 지적공부에 등록한 필지의 수평면상의 넓이를 뜻한다. 따라서 일반적으로 토지면적은 지적공부에 등록한 일필지에 대한 한정된 수평면상의 넓이로 볼 수 있다.5)

결국, 지적학의 접근방법에 의한 북방영토의 지리적 범위를 조명함에 있어 그 하나의 접근방법으로서 생태적 접근방법을 적용한다는 것은 북방영토의 실체적 형상과 모양을 규명하는 것으로서, 북방영토에 대한 지리적 범위 즉, 위치·크기·모양을 산출하게 되는 것이다.

북방영토6)에 대한 지리적 범위는 위성영상에 의한 경계선

---

4) 토지경계의 분류는 설정내용에 따라 지상경계, 도상경계, 법정경계, 현실경계, 점유경계, 사실경계 등으로 구분하고, 관련법에 의하여 사법경계, 공법경계, 형법경계로 분류되며, 경계표지물의 대상에 따라 자연경계와 인공경계로 분류된다. 그리고 사정(査定)여부에 따라 사정경계와 분할경계가 있다. 이범관, 전게서, pp.66-72.

5) 지적공부상 면적은 지적공부에 등록한 필지의 수평면상의 넓이를 의미하고 있음으로 인해, 지상의 실제 면적과는 상당한 차이가 발생할 수 있다. 면적의 단위로는 ㎡를 사용하고, 1㎡는 0.3025평이며, 1평은 3.3058㎡가 된다.

6) 북방영토(the northern territory)라 함은 지리적으로 북쪽 또는 북쪽 지방을 의미하는 북방과 한 나라의 주권을 행사할 수 있는 지역인

복원과 좌표 획득, 국경 결정 및 면적 산출 순으로 이루어 진
다. 본 연구에서는 위성영상은 전 세계 위성영상 서비스 업체
인 구글어스(Google Earth) 홈페이지에 올라 있는 위성영상
을 우리가 보기 좋은 컬러로 편집하여 사용하였다. 그리고 영
상처리 소프트웨어는 ERDAS Imagine 8.4, 벡터라이징은
ArcView 3.2를 사용하였다. 본 연구에서 사용할 위성영상 및
처리 소프트웨어는 아래와 같다.

표4 위성영상 및 처리 소프트웨어 개요

야	구 분	내 용	비 고
위성영상	라이센스	free	
	해 상 도	1m	1m 크기 판별 가능
	제 공 처	구글어스(Google Earth)	상용버전
소프트웨어	운영체계	Microsoft Windows XP(SP2)	
	버 전	4.1.7 (2007. 5.24)	
	서 버	kh.gogle.com	
좌표변환소프트웨어	명 칭	CarBack시스템	대한지적공사 개발

▲ 자료 : 필자 직접 작성

위성영상에 의한 경계선의 복원은 우선 분석할 당시 가장
적합하다고 판단되는 지도에서 경계선을 역사적 배경과 지도

영토의 합성어로서 북방에 위치한 영토를 의미한다. 따라서 본 연구
는 우리나라의 북방영토를 "지리적으로 압록강과 두만강 북방에 위
치한 일정 지역으로서 우리가 되찾아야하는 고유 영토"라고 정의하
며, 북방영토문제는 이러한 북방영토를 되찾지 못한 상태에서 중국
의 동북공정에 의해 왜곡되고 있는 북방영토에 관련된 제문제 또는
그에 따른 분쟁이라고 정의하고자 한다. 조병현, 2007,『지적학의 접
근방법에 의한 북방영토문제에 관한 연구』, 경일대학교 박사학위 논
문. pp.16~17.

의 특성, 경계와 국경획정 방법 등에 의거 보조도면에 표시한 다음 위성영상에서 주요지점의 위치를 확인하고, 경계선의 위치를 추적한다. 위성영상에서 주요 지점의 위치가 확인되면 경계선을 위성영상에 복원하면서 경계점에 대한 경도, 위도 및 고도를 획득하여 경위도좌표를 지역별로 산출하였다.

이러한 절차에 따라 작업이 진행되지만 실제 보조도면에 의거 위성영상에서 좌표를 획득하는 과정이 용이하지 않다. 경계가 뚜렷하여 구분이 쉬운 강·하천·도로·철길 등의 자연경계는 문제가 없지만 경계결정의 기준이 없어 근본적으로 경계를 정할 수 없는 지역과 구름이 있거나 영상의 해상도가 낮은 지역, 산맥의 능선을 구분할 수 없어 경계선 추적이 곤란한 지역은 경험과 판단에 의지할 수밖에 없다. 이와 같은 방법으로 북방영토의 외곽경계선과 지역별 경계선에 대한 좌표를 획득하고, 검증자료로 활용하기 위하여 북한과 남한에 대한 좌표도 동시에 취득하였다.

다음으로 위성영상에서 획득한 좌표를 엑셀에서 CarBack시스템7)에서 불러들일 수 있는 파일로 편집하여 저장한 후, 경위도좌표를 직각좌표로 변환하여 경계점의 좌표를 확정하였다. Carback시스템의 내부 프로그램은 다양한 측지학적 수학 프로그램 모듈과 도형처리 모듈이 결합되어 처리되는데 좌표

---

7) Carback시스템은 측량장비인 GPS와 토탈스테이션을 차량 후미에 탑재하여 이동하면서 측량할 수 있도록 대한지적공사에서 고안한 장치이다. 본 소프트웨어에 포함하는 좌표변환은 GPS성과를 평면좌표로 변환시키는 기능을 갖추고 있을 뿐만 아니라, 평면과 평면간의 이동과 회전 및 축척 요소로 다른 좌표계간의 변환도 가능하다.

계간 변환 체계도는 아래와 같다.

즉, 변환을 적용시킬 경우 현재의 평면직각좌표(x, y)에 대하여 변환변수를 적용시켜 새로운 좌표를 환산하게 되는데 기존의 평면좌표계의 성과를 3차원으로 변환하여 상호 이동과 회전 및 축척의 요소로 맞추는 방법으로 시행되며, 높이는 별도의 체계에 의하여 보간하여 계산하는 방법이다.

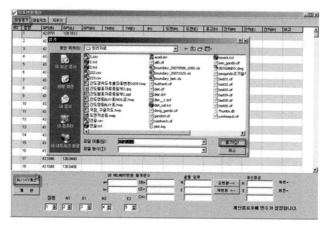

▲ 좌표변환 작업 초기화면. 필자 직접 작성

우리나라의 경우 Bessel타원체에 의한 측지원자를 사용하여 TM투영의 평면좌표를 사용하여왔으나 최근에 세계측지계 도입으로 새로운 측지원자인 WGS-84타원체를 이용하게 되었다. 따라서 기존의 측지원자에 의한 타원체의 변환과 투영변환으로 각각의 공통점을 이용한 변환변수가 필요하다.

이와 같은 방법으로 변환된 좌표 값을 텍스트파일(txt)로 저장하고, Autodesk Map 2007에서 평면직각좌표를 불러들여 폴리라인으로 만들어 면적 및 거리를 산출한다. 그리고 지역별로 산출된 면적의 합과 전체 면적을 비교하고 다양한 방법으로 검증하여 면적산출의 신뢰도를 확보한다.

이러한 과정을 거쳐 산출한 데이터는 경계점과 4극점, 지역별 면적을 산출하고, 이에 따른 도면의 출력물과 파일 등으로 D/B를 구축하여 활용하도록 한다.

제11장 조선민족의 전성시대 강역

　이 장은 단재 신채호 선생이 「조선민족의 전성시대」에서 조선과 지나의 최초 국경은 만리장성이라고 밝힌 조선의 강역을 다루고 있다. 먼저 「조선민족의 전성시대」에 나와 있는 한민족의 동래와 전성시대, 조선과 지나의 최초 국경인 만리장성을 검토하고, 이를 바탕으로 만리장성의 변천 과정을 살펴본다. 마지막으로 조선의 위치와 지리적 범위를 소결론으로 제시하겠다.

1. 조선민족의 전성시대

　단재는 조선상고사 제2편 수두시대에서 상고 동아시아 종족은 우랄 어족과 지나 어족의 두 파로 나누어 설명한다. "한족·묘족·요족 등은 중국 어족에, 조선 민족·흉노족 등은 우랄 어족에 속한다. 조선 민족이 분화하여 조선·선비·여진·몽골·퉁구스 등이 되고, 흉노족이 분화하여 돌궐(신강족)·헝가리·터키·핀란드 등이 되었다. 오늘날 몽골·만주·터키·조선 네 개 민족 간에는 유사한 어휘들이 적지 않게 존재한다. 이것은 몽골제국시대에 상호작용이 많았기 때문이기도 하지만 그보다 더 중요한 이유가 있다. 상고사를 보면, 조선과 흉노의 인명·지명

·관직명이 동일한 경우가 많았음을 알 수 있다. 이는 이들이 상고시대에 동일한 어족이었음을 증명하는 것이다."라고 우리 민족의 분류를 기술하였다.8) 조선민족과 흉노족은 우랄 어족에 속하고, 지나족은 지나 어족에 속해 민족이 구분되며, 조선 민족이 분화하여 조선·선비·여진·몽골·퉁구스 등이 되고, 흉노족이 분화하여 돌궐·헝가리·터키·핀란드 등이 되었기 때문에 조선과 흉노의 인명·지명·관직명이 동일한 경우가 많다고 하였다.

그리고 인류의 발상지를 파미르고원설과 몽골초원설을 제시하면서, 아직까지 확실하지는 않지만 조선 민족이 어딘가에서 동진해 왔다는 것은 확실하다고 기술하였다. "우리 고어에서는 왕의 성씨를 해(解)라고도 하고 왕의 칭호를 '불구래(弗矩內)'라고도 했다. '해'라는 성씨는 태양이란 뜻에서 나온 것이고, '불구래'란 칭호는 태양의 빛이 붉다는 데서 나온 것이다. 천국을 환국(桓國)이라 한 것은 광명처럼 환하다는 뜻에서 나온 것이다. 처음에 조선 민족은 서쪽 파미르고원이나 몽골 등지에서 광명의 본원지를 찾아 동진을 해왔다. 이들은 불함산(백두산)을 광명신이 거처하는 곳으로 생각하고 이 부근을 '조선'이라 불렀다. 조선이란 말은 '광명'을 의미하는 고어에서 나왔는데, 이것을 후대에 이두자로 '朝鮮'이라 표기하게 되었다."라고 우리 민족의 동진에 대하여 기술하였다. 우리 조선 민족은 서쪽 파미르고원에서 광명의 본원지를 찾아 동으로 이동했다는 것이다.

---

8) 신채호, 「조선민족의 전성시대」,『단재신채호전집』 6권, pp. 609~615.

그리고 단군 연대의 고증에서 "2천 년 전에 단군왕검이 있었다. 아사달에 나라를 세우고 국호를 조선이라고 했다."는 『위서』의 기록에서 아사달을 구월산으로 해석한 것은 구월산의 '구월'을 '아홉 달'로 해석한 뒤 구월산을 아사달산으로 잘못 이해한 것에서 비롯되었다고 비판했다.9) 그리고 "아사달은 이두로 '아스대'로 읽었다. 고어에서는 소나무를 '아스'라고 하고 산을 '대'라고 했다. 이 아사달은 지금의 하얼빈 완달산이다. 하얼빈은 북부여의 고토로 단군왕검의 상경(上京)이었고, 지금의 개평현 동북에 있는 안시성 유적인 아리티는 중경이고, 지금의 평양 즉 '펴라'는 남경이었다. 단군왕검 이래, 상황에 따라 삼경 중 하나를 서울로 삼았는데 셋 중의 중심은 북부여 고토인 아스대였다."라고 기술하여 아사달을 하얼빈으로 비정하였다.

▲ 흑룡강성 완달산 남록(南麓) 모습

---

9) 신채호, 전게서. pp. 609~615.

단재는 조선상고사 제2편 수두시대에서 조선의 전성시대를 기원전 10세기경부터 대략 오륙백 년간은 대단군 조선의 전성시대로 기술하고 있다.『수문비고』에서는 청나라 직예성 영평부에 있었던 '고죽국'도 조선 종족이라고 했다. '고죽국' 왕자인 백이·숙제 형제는 왕위상속권을 헌신짝처럼 버렸다. 그들은 오늘날의 섬서성에 있었던 주나라를 여행하다가 무왕에게 반전론을 열렬히 역설했다. 이 외에, 양자강·회수 유역으로도 조선인들이 대거 이주하여 소왕국을 많이 건설했다. 그중에서 서나라 언왕이 두각을 보이고 인의를 실천하니, 지나 36개국이 서나라에 조공을 바쳤다. 이상은 조선 본국이 아닌 식민지에서 나온 한두 호걸의 행적이다."[10]

그리고 기원전 5~6세기에는 불리지(弗離支)가 조선 군대를 통솔하여 오늘날의 하북·산서·산동성 등을 정복했다고 기술하였다. "불리지는 산서성 대현 부근에 국가를 세우고 자기 이름을 따 '불리지국'이라 명명했다.『주서』의 불령지(弗令支)와『사기』의 리지(離支)는 이 '불리지국'을 가리킨다. 불리지는 자기가 정복한 지방에 대해 자기 성씨인 '불'로 나라 이름을 부여했다. 불리지는 산동을 정복한 뒤 조선의 검은원숭이·담비·여우·너구리 등의 털가죽과 비단·융단 같은 직물을 수출하여 발해를 중심으로 상업을 진흥시켰다. 기원전 7세기말에 조선은 '고죽국'을 통해 '불리지국'과 연합하여 연나라와 진(晉)나라를 정벌했다. 그러자 연나라와 진나라는 제나라에 도

---

10) 신채호, 전게서. pp. 609~615.

움을 요청했다. 제나라는 명재상인 관중과 명장인 성보의 보좌를 받아 지나를 제패하고 있었다. 제나라는 조나라·위나라·허나라·노나라 등의 10여 국가를 이끌고 연나라를 구출했다. 태행산11)을 넘어 '불리지국'을 깨뜨리고 연나라를 지나 '고죽국'을 꺾은 것이다. 조선은 군대를 철수하고 불리지 땅을 잃었다. 이것은 지나을 살린 전쟁이었다. 그래서 공자는 관중의 공적을 찬양하면서 "관중이 아니었다면 우리는 피발(披髮)을 하고 좌임(左袵)12)을 했을 것"이라고 했다. 『관자』에는 이 전쟁의 결과가 대강 기록되어 있다. 이 전쟁으로 인하여 조선은 서북 지방을 잃고 오랜 침체에 빠진 것만큼은 숨길 수 없는 사실이다.

2. 조선과 지나의 최초 국경은 만리장성

단재는 여러 글에서 조선과 지나의 최초의 국경은 만리장성이라고 기술하였다. 단재의 만리장성에 관한 연구는 매우 독특하다. 조선상고사의 「조선민족의 전성시대」와 1935년

---

11) 태행산은 산서성(山西省)과 하북성(河北省)의 경계로 현재 대흥안령산맥과 연결되어 있는 태행산맥을 말한다.
12) '피발'은 조선에서 머리를 뒤로 묶어 길게 땋는 것을 말하고, 좌임은 조선에서 왼쪽으로 옷을 여미는 것을 말한다. 웃옷의 왼쪽이 오른쪽의 밑으로 들어가면 좌임이고, 오른쪽이 왼쪽의 밑으로 들어가면 우임이다. 상고에 한민족의 의복은 좌임이고 지나의 의복은 우임이었다. 오늘날 한국 남성복의 경우, 오른쪽이 왼쪽의 밑으로 들어간다.

『삼천리』7-1에 발표한 '조선민족의 전성시대'에 잘 나타나 있다. 그리고 단재가 저술한 것을 박용태(朴龍泰)가 1932년 12월 9일부터 14일까지 조선일보에 발표한 '만리장성은 뉘것이냐'가 있다.[13]

단재는 「조선민족의 전성시대」에서 "동양의 고사(古史)를 연구하려면 반드시 조선 고문화의 원류를 탐색치 않고는 도저히 사(史)의 근거와 사의 진수와 사의 체계와 통지(統志)를 작성할 수 없을 것이다. 그러면 조선 고문화를 강구함에는 먼저 조선 구강(舊疆) 판도 범위부터 확정하여야 되리니, 상고 문헌의 고증을 어디서 찾아낼 것이냐. 신지(神誌)의 구변진단도(九變震壇圖)가 전하지 못하고 단군(檀君) 계통의 부여가 조업(祖業)을 계승하여 만몽대륙에서 혁혁문화(赫赫文化) 1천 년을 발양하여 오다가 춘추열국 시대에 미쳐서 한족과 전쟁을 일으켜 혹승혹패(或勝或敗)하며, 장기간에 걸친 전운(戰雲)이 식녕(息寧)의 날이 없더니, 제 환공(齊桓公) 때에 와서는 조선족의 쇠운기라 패적(敗蹟)이 날로 많으매, 만몽 서남부에 사는 조선족의 근거가 심히 동요하여 영평부 이동까지 국역(國域)이 축소되었으며, 그 후 진시황의 동남전쟁(東南戰爭)은 전혀 조선족을 동북으로 구축함이다. 만리장성을 조선·지나의 국계(國界)로 하고, 대공사를 일으켜 만여리

---

13) 단재가 입옥할 때 유고를 박용태가 간직하고 있었는데, 유고 중의 이 논문을 자기 이름으로 조선일보에 실은 것이다. 원문에는 '조선사 연구의 진귀한 재료이며 동방 고문화의 소장(消長)을 관예(關銳)한 壁墨 朴龍泰'라는 부제가 붙어 있다. 신채호, 조선상고사 제6권 P. 601

로 연장한 것이다."14)라고 기술하여 만리장성이 조선과 지나의 최초 국경이었던 것을 주장하였다.

단재는 이를 증명하기 위하여 문헌조사 방법에 대하여 다음과 같이 설명한다. "그런 고로 고조선의 문헌 고증은 누십백년 병분(兵焚)에 소실되고, 또한 조선의 국도(國都)가 적화(敵禍)로 인하여 자주 천사(遷徙)되었으니, 강역의 변축(變縮)함이 더욱 많을지니, 중고에 이르러 우유배(愚儒輩)의 곡해억단(曲解抑斷)이 존화주의(尊華主義)에 맹광(盲狂)하여 단군 강역을 마음대로 줄이고, '부여국도(扶餘國都)'를 되는 대로 천사하여, 심지어 영변 묘향산을 백두산이라 하고, 아사달을 황해도라 하며, 기자를 대동강에까지 갖다 묻어놓았으니, 어찌 통한할 바 아니리요. 소위 역사가들이 적어놓은 국사를 보면 붓끝마다 다르며 말끝마다 맞지 아니하여, 비유컨대 군맹(群盲)이 종야(終夜) 길에 헤매며 목적지의 소재를 찾지 못함과 같도다. 만리장성이 우리 조선과 숙명이 깊으니만큼 '만리장성고(萬里長城考)'는 곧 우리 고강(古疆)을 찾는 데 한 증거가 훌륭하다 하노라.『회남자(淮南子)』가로되, 만리장성을 "北擊遼水(북격요수) 東結朝鮮 (동결조선)"이라 하였으니, 회남자 당시에도 만리장성이 조선과 지나의 국방계(國防界)로 쌓은 것이 명백하니, "장성을 아는 자는 반드시 고조선을 알 것이다."15)라고 하였다.

그리고 현재 만리장성이라고 부르는 것은 "고구려 연개소문

---

14) 신채호, 전게서. pp. 609~615.
15) 신채호, 전게서. pp. 609~615.

이 가로되 자부여(自扶餘)로 축장성(築長城)하여 남지해(南至海)하니 장천여리(長千餘里)라 하였고, 로마 카이사르(該撒)가 가로되 "因北寇頻逼(인북구빈핍) 築城於萊因河北(축성어래인하북) 其長至數百里(기장지수백리)"라고 하니, 이는 서양사상 성지최장자야(城之最長者也)라 하였다. 그러나 "진시황이 몽념(蒙恬)으로 하여금 북으로 장성을 쌓아 임조에서 요동에 이르니 길이가 만여 리라 하였으니, 이 곧 세상이 말하는 만리장성이다. 동서 사상의 최장성일 뿐만 아니라, 진실로 유성이래(有城以來)로 오직 시조 되는 장성의 거벽(巨擘)일 것이다."16)라고 설명한다.

3. 만리장성의 변천 과정

단재는 "진시황의 만리장성을 쌓은 것이 아니고, 진시황 때에 있던 장성을 확대 연장하여 가축(加築)한 것이며, 장성을 가축한 것은 진시황 이후에도 많았다는 것이다. 그러나 대공사를 가져 확축(擴築)한 것은 진시황 외에는 없으므로 진시황의 만리장성이 되었다는 것이다. 그리고 단재는 만리장성의 역사가 심히 회색(晦塞)하여 당시 조선과 한(漢)의 국경인지는 명백히 확정하기 어려움을 들어 진시황 이전의 장성과 진시황 이후의 장성, 진시황의 장성으로 구분하여 다음과 같이 설명한다. "① 진시황 이전의 장성은 『사기(史記)』 흉노전(匈

---

16) 신채호, 전게서. pp. 609~615.

奴傳)에 "趙武靈王(조무령왕)……北破林胡(북파림호)·樓煩(누번) 築長城(축장성)"이라 하였으니, 이는 조(趙)의 장성이요, 또 燕亦築長城(연역축장성) 自造陽(자조양) 至襄平(지양평) 置上谷(치상곡)·漁陽(어양)·右北平(우북평)·遼西(요서)·遼東郡(요동군) 以拒胡(이거호)"라 하였으니, 이는 연(燕)의 장성이요, 秦有隴西北地上郡(진유롱서북지상군) 築長城(축장성) 以拒胡(이거호)"라 하였으니, 이는 진시황 이전의 장성이라 한다."라고 설명하고, ②진시황 이후의 장성은 "『북제서(北齊書)』에 自西河總秦戌(자서하총진수)築長城(축장성) 東至於海(동지어해)", "後主大統六年(후주대통육년) 自庫堆(자고퇴) 東距海(동거해) 隨山屈曲二千餘里(수산굴곡이천여리) 塹山築城(참산축성)"이라 하였으니 이는 고제(高齊)의 장성이요, 『수서(隋書)』에 "文帝(문제) 開皇六年二月(개황육년이월)에 發丁男十一萬(발정남십일만) 修築長城(수축장성)", "七年二月(칠년이월)에 發丁男十萬餘(발정남십만여) 修築長城(수축장성)"이라 하였으니 이는 수(隋)의 장성이요, 『열하일기(熱河日記)』에 "同徐中山(동서중산) 築長城(축장성)"이라 하였으니 이는 명(明)의 장성이다. ③진시황의 장성은 "『사기』 진본기(秦本紀)에 "陶山北假中(도산북가중) 築亭障(축정장)", "三十四年(삼십사년) 適治獄吏不直者(적치옥리불직자) 築長城(축장성)", 흉노전(匈奴傳)에 "而始皇帝(이시황제) 起臨洮(기임조) 至遼東(지요동) 萬餘里(만여리)"라 하고, 몽념전에 "起臨洮(기임조) 至遼東(지요동) 延袤萬餘里(연무만여리)"라 하였으니 이는 곧 진시황의 만리장성이니라"라고 기술하였다.

지금까지 연의 장성이 조선과 관계가 되어 있음을 상술하였다. 연과의 관계는 진번·낙랑 양조와 관계가 있고, 조(趙)와의 관계는 부여조선 때의 일이니, 부여조선이 삼조선 중에 최대국으로서 지나와 교통을 가장 먼저 전개하였다. "순본기(舜本紀)에 가로되 '北山戎(북산융) 發息愼(발식신)'이라 하니, 발식신(發息愼)은 부여조선의 오음(誤音)이다. 관자(管子) 왈, '八千里之(팔천리지) 發朝鮮(발조선)'이라 하고 또 '發朝鮮之文皮(발조선지문피)'라 하였으니, 발조선은 또한 부여조선의 촉음(促音)이다. 『사기』에 예·맥·조선 혹은 단칭(但稱) 예라 하며 맥이라 하니, 맥이라 함은 그 문피(文皮)를 의복(衣服)함에 득명함이다. 예는 곧 부여의 촉음이니, 기실은 다 동일하다. 조(趙)가 부여조선으로 관계되기는 조양자(趙襄子)로부터이니, 흉노전에 왈 "趙襄子(조양자)가 破幷代(파병대)·臨胡貉(임호맥)"이라 하였으니, 그 후에 부여의 속민 위림(魏林)·누번(樓煩)이 다 강성하여 조의 변경이 다사하였다. 조 무령왕(武靈王)이 복(服)을 변하고 기사(騎射)를 연습하여 부여로 더불어 자주 싸우며 장성을 쌓아서 방어하였으니, 이는 조의 장성은 부여조선을 막기 위하여 쌓은 바이다. 『사기』 조세가(趙世家)에 부여를 동호라 하였고, 흉노전에는 낙랑을 동호라 하였다. 조의 말엽에 이목(李牧)이 북변의 양장(良將)으로 임호(林胡)와 누번(樓煩)을 파하고 달아났다 하였으니, 장성이내에만 방어하였을 뿐이요 능히 장성 이외에 진출치 못함이니라. 조(趙)가 이미 망하고, 부여 더욱 강성하여지매 흉노·선우(單于)·묵돌(冒頓)이 항상 미인·양마를 부여에 진공(進貢)

하였다 하며, 『사기』에 묵돌의 지광(地廣)을 서하여 왈 "自上谷(자상곡)으로 東接濊貊朝鮮(동접예맥조선)"이라 하였으니, 그때는 부여조선이 묵돌에 패한 후임이 명백하다. 그런즉 조의 장성은 전혀 조선을 위하여 쌓음이요, 시황의 장성이 상곡이래까지는 또한 부여조선을 방어함이니라. 부여조선이 연으로 더불어 혐원(嫌怨)을 얽었을 뿐만 아니라, 부여가 자주연을 정벌하였으므로 관중이 구합제후(九合諸侯)의 귀중(歸衆)을 독솔(督率)하여 고죽을 파함이 그것이다. 수백 년간에 부여가 삼조선의 맹주가 되어 지나를 침략하다가 연·조가 망한 뒤에 또한 망하였으니, 오호라, 그간에 신지(神誌)·고흥지륜(高興之倫)의 그 전말을 기록한 바 있었나니, 야심 많은 군주와 날완(辣腕)한 장상(將相)이며, 충의강개한 장사와 유악밀물(帷幄密勿)하던 모신(謀臣)들의 가가가무(可歌可舞) 가곡가경(可哭可驚)할만한 사실이 많았으나, 조선이 이미 판탕(板蕩)되고 고서는 일전(一傳)이 없었으며, 지나의 사마천의 『사기』가 있으나 전혀 '존화양이(尊華攘夷)'로 배외적 사상을 취하여 사례를 문란하였으니, 도리어 풀루타크(布魯帶克)의 인방 정형을 상찰(詳察)하고 그 전말을 구재(具載)함만 못하도다. 마사(馬史)는 그 1, 2차 인방과 접촉된 사실을 기록한 외에 다만 자기 지나인의 자존 호기심의 완상물과 같을 뿐이다.17)라고 하였다.

---

17)신채호, 전게서. pp. 609~615.

▲ 대명여지도에 나타난 명장성(직례성 지역)

4. 조선의 위치와 지리적 범위

조선의 강역 문제는 한국 상고사의 핵심이자 기본 골격이다. 그러나 현재 우리는 주류사학자와 민족주의사학자 사이에 이견이 존재하고 있다. 주류사학자들은 '대동강 중심설'을 인정하고, 민족주의사학자들은 '요동 중심설'을 주장한다. '대동강 중심설'은 이병도가 대표적이고, '요동 중심설'은 단재가 제기하여 최근에는 윤내현과 북한의 리지린 등이 동조한다.

단재는 강역을 축소하는 역사가들을 맹렬히 비판하였다. "조선의 역사가들은 매양 그 짓는바 역사를 자기 목적의 희생으로 만들어서 도깨비도 떠 옮기지 못한다는 땅을 떠 옮기는 재주를 부려 졸본(卒本: 고구려가 처음 개국한 압록강 북쪽)을 떠다가 성천(成川)혹은 영변(寧邊)에 갖다놓으며, 안시성(安市城: 만주 遼東에 있는 고구려의 성)을 떠다가 용강(龍岡) 혹은 안주(安州)에 갖다 놓으며, 아사산(阿斯山: 단군이 國部를 옮긴 곳)을 떠다가 황해도의 구월산(九月山)을 만들며 가슬라(迦瑟羅)를 떠다가 강원도의 강릉군을 만들었다."[18]라고 강역을 축소시키는 지명 이동을 도깨비도 못하는 땅 떠 옮기는 재주를 부린다고 하였다. 더 크지도 말고 더 작지도 말라고 한 압록강 이내의 이상적 강역을 획정하려 하며 (我邦彊域考) 지명의 이동에 대하여 증명할 근거가 없는 역사를 지었다는 것이다.

그리고 한(韓)은 나라의 명칭이 아니라 왕의 칭호였고, 삼한은 삼조선을 나누어 통치한 세 명의 대왕을 말하는 것이고, 삼조선은 삼한 즉 세 왕이 각각 통치한 세 지방인데, 세 도읍의 위치와 범위에 대해 단재는 다음과 같이 설명한다. "삼한의 도읍은 이러하다. 하나는 '아스라', 즉 지금의 하얼빈이다. 또 하나는 '알티', 즉 지금의 개평현 동북에 있는 안시성 유적지다. 또 다른 하나는 '펴라' 즉 오늘날의 평양이다. 삼조선 분립 이전에는 '신한'이 하나였는데, 삼조선이 분립한 뒤에는

---

18) 신채호, 전게서. pp. 609~615.

'신한'이 셋이 되었다. 곧 신조선의 '신한'이 그 하나요, 말조선의 '신한'이 그 둘이요, 불조선의 '신한'이 그 셋이니, 곧 대왕(大王)이라는 뜻이다. 신한이 전체 조선을 통할하는 대왕이고 불한·말한은 부왕이었다. 신한이 아스라에 주재할 때는 말한·불한은 나머지 두 곳에 주재하고, 신한이 아리티나 펴라에 주재할 때는 말한·불한은 다른 두 곳에 각각 주재했다. 삼조선이 분립한 뒤에는 삼한이 삼경의 하나씩을 차지하고 조선을 나누어 차지했다. 『만주원류고』에서는 요동에 번한(番汗)현, 즉 지금의 개평 등의 지역이 변한의 옛 도읍(古都)이라고 했다. 번한과 변한은 발음이 비슷하다. 그러므로 개평 동북의 아리티가 불한의 옛 도읍이었다고 볼 수 있다. 『삼국유사』에서는 마한이란 지명이 평양의 마읍산에서 나왔다고 했다. 하지만 마한에서 마읍산이란 지명이 나온 것이지, 마읍산에서 마한이란 지명이 나온 것은 아니다. 마한은 평양에 도읍을 두었다가 나중에 남쪽으로 천도했다. 그러므로 평양 즉 펴라가 말한의 옛 도읍이었을 것이다. 신한의 경우에는 참고할 자료가 없기는 하지만, 아리티와 펴라가 불한·말한의 도읍이었으므로 신한은 하얼빈 즉 아스라에 도읍했음이 틀림없다. 이로써 강역의 윤곽을 대략 그릴 수 있다. 오늘날 봉천성의 서북과 동북(개원 이북과 흥경 이동)인 길림성·흑룡성 및 지금의 연해주 남쪽은 신조선의 소유였고, 요동반도(개원 이남과 흥경 이서)는 불조선의 소유였으며, 압록강 이남은 말조선의 소유였다. 그러나 전쟁이 빈번할 때는 고정적인 영토가 없었으므로, 상황에 따라 삼조선의 영역이 증감했을 것이다."19)

라고 설명한다.

단재의 주장과 마찬가지로 조선이 대륙에 있었다는 기록은 너무 많아 여기서 재론할 필요가 없다. 『관자』에 기원전 7세기경 고조선의 영역은 의무려산(오늘의 요서지역) 좌우에 걸쳐 있었다고 주장하고, 지나의 가장 오랜 지리 서적인 『산해경』은 고조선의 위치를 조선 반도 내에서 찾을 수 없으며 발해 연안에서 찾아야 한다는 근거를 제공해준다. 『전국책』 자료에 의하면 고조선 영력은 오늘의 요동과 동서에 걸치는 지역이었다는 것을 알 수 있으며, 『사기·조선렬전』에도 조선의 위치가 요동과 요서에 걸치는 지역으로 인정하고 있다. 『한서·조선렬전』과 『삼국지·위지 동이전』에도 많은 기록들이 있다. 요사(遼史)와 『구당서』 199권, 『후한서』 1권, 『성경통지』 10권, 『만주원류고』 2권 등에도 동일하게 기록하고 있으며, 연나라의 장군 진개의 침략 등으로 기원전 3세기 초에 고조선의 영역에 대변동이 있는 것으로 나타난다. 그리고 『산해경』에는 '발해의 모퉁이에 나라가 있으니 그 이름을 조선이라 한다.'라고 하였고, 조선의 서쪽 강역은 전국시대 이전에는 산동성 동부 일부와 하북성 서북부, 중남부를 포괄하였고, 연나라의 전성기에 하북성 서북부와 동북부 일부를 상실하였으나, 진·한 시대에 중원이 혼란한 틈을 타서 다시 회복하였다. 『사기』와 『조선열전>에는 한나라와 조선 국경이 패수로 북송 시대까지 조선하(潮鮮河)로 불린 현재 북경시 북쪽에 있는 조하(潮河)로 나와 있다.

---

19) 신채호, 전게서. pp. 609~615.

이러한 조선의 지리적 범위에 대한 논의들은 최근까지 이어져 남한학계는 초기에 요하 동쪽 해평 개성현에 중심을 두었으나 후에 와서 왕검성을 중심으로 독자적인 문화를 이룩하면서 발전하였고, 기원전 3세기경에는 준왕과 같은 강력한 왕이 등장하여 왕위를 세습하였으며, 요하를 경계선으로 하여 지나의 연(燕)나라와 서로 대립할 만큼 강성하였다는 주장20)과 함께 북한학계에 있어서도 고조선 문제 가운데 강역문제가 최대의 관심사인 것으로 보인다. 이들은 영역문제를 대단히 폭넓고 치밀하게 논의하였는데 특히 고조선의 서쪽 경계에 치중하여 건국 초기의 서변은 요하와 혼하 하류였다가 기원전 2세기 말경이 되면 대릉하가 경계라고 이해하고 있다. 북한학계의 연구의 특징은 고조선의 중심을 만주에 두는 견해가 정설로 되어 있는 점이다.21) 그리고 지나 사서를 연구한 러시아 학자의 고조선 연구에서도 고조선의 영역은 요동·요서 지역, 만주, 한반도 북부 지역을 망라하였다고 밝히고 있다.22)

---

20) 전 단국대 윤내현 교수는 1994년에 발표한 『고조선연구』에서 기존의 국내 사학계와는 다른 새로운 고조선 역사를 기술하였다.
21) 21세기의 한국사학〉 21세기의 한국고고학 : 선사시대에서 상고국가의 형성까지〉 II. 한국의 선사시대와 문제점〉 2. 국가의 형성과 문화〉 북한 사회과학원의 역사학자 리지린은 1962년 『고조선연구』를 저술하여 지나의 상고문헌 등을 고증하여 고조선의 위치를 설명한다.
22) 구소련 과학아카데미의 역사학자 '유 엠 부찐'은 1982년 러시아판 『고조선-역사·고고학적 개요』를 출간했다. 그는 지나 사서 등을 분석하여 고조선의 영역을 밝혔다. 고조선의 연대도 한국 주류 사학계보다 훨씬 이른 시기로 보고 있으며, 국경은 서기전 12세기 이전부터 난하 유역은 고조선의 강역에 포함되어 있었으며, 고조선 초

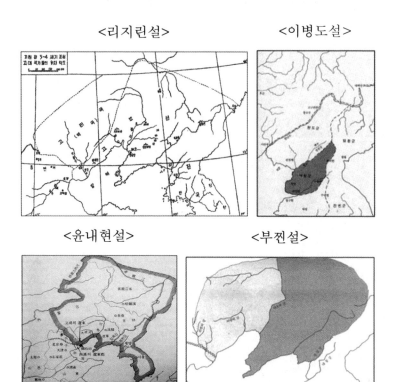

▲ 고조선 강역도. 인터넷 자료 참조하여 저자 직접 작성

이와 같이 단재와 윤내현·리지린·유 엠 부찐은 료동중심설에 일치하지만, 이병도와 주류사학계는 완전히 다른 입장을 취하고 있다. 이병도는 패수를 청천강으로, 렬수는 대동강으로 보고 고조선의 영역을 지금의 평안남도 지역으로 설정하였다.

부터 난하 유역은 지나의 강역이 아니었던 것만은 분명하며 고조선의 영향력 아래 있었을 가능성이 크다고 주장하였다.
http://www.ngonews.kr/news/articleView.html?idxno=129759

이것은 대동강유역의 유적들을 낙랑유적으로 보았고 이를 토대로 그 위치를 고증한 것이다.[23]

5. 소결론

만리장성은 조선과 지나의 최초 국경이다. 전국시대 당시에 조·연·진 3국이 장성을 쌓은 것이 최초의 만리장성이고, 기원전 221년에 진시황제가 연과 조의 장성을 연결하고 북방 유목민족(흉노)의 침입을 대비해 서쪽으로 더 연장시켰고, 한대에 무제가 장성을 연장시켜 쌓았다. 그리고 남북조시대 때 북주와 북제가 성벽을 대규모로 축조하고, 수의 양제가 장성을 보수하고 남단에 새로운 장성을 쌓았으며, 금이 타타르족의 침입을 막기 위해 싱안링 산맥에 대규모로 장성을 쌓았다. 그이후 명의 영락제가 지금의 만리장성을 쌓고 동쪽 산해관을 설치하였고, 정통제가 북경 정면 부분의 2중으로 장성을 쌓고, 가정제가 대대적으로 장성을 개축한 이후 16세기에 지금의 만리장성이 완성되었다.

『사기·조선렬전』에도 조선의 위치가 요동과 요서에 걸치는 지역으로 인정하고 있으며, 『산해경』에는 "발해의 모퉁이에 나라가 있으니 그 이름을 조선이라 한다."라고 하였다. 조선의 서쪽 강역은 전국시대 이전에는 산동성 동부 일부와 하북성 서북부, 중남부를 포괄하였고, 『사기』와 『조선열전』에는

---

23) 李丙燾, 『韓國上古史研究』(博英社, 1976)

한나라와 조선 국경이 패수로 북송 시대까지 조선하로 불린 현재 북경시 북쪽에 있는 조하로 나와 있다.

만리장성은 동양사의 최고 중요한 역사를 간직하고 있으며, 건축상의 위대한 업적이 될 뿐만 아니라, 동서양에 역사적 영향이 지대한 것이 사실이다. 조선의 침략에 대응하여 연·조·진이 장성을 쌓았으니 바로, 만리장성이 조선과 지나의 최초 국경이 된 것이다.

난재는 고조선의 영역은 만주, 한반도, 요동 및 요서 지역에 걸친 대제국이었음을 밝혔지만, 연·조·진이 장성을 쌓은 것은 흉노를 막기보다 조선과 한(漢)의 관계되었음을 비록 명확히 알기는 어려우나, 만리장성을 연구함에 있어서 조선 고강(古疆)이 얼마나 크며, 조선의 강성함이 어떤 범위까지 발전되었던 것을 반의반을 알아낼 수 있으므로 만리장성이 동양사 연구상에 있어서 실로 위대한 실물의 참고 됨을 확언한다고 하였다.

제12장 상해임시정부 교과서의 강역

이 장은 상해임시정부 교과서의 강역을 다루고 있다. 먼저 국사교육의 태동과 조선총독부의 역사교과서, 상해임시정부의 역사교과서 편찬과 주요 내용을 살펴보고, 상해임시정부 국사 교과서에 나타난 국경과 배달민족과 요·금의 연관성을 분석하고, 마지막으로 역사교과서에 나타난 고조선의 국경과 위치를 소결론으로 제시한다.

1. 국사교육의 태동과 조선총독부의 역사교과서

1894년 6월(고종 31년) 의정부에 편사국을 두어 역사를 관장케 하고, 지나사 중심의 교육과 한문교육에서 독립하기 위하여 국사교육을 강조하였다. 1895년 3월 25일 학부편집국을 설치하고 교과서 편찬에 착수하여 『조선역사』와 『조선역대사략』, 『조선약사』 3서(三書)를 출판하였다. 『조선역사』는 단군부터 1893년까지 역사를 편년체 국한문 혼용으로 서술, 지나 연호를 배제하고 조선 개국기원을 사용하는 등 독립지향성을 보였고, 상고사 인식에서도 단군을 정사로 보고 상고로부터 독립된 국사로 이해하였고, 북벌론을 효종과 송시열의 대지(大志)라고 소개하였다.[24] 『조선역대사략』은 1895년 겨

울에 간행한 학부용으로 편년체로 서술되어 있으며, 『조선역
사』의 증보판 성격으로 상고사 분야를 크게 늘려 단군을 정
사로 보고, 삼한정통설25)을 강조하였다. 『조선약사』는 국한문
을 혼용한 초등용 교과서이다. 고구려가 부여의 계승자임을
나타내고, 기자조선 다음에 삼한을 서술함으로써 삼한정통설
을 따르고, 부여를 부각시키고 있으나, 단군의 발상지를 묘향
산으로 보고 있다.26)

　　1897년 3서보다 체계적이고 수준 높은 역사서 편찬이 요
구되어 1899년 종합본으로 『동국역대사략』과 『대한역대사략』
·『보통교과동국사략』을 발간하였다. 중학교 교과서로 편찬한
『동국역대사략』과 『대한역대사략』은 단군발상지를 묘향산으
로 보고, 삼한정통설과 삼조선설을 택하면서 신라를 정통으로
세우고, 신라기 안에 발해의 기사를 많이 서술하였다. 특히
발해를 말갈의 속말족으로서 속말은 고구려의 별종(別種)이
라 했다.27) 그리고 소학교 교과서용으로 편찬한 『보통교과
동국역사』는 『동국역대사략』을 다듬고, 좋은 것은 취하고 부

---

24) 한민족독립운동사2 2권 국권수호운동Ⅱ 2) 초기의 역사교과서 참
　　조, 필자 요약정리.
25) 삼한정통론은 이익이 『성호선생문집』 권38 「삼한정통론」에서 위만
　　이 나라를 합당하게 계승하지 않고 찬탈하였으므로 그를 기자조선
　　정통의 정당한 계승자로 볼 수 없고, 그 정통은 기준이 남쪽으로
　　옮겨와 세운 마한으로 이어진다는 주장이다. 삼한정통론은 안정복
　　의 『동사강목』에 반영되었다. 네이버 지식백과, 2021년 04월 09일
　　검색, https://terms.naver.com
26) 한민족독립운동사2 2권 국권수호운동Ⅱ 2) 초기의 역사교과서 참
　　조, 필자가 요약정리.
27) 아세아문화사, 영인본, 『동국력대사략』, 『신라기』 성덕왕 31년조,
　　204-205쪽

족한 것은 보충하여 국한문으로 편찬하였다. 단군朝鮮의 위치를 규정하고, 기자가 지나의 정란을 피하여 朝鮮에 들어와 임금이 된 뒤에 주무왕으로부터 봉왕되었다는 종래의 '피지조선 인봉설(避之朝鮮因封說)'을 삭제하고, 권두에 역대일람과 역대왕도표를 실어 『동국역대사략』보다 교과서로서 한발 앞선 것으로 평가하고 있다.[28]

조선통감부는 1908년 8월 '사립학교령'과 '교과용도서 검정 규정'을 발표하여 일본의 통치에 반감을 가질 수 있는 책들은 검정심사에서 통과시키지 않는 등 한일합방 이전부터 교과서 발행에 식민지정책을 반영하였다. 1910년 대한제국을 합방한 일제는 1911년 8월 '조선교육령'을 공포하여 식민지 교육정책의 기본방침을 확정하고, 1911년 12월 『국어독본』을 시작으로 식민통치 이념을 반영한 교과서를 1917년까지 총 61종 130책의 교과서를 편찬하였다.[29]

3·1운동 이후 일제의 식민지 교육정책은 외견상 크게 바꾸어 조선의 실정에 맞는 방향으로 교과서를 개편했다. 1922년부터 1938년 사이에 시행된 '제2차 조선교육령'에 의거 종래에 학교체계를 일본의 학제와 비등한 제도로 고쳐 표면상 탄압을 완화하는 것처럼 보였으나, 오히려 '내선일체'를 내세워 동화주의교육을 더욱 본격화하였다.[30] 일제의 교육당국자들

---

28) 한민족독립운동사2 2권 국권수호운동Ⅱ 2)초기의 역사교과서 참조, 필자가 요약정리.
29) 김한종, 「朝鮮총독부의 교육정책과 교과서 발행」『역사교육연구』 vol 9, pp. 306-308.
30) 한민족독립운동사 7권 대한민국임시정부Ⅰ. 2) 朝鮮총독부의 교육 정책 참조, 필자 요약정리.

은 3·1독립운동이 일어난 원인은 독립에 대한 의욕에 있다고 생각하고, 한국독립의 의욕을 뿌리째 뽑아 일본인으로 만든다는 동화주의교육을 더욱 확대하여 초중등학교의 한국어·일본어·도덕·역사·지리 등의 교과교육에서 식민지주의 교육 경향이 더 농후하게 나타났다.31) 특히, 역사 교과교육은 식민사관에 입각하여 일본사는 찬양하는 입장에서 서술하고, 한국사는 주체성과 자주성이 결여된 종속의 입장에서 날조하여 서술하였다. 한국사의 경우, 한무제의 한국침공과 한사군의 설치, 수나라와 당나라의 고구려침략, 몽고·거란의 침략, 임나국내공(任那國來貢)과 신공황후의 신라침공·백제의 멸망과 일본의 지원, 풍신수길의 조선침공, 정한론과 강화도조약, 청일전쟁과 한국병합 등을 날조, 왜곡하여 기술함으로써 한국은 끊임없이 외국의 침략과 지배를 받아 마치 한국에는 자주적 발전의 역사가 없는 것처럼 서술하였다. 반면, 7세기와 덕천(德川, 도꾸가와) 정권시대에 선진 한국문화를 일본이 수입한 데 대해서는 의도적으로 서술을 왜곡하여 한국인 학생에게 식민사관과 민족적 열등의식을 주입시켜 민족자존과 독립 의지를 말살시키려 했다.32)

---

31) 한민족독립운동사 7권 대한민국임시정부 I. 2) 朝鮮총독부의 교육 정책 참조, 필자 요약정리.
32) 한민족독립운동사 5권 일제의 식민통치 III, 4) 일제 조선총독부에 의한 제2차 조선교육령 시행기의 교육정책(1922~1938) 참조, 필자 요약정리.

2. 상해임시정부의 역사교과서 편찬과 주요 내용

1910년 이후 많은 사람들이 만주와 중국 본토, 미주, 연해주 등으로 이주하였다. 그중에서 상해로 이주한 사람들은 독립운동을 목적으로 이주한 사람들이 비교적 많았다. 특히, 3·1운동 이후 상해임시정부를 수립하여 활발한 외교 활동과 함께, 조계지역의 특수성으로 독립운동에 적합한 환경을 갖추고 있었다.

상해임시정부는 처음부터 교과서 편찬문제에 관심을 가지고, 교과서 편찬과 공급을 정부가 맡기로 한 것은 민족의식을 북돋고, 민족관을 가진 국민을 길러내는 데는 민족의 전통과 사상에 근거한 역사교육에 있음을 알았기 때문이다. 1922년 3월 20일 제10회 임시의정원회의에서 우선 적당한 교과서를 만들어 아동교육에 사용하고, 고등정도의 학교를 자립하기 전에는 외국에 많이 유학시키는 것을 결의하였다.[33] 이러한 배경으로 상해임시정부에서 김교헌[34]이 저술한 『신단민사』와 『배달족역사』를 편찬하여 각 급 학교에 배포하였다.

『신단민사』는 소학교용으로 1923년에 출간되었다. 풍부한

---

33) 일제침략하 한국36년사 6권, 大韓民國臨時議政院 第10回 會議, (1922년 3월 20일): 大韓民國臨時政府 獨立新聞 1922년 5월 6일자 참조.

34) 金敎獻(1868~1923년)은 경기도 화성시 비봉면 구포리에서 출생하였다. 뒤에 이름을 김헌이라 하였다. 1910년 가선대부가 되었다. 대종교가 중광된 해부터 입교하여 대종교 제2대 교주가 되었다. 저서로는 『단조사고』, 『신단실기』, 『신단민사』, 『홍암신형조천기』, 『배달족역사』, 『배달족강역형세도』 등을 저술하였다. 출처: 한국민족문화대백과사전 김교헌, 2021년 5월 3일 검색.

자료에 근거하여 짧은 문장과 쉬운 내용으로 기술되어 있다. 일제강점기 한민족에게 '한국의 시조 단군'을 인식시키는데 상당한 영향을 끼쳤다. 1923년 7월 21일자 독립신문이 상해에서 김헌이 저술한 『신단민사』를 간행하여 간도 각 중학교에서 역사 신교과서로 사용할 예정이라고 보도했으며,[35] 1928년 1월부터 4월까지 '한빛사'에서 발행한 '한빛'에 『신단민사』를 4회에 걸쳐 유고를 실었다.[36] 『신단민사』는 현재 국한문 활자본 1권, 1923년 및 1946년의 인쇄본과 1946년 정열모이 옮긴 『신단민사』[37], 1992년 고동영이 번역한 『신단민사』[38]가 있다.

그리고 상해임시정부에서 편찬한 역사교과서로 『배달족역사』가 한 권 더 있다. 판본에 의하면 김헌이 편집했고, 출판시점은 "대한민국 4년 1월 15일"이라고 기록되어 있다. 『배달족역사』의 간행 주체는 발행 일자에 "대한민국 4년"으로 대한민국 연호를 사용한 점으로 보아 대한민국임시정부에서 역사교과서를 발행한 것이 분명하다.[39] 『독립신문』기사에 "교과서로 사용하기에 가장 적당한" 서적으로 소개하고 있는 점 등

---

35) 현전하는 『신단민사』가 국한문으로 1923년 7월 무렵에 완성되어 上海에서 초판이 발행되었으며, 1923년 7월 21일자 독립신문에 광고를 실었다.

36) 김교헌, 「신단민사1」『한빛』제2권 제1호 통권 제2호, (1928.1), pp. 8-10; 김교헌, 「신단민사2」『한빛』제2권 제2호, (1928.2), pp. 4-6; 김교헌, 「신단민사3」『한빛』통권 제3호, (1928.3), pp. 5-6; 김교헌, 「신단민사4」『한빛』통권 제4·5호, (1928.4·5), pp. 22-25.

37) 정열모 저, 『신단민사』(서울: 대종교총본사, 1946)

38) 고동영 역, 『신단민사』(서울: 한뿌리, 1992)

39) 김정신, 「金敎獻 民族史學의 精神的 背景」『國學硏究』第4輯, (1998), p. 19.

이 이를 뒷받침해 주고 있다.40) 『배달족역사』의 편찬 실무는 '교과서편찬위원회'의 박은식과 조완구, 윤기섭, 김두봉, 정신, 차리석, 백기준, 김승학 등이 참여하였으며, 『배달족역사』는 조선의 강역 안에서 여러 국가와 종족들의 흥망과 그 국가와 종족들이 지녔던 문화를 서술하고 있다.41)

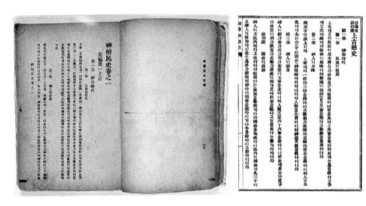

▲ 『신단민사』와 『배달족역사』 내용. 연구자 직접 작성

『배달족역사』에서 기술하고 있는 국가와 종족은 신시, 배달, 조선, 기자조선, 부여, 북부여, 고구려, 숙신, 선비, 위만조선, 한사군, 동부여, 남부여, 예, 맥, 옥저, 읍루, 삼한, 마한, 진한, 변한, 백제, 신라, 가락, 말갈, 발해, 후백제, 태봉, 여진, 거란, 고려, 요), 금, 조선, 만주, 후금, 청 등으로 대륙에 흥기한 배달족의 역사를 모두 포함하고 있다.

---

40) 임찬경, 「대한민국임시정부 출간 『배달족역사』의 대종교적 역사관」, p. 49.
41) 임찬경, 「대한민국임시정부 출간 『배달족역사』의 대종교적 역사관」, pp. 57-68.

『배달족역사』는 신라·고려·조선으로 이어지는 반도사관의 역사 인식을 고조선에서 부여와 고구려·발해·요나라·금나라·청나라 등으로 이어지는 대륙사관의 역사인식을 확산시켰다. 『배달족 역사』는 국회도서관 등에서 열람할 수 있으나, 아직 옮긴이가 없다.

『신단민사』는 배달민족 강역 안에서 일어난 국가와 민족의 시말을 자세히 기술한 우리나라 최초의 역사교과서이다. 저자가 범례에서 "이 책은 나라마다의 편년을 따져서 쓰지 않고 민족을 기준으로 하여 단군민족 전체를 썼기 때문에 책 이름을 『신단민사』라 한다."[42]라고 밝힌 바와 같이, 단군의 자손으로 이룩되는 민족 전체의 통합적인 역사에 관한 교과서로 민족의 역사를 체계화한 최초의 국사교과서이다.

『신단민사』의 구성은 한인이 강림한 개천 갑자년부터 신시 시대와 배달시대, 부여시대를 포함하여 개천 4351년(1894 년) 갑오개혁까지 기술하고 있다. 서두에 범례와 신단민사표 민족계, 역대 큰 사건 대사계, 목록을 실었다. 민족계 배달겨레의 갈래에서는 배달민족의 민족계를 조선족과 부여족으로 일원화하여 체계를 확립하였다.[43] 시대구분은 상고·중고·근고·근세로 편을 나누고, 편을 다시 장으로 나눈 다음, 각각의 장을 절로 나누어 기술하였으며, 각 편마다 시대·종교·제도·학예·

---

42) 정열모 저, 『신단민사』, p. 2.
43) 배달민족을 朝鮮족과 부여족을 일원화시켜서 朝鮮-부여에서 졸본부여-고구려-발해-여진-동여진(서여진)-금-만주(청)로, 서라부여-신라-고려(동여진)-고려-朝鮮으로, 맥-북맥-선비-거란-요 등이 나온 것으로 되어 있다. 고동영 역, 『신단민사』, p. 319.

풍속 등을 설명하였다. 좀 더 세부적으로 살펴보면, 중화주의
와 유교에 바탕을 둔 존화주의를 탈피하여 시대구분을 왕조
사나 정치사 위주에서 탈피, 근대적 시대 구분법을 도입하여
우리 역사를 제1편 상고(신시시대, 배달시대, 부여시대), 제2
편 중고(열국시대, 남북조시대), 제3편 근고(려료시대, 려금
시대, 고려시대), 제4편 근세(조선시대, 조청시대)로 나누어
구분하였다. 역사교과서의 시대 구분과 목차를 표로 정리하면
아래와 같다.

표5 교과서의 시대구분과 목차

작	신단민사 범례, 배달겨레의 갈래, 역대 큰 사건들	
제1편 상고	제1장 신시시대	제1절 민족의 산거, 제2절 선인의 치교, 제3절 단부의 정치
	제2장 배달시대	제1절 단군의 건국, 제2절 내외의 보좌, 제3절 축성과 제단 제4절 국계를 감정, 제5절 사역과 군국, 제6절 단군의 칭호 제7절 민장의 치제, 제8절 예인의 천사
	제3장 부여시대	제1절 부여의 변동, 제2절 기자의 종래, 제3절 서국의 흥패 제4절 기씨의 강약, 제5절 예맥의 용강, 제6절 위만의 덕국 제7절 삼한의 분립, 제8절 예맥의 변혁, 제9절 위씨의 국혁 제10절 사군의 분역

2편 중고	제1장 열국시대	제1절 남북의 제국, 제2절 읍루와 옥저, 제3절 선비의 부락 제4절 5부여의 전설, 제5절 신라의 태조, 제6절 고구려의 성조 제7절 백제의 태조, 제8절 부분노의 꾀, 제9절 마한의 역년 제10절 마한의 의병, 제11절 고구려의 신종, 제12절 가락의 태조, 제13절 신라의 석씨, 제14절 계림의 국호, 제15절 고구려의 태조, 제16절 명임답부의 지혜, 제17절 담석 괴력, 제18절 을파소의 정치, 제19절 동천왕의 복국, 제20전 미추 이사금, 제21절 고달자의 재, 제22절 물길의 7부, 제23절 부여의 복국, 제24절 인관과 서조, 제25절 고노자의 위엄, 제26절 미천왕이 들을 헤맴, 제27절 내물이사금, 제28절 광개토대왕, 제29절 고운의 북연, 제30절 작제상의 열, 제31절 장수대왕의 개략, 제32절 백결선생의 락, 제33절 고라군의 늙은 어머니, 제34절 지증대왕의 치, 제35절 부여의 역년, 제36절 법흥과 진흥, 제37절 김후직의 아룀, 제38절 고구려의 공주, 제39절 온달의 외로움, 제40절 을지문덕의 략, 제41절 김유신의 지, 제42절 선덕여왕의 혜, 제43절 연개소문, 제44절 양만춘의 능력, 제45절 무열와의 평정, 제46절 문무왕이 고구려를 멸함
	제2장 남북조 시대	제1절 남북의 삼조, 제2절 백제와 고구려의 의병, 제3절 나당의 교전, 제4절 김원술이 몸을 숨김, 제5절 말갈과 거란, 제6절 심나와 소나, 제7절 발해의 고조, 제8절 발해의 무종, 제9절 거란의 팔부, 제10절 발해의 선종, 제11절 김록진의 아룀, 제12절 장보고와 정년, 제13절 신라의 분열, 제14절 태봉의 건국과 멸망, 제15절 후백제의 건국과 멸망, 제16절 발해의 역년, 제17절 신라의 역년

3 근고	제1장 려요시대	제1절 고려와 요, 제2절 요의 태조, 제3절 고려의 태조, 제4절 요의 태종, 제5절 녀진의 부락, 제6절 최광윤의 재, 제7절 서필의 바른 말, 제8절 요의 경종, 제9절 서희의 겁병, 제10절 대연림의 흥료, 제11절 요의 성종, 제12절 강감찬의 무훈, 제13절 요송의 국교, 제14절 고려와 여진, 제15절 윤관의 축성, 제16절 구성을 환귀, 제17절 요의 역년
	제2장 려금시대	제1절 고려와 금, 제2절 금의 태조, 제3절 서요의 건혁, 제4절 금의 태종, 제5절 이자겸의 사나움, 제6절 묘청의 술, 제7절 금부식의 모략, 제8절 금송의 국교, 제9절 문관의 화, 제10절 무관의 권세, 제11절 금의 역년, 제12절 요의 유족, 제13절 조충과 김취려, 제14절 려몽의 결맹, 제15절 몽사의 행악
	제3장 고려시대	제1절 남강이 독전, 제2절 박서와 김경손, 제3절 용승의 퇴적, 제4절 금방경의 간, 제5절 군정의 부고, 제6절 삼별초의 란, 제7절 일본의 정벌, 제8절 원인과 통혼, 제9절 일본을 재벌충선의 연저, 제10절 합단의 입구, 제11절 충선의 연저, 제12절 고려의 수원, 제13절 고려의 절원, 제14절 홍두군의 입구, 제15절 납합출의 구변, 제16절 원병을 격각, 제17절 신돈의 어지러운 정치, 제18절 신우와 왕우, 제19절 왜구를 물리침, 제20절 정명의 행군, 제21절 위화도의 회군

▲ 자료 : 정열모, 1946년 재판발행, 『신단민사』참고 작성, 활자가 희미하거나 불확실한 것은 고동영 1992년 역 『신단민사』를 참고하여 작성하였으나 착오가 있을 수 있음을 밝혀 둔다.

『배달족역사』는 김교헌이 편집해 대한민국임시정부에서 소학생용 교과서로 1922년 1월 15일 편찬한 것이다. 『신단민사』를 요약한 것으로 남북조사관의 전형을 보여주고 있다. 『배달족역사』는 '배달신국삼천단부도'에 나타난 배달국의 강역에서 이루어진 배달족의 역사를 서술하고 있다. 시대구분 앞에 배달국교과서를 붙여 배달국의 역사교과서를 분명히 밝히고, 소학생들 교과서로 쉽게 배울 수 있도록 단락을 세분하여 간단·명료하게 기술하였다. 목차는 정오표와 표제지 다음에 국한문체로 본문을 기술하고, 마지막 출판사항을 기록하였으며, 페이지 구성은 1과 1-1로 2쪽에 1개의 쪽 번호를 표시하여 마지막이 35쪽이지만, 실제 70쪽이 넘는다.

본문 구성체제는 『신단민사』와 동일하게 상고역사와 중고역사, 근고역사, 근세역사로 편을 나누고, 편을 다시 장으로 나눈 다음, 각각의 장을 과로 나누어 제목을 붙였다.

좀 더 세부적으로 살펴보면, 상고역사(신시시대, 배달시대, 부여시대, 상고문화), 중고역사(렬국시대, 남북조시대, 중고문화), 근고역사(려료시대, 려금시대, 고려시대, 근고문화), 근세역사(조선시대, 조청시대, 근세문화)로 나누어 『신단민사』와 동일하게 구분하였다. 역사교과서의 시대구분과 목차를 표로 정리하면 아래와 표와 같다.

표6 『배달족역사』 교과서의 시대 구분과 내용

교 과 서 상고역사	제1장 신시시대	제1과 민족의 산거, 제2과 신인의 하강, 제3과 신인의 능력, 제4과 단부의 정치, 제5과 신시의 명칭
	제2장 배달시대	제1과 단군의 건국, 제2과 사도와 치수, 제3과 축성과 설단, 제4과 국계를 감정, 제5과 명신과

		, 제6과 신후와 현자, 제7과 군국의 제도, 제8과 군국의 군장, 제9과 단군의 어천, 제10과 단군의 칭호, 제11과 민장의 치재, 제12과 외지의 식민, 제13과 예인의 천사, 제14과 부여의 변칭
	제3장 부여시대	제1과 후단군의 북천, 제2과 기자의 동래, 제3과 언왕의 벌주, 제4과 서국의 역년, 제5과 기씨의 국토, 제6과 예맥의 용강, 제7과 위만의 절거, 제8과 삼한의 분립, 제9과 예맥의 변혁, 제10과 위씨의 국혁, 제1과 사군의 분열
배달족 교 과 서 중고역사	제1장 렬국시대	제1과 남북의 제국, 제2과 읍루와 선비, 제3과 동북의 부여, 제4과 서울의 부여, 제5과 졸본의 부여, 제6과 신라의 태조, 제7과 고구려의 성조, 제8과 백제의 태조, 제9과 마한의 국폐, 제10과 고구려의 신종, 제11과 가락의 태조, 제12과 석씨의 득국, 제13과 계림의 국호, 제14과 고구려의 태조, 제15과 선비의 단석괴, 제15과 선비의 단석괴, 제16과 동천의 부국, 제17과 금씨의 득국, 제18과 광개토태왕, 제19과 부여의 역년, 제20과 가락의 역년, 제21과 을지문덕의 략, 제2과 금유신의 지, 제23과 양만춘의 능, 제24과 나제의 역년
	제2장 남북조시대	제1과 나당의 교전, 제2과 남북의 삼조, 제3과 발해의 고조, 제4과 발해의 무종, 제5과 거란의 팔부, 제6과 발해의 선종, 제7과 신라의 분열, 제8과 견훤의 후백제, 제9과 궁예의 태봉, 제10과 태봉의 병변, 제11과 해라의 역년
배달족교 과서 근 고역사	제1장 려요시대	제1과 고려와 요, 제2과 요의 태조, 제3과 고려의 태조, 제4과 요의 태종, 제5과 녀진의 부락, 제6과 최광윤의 재, 제7과 요의 경종, 제8과 려요의 교봉, 제9과 서희의 겁병, 제10과 대연림의 흥요, 제11과 요의 성종, 제12과 요의 국력, 제13과 강감찬의 공, 제14과 요의 흥종, 제15과 동녀진의 강, 제16과 윤관의 축성, 제17과 구성을 환귀, 제18과 료국의 정란

2장 려금시대	제1과 고려와 금, 제2과 금의 태조, 제3과 요의 역년, 제4과 금송의 국교, 제5과 서요의 건혁, 제6과 금의 태종, 제7과 묘청의 술, 제8과 금부식의 지, 제9과 금군의 정예, 제10과 금의 세종, 제11과 문관의 화, 제12과 무인의 전권, 제13과 몽고의 침금, 제14과 금의 역년, 제15과 요의 유족, 제16과 료병의 토평, 제17과 려몽의 맹, 제18과 몽고가 절화	
제3장 고려시대	제1과 남강이 독전, 제2과 려몽의 교전, 제3과 용승의 퇴적, 제4과 금방경의 간, 제5과 군정의 부고, 제6과 삼별초의 란, 제7과 해도를 토평, 제8과 일본의 정벌, 제9과 원인과 통혼, 제10과 일본을 재벌, 제1과 합단의 입구, 제12과 충선의 연저, 제13과 고려의 수원, 제14과 고려의 절원, 제15과 홍두군의 입구, 제16과 납합출의 구변, 제17과 원병을 격각, 제18과 신돈의 용사, 제19과 신황의 성변, 제20과 연해의 왜구, 제21과 해구를 격섬, 제2과 정명의 행군, 제23과 위화도의 회군	

▲ 출처 : 역사교과서 참조하여 필자 직접 작성

『신단민사』와 『배달족역사』는 역사와 시대구분은 거의 동일하지만, 세부적인 항목과 분량에서는 많은 차이를 보이고 있다. 전체적인 분량은 『신단민사』가 350과로 구성하여 199페이지로 나타났지만, 『배달족역사』는 220절로 69페이지에 불과한 것으로 보아 『신단민사』를 요약하여 『배달족역사』를 편찬한 것으로 판단된다. 내용적으로 역사와 문화를 비교하면 『신단민사』는 역사가 205과, 문화가 145과이며 『배달족역사』는 역사가 192절 문화가 30절로 역사에는 큰 차이가 없으나 문화가 대폭 줄었고, 역사의 경우 근고시대와 근세시대는 줄

였으나, 오히려 신시시대와 배달시대, 부여시대, 려료시대, 려
금시대 등의 대륙 역사는 늘었다. 이러한 구성은 과거로 갈수
록 비중을 높여 고조선과 요나라 및 금나라와의 연관성을 강
조하기 위한 편성으로 판단된다. 역사교과서의 시대별 내용
구성을 표로 나타내면 아래와 같다.

표7 상해임시정부 역사교과서 시대별 내용 구성

(역사)	장(시대)	신단민시		배달족역사	
		과	페이지	절	페이지
상고	제1장 신시시대	3	1-2	5	1-1~1
	제2장 배달시대	8	2-5	14	1~1-3
	제3장 부여시대	10	5-9	14	3-4~1
	상고문화	29	9-21	5	5-5~1
	소계	50	21	38	10
중고	제1장 렬국시대	46	1-25	24	5~1-9
	제2장 남북조시대	17	26-35	11	9-10~1
	중고문화	39	35-56	5	10~1-11~1
	소계	102	56	40	12
근고	제1장 려료시대	17	1-10	18	11~1-14
	제2장 려금시대	15	11-19	18	14-16~1
	세3장 고려시대	21	19-30	23	16-20
	근고문화	26	30-58	13	20-22
	소계	79	58	72	21
근세	제1장 朝鮮시대	26	1-15	23	22-26

	제2장 조청시대	42	15-37	42	26-33
	제3장 근세문화	51	38-64	7	33-35
	소계	119	64	72	26
합계		350	199	222	69

▲ 출처 : 역사교과서 참조하여 필자 직접 작성

3. 상해임시정부 국사 교과서에 나타난 강역

지금까지 역사교과서의 구성과 주요 내용에서 살펴본 바와
같이 우리의 역사를 신시시대로부터 시작하여 배달시대와 부
여시대를 거쳐 열국시대와 남북조시대, 려료시대와 려금시대,
고려시대, 조선시대, 조청시대로 이어지는 것으로 기술하고
있다. 『신단민사』의 경우 대륙사관에 대한 시배별 기술은 나
라의 경계와 위치, 대륙에서 건국하고 멸망한 국가와 배달민
족과의 관계, 당시 통치자들의 대륙에 대한 인식 등과 밀접한
관련이 있다. 이러한 내용을 중심으로 『신단민사』에 나타난
대륙사관관련 내용을 표로 정리하면 아래와 같다.

표8 『신단민사』에 나타난 대륙사관 내용

1편 상고	제1장 신시시대	제1절 민족의 산거, 제2절 선인의 치교, 제3절 단부의 정치
	제2장 배달시대	제1절 단군의 건국, 제4절 국계를 감정, 제5절 사역과 군국, 제8절 예인의 천사

	제3장 부여시대	제2절 기자의 종래, 제4절 기씨의 강약, 제6절 위만의 덕국
제2편 중고	제1장 열국시대	제1절 남북의 제국, 제3절 선비의 부락, 제4절 5부여의 전설
	제2장 남북조 시대	제1절 남북의 삼조, 제5절 말갈과 거란, 제9절 거란의 八部, 제16절 발해의 역년
3 편 근고	제1장 려요시대	제1절 고려와 요, 제5절 녀진의 부락, 제15절 윤관의 축성, 제16절 구성을 환귀, 제17절 요의 역년
	제2장 려금시대	제1절 고려와 금, 제2절 금의 태조, 제3절 서요 의 건혁, 제12절 요의 유족
	제3장 고려시대	제1절 남강이 독전, 제20절 정명의 행군, 제21 절 위화도의 회군

▲ 출처 : 역사교과서 참조하여 필자 직접 작성

『배달족역사』의 경우 대륙사관에 대한 시배별 기술은 민족
의 산거, 제2과 신인의 치교, 단군의 건국, 사도와 치수, 축성
과 설단, 국계를 감정, 기자의 동래와 국토, 삼한의 분립 등과
밀접한 관련이 있다. 이러한 내용을 중심으로 『신단민사』에
나타난 대륙사관관련 내용을 표로 정리하면 아래와 같다.

표9 『배달족역사』에 나타난 대륙사관 내용

	제1장 신시시대	제1과 민족의 산거, 제2과 신인의 치교, 제5 과 신시의 명칭
교과서 상 고역사	제2장 배달시대	제1과 단군의 건국, 제2과 사도와 치수, 제3 과 축성과 설단, 제4과 국계를 감정, 제12과 외지의 식민

	3장 부여시대	제2과 기자의 동래, 제5과 기씨의 국토 제7과 위만의 절거, 제8과 삼한의 분립, 제10과 위 씨의 국혁, 제11과 사군의 분열
배달족교 과서 중고 역사	제1장 렬국시대	제1과 남북의 제국, 제2과 읍루와 선비, 제3 과 동북의 부여 제18과 광개토태왕, 제19과 부여의 역년, 제21과 을지문덕의 략
	제2장 남북조시대	제2과 남북의 삼조, 제3과 발해의 고조, 제5 과 거란의 팔부
배달족교 과서 근고 역사	제1장 려료시대	제1과 고려와 요, 제5과 녀진의 부락, 제9과 서희의 겹병, 제15과 동녀진의 강, 제16과 윤 관의 축성, 제17과 구성을 환귀
	제2장 려금시대	제1과 고려와 금, 제8과 금부식의 지, 제13과 몽고의 침금
	제3장 고려시대	제18과 신돈의 용사, 제22과 정명의 행군, 제 23과 위화도의 회군

▲ 출처 : 역사교과서 참조하여 필자 직접 작성

상해임시정부 역사교과서에 나타난 대륙사관에 관한 기술
내용을 국경의 감정, 기자조선과 위만조선, 한사군의 위치, 남
북조시대를 중심으로 살펴보면, 신시시대는 "상고시기 우리
민족이 흑룡강 남쪽과 발해 북쪽에 흩어져 살았는데 개천하
던 해 상달에 상제께서 1부와 3인을 지니시고 풍백우사운사
와 뇌공을 거느리시고 사람으로 변하여 태백산(지금의 백두
산) 신단수 아래 내려오시어 흩어져 살던 민족을 모아 살게
하여 단부를 편성하니 구내의 단부가 무릇 삼천이나 되었다.
신인의 교화에 감화되어 밀려드니 마치 시장에 사람이 모여
드는 것과 같아서 신의 시민이라 칭하니 신인이 세상에 내려

온 때부터 건국하기까지 124년을 신시시대라 한다.44)"라고 신시시대의 배경을 흑룡강 남쪽과 발해 북쪽, 백두산으로 기술하고 있다. 즉, 신인이 세상에 내려온 때부터 단군이 조선을 건국하기 이전까지를 신시시대라 한 것이다.

그리고 배달시대는 "무진년 10월에 인민이 신인을 추대하여 대군주로 삼고 국호를 단(배달)이라하며, 도읍을 태백산 아래에 정하였다가 23년이 지난 경인해에 도읍을 평양으로 옮기고 국호를 조선으로 고쳤다. 임술해에 홍수가 범람하여 평양이 잠기거늘 도읍을 또 당장경(지금의 문화 땅)으로 옮겨 홍수를 다스리니 북은 흑수에 이르고 남은 우수(지금의 춘천)에 이르며 동서는 대해에 닿도록 도로를 통하게 하여 백성들의 삶을 편안하게 하였다. 갑술해에 태자 부루를 파견하여 우국사신 하우와 양국 접경지역인 도산(직예 내지)에서 회합하여 나라의 경계를 정하니 조선의 강역이 동은 대해요 서는 흥안령을 끼고, 남은 발해에 이르며 북은 흑룡강을 넘어 그 끝이 멀고 아득하였다. 유주와 영주가 조선에 속하였다. 땅의 넓이가 만여리나 되었다. 부여·숙신·옥저·예·맥·한이 가장 컸다."45)라고 조선 건국을 기술하고 있다. 여기서 우리가 주목해야 할 것은 조선의 강역이다. 배달시대에 조선을 건국하고, 국경을 감정하였는데, "동은 대해요 서는 흥안령을 끼고, 남은 발해에 이르며, 북은 흑룡강을 넘었다."라고 기술하고 있다.

---

44) 김헌, 『배달족역사』(1922), 1쪽; 정열모 저, 『신단민사』(1946), 2쪽.
45) 김헌, 『배달족역사』, p. 1-2; 정열모 저, 『신단민사』, 2-4쪽.

이와 같은 고조선 강역을 반영한 지도는 '고조산강역도'라는 제목으로 1928년 『한빛』 통권 제2호에 실려 있다.46)

▲ 고조선강역도. 김교헌, 「신단민사」『한빛』 제2권
제1호 통권 제2호 (1928. 1), p. 9.

그리고 "예의 군장이 은나라 소을의 쇠약해진 틈을 타서 서주를 점령하고 양자강 연안에 토지를 넓게 개척하고 국호를

---

46) 고조선강역도는 『신단민사』나 『배달족역사』에는 첨부되어 있지 않고, 한빛 제2권 제1호 통권 제2호 (1928. 1) 9쪽에 실려 있다.

새예국이라 하였으며, 백성들을 그곳에 이주시켜 많이 불어나
게 하니 이는 우리 민족이 나라 밖에서 처음 활동 한 일이
다."47)라고 기술하면서 새예국이 양자강 연안으로 국경을 넓
힌 것은 '조선이 강역 밖에서 처음으로 식민지를 경영한 것'
으로 기술하고 있다.

계속해서 부여시대에서 상고사 논쟁에서 가장 핵심사항인
기자조선과 위만조선, 한사군을 자세히 기술하고 있다. 기자
는 처음으로 다른 민족이 귀화한 것으로, 위만은 준왕이 규봉
땅 백 리를 나누어 주어 서쪽 변방을 지키게 한 것으로 설명
한다. 기자조선의 국토에서 "단군 서울 임금이 북쪽 강토를
통치하기 위하여 부여의 옛 도읍 둘레에 울타리를 만들고 을
미년에 도읍을 옮기니 지명 때문에 조선의 국호를 부여로 바
꿔 부르게 되었다. 이 이름이 경인년으로부터 무릇 1,026년
간이나 이어졌다. 기묘년에 은(支那)이 망함에 따라 은나라의
신하 기자가 주나라를 피하여 5천명의 유민을 이끌고 동쪽으
로 난수 동평양(지금의 永平)과 요수 서평양(지금의 廣寧)의
비어 있는 땅에 나누어 살았다. 땅 이름 때문에 고을 국호를
조선(平壤總名)이라 하니 이는 다른 족속이 귀화한 처음 일
이다. 기자의 자손이 점점 강성하였다. 도읍을 요수의 동평양
으로 옮겼다. 땅을 크게 개척하여 동쪽은 숙신·옥저와 경계를
이루고 서쪽은 유·계에 이르고, 서북은 예맥과 연하고, 북은
부여와 접하고 남은 저탄까지 이르러 한과 대치하였다. 연나
라와 싸워 땅 이천 리를 연의 장군 진개에게 잃게 되니 나라

---

47) 김헌, 『배달족역사』, p. 3; 정열모 저, 『신단민사』, 5쪽.

의 힘이 이때부터 약해 졌다."48)라고 기술하였고, 위만은 "조선왕 기준(기자 41세, 기자조선의 준왕) 때 연나라 사람 위만이 무리를 거느리고 왔다. 위만은 준왕에게 나아가 항복하며 서쪽 경계에 속하여 번병(나라를 지키는 제후)되기를 구하였다. 준왕은 규봉 땅 백 리를 나누어 주며 서쪽 변방을 지키게 하였다. 그러나 위만은 사람들을 망명하도록 꾀어 무리를 모으고 한나라 군사가 열 갈래로 쳐들어온다고 준왕에게 거짓보고를 하였다. 이에 왕에게 도읍을 지키겠다 하고는 준왕을 습격하여 그 땅을 탈취하여 국호를 조선이라 했다. 기씨의 조선은 역년이 929년이다.49)"라고 기술하여 기자조선과 위만조선의 위치와 강역을 명확하게 기술하였다. 지금 논란이 되고 있는 기자조선의 위치를 '동쪽으로 난수 동평양과 요수 서평양'으로 가르친 것이다.

그리고 삼한성립과 분열, 한사군의 시말에 대해서도 자세히 기록하고 있다. "기준이 위만과 싸우다가 당해내지 못하고 쫓기어 좌우의 궁인과 나머지 수천 명의 무리를 이끌고 바다를 남으로 한의 땅에 이르렀다. 한의 54개 군국을 가지고 금마저(익산)에 도읍을 정하고 성곽을 쌓고 국호를 마한이라 했다. 마한에 속하지 않은 한의 땅은 진한과 변한이라 하고, 서와 남으로 분할하여 서쪽 땅은 마한이, 남쪽은 진한과 변한이 차지하였다. 이를 삼한이라 한다. 한(漢)이 기씨를 멸하고 그 땅에 낙랑·임번·현도·진번의 사군을 두었다. 사군의 땅이 한과

---

48) 김헌, 『배달족역사』, 3-4쪽; 정열모 저, 『신단민사』, 5-6쪽.
49) 김헌, 『배달족역사』, 4쪽; 정열모 저, 『신단민사』, 6쪽.

너무 멀어 통제하기 어려우므로 진번을 현토에 합하여 평주 도위부로 삼고, 임둔을 낙랑에 합하여 동부도위부로 삼았다. 또 이 두 부의 읍치를 요수 서쪽으로 옮기고 거기에 속한 현의 이름과 읍치까지 두니, 본 땅이 비게 되자 숙신과 옥저는 이 기회를 타서 잃은 땅을 다시 회복하였다.50) 라고 기술하고 있어 한사군의 위치가 기자조선과 위만조선의 자리에 순차적으로 있었다는 것을 설명하고 있다. 이러한 자료는 중국의 동북공정에 대응하기 위한 자료가 부족한 상황에서 논리적으로 대응할 수 있는 중요한 자료가 된다.

그리고 중고에서는 열국시대와 남북조시대로 구분하여 기술하고 있는데 주요 내용을 요약하면, 남북의 제국에서 "개천 2400년 이후로 730년간은 저탄(전주군 남쪽 물 이름)과 죽령(풍기군 북쪽 산 이름)과 니하(덕원군 서쪽 문천군 남쪽 물 이름)를 남북으로 나누어 남쪽에는 신라와 백제와 가락이, 북쪽은 부여와 읍루와 선비와 고구려가 가장 강한 나라였다. 이들은 각기 곁에 있는 작은 나라를 아울러 군현을 삼고 영토를 넓히기 위해 서로 경쟁하였는데, 이를 열국시대라 하였다."51)라고 기술하면서 남북조시대는 "개천 3150년 이후 240년간은 니하를 가운데 두고 남쪽 땅은 신라가 모두 차지하고 북쪽 땅은 발해와 거란이 나누어 자리 잡고 있었다. 대동강 서쪽 청천강 이남과 황해 연안의 땅은 모두 남쪽 신라나 북쪽 발해에 속하지 않고 자연히 비어 있었다. 그 땅이 피폐하

---

50) 김헌, 『배달족역사』, 4~1쪽: 정열모 저, 『신단민사』, 7-8쪽.
51) 김헌, 『배달족역사』, 5~1쪽: 정열모 저, 『신단민사』, 7쪽.

여 각기 촌장이 부락을 이루었다.52)"라고 기술하면서 대동강 서북과 청천강 이남의 간도 땅에 대한 설명과 함께 거란에 대해서는 "물길(勿吉)의 남부와 선비의 동부가 고구려에 속해 있을 때에 부락의 총칭을 물길의 변한 소리로 말갈이라 했고, 선비는 종족이 갈라짐으로 말미암아 거란이라고 이름을 바꾸어 불렀다. 주변 나라를 토벌하여 손에 넣고 경계를 모두 열어 온 지경 안을 5경 15부와 62주를 두었다. 동은 대해를 끼고 서쪽은 예수에 이르러 거란과 인접되며 남쪽은 니하에 이르러 신라의 경계에 이르고 서남쪽은 산해관까지 이르러 당나라와 경계를 이루었다. 북은 흑룡강을 넘어 천여 리에 이르고 부여와 숙신과 예와 맥과 옥저와 고구려의 옛 땅이 모두 그 판도 안에 들어갔다. 그리하여 해동성국이라 했다."53)라고 기술하여 남북조시대와 발해의 영역을 명확하게 기술하였다.

4. 배달민족과 요·금의 연관성

대륙을 지배한 대제국 고구려와 발해가 중국의 지방정권이라는 동북공정을 극복하기 위해서는 고구려와 대진국을 이어받은 요나라와 금나라의 역사를 잘 살펴볼 필요가 있다. 본 논문에서는 근세를 제외하였기 때문에 려요시대와 려금시대, 고려시대를 대상으로 배달민족과 요나라와 금나라와의 연관

---

52) 김헌, 『배달족역사』, 9쪽; 정열모 저, 『신단민사』, 26쪽.
53) 김헌, 『배달족역사』, 10쪽; 정열모 저, 『신단민사』, 31쪽.

성을 분석하고자 한다.

먼저, 요나라와 금나라의 내용 구성과 분량을 살펴보면 려요와 려금을 얼마나 비중 있게 다루고 있는지를 알 수 있다. 내용구성은 『배달족역사』의 경우 전체의 32%, 『신단민사』의 경우 23%를 차지하고 있으며, 분량은 배달족역의 경우 30%, 『신단민사』의 경우는 29%로 나타나 전체적으로는 28.5%를 차지하였다. 이를 표로 정리하면 아래와 같다.

표10 역사교과서 근고시대 구성 비교표

시 대		신단민사		배달족역사	
		절	페이지	과	페이지
近古	제1장 려요시대	17(5)	1-10 (4)	18 (8)	11~1-14 (9)
	제2장 려금시대	15 (4)	11-19 (4)	18 (8)	14-16~1 (5)
	제3장 고려시대	21 (6)	19-30 (6)	23 (10)	16~1-20 (11)
	근고문화	26 (8)	30-58 (15)	13 (6)	20-22 (5)
	소계	79 (23)	58 (29)	72 (32)	21 (30)
전체		350	199	222	69

▲ 출처 : 역사교과서 참조하여 필자 직접 작성

시대별로 구분하여 내용을 살펴보면, 『신단민사』에서 려요시대는 고려와 요, 요와 고려의 태조, 고려와 여진 및 여진의 부락, 윤관의 축성과 구성을 환귀, 요의 역년을 기술하고 있

으며, 려금시대는 고려와 금, 금의 태조, 서요의 건혁, 묘청의
술, 요의 유족, 려몽의 결맹을, 고려시대는 남강이 독전, 합단
의 입구, 고려의 수원, 원병을 격각, 정명의 행군과 위화도의
회군 등을 다루고 있다. 이를 표로 정리하면 아래와 같다.

표11 『신단민사』의 요·금 관련 내용 구성

제1장 려요시대	제1절 고려와 요, 제5절 녀진의 부락, 제14절 고려 와 여진, 제15절 윤관의 축성, 제16절 구성을 환귀, 제17절 요의 역년
제2장 려금시대	제1절 고려와 금, 제2절 금의 태조, 제3절 서요의 건혁, 제6절 묘청의 술, 제12절 요의 유족, 제14절 려몽의 결맹
제3장 고려시대	제1절 남강이 독전, 제20절 정명의 행군, 제21절 위화도의 회군

▲ 출처 : 역사교과서 참조하여 필자 직접 작성

『배달족역사』에서는 려료시대는 『신단민사』와 거의 동일하
게 고려와 요, 요의 태조, 여진의 부락, 서희의 겹병, 동여진
의 강, 윤관의 축성과 구성을 환귀, 요국의 정란 등을 기술하
고 있으며, 려금시대는 고려와 금, 서요의 건혁, 묘청의 술,
금부식의 지, 몽고의 침금, 료의 유족, 려몽의 맹, 몽고의 절
화 등을 다루고 있다. 이를 표로 정리하면『표 3-8>과 같다.

표12 『배달족역사』의 요·금 관련 내용 구성

교과서 근고역사	제1장 려료시대	제1과 고려와 료, 제5과 녀진의 부락, 제6과 최광윤의 재, 제9과 서희의 겁병, 제16과 윤관의 축성, 제18과 료국의 정란
	제2장 려금시대	제1과 고려와 금, 제5과 서요의 건혁, 제13과 몽고의 침금, 제15과 요의 유족, 제17과 려몽의 맹, 제18과 몽고가 절화
	제3장 고려시대	제1과 남강이 독전, 제2과 정명의 행군, 제23과 위화도의 회군

▲ 출처 : 역사교과서 참조하여 필자 직접 작성

이와 같이 역사교과서는 려요시대와 려금시대에 대하여 자세히 기술하고 있지만, 그중에서 가장 연관성이 깊은 내용을 요약하면, 려요시대에서 "개천 3370년 이후 200년간은 압록강과 용흥강(함남 영흥에 있음)을 남과 북으로 나누어 남쪽은 고려가 통일하고, 북쪽 땅은 거란이 통일하고 나라 이름을 대요라 개칭하여 후진과 후한은 아들나라로 대하고, 고려와 북송은 형제나라로 대하고, 회골과 토곡훈은 신하나라로 대했다.54)라고 기술하여 고려와 대요와의 관계를 형제의 나라로 설명하고 있다. 말갈55)이 발해에 속했는데 발해가 망하니 그 부락의 전체의 이름을 여진이라 했다. 또 백두산을 동과 서로 나누어 서쪽은 서여진 혹은 숙여진이라 하고, 동쪽은 동여진 혹은 생여진이라 하고, 신라 종실(宗室) 김준의 아들 극수를 맞아 왕위에 앉혔다. 요의 경종이 대장 소손녕을 보내어 고려

---

54) 김헌, 『배달족역사』, 1-11쪽; 정열모 저, 『신단민사』, 1쪽.
55) 만주 동북지방에 있던 우리 족속 중의 하나, 삼한시대 생긴 이름으로 숙신, 읍루, 물길 모두 말갈의 옛 이름이다. 고동영 역, 『신단민사』, 146쪽.

를 침공하니 고려 장수 진서안이 맞서 싸우다가 사로잡혔다. 고려 성종이 사신을 보내 화친을 청하니 소손녕이 말하기를 "지금 군대 80만이 이곳에 이르렀는데 나와서 항복하지 않으면 나라를 멸해버리겠다."라고 하면서 항복을 재촉했다. 성종이 신하들과 의논하고 서경을 떼어 주자고 했다. 이에 서희가 아뢰기를 "나라의 땅을 떼어주는 것은 만대에 길이 부끄러움이 됩니다. 한 번이라도 싸워 본 후에 다시 의논하여도 늦지 않습니다."라고 자청하여 려요의 군영에 갔는데, 소손녕이 위력으로 겁박하였으나 서희의 사리에 맞는 언어와 기상에 소손녕이 탄복하여 화친을 허락하고 연회를 베풀어 크게 위로하였다."56) 라고 기술하여 고구려의 정통성을 놓고 치열하게 논쟁한 '서희 담판'을 설명하고 있다. 그리고 윤관의 9성과 공험진의 고려지경 국경비 설치에 대해서도 자세하게 기술하고 있다. "고려 예종 2년에 윤관과 오연총을 상원사와 부원사로 삼아 17만 군사를 거느리고 진격하여 4천 4백여 목을 치고 비를 세워 그 공적을 비에 새겼다. 영주·복주·응부·길주·함주·공험진·의주·통태·평융에 성을 쌓았는데 이를 북쪽 경계의 9성이라 했다. 여기에 남쪽의 6만 호를 옮겨 살게 했다. 여진이 고려에게 잃은 땅을 찾고자 하여 자주 와서 전쟁을 일으켰다. 여진이 오연총을 무너뜨리고 노불사현을 보내어 화친을 청하여 말하기를 '우리 태사 영가께서 말씀하시기를 우리 조상은 고려로부터 나왔으니 자손된 도리로 돌아가 합하여야 한다고 하시고, 지금의 태사 오아숙 또한 고려를 부모의 나라

---

56) 김헌, 『배달족역사』, 1-12쪽; 정열모 저, 『신단민사』, 5-6쪽.

라고 합니다.'라고 하니, 이에 화친을 허락하고 군사장비와 식량을 나라 안으로 들여왔다."[57]

마지막으로 금나라에 대해서는 "요나라 천조제는 음탕하고 사나워서 나라 안이 크게 어지럽고 속국들이 모두 배반하였다. 여진의 아골타는 나라 이름을 고쳐 대금이라 하고 황제자리에 오르니 곧 금태조다. 발해 고영창은 동경(요양)에 웅거하여 황제라 칭하며 국호를 대원이라 하였고, 원을 세워 융기라 하니 요가 이를 꺾지 못하고 도리어 패하였다. 또 금나라를 치려고 고려에 군사를 요청하였으나 예종이 척준경과 김부식의 의견을 쫓아 응하지 않았다. 이렇게 되어 요나라는 전쟁에서 패하고 망하니 역년이 210년이었다."[58]라고 요나라의 멸망을 다루고 있다.

그리고 려금시대는 "개천 3570년 후 120년 동안은 압록강과 니하를 남북으로 나누어 남쪽은 고려가 차지하고, 북쪽은 금나라가 차지했다. 금나라 지경 안에 지금의 지금의 함경남북도와 연해주·흑룡주·동몽고·봉천성·길림선·흑룡강성·직예성·산시성·산동성·하난성·감숙성·섬서성을 손에 넣으니 병력과 재력이 아시아를 진동시켰다. 양자강 남쪽 땅을 겨우 차지한 조송을 신하라 하고, 음산 서북쪽에서 붙어사는 이하는 제후라 하고, 압록강 남쪽에서 자치하는 고려와는 형제의 우의를 다졌다. 금나라 태조 완안아골타는 오아숙의 아우다. 그의 사람됨이 속은 깊고 용맹스러워 전쟁에 밝아 국세가 날로 커졌다.

---

57) 김헌, 『배달족역사』, 13-14쪽; 정열모 저, 『신단민사』, 7-9쪽.
58) 김헌, 『배달족역사』, 14쪽; 정열모 저, 『신단민사』, 10쪽.

군사 2만을 거느리고 나아가 요나라 군사 70만을 쳐부수고, 속여진을 항복받고 동경을 쳐서 함락시키니 그 위엄이 크게 떨쳤다. 금나라 선종 때에 몽고가 강성했다. 몽고가 하서와 하동을 취하고 연경에 다가와 목을 조이니 선종이 변경에 도읍을 옮기고 송나라를 쳐서 손실을 채우고자 했다. 이에 송나라 임금도 옛 땅을 회복하고자 공격해 오고 몽고는 이 기회를 타고 금나라를 치니 금이 앞뒤에서 적을 맞게 되어 힘이 점점 약해졌다. 몽고 태종이 송나라 이종과 더불어 남북으로 공격해 들어와 채주가 함락되었다. 이에 애종이 스스로 목숨을 끊으니 나라는 망했다. 금나라 역년은 120년이다."[59]라고 금나라의 건국에서부터 멸망까지 역사를 자세하게 다르고 있다.

고려시대는 "개천 3694년 이후 150년간은 신단민족 중에 고려가 홀로 나라 이름과 임금의 자리를 보전하여 압록강과 니하의 이남 강토를 스스로 다스렸다. 압록강과 니하 이북 강토는 몽고가 금나라 것을 갖게 되고 그 백성을 통치하였으나 포선만노(13세기 초엽 금나라의 요동 선무사)가 동진천왕이라 하였다. 그러나 얼마 안가서 몽고에 굴복하고 말았다. 이리하여 북쪽 강토가 모두 배달민족(신단민족)의 국명과 군호가 일시에 모두 끊긴 것은 단군 건국 이후 처음 있는 일이다. 이 같은 시기는 북녘 강토에 있는 민족이 일대 변동되는 불행한 고비라 할 것이다."[60]라고 설명하면서 금나라가 몽고에

---

59) 김헌, 『배달족역사』, 14-16쪽; 정열모 저, 『신단민사』, 11-16쪽.
60) 김헌, 『배달족역사』, 쪽17; 정열모 저, 『신단민사』, 19쪽.

망한 것을 '우리 민족이 북녘 땅에 연고가 끊긴 처음 일'로 보았다.

"고려 우왕이 명태조 주원장이 철령 이북 땅을 빼앗고자 하므로 노하여 최영과 더불어 비밀리에 의논하고 명을 치고자 했다. 이에 팔도의 군사를 모아 최영을 팔도도통사로 삼고 조민수를 좌군도통사, 이성계를 우군도통사로 삼아 10만여 명이 출병하여 압록강을 건너 위화도에 이르니 큰 비가 쏟아져서 진창에 무릎이 빠지며 전염병이 돌아 사람과 말이 많이 죽었다. 좌·우군이 글을 올려 군사를 돌릴 것을 청했으나 우왕이 이를 듣지 않아 이성계가 군사들에게 이익과 손해가 무엇인가를 잘 타일러 군사를 돌이켰다. 좌·우군은 최영의 군사를 무찌르고 공양왕을 세웠으나 공양왕 4년에 왕위를 이성계에게 물려주니 고려의 이름은 4백 7십년간 이어왔다."[61]라고 기술하면서 철령 이북 땅을 지키고자 출병한 위화도 회군에 대하여 기술하고 있다.

이와 같이 배달민족과 요나라와 금나라와의 연관성은 려요시대와 려금시대, 고려시대에 자세히 다루고 있다. 신라와 백제, 고구려 보다 오히려 요나라와 금나라를 비중있게 서술하고, 서희의 담판과 윤관의 9성 등에서 요나라와 금나라와의 연관성을 잘 설명하고 있다. 이러한 내용은 여러 자료에서 확인 할 수 있다.[62] 그러나 현재 교과서에는 이러한 내용을 다

---

61) 김헌, 『배달족역사』, 1-20쪽; 정열모 저, 『신단민사』, 29-30쪽.
62) 2011년 KBS 역사스페셜 제작팀이 발간한 『우리 역사 세계와 통하다』 '금나라 황족의 성(姓) 애신각라는 신라에서 유래되었나. -9회 금나라를 세운 아골타는 신라의 후예였다.'에도 잘 나타나 있다.

루지 않아 이에 대한 대책이 시급하다.

5. 역사교과서에 나타난 고조선의 국경과 위치

고조선의 지리적 범위는 지적학적으로 볼 때 고조선의 위치와 크기 모양을 나타내는 것으로 고조선에 대한 역사인식과 대륙사관 함양에 매우 중요한 요소이다. 지리적 범위가 확정되어야 경계와 지명, 강과 산맥 등을 지도에 나타낼 수 있고, 고조선 연구의 출발점이 되기 때문이다. 상해임시정부 역사교과서는 배달민족의 강역 안에서 일어난 강역의 변천을 시대별로 기술하고 있다. 상고와 중고시대의 강역과 위치를 표로 나타내면 아래와 같다.

표13 역사교과서 나타난 강역의 위치 관련 내용 구성

	시대	신단민사	배달족역사
상고	제2장 배달시대	제1절 단군의 건국 제4절 국경의 감정 제5절 사역과 군국	제1과 단군의 건국 제2과 사도와 치유 제4과 국계를 감정
	제3장 부여시대	제2절 기자의 종래, 제6절 위만의 덕국, 제10절 사군의 분열	제5과 기씨의 국토 제10과 위씨의 국혁, 제11과 사군의 분열

▲ 출처 : 역사교과서 참조하여 필자 직접 작성

KBS 역사스페셜 제작팀,『우리 역사 세계와 통하다』(서울: 가디언, 2011). 32-35쪽.

위와 같이 역사교과서에서는 배달민족의 강역을 다양하게 기술하고 있으나 본 문에서는 고조선 강역의 면적을 산출할 수 있도록 고조선의 강역과 위치에 대한 내용을 중심으로 살펴보면, 조선의 최초 강역은 "북은 흑수로부터 남은 우수(지금의 춘천)에 이르며 동과 서는 대해에 닿았다. 순(舜)이 조선의 서쪽 땅에 유주·영주·병주를 설치하여 갑술년에 조선은 태자 부루를 파견하여 우국사신 하우와 두 나라 접경지인 도산(직예 내지)에서 회합하여 국경을 다시 정하여 유주와 영주가 조선에 속하도록 하였다. 구이민족이 살던 땅은 모두 조선 영토 안에 있었다. 조선의 강역은 동으로는 대해에 이르고 서쪽은 흥안령을 끼고 사막에 뻗었고 남해에는 발해에 이르고 북으로는 흑수를 지나 소해에 닿으니 땅의 넓이가 만여리나 되었다."[63]라고 국경을 기술하고 있는데, 이런 내용을 지도로 나타낸 것이 「한빛」에 실려 있는 김교헌의 『신단민사』 '고조선강역도'이다.

　　지금까지 살펴본 조선 강역과 교과서에 나타나 있는 '고조선강역도'를 참고하여 지리적 고조선의 지리적 범위를 확정하였다. 일반적으로 면적을 산출하기 위해서는 경계를 확정한 도면이나 경계점에 대한 좌표가 필요하다. 면적을 산출하기 위한 도면은 일정한 크기로 줄인 축척과 경위도 좌표가 필요하고, 면적을 산출할 대상은 경계점을 연결한 폐다각형으로 경계선이 연결되어 있어야 한다. 경계점의 좌표가 있는 경우는 수학적 계산에 의하여 좌표면적 산출이 가능하지만, 좌표

---

63) 김헌, 『배달족역사』, 1-2쪽; 정열모 저, 『신단민사』, 2-4쪽.

가 없는 경우는 좌표면적 산출이 불가능하다. 본 연구에서 지리적 범위 분석에 하고자 하는 '고조선지도'도 도면에 경위도 좌표가 없을 뿐만 아니라 축척을 표시하지 않은 지도이기 때문에 현 상태로는 좌표를 산출할 수 없다. 따라서 '고조선강역도'를 면적산출에 활용하기 위해서는 몇 단계의 작업 과정이 필요하다.

면적산출 방법과 절차를 요약하면, 먼저 지리적 범위에서 검토한 강역 자료와 강·산맥·도로·마을 등의 지형·지물을 활용하여 '고조선강역도' 상의 경계선을 확정한 다음, 구글어스 위성영상을 확대하여 지도에 나타난 경계선을 추적, 따라가면서 굴곡점을 클릭하여 폐다각형을 만들면 좌표면적 계산방식에 의거 자동으로 거리와 표고, 면적을 산출하게 된다. 마지막으로 산출된 면적을 검증하여 확인하고, 기대한 정확도가 확보됐을 경우 최종 면적으로 확정하게 된다. 지금까지 설명한 면적산출방법을 요약하여 표로 정리하면 아래와 같다.

표14 조선 강역 면적산출 방법

분	적 요
사용한 지도 및 프로그램	고조선강역도 지도 및 구글어스 위성영상 활용
경계선 추출 및 확정 방법	지도상에서 경계선 추출, 경계선을 구글어스 위성영상에 복원
경위도좌표산출 및 변환	상용프로그램에서 자동 실시

산출	상용프로그램에 의거 거리와 표고, 면적 산출
산출 면적 검증 및 확정	산출 면적 검증 및 평가, 최종 면적 확정

출처 : 필자 직접 작성.

이와 같은 방법으로 '고조선강역도'에서 추출한 경계선을 구글위성 영상에 복원하면, 고조선의 동쪽 경계선은 두만강 하류에서 시작하여 연해주 해안선을 따라 올라가다가 사할린으로 건너가는 도로 북쪽 돌출부 지점을 지나 최북단 우수리강 하구와 만나는 지점에서, 북쪽 경계선인 우수리강을 따라 계속 가다가 흑룡강 합류지점에 도달, 흑룡강을 따라 올라가다가 교차지점에서 서쪽으로 이륵호리산(伊勒呼理山)과 강과 도로를 따라 가다가 흥안령산맥과 만나는 지점에 도달하게 된다. 서쪽 경계선은 흥안령산맥을 따라 남쪽으로 내려와 내몽고자치주 경계지점과 만나는 지점을 지나 흥안령산맥이 끝나는 지점에서 양자하(Yanghe River)을 따라 계속 내려와 발해가 만나는 지점에 도달한다. 남쪽 경계선은 발해만을 따라 동쪽으로 가면 압록강하류에서 만나 압록강과 백두산 천지를 가로질러 두만강을 따라 진행하여 출발지점에 도달하는 경계선을 연결하면 '고조선강역도'에 나타난 경계선을 구글어스 위성영상에 복원이 완성된다. 이렇게 하여 확정한 고조선 강역의 4극점을 표로 나타내면 아래와 같다.

표15 고조선 강역의 4극점 좌표와 위치

	위 도	경 도	높이 (m)	위치
동 단	52-09-10	141-32-43	12	사할린으로 건너가는 도로 북쪽 돌출부 하단 지점
서 단	40-40-50	114-49-10	656	장가구시 남쪽 양하강 삼각주 가운데 지점
남 단	38-43-20	121-10-53	22	요동반도 최남단 지점
북 단	52-58-00	141-04-46	6	이무르강과 동해 교차 지점

▲ 출처 : 필자 직접 작성

 이렇게 확정된 경계선을 구굴어스 위성영상의 면적측정 프로그램을 구동시켜 연속적으로 경계점을 클릭하면 자동으로 경계선 총연장 거리와 경계점의 표고, 고조선 강역의 면적을 산출할 수 있게 된다. 이런 과정을 거쳐 산출한 '고조선강역도' 상의 고조선 면적은 약 1,397,482㎢로 산출되었다. 이 면적은 한반도 면적 223,404km²의 6.3배에 해당된다.64) 구글어스 인공위성지도 상에서 많은 경계점 중에 잘못 클릭하면 취소가 되지 않는 관계로 수차례 반복하는 시행착오를 겪었지만, 반복해서 면적을 산출할 수 있어서 애당초 기대했던 정도의 성과를 거두었다. 고조선의 지리적 범위는 향후 다양하게 활용할 수 있도록 위치와 크기, 모양을 산출하였다. 고조

---

64) 이 면적은 고조선의 위치가 한반도에 걸쳐 있으나 압록강과 두만강 이북 지역을 대상으로 산출하였다. 배달민족의 강역에 대하여 설명할 경우 '한반도 크기의 몇 배' 이렇게 설명하는 것이 간단하고 이해하기 편하다는 판단에서 필자가 결정하였다.

선의 지리적 범위를 표로 정리하면 아래와 같다.

표16 조선의 지리적 범위

구 분	내 용	비 고
위치	흑룡강 이남과 흥안령 동쪽에 위치	고조선, 고구려, 발해 활동 지역과 거의 일치
크기	1,397,482km²	한반도 면적의 6.3배
모양	봉황새가 오른쪽 날개를 접은 형상	두만강 하구-아무르강과 동해 교차 지점- 흑룡강-이호리산-대흥안령-양자강-양자강과 발해 교차지점-압력강-백두산-두만강 하구를 연결한 선

▲ 출처 : 필자 직접 작성

6. 소결론

연구 결과, 역사교과서는 배달민족의 민족계를 정리하여 뿌리를 찾고, 강역을 감정하여 그 안에서 일어난 민족의 흥망성쇠를 기록하였다. 특히, 요나라와 금나라의 역사를 배달민족의 역사로 가르쳤으며, 기자와 위만조선, 한사군의 위치를 요서지역 일대로 비정하고 있는 것을 알 수 있었다. 그리고 고조선의 지리적 범위를 확정하여 다방면에 활용하도록 제시하였다. 이러한 연구 성과를 도출함에 있어 단지, 역사 교과서에 기술하고 가르쳤다고 해서 '오늘날 우리의 역사로 볼 수 있느냐?'하는 의문과 함께 역사교과서의 형식과 내용, 향후 활용측면에서 한계를 가지고 있다. 이러한 한계점이 있음에도 불구하고, 요나라와 금나라 등 대륙에 기반을 둔 북방민족의 국가를 배달민족으로 간주하고, 배달민족 역사로 가르쳤다는 점에서 그 가치를 높이 평가할 수 있다. 이러한 대륙사관의 교과서를 저술할 수 있었던 것은 김헌 저자의 이력65)에서도 알 수 있듯이 당시 민족주의 사학자들이 공통된 역사의식을 반영한 것으로 많은 문헌자료와 사서 섭렵하여 종합적으로 정리한 것으로 판단된다. 그렇기 때문에 상해임시정부에서 역사교과서를 편찬하여 가르쳤다는 것은 우리에게 많은 것을 시사하고 있다.

특히, 상해임시정부는 학생과 백성들에게 독립정신을 고취하기 위하여 역사교과서를 편찬하여 교육시킨 점에 주목할 필요가 있다. 배달겨레의 갈래를 "조선-부여를 거쳐 졸본부여에서 고구려-발해-여진-동여진-금-만주(청)으로, 서라부여에서 신라-고려-조선으로 정리하고, 근대적 자주자강과 민족의식의 고양을 위한 국사 연구를 강조하였다. 신채호는 '역사와 국가와의 관계를 불가분의 동일체로 이해하고, 세계 열강의 정치적·경제적 선진화는 역사에서 나오며, 우리 역사에 대한 이해는 독립의 기초이며, 당시의 시대상황을 극복하는 최선의 방법이다.'66)라고 역설하였다. 상해임시정부 시기

---

65) 김교헌은 1903년 『문헌비고』 편집위원, 조선광문회에서 현채·박은
식·장지연 등과 함께 고전간행사업에 참가하였으며, 1909년에는 규
장각부제학과 『국조보감』 감인위원을 겸직하였다. 일찍이 민족의
기원과 민족사의 연구에 뜻이 깊어 각종 문헌을 섭렵하여 많은 저
술을 남겼다.
66) 신채호, 「역사와 애국심과의 관계」 『대한협회회보』 제2호, p. 75쪽;

의 역사교육이 일제의 침략으로부터 위기에 처한 민족을 구하고자 하는 민족운동 차원에서 이루어졌다면, 이제는 우리의 상고사를 확립하여 한민족의 주체성과 우수성을 알리는 방향으로 필자들의 지원과 육성이 이루어져야 한다. 역사는 역사 필자나 어느 집단의 전유물이 아니라, 보편화된 시대가 되었다. 이러한 시대적 상황에 맞도록 다양한 교육방법이 동원되어야 한다. 모든 교과 과정에서 '한국사'의 필수과목 채택과 국사교육의 융합화가 필요하다. 역사교과서에서 기술하고 있는 바와 같이 한국사교육은 국수주의와 민족주의에 입각한 역사와 문화·종교·제도·문학과 기예·풍속 등을 세계사와 융합하도록 기술해야 한다. 이를 위한 백년대계의 교육철학과 법적·제도적 장치를 갖추어야 한다. 그리고 국사교육의 보편화에 따른 사회교육을 확대하고, 상해임시정부 역사교육과 마찬가지로 민족사학 중심의 국사교육을 강화해야 한다. 이를 위하여 『조선왕조실록』과 『승정원일기』, 『비변사등록』 등을 보다 더 쉽게 접근할 수 있는 방안을 강구한다면 국사 교육 강화에 도움이 될 것이다.

제3호, pp. 152-154쪽.

제13장 강도회맹과 백두산정계비의 강역

이 장은 강도회맹과 백두산정계비의 강역을 다루고 있다. 먼저 강도회맹에 의한 유조변책의 설치과정을 분석하여 강도회맹에 의한 조선영토의 지리적 범위를 위성영상 자료를 활용하여 산출하고, 다음으로 백두산정계비에 의한 국경의 지리적 범의를 산출하고자 한다. 그리고 백두산정계비와 관련있는 백두산과 토문강의 위치를 분석하고. 강도회맹과 백두산정계비에 나타난 강역의 범위를 소결론으로 제시한다.

1. 강도회맹과 유조변책

조선과 청간에는 국경선이 없었다. 국경이 현재와 같이 선의 개념이 아니고, 변경개념으로 하나의 지도 위에 컴퍼스와 자를 대고 그은 게 아니라, 복수의 점들로 산포돼 있었던 것이다. 따라서 북방영토도 조선에 속하기도 하고, 청국에 속하기도 하여 서로 만나서 교류하고 융합되기도 한 공간으로 볼 수 있다. 조선과 청간의 국경이 처음으로 성립된 것은 1627년 정묘호란의 강화조약이었던 '강도회맹'이다. 강도회맹(江都會盟)에서 '조선국과 청국은 약속하노니 우리 양국은 이미 강화에 합의하여 이후 양국은 각각 약속을 준수하며 각각 경계를 봉하여 온전히 지킨다.'라고 하였다.67) '각전봉강(各全封疆)'으로 보아 양국간에 국경이 존재했으나, 구체적인 경계는 어디에도 규정되어 있지 않아 알 수 없다. 다만, 1638년 호부(戶部)의 기록에는 '남반'이라는 압록강 하류지점에서 '봉황성'을 거쳐 '감양변문(현재의 경흥과 회인)'을 지나(支那) '성창문(城廠門)'과 '왕청변문(汪淸邊門)'에 이르는 선에 국경표지 설치공사(防壓工事)를 하였는데, 신계(新界)는 구계(舊界)에 비하여 동쪽으로 50리를 더 전개하였다고 되어 있다. 따라서 그 이전의 양국의 국경인 구계는 이 방압공사가 이루어진 '남반-봉황성-감양변문-왕청변문'선보다 50리 서쪽에 있는 것으로 추정하고 있다.68) 즉, 압록강 이북과 두만강 이북의 상당한 지역이 조선의 땅이었던 것이다. 당시의 국경을 표시한 중국지도와 18~19세기 서양지도도 "간도는 조선 땅"으로 표기하고 있다. 압록강 이북의 봉황성 부근에서부터 북쪽으로 상당한 길이의 울타리가 있고, 계속해서 그 위로는 성이 쌓여 있으며, '혁참'의 서쪽의 한 지점에서 동쪽으로 혼동강이 '역둔하'와 '낙니강'과 만나는 부근까지 설치되어 있는 울타리, 이른바 레지(Regis)선을 두 나라 국경선으로 명기하고 있다.69) 그리고, 그 동쪽으로 바다에 이르는 지역까지는 표시가

---

67) 江都和約條件 제3조에 "朝鮮國與金國立誓 我兩國已講和好 今後兩國 各遵誓約 各全封疆"으로 규정되어 있다.
68) 양태진, '민족지연으로 본 백두산영역 고찰', 『백산학보』. 제28호, 1984.1, p.105.
69) 당빌(Danville)의 "새 중국지도", 듀 알드(Du Halde)의 "중국지(中國誌)", "황흥전람도(皇興全覽圖)"등의 중국지도와 독일 하세 (Hase, 1730), 영국 키친(Kitchin,1745), 이탈리아 상티니(Santini,

없다. 이후부터 백두산정계비가 설치될 때까지는 양국간에는 국경문제에 관한 아무런 변화가 없었다.

한편, 이 시기에 양국은 변방에서 충돌을 방지하기 위한 완충적 기능을 하도록 출입을 막는 봉금정책을 실시하여 이 지대를 무인지대(No Man's Land)화 하였다. 당시 선에 의한 국경선의 개념보다는 면에 의한 변방개념이 주로 통용되고 있었다는 점을 고려하면 무인지대는 양국간의 변방이었고, 조선과 청의 어느 쪽에 귀속하는가는 당시로는 정해지지 않았다고 보아야 한다. 한편으로는 자기 땅이 아니기 때문에 전쟁에서 이기고도 강도회맹을 맺어 만주지역의 봉금위해 유조변책70)을 설치하여 경계로 삼은 것이 아닌가 추측된다.

유조변책에 대하여 자세히 살펴보면, 1627년 3월 3일 정묘호란의 강화조약인 강도회맹에 의하여 설치되었다.71) 강도회

1778), 오스트리아 몰로(Mollo, 1820)등 당대의 유명 지도제작자들이 만든 지도에 두만강 이북 동간도지역 뿐만 아니라 압록강 서북쪽도 조선 땅으로 표기하고 있다.

70) 유조변책이란 버드나무를 심어 울타리로 삼은 것으로 높은 것은 3-4척, 낮은 것은 1-2자였다. 그 바깥으로는 호(壕)를 파서 사람들의 접근을 막았다. 청의 유조변책은 명대의 요동변장과 비슷한 지역에 설치되었지만 그 의미는 달랐다. 명대의 것은 사실 국경이었던 반면 청대의 것은 거주 금지의 경계일 뿐이었다. 안주섭·이부오·이영화,『영토한국사』(서울 : 소나무, 2006), p.166.

71) 김득황, 1987, 백두산과 북방관계, 서울, 사사연, pp.39~44. 강도회맹의 내용은 첫째, 후금군은 평산에서 일보도 진격하지 않기로 맹세하고 다음날부터 철병할 것 둘째, 지금부터 후금과 조선은 형제의 나라로 칭할 것 셋째, 철병 후에 후금군은 압록강을 넘어오지 않을 것 넷째, 조선에서 호군의 물품 약간을 보낼 것 다섯째, 조선 왕족을 후금에 볼모로 보낼 것 등이다. 양태진, 2007, 조약으로 본 우리 땅 이야기, 서울, 예나루, p.89.

맹에 의하면 "조선 국왕은 금국과 더불어 맹약을 한다. 우리 두 나라가 이미 화친을 결정하였으니, 이후로는 서로 맹약을 준수하여 각각 자기 나라를 지키도록 한다(朝鮮國與金國立誓 我兩國已講和好 今後兩國 各遵誓約 各守封疆)"72)는 내용이 있다. 이 내용으로 볼 때 양국 간에 국경을 최초로 정했음을 알 수 있다. 청 호부의 기록에는 태종이 1638년에 압록강 하류지점 남반에서 봉황성을 거쳐 감양변문(京興)을 지나 성창문(城廠門)과 왕청변문(旺晴邊門), 산해관에 이르는 150리 내지 200리 가량의 노변 방압공사(防壓工事)를 실시하였다. 그리고 1670년부터 1681년까지 개원(開原) 위원보(威遠堡)에서 시작하여 북쪽으로 전장 343.1km의 신변을 설치한 것으로 나타나 있다.

그 당시 국경선이 어디인지는 정확하게 알 수 없다. 사평(四平)에서 이수(梨樹), 공주령(公主嶺), 이통(伊通), 장춘(長春), 구태(九台)를 거쳐 서란(舒蘭)까지 구불구불 이어진 유조변책의 유적이 아직도 부분적으로 남아 있다. 사평시(四平市) 산문향(山門鄉)에는 포이도고소파이한변문아문(布爾圖庫蘇巴爾汗邊門衙門)의 병사(兵舍)가 남아 있다.73) 그리고 강희제는 봉금지대를 대신해 선 개념의 국경선을 채택하기로 결정하고 실측으로 지도를 제작하였다. 1708년(강희 47년) 프랑스인 선교사 레지(Regis), 부베(Bouvet), 자르트(Jarto-

---

72) 인조실록 15권, 인조 5년(1627년 정묘, 명 천계天啓 7년) 3월 3일 경오, 「조선왕조실록 영인본」, 34책, p.181; 조선왕조실록 홈페이지 (http://sillok.history. go.kr/main/main.jsp) 2011년 11월 9일 검색.
73) 조병현, 201 전게서, 주요 내용 참조 재작성.

ux)에게 명하여 7년간에 걸쳐 지나 땅 모두를 삼각측량법에 의하여 실측하여 지도를 제작하였다.

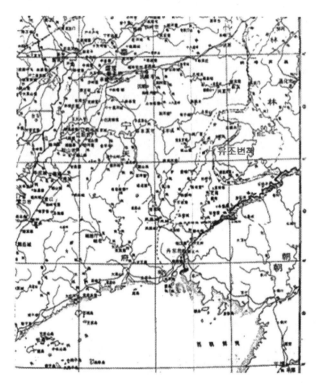

▲ 출처 : 『중국역사 지도집』의 유조변책. 박동기, 『통일한국에 있어서 북방령토에 관한 연구』 석사학위 논문, p.24 참조 재작성

자르뚜 감독 아래 지역별로 지도책을 만들어 1718년에 강희제에게 헌상하였다. 강희제는 이를 '황여전람도'라 명하였다.74) 지리학자 당빌(D' Anvillle)은 이 지도를 근거로 42장

의 '새 중국지도(Nouvel Atlas de la Chine)'를 만들었다.

이 지도에 의하면, 조선과 청의 동·북의 경계선은 두만강 하구의 약 6㎞ 동쪽 지점에서 시작되어 두만강 북쪽에서는 흑산산맥을 따라 서남쪽으로 비스듬히 이어진다. 백두산을 가로질러 압록강 상류의 모든 수계를 포함하는 동서산맥에 선을 긋고, 혼강의 약간 북쪽을 따라 내려간다. 봉황성의 남쪽을 지나 압록강 하구의 서쪽 대동구에 이르는 선이다.[75]

---

74) 나이또 박사의 『청조사통론』에 의하면, 그가 심양에서 만주어로 된 도본을 촬영한 것이 있었고, 또 오가와 교수가 촬영한 도본 사진이 있어서 1915년 8월에 교토 대학에서 이것을 전시한 일이 있다고 하는데, 70여년이 지난 현재 이 사진의 행방을 알 길이 없다. 행여나 이 만주어 도면이 지나 대륙의 어느 곳인가에 아직까지 남아 있어서 이것을 찾을 수 있다면, 당빌의 '새 중국지도'에서와 마찬가지로 두 나라가 경계선을 획정하게 된 경위와 레지선의 존재를 보다 확실하게 살펴볼 수 있다. 김득황, 1987, 전게서, pp.48~57.

75) 김득황, 1987, 전게서, p.50; 김득항은 이 선을 레지선이라 부른다. 김득항은 레지선이 몇 년 몇 월에 획정되었는지를 밝혀주는 문헌이 남아 있지 않으나, 추측하건대 이것을 획정한 시기는 청의 태종년간의 정묘호란 때가 아닐까 한다. 압록강 이북의 땅을 PING NGAN (평안)이라 표기하고, 두만강 이북의 땅을 HIEK KING(함경)이라 표기하여 레지선 남이 쪽을 조선 영토로 명시하였다.

▲ 당빌의 새중국지도. 이돈수박사 제공

2. 강도회맹에 의한 조선영토의 지리적 범위

북방영토는 불과 1세기 전후에 상실 내지 빼앗긴 지역으로 언젠가는 반드시 원상회복되어야 할 고토로서 항일 독립운동의 본거지이자 우리 민족 고유의 삶의 터전이다. 지금까지 북방영토의 위치는 북위 41°55′~43°50′, 동경 128°08′~131°05′이며, 면적은 약 41,000㎢로(1,923방리), 모양은 백두산을 기점으로 서북으로는 노령산맥과 노야령산맥을 거쳐 태평령 서쪽의 훈춘을 포함하였다.

북방영토의 영역은 구글어스(Google Earth)홈페이지의 위성영상 자료를 활용하여 현재의 압록강, 두만강 이북지역부터 요하와 토문강(아무르강)에 이르는 외곽경계의 굴곡점을 연결하고 그 지점에 대한 좌표를 산출하였다. 지리적 범위는 극점에 대한 좌표를 산출하였으며, 중심점좌표는 육지부의 무게중심점이다. 면적은 추출된 좌표를 Carback시스템을 사용하여 평면직각종횡선좌표로 변환하여 산출하였다. 둘레는 간도와 연해주지역의 외곽 경계선의 총연장선의 길이를 산출하였다.[76]

본 연구를 통해 다시 획정한 북방영토의 위치는 동쪽 끝은 북위 52°09′13″, 동경 141°32′41″이며, 서쪽 끝은 북위 38°54′20″, 동경 121°05′09″, 남쪽 끝은 북위 33°09′50″, 동경 126°16′14″, 북쪽 끝은 북위 53°20′56″, 동경 119°50′59″이다. 중심점의 위치는 북위 44°08′24″, 동경 130°22′23″로서 연해주가 만나는 최남단 지점인 지나 흑룡강성 동우현이 된다. 북방영토의 지리적 위치는 압록강(요하)과 토문강(송화강-아무르강) 이남지역으로 지나의 요녕·길림·흑룡강성에 걸쳐 있어 심양, 장춘, 하얼빈 일부 등 주요도시와 러시아의 연해주 전체가 포함된다.

---

76) 북방영토의 범위, 중심점 등 산출값은 소축척 지도와 간단한 방법을 사용하여 정확도에 다소 문제가 있을 수 있다. Carback은 차득기 박사님이 개발한 좌표변환시스템이다.

표17 북방영토의 위치 및 중심점

	B	L	X	Y
동	52.0913	141.3241	2,173,196.319	1,192,621.059
서	38.5420	121.0509	617,175.288	−313,135.274
남	33.0950	126.1614	−36,270.574	131,951.844
북	53.2056	139.5059	2,283,100.090	1,053,511.142
중심점	44.0824	130.2223	1,187,384.000	471,209.000

▲ 자 료 : Google Earth의 위성영상 자료를 활용 작성.

북방영토의 면적은 696,829㎢로서 간도지역은 390,483㎢, 연해주지역은 306,346㎢이다. 우리나라 전체의 면적은 918,130.5㎢ 가 된다. 북방영토의 둘레는 6,981.7㎞이다. 모양은 공교롭게도 현재의 한반도와 거의 비슷한 모양을 하고 있다. 북방영토의 면적은 한반도의 3배 크기이며, 남한의 7배이다. 우리가 알고 있는 간도지역 면적의 17배에 해당된다. 북방영토의 면적은 한반도의 면적이 제주도와 도서지방을 제외하고, 221,301㎢로 산출된 것으로 보아 실제 면적 221,336㎢의 99.98% 일치하는 것으로 보아 매우 정확하게 산출된 것으로 평가할 수 있다.

이 지역의 외곽 경계선은 주요지점 616점을 연결하여 거리를 산출한 결과 외곽 경계선 총길이가 7,603.1㎞이다. 노변과 신변의 연장길이는 688.8㎞이며, 노변이 407.8㎞, 신변이 281㎞이다. 기록에 나타난 봉황성에서 위원보(威遠堡)까지

450㎞, 위원보에서 길림시의 북법특(北法特)의 동량자산(東亮子山)까지 345㎞와는 다소 차이가 있다.

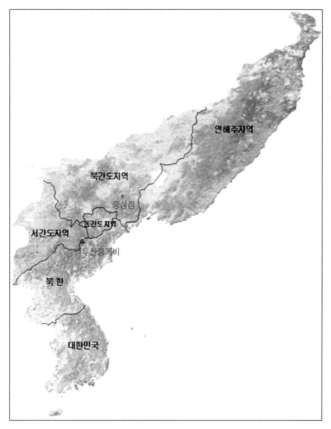

▲ 유조변책설 범위. Gothic 활용 연구자 직접 작성.

유조변책설에 의할 경우 우리나라 북방영토의 정중앙점은 북위 44°07′55″, 동경 130°38′30″로서 동간도지역과 연해주

지역이 만나는 최남단 지점인 지나 흑룡강성 동우현으로부터 약 40㎞ 떨어진 지점이다. 정중앙점은 국토회복의 꿈과 희망의 상징으로 활용될 수 있으며, 일본 미국 등에서도 정중앙점을 배꼽도시로 지정하여 관광 상품화, 도시 브랜드 가치제고, 지역발전의 동력으로 활용하고 있다.[77]

표18 북방영토의 면적 및 국경 둘레

지 역	면적 및 둘레		비 고
	면 적(㎢)	변 장(km)	
합 계	918,130.5	12,903.5	
연해주지역	306,346.5	3,587.2	
간 도지역	390,482.9	5,070.0	
북 한	122,862.4	2,435.1	
남 한	98,438.7	1,791.2	제주도 등 도서 제외

▲ 자 료 : Carback시스템 활용 작성.

3. 백두산정계비에 의한 강역

청은 대륙을 통일하고 왕조의 극성기를 맞이하여 그동안 전해져오던 건국신화에 나오는 부쿠리(布庫里)산을 백두산으로 해석하고, 백두산을 청조의 발상지로 간주하였다. 그리하

---

77) 한반도의 정중앙점은 강원도 양구군 남면 도촌리이며, 경위좌표는 북위 38°03′37.5″, 동경 128°02′02.5″, 표고 387.13m이다.

여 강희제는 백두산 천지를 청의 영토로 하기 위하여 백두산 정상에서 남쪽으로 내려와 분수령을 찾아 국경을 삼는다는 원칙을 세우고, 1712년에 백두산 정상에서 남쪽으로 4㎞, 표고 2,200m, 북위 42°6′ 동경 128°9′지점에 백두산정계비를 설치하였다.[78] 이후에도 봉금정책은 계속 유지되어 왔으나, 1867년 청에 의해서 일방적으로 폐지되었고, 1883년 조선에 의하여 폐지되기까지 약 200년간 유지되었다.

청나라 강희제가 백두산정계비를 세운 배경은 청과 조선은 압록강을 경계로 하는데 토문강이 장백산 동쪽 변경에서 흘러나와 동남으로 바다에 들어가고, 토문강 서남은 조선, 동북은 지나에 속하니 강을 경계로 한다. 단, 압록·토문 두강 사이에 지방을 잘 모르기 때문이라고 '신교본청사고'에 나타나 있다. 이에 따라 1712년 오라총관 목극동이 황제의 명을 받아 일년에 걸쳐 북경일대를 탐사하고, 변계를 조사하여 백두산 정상에서 남동쪽 10리 되는 지점에 분수령을 발견하고, 1712년 5월 15일 경계표지를 일방적으로 설치하여 압록과 토문을 경계로 청과 조선의 경계로 삼았다. 이때 경계가 불분명한 지역은 토퇴·석퇴를 쌓아 국경을 명확히 표시하였다.[79]

---

78) 백두산정계비는 1931년까지, 220년 동안 그 자리에 있었으나, 1931년 7월 28일 없어지고 白頭山 登山路 푯말로 교체되었다. 백두산정계비의 좌표는 이학박사 화전웅치(和田雄治)이 1913년에 기록한 북위 42도 6분, 동경 128도 9분은 최근 위성사진전문업체인 "위아(주)"의 위성사진판독팀은 대략 북위 41도 59분, 동경 128도 5분으로 추정하였다.

79) 국경표시 공사는 국경과 관련한 분쟁을 없애기 위하여 청의 목극등이 조선에 지시하여 조선의 부담으로 설치되었다. 목극등이 강희제에게 제출한 복명서에도 이를 분명히 밝히고 있다. 그 결과, 조선은

백두산정계비에 의한 국경선을 자세히 살펴보면, 1712년
(강희 51년) 오라(烏喇)총관 목극등 일행은 이만지 사건80)
을 계기로 백두산을 답사하였다. 목극등은 조선 측의 접반사
와 관찰사, 군관, 역관, 안내인 등과 함께 백두산에 오르면서
경유하는 산천의 지명과 도리(道理)를 하나하나 지적하며 자
세히 물었다. 또 측량기사가 동행하여 도면을 그렸다. 이날
또 치계(馳啓)하기를 총관이 압록강 상류에 이르러 길이 험
하여 갈 수가 없게 되자 강을 건너 그들의 지경(地境)을 따
라 갔다. 화수는 천리경(千里鏡)을 가지고 산천을 보았다. 또
한, 새로운 측량도구인 양천척(量天尺)으로 측량하여 지도를
작성하였다.81)

역관이 백산(白山) 지도 1건을 얻으려고 부탁하였다. 총관
이 말하기를 "대국(大國)의 산천은 그려 줄 수 없지만, 장백
산은 곧 그대의 나라이니 어찌 그려 주기 어려우랴"하였
다.82)

압록강 북편의 소위 서간도지방을 청에 빼앗기게 되었다. 이 표식
공사를 실시할 때 목극등이 경계로 지칭한 토문강이 두만강의 상류
가 아니라는 것이 알려졌다. 양태진, 전게서, p.112.
80) 1710년(숙종 36년)에 압록강변 위원의 백성 이만지 등이 밤에 압록
강을 건너 청인들이 삼을 캐기 위해 설치한 장막으로 들어가 5명을
죽인 사건을 말한다.
81) 양전척은 하나의 목판(木板)으로 길이는 1자 남짓, 넓이는 몇 치였
다. 등에 상아(象牙)를 씌워 푼과 치를 새겼는데, 치가 12금이고 푼
이 10금이며, 위에 윤도(輪圖)를 설치하고 한가운데에 조그만 널이
세워져 있는 측량기구이다.
82) 숙종실록 51권, 숙종38년(1712 임진, 청 강희康熙 51년) 5월 15일
정유, 접반사 박권 등이 지나와의 국경선을 정하는 일에 대해 치계
하다. 「조선왕조실록 영인본」, 40책, p.439.

목극등 일행은 조선과 청의 국경이라고 인정되는 압록강과 토문강의 분수령에 올랐다. 호랑이가 앉아 있는 모양의 암석이 노출되어 있는 곳을 주춧돌로 삼아 82자로 된 백두산정계비를 세웠다.[83]

▲ 백두산정계비 모습. 유정갑, 『북방영토론략』(서울 : 법경출판사, 1991), p.54.

백두산정계비의 크기는 높이 2尺 5寸 5分, 폭 1尺 8寸 3分 (높이 72㎝, 아랫부분 넓이 55.5㎝, 윗부분 넓이 25㎝)이다. 백두산정계비 내용은 "대청국 오라총관 목극등이 황제의 명을 받들어 변방의 경계를 직접 조사하고자 이곳에 이르러 자세

---

83) 원문은 "烏喇總管穆克登奉旨查邊至此審視西爲鴨綠東爲土門故於分水嶺上勒石爲記康熙五十一年五月十五日筆帖式蘇爾昌通官二哥朝鮮軍官李義復趙台相差使官許梁朴道常通官金應憲金慶門"로 82자이다.

히 살펴보니, 서쪽으로는 압록이고, 동쪽으로는 토문이다. 그
러므로 물이 나누어지는 고개 위 돌에 새겨 기록하노라, 강희
51년 5월 15일, 조사에 참가한 양국 관원과 통역들의 성명을
세긴 비석을 세우고 양국간의 국경선을 결정하는 경계비로
삼는다."고 하였다.

5월 15일 정계비를 세우고 조선과 청은 토문강의 강원이
비석으로부터 25리나 떨어져 있어 석퇴(돌무더기)·토퇴(흙두
렁)을 쌓기로 합의하고 공문을 교환하였다. 백두산정계비에서
토문강의 발원지까지 185개의 흙두렁과 돌무더기를 쌓아 양
국의 경계표시를 분명히 하였다.

▲ 토퇴 및 석퇴 모습. 뉴스메이커 615호

석퇴·토퇴 경계선을 지나 5리 정도 물이 흐르다가 그다음 70여 리는 물이 지표 밑으로 사라져 물줄기가 보이지 않는 건천이다. 그 후 다시 물줄기가 시작된다. 물줄기가 사라지는 처음 약 30여 리는 산이 높고 골짜기가 깊어서 굳이 표식을 할 필요가 없었다. 골짜기가 끝나고 물줄기가 다시 시작되는 곳까지의 약 40여 리는 목책을 세워 강의 흐름을 표현했다.

1712년 백두산정계비 건립 이후 조선과 청의 국경을 표시 했던 경계선은 대동여지도, 요계관방지도 등에 자세히 나타나 있다.

그 당시 경계선의 모습을 찾아보자. 석퇴의 모습은 정계석 이라고 이름 붙여진 흑백사진에 나타나 있다. 완만한 경사의 초원 위에 10여 개의 자연석으로 만든 돌무더기가 선명하다. 5m 정도 떨어져 또 다른 석퇴가 연결되어 있다. 석퇴 양쪽에 일본인으로 추정되는 탐험대원 4명이 서 있다. 이 사진은 1942년에 촬영한 것으로 짧은 시도 실려 있다.[84] 1943년 조 선총독부에서 간행한 백두산 등행(登行)이라는 사진집에 있 는 것으로 시노다 지사쿠 박사의 저서 백두산정계비에 실려 있다. 백두산정계비 좌표는 북위 42도 06분 동경 128도 09 분이다.

1970년에 간행된 '비경 백두산 천지'라는 일본의 사진집에 는 1943년과 1944년 2차례에 걸쳐 백두산에 오른 성산정삼 (城山正三)의 사진이 실려 있다. 시노다의 저서에 나타난 사

---

84) '역사가 오랜 국경에 쌓여 있는 돌에서 미풍과 개양귀비 꽃이 작은 소리로 예쁘게 이야기 한다.'는 내용이다.

진보다는 뚜렷한 석퇴 사진이다. 1943년 사진처럼 석퇴가 연결된 것이 보인다. 정계비의 고원이라는 제목이 붙은 이 사진에는 자세한 설명이 붙어 있다. 백두산정계비를 따라 북동-남서의 선에 50~100m의 불규칙한 간격으로 석퇴가 있다는 것이다. '이 선이 조선과 청의 경계라는 주장이 있다.'는 내용과 '정계석 오른쪽은 조선이고 왼쪽은 청국령'이라는 설명도 담겨져 있다.85)

조선과 청의 국경을 나타내는 석퇴-토퇴-목책의 흔적은 최근 위성영상으로도 확인됐다. 위성영상 전문 기업에서 분석한 결과, 압록강과 송화강의 상류를 연결하는 토퇴와 석퇴 등 인공물의 윤곽이 1.5㎞ 이상 연결되어 있다. 인공울타리 흔적은 백두산 장군봉에서 내려오는 길을 따라 남쪽으로 향하다 꺾여진다. 토문강의 마른 하천을 끼면서 동쪽으로 800m가량 이어진다. 이후 600m 정도 불분명해진 선은 다시 300m가량 나타나 송화강으로 흘러들어 가는 것을 확인하였다.86)

85) 1934년과 1939년 2회에 걸쳐 이곳을 직접 답사한 김득황 박사는 "사진 속에서처럼 석퇴가 다음 석퇴와 4~5m떨어져 연결됐다."면서 "끊긴 부분도 있는데 50~100m는 아니고, 40~50m였다."고 말했다. 김득황 박사는 "석퇴 외에도 석퇴 사이를 연결한 흙무더기도 일부 있었다."고 덧붙였다.
86) 경향신문 뉴스메이커 간도특별기획 취재팀이 1m급 위성영상을 입수, 고지도 등을 참고해 양국간 경계를 추적하였다

▲ 백두산정계비에 의한 강역. 필자 직접 작성

　백두산정계비에 의한 북방영토의 모양은 3개 지역으로 구성되어 있다. 유조변책설에 의한 모양에서 서간도지역을 제외한 모양으로 연해주지역, 동간도지역, 북간도지역으로 되어 있다. 이 모양은 백두산정계비에 의한 모양으로 알려져 있는 것과 거의 유사하다. 이 지역의 외곽 경계선은 총 연장길이가 8,118.1㎞이다. 북방영토의 정중앙점은 북위 44°07′13″, 동경 130°59′48″이다.

4. 백두산정계비의 백두산과 토문강의 위치

보다 정밀하고 실측적인 지도를 만들기 위해 백두산을 무려 7번이나 오르내리고 전국을 3차례나 두루 답사하여 제작한 김정호의 대동여지도서문87)에는 "산해경(山海經)에서 말하기를, 곤륜산(昆崙山)의 한 가지가 큰 사막의 남쪽을 지나 동쪽에 와서는 의무려산(醫巫閭山)이 되었는데, 이곳에서 끊어져 요동평야가 되었고, 이 평원을 가로질러 일어선 산이 백두산인데, 조선 산맥들의 으뜸 산이 된다. 이 산은 삼층으로 되어 있는데 높이가 200리에 가로가 1,000리가 된다. 그 산 꼭대기에 호수가 있어 달문(達門)이라고 하며, 둘레가 80리이다. 백두산 앞쪽이 무너졌으며, 우리나라가 3면이 바다와 접하고, 길이가 두루 1만9백20리나 된다."고 기록되어 있다. 하지만, 현재 백두산은 동쪽 산맥에 있지 들녘 가운데 있는 산이 아니며, 백두산 천지는 20리에도 못 미친다. 또한, 백두산의 앞쪽이 무너졌다는데 무너진 흔적을 찾아볼 수 없으며, 가로 1,000리가 되지 않는다. 십 리마다 방점을 찍어 측량한 대동여지도와 지금의 한반도와는 부합되지 않는 부분이 많이 있다. 백두산정계비를 설치한 백두산이 지금의 백두산이 아닐 가능성이 크다는 내용들이다.88)

---

87) 대동여지도 서문에 해당하는 지도유설(地圖類說)이 4면에 걸쳐 실려 있다. 지도유설에는 지도의 기원과 지도의 도법, 지도의 실용가치 등에 대하여 서술하고, 끝으로 전국 해안선의 길이와 6대 간선 도로의 총길이, 압록강과 두만강의 길이 등이 이수(里數)로 기록되어 있다.

88) 2005년 10월 28일 백범기념관에서 '동아시아 영토문제'라는 주제로

東史曰朝鮮音潮因仙水爲名又云鮮明也也在東表曰先明故曰朝鮮山經云崑
崙一枝行大漠之南東爲醫巫閭山自此大斷爲遼東之野渡野起爲白頭山爲朝鮮
山脉之祖山有三層高二百里橫亘千里其巔有潭名湄門周八十里南流爲鴨綠
東分爲豆滿江自分水嶺南北遷迤爲燕脂峰小白山雪峰等嶺緻嶺一支東南走起
爲鐵嶺三角一名而漢水經其中爲我邦城三面際海一陽連陸周一萬九百二十里凡三
海沿細也一百二十八邑總八百四十三里兩江沿總二十八百八十七里鴨綠江沿三千四
十三里豆滿江沿八百四十四里其延袤狹北自慶興南至機張三千六百一十五里
東自機張西至滿浦一千六百四十里南自海南北至慶興一萬九百二十里凡四
北鎭華山南帶漢江左控關嶺右環渤海民以太平之仁實俗有其檀之化況均四
方東建之道正亥坐南面之爲實猶周之洛陽非東西關二京所可比也其爲天
府金城誠億萬世無疆之休也欽嗚呼偉哉

▲ 대동여지도 서문. 필자 직접 작성

　그러나 현재의 대동여지도에는 압록강과 두만강 이북지역이 나타나 있지 않다. 일본이 반도사관을 위해 대륙의 조선을 한반도로 옮겨 놓았기 때문이다. 일본은 한일합방 직후인 1910년 11월부터 1911년 12월까지 삼국사기와 삼국유사 딱 두 권만 남겨두고 고서, 고문서, 고지도 등 총 50여 종 20만 권을 남산에서 소각하고, 1937년까지 27년간 차입한 사료 총 4,950종을 각색하여 우리나라 상고사를 조작하였다.[89] '조선

간도학회 주최로 개최한 국제학술대회에서 발표한 하늘기록영화제작소의 역사다큐멘터리 『간도아리랑〉에서 백두산부분에 대하여 발췌한 내용이다. OhmyNews, 2005년 11월 3일 보도. 그 이후 필자가 연구한 바에 따르면 백두산의 위치는 여러 곳에 나타난다. 장백산과 백두산의 위치에 대한 것은 다음에 발표할 예정이다.

인은 조선사를 모르게 하라'는 조선총독부 지시90)에 따라 '조
선사'를 다시 쓴 것과 마찬가지로 대동여지도도 일본에 의해
조작되었을 가능성이 크다. 김정호는 일제시대에 일제가 만든
교과서에 의해 알려지기 시작했으며, 대동여지도가 공개된 것
역시 일제시대이다. 1930년 이후 조선총독부 검열도장을 찍
어 공개한 것으로 보아 각색되어 압록강과 두만강 이북지역
이 나타나 있지 않는 것으로 판단된다.

그러나 '만주원류고 지리지(장백산편)'91)에서 "거친 들판
가운데 있는 산이고, 숙신이 있는 곳(大荒之中有山 名不咸 在
肅愼氏之國)"이라 하였으며, 성종실록(12년 10월 17일)에 양
성지92)가 "우리나라는 요수(遼水)의 동쪽, 장백산(長白山)의
남쪽에 있어서 3면이 바다와 접하고 한쪽만이 바다와 연접해

---

89) 조선일보는 1986년 8월 15일부터 말까지 11회에 걸쳐서 광복 41주
    년 특별기획 「국사교과서 새로 써야 한다.」는 기사를 연재하였다.
    민병학, 『백제는 한반도에 없었다.』(서울 : 대경, 2007), p.257.
90) 2005년 9월 국사편찬위원회 상고사토론회 자유토론에서 1915년 4월
    15일자 상원의원에서 토마스의원이 '일제가 한국을 점령한 후에 전
    국을 샅샅이 뒤져서 한 부분뿐만 아니고, 전국을 샅샅이 뒤져가지
    고 역사와 문화관계서적을 강제로 수집해서 불태워 버렸다. 그렇게
    함으로써 한국 후손들이 자기역사를 모르게끔 하였다는 발언 기록
    을 보았다.'는 증언이 있었다.
91) 만주원류고는 고구려 백두산 출신의 후금인(청 건륭 42년, 1777년,
    청 한림원)이 쓴 역사책으로, 삼국사기는 신라중심으로 서술된 반
    면, 만주원류고는 고구려, 발해 즉 만주 중심으로 서술되었다. 즉,
    삼국사기가 신라 경주 출신인 김부식이 쓴 역사책이라면 만주원류
    고는 고구려, 발해 후손의 역사책인 셈이다.
92) 양성지(1415~1482)는 조선 전기의 문신이자 학자. 지리학의 대가
    이다. "동국지도" 등을 찬진하였고 홍문관 설치를 건의하였다. 『예
    종실록』 등의 편찬에 참여하고 공조판서 대사헌 등을 거쳐 홍문관
    대제학이 되어 『동국여지승람』 편찬에 참여하였다.

있으며, 지역의 넓이가 만리(萬里)나 됩니다."라고 상언한 것
과 '규원사화(揆園史話)단군기편'[93]에 "지금의 백두산 위에는
큰 못이 있어 주위가 80여리이며, 압록과 혼동(混同)등의 여
러 강이 여기에서 발원하기에 천지(天池)라 일컫는데 무릇
백두의 웅대한 산악은 대황(大荒)의 남쪽에 굳게 자리하여
좌우로 1천 리에 뻗치고 위로 2백 리를 솟아 있으며, 웅장하
면서도 층을 지은 험한 능선이 길게 이어지면서 아울러 하나
가 되어 있으니, 동방의 모든 나라를 위엄으로 진압하는 명산
이다."라고 한 것이 현재 백두산이 아닐 것이라는 주장을 뒷
받침해 주고 있다. 이외에도 현재 백두산이 대동여지도서문에
기록된 백두산이 아니라는 많은 기록이 있다.[94]

이러한 기록으로 볼 때, 현재의 백두산은 고서의 기록에 나
와 있는 백두산이 아니고, 함경도 묘향산이며, 백두산은 만주
대륙의 흑룡강 아래인 하얼빈시 동북쪽 하얀원 부분에 소재
하고 있는 평정산(平頂山, 1,429m)을 지칭할 가능성이 크다.
평정산은 압록강과 두만강, 흑룡강과 소화강이 교차하는 지점
인 요동 들판 한가운데에 위치하고 있다. 3층으로 가로

---

93) 규원사화는 조선 숙종 원년(즉위년 다음해)인 1675년에 북애자가
   저술한 역사서로, 상고시대와 단군조선의 임금들에 대해 상세하게
   기술된 사료이다.
94) 조선왕조실록 세종실록편 팔권팔책의 지리지 함경도 경흥도호부편
   에 의하면, 백두산이 3층으로 되어 있으며, 동쪽으로 흘러 두만강
   이 되고, 북쪽으로 흘러 소하강(蘇下江)이 되고, 남쪽으로 흘러 압
   록이 되고, 서쪽으로 흘러 흑룡강이 된다. 라고 기록되어 있다. 그
   리고 유네스코 세계문화유산으로 지정된 조선왕조 기록은 압록
   강·두만강은 일치하지만, 서쪽의 흑룡강과 북쪽의 소하강은 위치
   상 맞지 않는다.

1,000리, 높이 200리이다. 인공위성 영상으로 분석[95]하면, 앞쪽에 무너진 흔적과 80리가량 되는 커다란 못이 있다. 압록의 옛 이름은 '청하'라고 하는데, 현재 이 산 남쪽에는 '청하'라는 지명이 아직도 존재한다. 또한, 북쪽으로 흐르는 강이 있으며, 서쪽으로 흑룡강, 동쪽으로 러시아령 아무르강이, 남쪽으로 동요하 발원지가 된다. 장백산이 부령으로부터 일어나 남쪽으로 내리뻗었다 하는데 과연 러시아의 부레아로부터 남쪽으로 내리뻗어 하늘을 찌를 듯이 높다.[96]

그리고 백두산정계비에 나타난 토문강의 실체가 북방영토를 결정하는 단초가 되어 왔다. 토문강의 인식에 따라 간도지역과 연해주지역이 북방영토에 포함되기도 하고 제외되기도 한다. 이는 두만강과 토문강에 대한 수원(水源)의 위치인식을 착오했거나, 지명의 혼동이 원인으로 보인다. 지명은 국가의 성쇠와 영토의 확장과 축소에 따라 달리 불리며, 자국과 경쟁국의 역사적 명분에 따라 변형되기 때문에 획일적인 적용과 해석이 곤란하다. 따라서 그 당시 상황에 맞는 적용이 필요하다. 압록강과 두만강, 백두산이 대륙과 한반도에 같이 존재했거나, 지나와 일본에 의해 왜곡되었거나, 아니면 옮겨 왔다고 추정할 수 있는 부분이다.

압록강의 어원은 『대전회통(大典會通)』에 보면, 압록강의

---

95) Google Earth 홈페이지 자료 활용(http://earth.Google.com)
96) 2005년 10월 28일 백범기념관에서 '동아시아 영토문제'라는 주제로 간도학회 주최로 개최한 국제학술대회에서 발표한 하늘기록영화제 작소의 역사다큐멘터리『간도아리랑〉에서 백두산부분에 대하여 발췌한 내용이다.

물빛이 오리머리 빛과 같다(水色如鴨頭)고 하여 압록강이라 이름을 지었다. 『삼국유사』와 『지나 요사지리지』에 "요하(遼河)"를 일명 '압록'으로 기록하고 있다.97) 『신증동국여지승람 제49권』에는 세 개의 큰물이 있는데, 세 개의 물이 합류하여 압록강으로 들어가기 때문에 삼수(三水)라 하며, '군(郡)이 어면강·압록강·삼수동수(三水洞水)의 세 가닥 사이에 있기 때문에 삼수라 했다.'고 한다.98) 삼수 또는 삼수동수라는 지명은 요녕성의 요하하류 지방에 있다. 요하의 지형이 『신증동국여지승람』에 있는 내용과 같고, 현재 압록강의 지형과는 내용이 전혀 다르기 때문에 요하가 압록강일 가능성이 높다.

두만강은 콩이 가득하다는 뜻으로 만주 일대를 가득 채우는 강역을 의미한다. 그리고 흑룡강이라고 부르기도 하는데 동단국-조선족-고구려의 상징색이 흑색이기 때문에 붙은 명칭이다. 『신증동국여지승람 제50권』에 '남쪽으로 흐르는 것은 압록강, 북쪽으로 흐르는 것은 송화강과 혼동강, 동북으로 흐르는 것은 소하강과 속평강, 동쪽으로 흐르는 것은 두만강이다.'

---

97) 다른 문헌에도 지금의 압록강은 '동압록'이고, 지금의 요하가 '압록'이라고 기록하고 있다. '요하'의 명칭은 거란족이 시라무렌(Siramuren, 요하 상류이며, 서요하의 끝 지점) 유역에서 발해를 멸망시키고, 947년 국호를 '요(遼)'로 개칭한 것에서 유래한다.

98) 하나는 백두산 아래의 마죽동(馬竹洞)에서 나와 혜산진(惠山鎭)과 인차외(仁遮外)를 거쳐 최천이동(崔天已洞)의 물과 합류하여 군계(郡界)로 들어오고, 하나는 길성현(吉城縣) 북쪽 장백산 서북보(西北堡)에서 나와 운총보(雲寵堡)를 거쳐 허천강(虛川江)과 합하여 강기(江岐)에 이르러 군계로 들어오고, 또 하나는 함흥부(咸興府)의 황초령(黃草嶺)·부전령(赴戰嶺)과 평안도 강계부(江界府)의 오만령(五萬嶺) 등의 물이 어면강(魚面江)과 합하여 군계로 들어온다.

또한, '여진 말로 만(萬)을 두만(豆滿)이라고 하는데, 여러 갈래의 물이 여기로 합류하기 때문에 이렇게 이름을 붙였다. 남으로 압록강이 흐르고 이 압록강이 요하라면 북으로 흐르는 것은 송화강과 여러 지류에 해당된다. 이 지류가 다시 동으로 흘러 하나로 뭉쳐 바다로 흘러간다고 한 것으로 보아 현재의 아무르강이 두만강일 가능성이 높다. 아무르강을 한자로 옮기면 두만강이 된다.

두만강과 압록강이 현재 압록강과 두만강이 아니라면 지금까지 우리가 알고 있는 토문강은 송화강의 지류가 아니고, 청측의 주장과 같이 토문강이 현재의 두만강을 말하는 것이 확실하다. 청사고열전에서 토문강이 장백산 동쪽 변경에서 흘러나와 동변으로 흘러들어 간다는 기록과 아무르강이 일치한다. 서남과 동북으로 지나와 경계를 이루고 있으므로 북쪽으로 흐르는 현재의 토문강은 동과 서를 나눌 뿐이어서 국경이 되기 어렵기 때문이다. 또한, 신교본청사고에 백두산정계비를 건립한 배경으로 나타난 '압록과 토문 두 강 사이의 지방을 잘 알지 못한다.'는 것은 현재의 압록강과 두만강 사이의 일대는 험난한 산악지대이기 때문에 잘 알지 못할 이유가 없다. '압록과 토문 두 강 사이의 지방을 잘 알지 못한다.'라는 말은 이 일대 드넓은 평원에 압록강 지류와 백두산 동쪽 변경에서 흘러내리는 토문일대를 잘 모른다는 내용인 것이다.[99]

최근에는 북방영토에 대한 분쟁의 핵심인 토문강과 압록강,

---

[99] 아무르의 "아"도 아사에서 나온 말이며, 만은 마르로 연음이 되며 마르→무르로 연음이 된다. 그러므로 아무르를 한자로 옮기면 두만강이 되는 것이다. 싱크풀 홈페이지(http://www. thinkpool.com)

백두산에 대한 위치인식의 착오와 지명의 혼돈으로 현재의 압록강과 두만강, 백두산이 아닐 수 있다는 의혹도 일부에서 제기하고 있다.[100] 지금까지 역사적으로 보아 압록강과 두만강이 경계였던 경우는 한 번도 없었는데 우리 역사를 반도로 축소하기 위해 압록강과 두만강의 위치를 옮겨 놓았다는 주장이 설득력이 있어 보인다. 설령 백두산정계비가 현재 백두산에 설치되었더라도 국경의 기준이 되는 토문강과 압록강의 위치가 다른 지역에 존재한다면 당연히 그 지점이 국경이 되어야 할 것이다. 따라서 본 연구에서는 북방영토의 범위를 획정하는데 가장 중요한 백두산과 두만강의 실제 위치를 대동여지도서문과 위성영상을 통하여 분석을 시도하였다. 백두산이 평정산이라고 가정할 때, 우리의 북방영토 영역은 평정산을 기점으로 서남으로 압록강(요하), 동북쪽으로는 두만강(흑룡강－아무르강) 이남지역으로 획정하는 것이 타당하다. 압록강과 두만강은 항행이 불가능하므로 하류(下流)의 중앙선이 경계가 될 것이다. 이렇게 북방영토의 영역을 획정하게 되면 백두산정계비에 나타나 있는 서위압록과 동위토문을 충족하게 되며, 간도지역에 심요지역 일부와 연해주지역이 포함되는 것으로 백두산정계비의 토문강을 송화강 상류로 보고 주장한 영역에 심요지역 일부를 추가로 포함하는 결과가 된다. 심요지역 일부를 북방영토에 포함하는 것은 강도회맹에 의하여 유조변책이 설치된 지역이며, 많은 지도에 대한제국까지 우리

---

100) 2005년 10월 28일 백범기념관에서 '동아시아 영토문제'라는 주제로 간도학회 주최로 개최한 국제학술대회에서 제기되었다.

영토로 표시된 서간도 지역이기 때문이다.

또한, 최근 방영된 북관대첩비에 반환 장면에 일본의 『가타지마 만지』 교수가 북관지역을 함경도 지도에서 요동반도의 덕원, 문천, 고원, 영흥을 가리키는 장면이 소개되었다.101) 북관대첩비가 있던 장소가 한반도의 동해안 길주가 아니라, 지나 요하 하구 지역임을 알 수 있다. 심요지역 일부를 포함한 것은 유조변책을 경계로 삼지 않고 요하를 기준으로 삼는 것이 타당하다는 판단에서이다.

5. 소결론

본 연구의 목적은 강도회맹과 백두산정계비의 위치를 고문서와 인공위성 영상으로 분석하여 북방영토의 경계를 획정하는 것이었다. 연구 결과 첫째, 대동여지도 서문과 만주원류고 지리지, 성종실록에 나타난 백두산은 인공위성영상으로 분석한 결과, 만주대륙의 하얼빈 동북쪽에 위치한 평정산일 가능성이 높다. 김정호의 대동여지도 서문에 나타난 백두산은 큰 거친들 가운데 산이 있고, 정상에 위치한 큰 못의 둘레를 80리라 하고 백두산의 높이가 200리, 가로가 1,000리, 앞쪽이 무너졌다고 되어 있지만, 지금의 백두산 벌판 사이에 있는 산

---

101) KBS 역사 스페셜에서 100년 만에 귀환한 북관대첩비를 2005년 10월 21일 방영하였다. 북관대첩비는 임진왜란 당시 함경도 북관지역의 승첩비를 일제시대에 관동군이 본국으로 가져서 보관한 비문이다.

이 아니라, 산맥에 위치하고, 천지의 둘레는 20리에도 미치지 못하고, 무너진 흔적을 찾아볼 수 없다. 이러한 조건을 충족하면서 동쪽으로 흘러 두만강이 되고 북쪽으로 흘러 소하강이 되고 남쪽으로 흘러 압록이 되고 서쪽으로 흘러 흑룡강이 되는 지점에 위치한 산은 평정산이다.

둘째, 백두산정계비에 나타난 압록강과 토문강은 요하와 아무르강일 가능성이 높다. 평정산이 백두산일 경우 압록강은 요하가 되고 토문강은 아무르강이 된다. 아무르강이 두만강이기 때문에 백두산정계비의 토문강은 아무르강이 된다. 토문강은 장백산 동쪽에서 흘러나와 동남으로 바다에 들어가며 서남과 동북으로 조선과 지나가 경계한다. 라고 되어 있으므로 북쪽으로 흐르는 토문하는 동과 서를 나눌 뿐이어서 토문강이 되기 어렵다.

셋째, 북방영토 경계는 요하-송화강-평정산-아무르강-동해를 포함하는 경계선으로 결정하는 것이 타당하다. 북방영토의 영역을 획정하게 되면, 간도지역에 심요지역 일부와 연해주지역이 포함되는 것으로 백두산정계비의 토문강을 송화강 상류로 보고 주장한 영역에 심요지역 일부를 추가로 포함하는 결과가 된다.

넷째, 북방영토의 면적은 696,829㎢로서 한반도의 3배 크기이며 남한의 7배이다. 중심점은 북위 44° 08′24″, 동경″ 130° 22′23″이며, 둘레는 6,981.7㎞이다. 모양은 공교롭게도 현재의 한반도 모양과 거의 일치한다.

본 연구를 통해 처음으로 북방영토에 대한 지리적 범위를 정하고자 하였지만, 자료부족의 한계 있어 계속 보완이 필요하다. 그렇지만 백두산정계비와 "새 중국지도"의 레지선(Regis Line)에 대동여지도서문에 의한 국경획정 방법을 추가로 제시한 것이 본 연구의 성과라 할 수 있다.

이 장은 간도협약에 의한 강역을 다루고 있다. 먼저 국경분쟁의 발단과 을유·정해 국경회담 과정과 중단된 이유에 대하여 살펴보고, 위성영상을 활용하여 간도지역의 국경을 확정하여 간도지역의 위치, 면적, 모양 등 지리적 범위를 산출하고자한다. 그리고 국제법상 간도는 우리 땅이라는 근거에 대해 살펴볼 것이다.

1. 국경분쟁의 발단과 국경협상

앞에서 살펴본 바와 같이 유조변책에 의한 봉금지역은 250년 이상 유지되어 왔다. 청은 1882년에 봉금지대를 개방하기로 결정하고 조선 정부에 알렸다. 훈춘에 초간국(招墾局)을 설치하여 개간사무를 처리하게 하고, 조사위원을 파견하여 개간이 가능한 땅을 조사하게 하였다.102) 청국은 "조선인으로서 토문강을 넘어와 농사를 짓는 자는 이미 중국 땅에 씨를 심은 자이므로 중국의 백성이다. 호적을 조사하여 훈춘과 돈화현의 관

---

102) 중국이 훈춘부근에 토지를 조사하려할 때 관찰사로부터 지권을 발급 받아 관보에 등기되어 있음을 보고 논란 적이 있다. 이것으로 보아도 강북 일대가 옛날부터 개척되지 않은 상태로 있었고 중국 주권하에 있지 않았음이 명백하다. 통일교육원, 1969, 전게서, p.61.

할 하에 속하게 하여 소송사건은 길림에서와 마찬가지로 처리한다. 금후에는 월경하여 경작하는 일이 없도록 하라"고 조선국왕에게 보냈다. 이때에 "조선에서는 백두산정계비를 들어 토문강이 두 나라의 국경이 틀림없으니 이의가 있으면 서로 입회조사하여 국경을 분명히 하자"고 공문을 보내는 등 적극 대응하였다.

청은 1883년(고종 20년) 돈화현을 통하여 "토문강 이북과 이서의 지역에서 농사를 짓고 있던 조선 빈민을 돌려 보내겠다."는 뜻의 공문을 종성, 회령에 보냈다. 이때에 이미 수많은 조선인이 간도에 들어와 황무지를 개간하고 있었고, 이들은 함경도 관찰사로부터 소유권 문서를 발급받고 지적부에 등록까지 하고 있었다.[103]

청국으로부터 토문강 이북, 이서 지방에 거주하는 조선인을 몰아내겠다는 통첩을 받고 주민들은 크게 분노하였다. 간도에 거주하던 조선인들은 백두산정계비를 답사하였다. 종성, 온성, 회령, 무산의 주민들과 합동하여 청국의 고시가 부당하므로 올바른 경계를 정해 주도록 요구하였다. 조정에서 파견된 서북경략사 어윤중은 돈화현에 공한을 보내어 "토문강이 두 나라의 국경이 틀림없으니 이의가 있으면 서로 입회 조사하여 국경을 분명히 하자"고 요청하는 공문을 보냈다.[104] 백두산정계비를

---

103) 김득황, 1987, 전게서, p.84.
104) 종성부사의 공한 요지는 "조선 사람이 경작하는 땅은 토문강 이남이다. 토문강을 경계로 하고 더 남쪽에 있는 두만강을 지키는 것과 또 토문강과 두만강 사이를 황지로 남겨 두고 백성들을 그 곳에 들어가지 못하게 한 것은 국경에 분쟁이 있을 것을 염려하였기 때문이다. (중략) 귀현(貴顯)은 설치된 지 얼마 되지 않아 모든

증거로 토문강과 두만강은 다른 강임을 분명히 하였고, 청국이 두만강을 국경이라고 우기는데 대한 공식적인 항의였다.

이에 대하여 청국에서는 위원을 파견하여 경계를 확정하기로 하였다. 경계를 조사하여 두만강의 북쪽 지방을 중국 영토로 하고, 조선 사람을 추방하면 두 나라의 분쟁을 피할 수 있다고 생각하였다. 조선 조정에서도 양국의 위원을 파견하여 국경을 조사하기로 하고, 청국에 공문을 전달하였다. 이에 양국은 위원을 파견하여 현지를 조사하고 국경을 획정하자는 의견이 일치되었다. 이렇게 하여 1885년(고종 22년)에 '을유감계담판'이 이루어지게 되었다.105)

앞에서 이미 살펴 본 바와 같이 안변부사 이중하를 감계사로

사정을 잘 알지 못하니 마땅히 사람을 파견하여 공동으로 현장을 답사하여 강희제 때에 작정해 놓은 경계를 분명히 함이 타당하다. 여기에 도문강과 분계강의 구도 사본 1장, 신도 1장, 백두산정계비 탁본 2장을 보내니 잘 알아보고 처리해 주기를 바란다."라는 내용이었다. 김득황, 1987, 전게서, p.85.

105) 고종이 청국 조정에 보낸 공문내용은 "우리나라는 서북 지방의 국경을 본래 토문강으로서 경계를 삼고 있다. 강희 51년 오라총관 묵등이 황제의 뜻을 받들어 변경을 조사한 뒤 비석에 글을 새겨 분수령 위에 세워 토문강 이동과 이서를 정하여 귀국과 조선과의 경계로 하였다. 본국은 혹시 변민들이 소란을 일으켜 귀국에 누를 끼칠 것을 염려하여 토문강 이남의 땅을 비워 놓고 그 곳에 백성들이 들어가 사는 것을 금하여 왔다. 근년에 이르러 우리 백성들이 집을 세우고 농사를 짓는 것은 우리 땅에서 일어난 일이다. 본국의 백성이 본국의 땅에서 사는 것은 조금도 부당할 것이 없다. 돈화현 지사가 두만강을 경계로 알고 계미년 간에 본국의 지방관에게 조회하여 농민을 돌려보낸 것은 경계가 분명치 않기 때문이며, 그로 인하여 후일에 양국 국민의 다툼이 끊이지 않을 것이다. 따라서 귀국은 사람을 보내어 현지를 상세히 답사하여 지난날에 결정된 바를 분명히 함으로서 국경의 분쟁을 막도록 하자"고 하였다. 김득황, 전게서, pp.84~88.

파견하여 현지를 조사토록 하였다. 두 나라 위원은 9월 30일 증녕부(曾寧府)에서 처음으로 국경조사에 관한 담판을 시작하였다. 담판에 임하는 양측의 의견이 전혀 달랐다. 조선의 위원은 토문강 경계조사를 명령받았으므로 이를 결정적으로 입증할 수 있는 정계비를 답사하고자 하였다. 반면, 청국의 위원은 도문강 경계조사를 위임받았으므로 도문강의 조사에만 열중하였다.

결국, 백두산정계비를 현장 조사하기로 하고, 백두산에 올랐다. 조사한 결과 청국이 주장하는 도문강 줄기는 모두다 이 지점과는 아무런 관계가 없었다. 정계비에서 발원하여 동으로 흘러들어가는 것은 토문강이고, 이 토문강이 다시 송화강으로 합류하는 것을 목격하였다. 토문강이 바로 도문강이라고 잘못 판단했던 청국 위원들은 "정계비가 조작되었으며, 조선인이 정계비를 옮겨 놓았다."고 주장하였다. 결국에는 "이번에는 변계를 해결 지으려고 한 것이 아니다."라고 하면서 국경선 결정을 주저하였다. 이렇게 하여 '을유감계담판'에서 아무런 결정을 짓지 못하였다.

청국은 4월에 국경조사를 다시 실시하자고 조선에 통지하였다. 이에 대하여 조선에서는 여러 차례 서면으로써 토문강 경계설을 주장하였지만 받아들여지지 않아 결국 이중하를 다시 파견하였다. 청국 위원들은 은밀히 홍토수를 조사하고 10여 일만에 장파로 돌아왔다. 청국은 "정계비를 옮겨 놓았다. 흙무더기와 돌무더기는 장백산에 기도하러 다니는 사람들의 도로 표식이다." 또는, 자기네가 귀중하게 여기는 "『일통여지도』까지도

믿을 수 없다."고 주장하였다. 이중하가 청국의 요구를 받아들이지 않고 "홍토수는 우리 구계"라고 하였다. 청국 위원들은 정계비와 접하지 않은 홍토수로 경계를 삼는다는 것은 잘못이다. 홍토수가 경계선이 아닌 것은 분명하므로 하산하자고 협박하였다. 이때에 이중하는 "내 목을 자를지언정 국경은 줄일 수 없다(此頭斷 國土不可縮). 어찌하여 당신들이 이런 협박을 가하느냐."라고 하면서 목숨을 걸고 청국 대표들에게 그 무례함을 책망하였다. 청국위원들은 5월 2일 회령에서 회담을 열어 석을수로 경계를 삼자고 다시 요청하였다. 이중하는 조금도 양보하지 않아 1887년 국경회담은 합의를 보지 못하고 결렬되었다.106) '정해감계담판' 역시 성공을 거두지 못하였다.

▲ 제1차 및 제2차 국경회담 지도

그 후 1888년 4월 20일 북양대신 이홍장(李鴻章)이 국경회담 재개를 제안하였지만, 이중하는 현지답사 때의 청의 협박에

---

106) 김득황, 1987, 전게서, pp.89~94. 필자가 이중하의 회담 과정과 일생을 정리하여 2010년 현충일에 묘소를 참배하여 강연하였다. 주요내용을 제4부에 실었다. 강연자료를 이중하 선생 후손이 종중회보에 실은바 있다.

의한 협상의 전례를 되풀이하지 않기 위해 양국 정부의 사전 조정을 건의하였다. 이중하의 회담 연기론에 따라 제3차 감계 회담은 성립되지 못하였고, 4월 28일 교섭공사 원세개가 조선 외무독판 조병직에게 공문을 보내 "1887년의 감계는 협정에 이르지 못하여 감계는 후일의 감계에서 다시 할 것임"을 통보 하였다.

조선과 청국은 국경획정을 미해결 문제로 남겨둔 채, 각각 자국에 유리한 행동을 취하였다. 청국측은 체발역복 귀화입적 (剃髮易服 歸化入籍)의 동화정책을 토지소유권과 연계시켰다. 1889년 간도에 거주하는 조선인에게 머리를 땋고 청국 옷을 입도록 명령하였다. 이에 따르지 않는 자는 소유지를 몰수하고 두만강 남쪽으로 추방하였다. 이리하여 많은 조선인이 쫓겨나 거나 다시 살길을 찾아 연해주 방면으로 이주하였다. 잔류하는 조선인은 한 집에서 한 사람이라도 변장하여 청국에 귀화한 것 처럼 가장할 수밖에 없었다. 또한, 귀화를 가장하고 남아 있다 하더라도 세금을 과하게 징수하거나 사소한 일에도 폭력을 가 하는 등 심한 압박을 가하였다.107)

청은 종래 훈춘에 설치하였던 초간국을 국자가(局子街)로 이 전하고, 1894년 간도지방의 행정력을 강화할 목적으로 행정구 역을 세분하여 4대보(大堡) 39사(社)를 설치하였다. 사는 여

---

107) 연길변무보고(延吉邊務報告)의 기록에 의하면 "토지를 정리하고, 호구를 등기하여 반드시 체발역복한 자에게만 밭을 줄 수 있다." 고 규정하였으며, 또 토지문서를 발급할 때 "한민으로서 돌아가기 원하는 자는 보내고 남기를 원하는 자는 반드시 체발역복하여야 하고 화인華人과 같이 일률로 호적에 등기하며 개간한 토지는 해 마다 조세를 납부하여야 한다."고 강조하였다.

러 촌락을 합친 것으로, 각 사에는 향약사장(鄕約社長)을 두고 그 아래 촌에 촌장을 두었다. 1900년에는 국자가에 연길청(延吉廳)을 신설하고, 1902년에는 지타소(芝他所)에 무민독리사부(撫民督理事府)를 두었다.108)

한편, 대한제국109)을 선포한 고종은 청·일 전쟁으로 청국의 세력이 약화되자 간도 문제를 다시 거론할 수 있는 기회로 판단하였다. 1897년 함경북도 관찰사 조존우는 간도지방을 실지 조사하여 정밀한 지도를 만들어 간도문제 처리에 관한 의견을 상서하였다.110)

주요내용은 "한국민 이주자의 수는 이미 수만호에 이르는데 이들은 청국인의 압제를 받고 있다. 청국의 의복으로 바꾸어 입은 자는 100분의 1에 불과하다. 이들은 처음에는 우리 땅인 줄로 알고 개간하였는데 청국 땅이라고 하니 이제는 하는 수 없이 일시적인 생활을 하고 있다. 이들 중에는 선조의 분묘가 조선에 있고, 부자형제가 두 나라에 갈려 사는 사람들이 많은데 속히 두 나라의 경계가 획정되기를 갈망하고 있다."고 하였다.111)

1898년(광무 2년) 종성 유지 오삼갑 등이 간도 문제에 관하여 상소하여 함경북도 관찰사에게 훈령을 내려 간도일대를 조

---

108) 양태진, 2007, 전게서, p.216.
109) 고종이 1897년 2월 칭제건원(稱帝建元)을 추진하여 8월에 연호를 광무(光武)로 고치고 9월에 원구단을 세운 후 10월 12일 황제즉위식을 올림으로써 대한제국이 성립되었다.
110) 상서문의 내용은 다음과 같다. 백두산 분수령 형편, 분계계, 두만강 형편, 거민정형편, 1, 2차 감계내용 등이다.
111) 이한기, 1996, 한국의 영토, 서울, 서울대학교출판부, pp.330~331.

사하게 하였다. 이때에 조사위원은 간도 일대의 지세와 백두산 정계비를 답사하여 보고하였다. 이에 의하여 "토문강의 상류에서 바다에 이르기까지의 강줄기가 두 나라의 경계선인 것은 분명하다. 그런데 조선은 변경에서 자칫 일이 일어날 것을 염려하여 우리나라 사람의 거류를 금지하여 왔기 때문에 그 지역이 황폐화되었다.

청국은 이 기회를 이용하여 이 땅을 자기네 영토로 간주하고 그 넓은 1,000여 리의 땅을 러시아에게 할양하여 주었다. 이러한 일은 당초 청국과 협정한 국경선에 위배될 뿐만 아니라, 지금까지 변민(邊民)이 피해를 입을 때마다 일이 복잡하였다. 이번에는 각국에서 행하고 있는 국제 조례에 따라 공평하게 국경선을 획정하는 것이 옳을 것이다."라고 하여 송화강 이남의 땅이 본래 한국의 영토라는 것을 주장하였다.

1901년에는 이 지역에 대한 관리가 더욱 강화되었다. 조정에서는 1901년 3월 간민을 보호하기 위해 회령에 변계경무서(邊界警務署)를 설치하고 무산과 종성에 분서를 두었다. 경무대신 이종건(李鐘建)은 경무관리를 파견하여 경무서의 지휘를 받도록 고시했다. 무산과 종성에 분서를 두어 간도에 거주하는 조선인을 보호하고 소송 사건을 처결하게 하였다. 1901년 이범윤을 간도시찰사로 임명하여 간도에 파견했다. 이범윤은 간도를 관리하는 대명을 받고, 1902년 6월 하순 간도로 들어가자 오랫동안 청국 관헌의 학대에 시달려 오던 거주자들이 크게 환영하였다. 그리고 행정구역을 중국의 현(縣)으로 표기하지 않고 우리나라 고유의 행정구역인 면을 사용하였다. 행정구역을 면으로 표기한 것은 이 지역을 우리나라의 행정구역으로 편입하여 관리했다는 것을 보여주는 중요한 증거 자료가 된다.

한편, 두 나라는 1904년 7월 20일에 한·청 변계선후장정(韓·淸邊界善後章程) 12개조를 체결하였다. 주요내용은 "두 나라의 경계가 백두산정계비의 기록으로 증거될 만하나 후일에 양국 정부가 위원을 파견하여 감계 담판을 열기로 한다. 경계가 확정되기까지는 종래의 도문강을 경계로 하여 분규를 막자는 것"이다.

두 나라는 선후장정의 법적성격을 달리 해석하였다. 대한제국은 선후장정이 정부에 보고 없이 변계관리들이 임의로 약정한 것으로 보아 효력을 의심하였다. 그러나 청의 변계관리들은 선후장정 회담 시에 이미 외무부에 보고하였으므로 법적 효력을 인정하였다. 따라서 대한제국과의 간도분쟁은 이 선후장정으로 해결되었다는 것이 중국의 입장이다. 그러나 이 선후장정은 비교적 중요하지 않은 합의에 사용하는 약정의 형식이다. 조약 형성요건의 결여로 국제법상 효력에 문제가 있다. 전형적인 조약의 체결절차는 협의·서명·비준·교환 및 기탁·등록 및 공표 등으로 분류된다. 선후장정의 체결과정을 보면 위에 열거한 절차 중 상당부분이 결여되었음을 알 수 있다. 즉, 조약체결권에 관한 국내법규의 위반이라는 문제점을 안고 있다.112) 선후

---

112) 첫째, 1904년의 국가체제는 군주제였기 때문에, 조약체결의 권한은 국가원수인 왕이 가지고 있었다. 따라서 왕에 의해 임명된 대표자는 전권위임장을 휴대하여야 하는데도 변계관의 고종의 위임장이 없었다. 둘째, 조약이 발효되기 위해서는 비준이라는 절차가 필요하다. 이것은 전권위원이 작성서명한 조약내용에 대하여 헌법상의 조약체결권을 가진 자가 이를 재심의하고 국가로서의 동의의사를

장정의 법적효력과 상관없이 실제 이 지역은 대한제국에서 행
정구역으로 편입하여 지적공부를 작성하고, 세금을 징수하였
다. 또한 변계경무서에서 소송업무를 담당하는 등 대한제국이
관리하였다.

▲ 조선과 청의 국경 주장 도면. 안주섭·이부오·이영화, 2006,
영토한국사 참조 작성

최종적으로 확정하는 국가주권의 고유한 행위를 말한다. 그러나
선후장정은 비준의 절차가 없었다. 셋째, 조약의 해석이 다르다.
선후장정 제1조는 양국의 계지가 백두산 상 비기의 증할 것이 있
다고 말하는 동시에 두만강이 양국의 확정경계로 인정할 것이 아
니라는 것을 명시하였다고 하여 우동방 경계선이 미확정 상태임을
밝혔다. 이에 반해, 청은 단연코 비석을 기점으로 한 동방일대가
경계미결정이라고 말할 수 없다고 하고, 선후장정에서 경계가 이
미 명백한 것은 두만강 하류지방으로 상류지방에 이르러서는 양국
정부위원을 파견하여 회감을 실시해야 하지만, 국경을 넘어서는
안 된다고 주장하였다. 김정호, 2001, 국제법상 간도영유권에 관한
연구, 박사학위논문, 명지대학교대학원, pp.97~98.

2. 청일 간도협약 체결과 간도지역 상실

을사늑약으로 대한제국의 외교권을 강탈한 일본이 대한제국 정부를 대신하여 청국과 국경협상에 나섰다. 청·일간의 회담 은 1907년 8월부터 시작하여 간도협약이 체결된 1909년 9월 까지 2년여에 걸쳐 북경에서 진행되었다. 일본은 간도가 대한 제국의 영토임을 주장하면서 상당히 근거 있는 자료를 제시하 였다.113) 일본이 간도가 대한제국의 영토라고 주장한 데는 그 것이 사실이어서 주장한 것 외에도 다른 이유가 있었다. 간도 가 대한제국의 영토로 확정될 경우 일본은 대한제국의 병합으 로 간도 역시 자동적으로 차지하게 된다는 판단 때문이다.114)

그런데 청·일간의 회담이 대립만을 거듭할 뿐 성과를 보이 지 못하자 일본은 간도영유권 문제만을 가지고 청과 논의하는 것은 실익이 없다고 판단하였다. 그들의 대륙침략정책의 차원 에서 만주 전역에 관한 다른 현안들을 성취하기 위해 1909년 2월 6일 동삼성육안(東三省六案)을 내놓았다.115) '동삼성육안' 은 내용상 전 5안과 후 1안으로 구성되어 있다. 전 5안은 청이

---

113) 이에 대한 자세한 내용은 노계현, 1984, 한국외교사론, 서울, 대왕사, pp.9
4~99. 국토통일원, 1969, 백두산 및 간도지역의 영유권 문제, pp.58~62.
참고.
114) 심여추, 1987, 간도조사실록, 연길, 연변대학출판사, pp.4~5.
115) '동삼성육안'은 만주라 불리는 흑룡강성, 길림성, 봉천성에 관한 6
개 안으로 ①만주철도의 병행선인 신민둔과 법고문의 신법철도(新
法鐵道)에 대한 부지권문제 ②대석교와 영구 간의 지선문제 ③경
봉철도를 봉천성 밑까지 연장하는 문제 ④무순 및 연대 탄광의 채
굴권문제 ⑤안봉선 연안의 광무문제, 그리고 ⑥간도귀속문제의 6가
지를 말한다. 이한기, 1996, 전게서, p.337.

만주의 철도, 탄광 등에 대한 다섯 가지의 이권을 일본에 부여하는 것이고, 후 1안은 그 대가로 일본이 간도영유권을 청에게 넘겨주는 것이다. 이 '동삼성육안'의 의미는 전 5안에 의하여 일본이 만주 전역에서의 이권을 가지게 되면 그에 필요한 인원과 장비뿐만 아니라, 그들의 보호에 필요한 병력을 투입할 수 있게 된다. 그러면 일본은 대륙침략을 위한 군사적 거점을 합법적으로 확보할 수 있기 때문에 간도를 청에 귀속시켜도 장기적으로는 그들의 대륙침략 정책을 위해 유익하다는 것이다.[116]

양측의 대립이 계속되는 가운데 간도문제를 동삼성육안에 포함되어 외교 교섭사안으로 타결을 시도하였다. 청측은 간도문제를 중요의제로 다루고자 한데 반해, 일본은 대륙침략정책과 연관하여 회담을 타결하고자 하였다. 일본의 가쓰라 총리대신는 "청국이 5개안을 수용한다면 간도영유권을 포기해도 좋다."는 훈령을 내렸다.

1909년 2월 17일 제2차 회담에서 일본은 청이 '동삼성오안'에 대해 적절히 대처한다면 간도에 대한 청측의 영토권을 승인할 수도 있다고 양보하였다. 3월 1일 제3차 회담에서 일본은 간도문제에 대해 재판권과 경찰권을 요구하고 나섰다. 왜냐하면, 일본의 간도관할 주목적이 한민 보호에 있으므로 재판권은 당연히 일본에 귀속되어야 한다는 것이었다. 일본은 최후의 양보조건으로 특정지역을 정하여 일본영사 재판에 두는 방안을 제시하였다. 만약 받아들여지지 않으면 영토권문제를 철회하기로 하였다.

---

116) 고영일, 1982, 조선족력사연구, 중국 심양, 료녕인민출판사, p.153.

3월 18일 제4차 회담에서도 이전의 영토권 양보를 철회한다고 하면서 조선인에 대한 재판권을 계속 주장하였다. 청은 재판권문제는 청국안을 승낙하고 상업지대 내에 있는 자만 일본 영사재판 관할에 두고자 하였다. 이후 교섭이 지지부진하자 청은 3월 22일 간도문제를 비롯한 만주현안 문제를 헤이그 중재재판소에 의탁하기로 결정하였음을 일본 정부에 공식 통보했다. 청은 1899년 12월 27일에 헤이그에서 체결된 국제분쟁의 평화적 해결에 관한 국제공약에 공시하였기 때문에 간도문제를 국제이슈화 할 충분한 명분은 확보하고 있었다. 일본은 즉각적으로 이 조치에 항의하는 한편 영국과 미국에 부당성을 설명하고 설득하는 외교적 노력을 병행하였다. 일본은 청의 조치가 실행 불가능한 것으로 예우에도 어긋나는 것이며, 재차 교섭에 임할 것을 청에 요구하였다.[117]

이후 몇 차례에 걸쳐 논의가 있었지만, 진전이 없자 일본은 안봉선 개축문제에 대하여 최후통첩을 보냈다. 8월 17일 청은 영사관과 경찰서의 설치를 인정하고 한인의 재판입회와 복심요구권을 인정하였다. 8월 19일 안봉선철도 개축공사에 관한 일청각서가 조인되고, 1909년 9월 4일 일·청간에 간도협약이 체결되었다. 이처럼 2년간이나 줄다리기를 해오던 간도문제가 끝을 맺음으로써 일본 정책결정권자들은 일본의 대륙진출을 위해

---

117) 이 같은 청의 헤이그 중재재판 회부 조치는 청일 양국민의 비공개 사항이 아니었고 언론을 통해서도 국제이슈화된 공개된 사안이었다. 1909년 31일자 뉴욕타임즈에 동경과 런던발 기사로 개제되었다. 김원수, 2010, 외교혁명과 간도협약의 국제관계, 백산학보 제86호, 백산학회, pp.260~263.

그들의 의도대로 간도문제를 충분히 이용하게 되었다.118)

청은 동삼성육안에 대하여 처음에는 거부하였으나, 일본의 제안대로 받아들여 1909년 9월 4일 청·일 간도협약(淸—日 間島協約)과 '청·일 만주협약(淸—日 滿洲協約)'을 체결하였다. 이 중 간도협약은 동삼성육안 중에서 후 1안을 조약화한 것이고, 만주협약은 전 5안을 조약화한 것으로 간도협약과의 상호교환의 성질을 가지고 있다.119)

간도협약은 청의 흠명외무부상서(欽命外務部尙書) 회판대신(會辦大臣) 양돈언(梁敦彦)과 일본의 특명전권공사 이집원안길(伊集院彦吉)이 북경에서 조인하였다. 협약은 중국어와 일본어로 각각 작성되었다. 중국어 명칭은 '日中圖們江滿韓界務條款(일중도문강만한계무조관)'이고, 일본어 명칭은 '間島に關する日淸協約(간도에 관한 일청협약)'이다. 협약 내용 중에서 간도 관련 주요내용을 살펴보자.

협약은 전문과 7개조로 구성되어 있으며 한인잡거구역도(韓人雜居區域圖)가 첨부되어 있다. 전문에는 협약의 체결취지와 목적을 명시하였다. 전문은 "일·청 양 정부는 선린의 호의에 비추어 도문강이 청·한 양국의 국경임을 서로 확인한다. 아울러 타협의 정신으로 일절의 변법을 상정함으로써 청·한 양국의 변민으로 하여금 영원히 치안의 경복을 향수하게 함을 욕망하고 이에 좌의 조관을 정립한다."고 하였다.

그러나 간도협약에 대한 이러한 해석은 과도하게 미화되어

---

118) 양태진, 2007, 전게서, pp.231~234.
119) 소전치책(篠田治策) 저·신영길 역, 2005, 전게서, p.278.

있는 것으로 생각된다. 결론적으로 간도협약으로 우리는 간도 지역을 상실하는 결과를 가져왔다. '간도협약'으로 조선인의 거주·이동 및 토지소유가 합법화되었으나 조선인을 둘러싼 청·일의 각축은 계속되었다. 일본은 조선인에 대한 통치에 개입하고자 하였으며, 청국은 조선인의 거주를 잡거구역으로 제한하고 귀화를 적극 추진함으로써 일본의 영향력을 차단하고자 했다.

일본은 만몽조약120)의 체결로 조선인의 토지상조권(土地商租權 : 계약에 의하여 토지를 사용할 수 있는 권리)과 영사재판권을 요구하였다. 조선병합으로 조선인은 모두 일본인이 되었기 때문에 토지상조권과 영사재판권은 일본인뿐만 아니라 조선인에게도 당연히 적용되어야 한다고 주장하였다. 반면, 중국은 간도협약이 특정지역과 특정인에 대한 조약이기 때문에 여전히 유효하다고 주장을 굽히지 않았다.121) 이에 따라 일본은 학교·병원·금융기관을 설립하여 조선인 회유에 나섰고, 중국은 귀화하지 않은 조선인의 토지소유를 단속하는 한편 귀화를 강화하

120) 1915년 일본과 중국이 맺은 '남만주 및 동부내몽고에 관한 조약'을 말한다. 남만주와 동부 내몽고 지역에서 일본인의 토지 소유에 관한 특권과 영사재판권 등케이시로(松井慶四郎) 앞으로 보낸 '기밀 제25호'(1924년 1월 23일)를 다룬 문서인 '간도 및 남만주에서의 조약 실시 상황에 대한 조선총독의 의견에 관한 건'에서 "1915년 5월 남만주 및 동부 내몽고에 관한 '만몽조약' 체결에 의거, 기존의 간도조약 중 제3조 내지 제5조의 대부분이 소멸된 것을 결정해 간도 영사에 훈령하는 동시에 조선총독에 통첩할을 규정하였는데, 일본은 조선인에게도 이 조약을 적용해야 한다고 주장했다.
121) 재간도 총영사 스즈키가 외무대신 마츠이 것을 요청한다."는 내용이다. 즉 1920년대 일본 정부가 인정할 정도로 간도협약이 소멸된 상황을 잘 드러내고 있다. 주간경향, 2004년 01월 15일 "간도협약 무효상황 있었다." 참조.

는 방식으로 대응해 나갔다.

이러한 상황에서도 이 지역으로 이민은 더욱 활성화 되었다. 이민이 늘어난 것은 1910년대에 일본이 식민지 정책으로 실시한 조선토지조사사업[122]으로 동양척식주식회사에 토지를 빼앗긴 사람이 이주하였기 때문이다. 일제의 조선토지조사사업은 일본 자본의 토지 투자를 비롯한 토지집중을 초래하여 농민계급의 몰락을 가져와 이주를 촉진시키는 원인이 되었다.[123] 또 다른 이유는 개간할 땅이 많고 토지가격도 저렴하여 열심히 노력하면 토지를 소유할 가능성을 믿었기 때문이다.[124] 그러나 1932년 만주 괴뢰국이 설립됨으로 대한제국과는 정치적 관계가 완전히 단절되었지만, 조선과 청의 국경회담은 아직도 끝나지 않았고, 지금도 진행 중인 것으로 보는 것이 당연하다.

---

122) 일제시대 토지조사사업은 조선총독부의 식민지정책 일환으로 추진되었다. 일본은 을사조약을 맺고, 통감부가 설치되자 1910년 3월 '임시토지조사국'을 설치하여 토지조사사업을 착수하였다. 1910년 12월부터 본격적으로 시작하여 토지는 1918년, 임야는 1924년에 완료하였다. 우리나라의 근대적 지적제도는 이 때 창설되어 현재까지 유지되고 있다. 조병현, 2001, 통일이후 북한지역의 지적제도 개편방안 연구, 석사학위논문, 연세대학교대학원, pp.12~13.

123) 토지조사사업이 완료된 1918년 말의 사유농경지 면적은 4,428,966정보, 사유림의 면적은 6,610,684정보, 합계 11,039,650정보로써 당시 국토 총면적 22,246,523정보의 약 49.6%에 해당된다. 이에 비하여 일제가 조선총독부 소유로 국유지화한 면적은 대지를 포함한 농경지가 272,076정보, 국유림이 9,557,586정보, 기타 국유지가 1,377,211정보, 합계 11,206,873정보로써 당시 국토 총 면적의 약 50.4%에 해당하는 것으로 전국 농경지의 5.8%, 전국 임야의 약 59.1%를 무력과 권력에 의거 무상으로 약탈하였다. 신용하, 1997, 식민지 근대화론 재정립 시도에 대한 비판, 창작과 비판 겨울호, pp.10~11.

124) 간도지역의 지적주권 확립은 연구자의 장편소설『간도묵시록 -간도토지대장 비밀-』, 2020, (좋은땅)에 자세히 서술되어 있으니 참조 바람.

3. 간도지역의 지리적 범위

'북방민족나눔협의회'[125]에서도 간도지역의 범위를 제시하고 있다. 소축척 지도에 위치와 모양은 묘사하였지만 면적은 제시하지 못하고 있다.[126] '북방민족나눔협의회'의 지도는 (그림 2)와 같이 3가지 종류가 있는데 모두가 심요지역, 간도지역, 연해주지역을 포함하고 있으나 조금씩 모양과 위치가 다르다. 특히, 홈페이지 지도의 경우는 북방고토지역(만주)까지 포함하고 있어 간도신문 표지 지도와는 큰 차이를 보이고 있다.

두만강 북쪽 구역은 동간도와 북간도지역으로 백두산정계비의 토문강을 기준으로 그렸을 때 백두산에서 북쪽으로 올라가는 경계에서 흑룡강으로 이어지는 구역이다. 압록강 북쪽 지역은 서간도지역으로서 조선말, 대한제국시기까지도 평안도로 행정구역이 되어 있던 지역이다. 백두산정계비를 세운 이후에도 이 지역은 우리의 영토였으며, 대한제국 시기인 1904년에도 우리나라 행정단위인 면으로 편성되어 있었다. 심·요지역은 산해관 동쪽에 위치한 요동반도지역으로 청나라에서

---

125) 간도 및 북방영토의 영유권 확보를 위하여 자료를 수집하고, 논리와 전략 연구개발, 대국민 홍보활동을 목적으로 '간도되찾기운동본부'로 2004년 7월 24일 창립되었으나, 외교통상부에는 '북방민족나눔협의회'로 등록하였다(외교통상부 제65호)

126) '북방민족나눔협의회'와 '한국간도학회'에서 제시하고 있는 간도지역의 모양은 북방고토지역(만주)과 심·요지역의 포함 등에 관하여 논의가 진행 중에 있어 아직까지 공식적으로 발표하지는 않았지만, 많은 필자가 인용하고 있다.

유조변책을 세워서 한족들의 출입을 엄금한 지역이다. 이 지역은 청의 수도인 심양이 포함된 지역으로 청나라가 명나라를 멸망시켰을 때 만주족의 거주지이지만 한족과는 전혀 상관이 없는 지역으로 우리에게 훨씬 더 연고권이 있다. 한족들의 출입을 엄금하였으므로 당연히 조선인들만 들어가게 되었던 것이다. 그리고 북방고토지역은 우리 민족이 찬란한 문화를 꽃피웠던 지역으로 사실상 우리의 영토였던 곳이기 때문에 수복대상지역으로 포함하였다. 현재의 러시아 영토인 연해주지역은 우리 민족이 개척한 우리의 영토이기 때문에 포함하였다.127)

지적학의 접근방법에 의해 판단할 경우 '북방민족나눔협의회'에서 제시한 지도만 가지고는 간도지역의 경계선으로 인정하거나 확정할 수 있는 명확한 경계선은 존재하지 않는다. 그러나 역사적 사실을 감안할 때 강도회맹 이후 청과 조선이 합의하여 설치한 유조변책과 백두산정계비에 의해 설치한 토퇴와 석퇴, 목책은 경계선이 현장에 설치되었다는 점에서 일종의 경계선으로 인정할 수 있다. 그리고 현재 지나와 러시아가 이 지역을 점유하고 있는 점을 감안할 때 연해주지역은 별도로 구분하여 경계를 설정할 수 있다. 그러나 서간도와 심요지역, 동간도와 서간도 사이의 경계선, 북방고토지역의 북쪽 경계선은 명확한 기준이 없어 경계선을 획정할 수 없다. 따라서 본 연구에서는 간도지역의 경계선과 모양획정은 '북방

---

127) '북방민족나눔협의회'(간도되찾기운동본부) 홈페이지, http://www.gando.or.kr 참조.

민족나눔협의회'에서 제시한 지도에서 백두산정계비를 기준으로 하여 서간도와 심요지역을 서간도지역, 동간도와 북간도를 동간도지역, 러시아가 차지하고 있는 연해주를 연해주지역으로 구분하여 지리적 범위를 분석하고자 한다.

　간도지역의 지리적 범위를 위치, 크기, 모양으로 표현하기 위해서는 경계선이 나타나 있는 지도와 인공위성영상, 처리용 소프트웨어가 필요하다. 지도는 '북방민족나눔협의'에서 제공한 지도를 사용하기로 하였다.

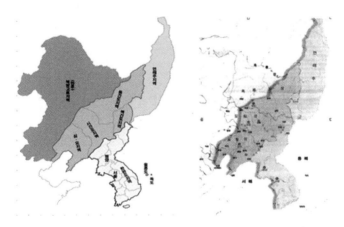

간도지역 범위. 홈페이지 지도(좌) 간도신문 표지(우)
간도되찾기운동본부 홈페이지 참조, 필자 직접 작성

　그러나 이 지도는 간도지역의 범위는 정식으로 제작된 지도가 아니기 때문에 소축척으로 작성되어 있어 정밀도가 낮으며, 축척과 좌표가 표시되어 있지 않아 직접 사용할 수 없다. 따라서 본 연구에서는 이 지역에 대하여 비교적 상세하게 작성된 보조 지도와 인공위성영상을 활용하고자 한다.

▲ 경계선확정에 활용한 보조지도. 필자 직접 작성

보조지도는 1932년부터 1933년에 걸쳐 일본 육지측량부에서 제작한 만주 10만분의 1 지도[128]와 2009년도에 발행한 최신 '중국도로교통지도'를 연결하여 이용한다.

---

128) 이 지도는 오늘날의 지도 못지않게 등고선과 도로는 물론, 지형지물, 창고, 화약고, 병원 등 하물며 비석까지도 부호로서 정확하게 표기하고 있다. 그 당시의 정황으로 보아 세밀하게 제작되었음을 알 수 있다. 이 지도는 '간도되찾기운동본부'의 육낙현 회장이 일본 교토대학교 도서관에서 복사한 것이다. 고려문과 봉황문, 고려고성이 나타나 있는 지도는 요양9호 봉황성지도로 도면 좌측모서리에 경위도좌표가 기재되어 있다.

4. 간도지역의 위치, 면적, 모양 산출

'북방민족나눔협의회'에서 제시한 간도지역의 위치는 서쪽 경계선은 심요지역의 산해관 좌측 하천 중심에서 시작하여 대능하(大凌河)와 조양(朝陽), 내몽고자치구 경계선, 요녕성과 길림성이 만나는 쌍요(双遼) 우측 203번 국도를 支那 송화강과 만나는 송원(松原)에 이르게 된다. 북쪽은 송원에서 하얼빈을 지나 흑룡강과 만나 동해로 이어진다. 동해를 따라 두만강 하류로 이어져 남쪽의 경계선은 북한과 러시아 국경선 16.5㎞ 지점의 토자비에 이르게 된다. 남쪽은 토자비에서 두만강을 따라 중국과의 국경표지 28번에서 1번의 백두산지구 국경표지를 지나 압록강 하류와 요동반도 해안선을 거쳐 산해관의 시작점을 잇는 경계선이 된다.

이와 같은 간도지역의 위치는 백두산정계비에 의한 경계선이 채택되지 않을 경우 백두산정계비 설치 이전 상태인 강도회맹에 의한 유조변책으로 되돌아가야 하기 때문에 어느 정도 타당성을 가진다고 볼 수 있다. 간도지역 4극점의 위치는 다음과 같다.

동쪽 끝은 북위 52°09′13″, 동경 141°32′41″로 라자브 동남쪽 약 7㎞ 지점이다. 서쪽 끝은 북위 40°30′21″, 동경 121도°11′42″지점이다. 남쪽 끝은 북위 38°43′17″, 동경 121°11′42″지점이다. 북쪽 끝은 북위 53°20′56″, 동경 139°50′59″지점이다. 지금까지 간도지역의 위치는 북위 41°55′~43°50′, 동경 128°08′~131°05′으로 나타나 있었다. 지금까지 설명한 간도지역의 4극점 위치를 그림으로 나타내면 아래와 같다.

표19 간도지역 지리적 범위 4극점

	B	L	위 치
동	52° 09′ 13″	141° 32′ 41″	연해주 라자브 동남쪽 약 7㎞
서	40° 30′ 21″	119° 04′ 33″	대능하가 산해관으로 꺽이는 지점
남	38° 43′ 17″	121° 11′ 42″	대련시 최남단 지점
북	53° 20′ 56″	139° 50′ 59″	오렐호수 하류지점

▲자료 : 필자 직접 작성.

'북방민족나눔협의회'에서 제시한 간도지역의 면적은 777,748㎢로 산출되었다. 이 면적은 한반도의 3.5배에 해당된다.[129] 지역별로는 아래 표와 같이 연해주 지역은 313,573 ㎢, 서간도지역은 220,431㎢, 동간도지역은 243,744㎢이다. 서간도지역과 동간도지역의 면적은 한반도와 크기가 비슷하다. 이 세 가지 범위는 우리가 소유권을 주장할 때 다양한 용도로 활용할 수 있을 것으로 판단된다. 간도지역의 면적은 유정갑이 『북방영토론』에서 제기한 만주지역 면적보다는 작지만 동간도지역의 약 20배 정도이다. 조병현이 "지적학의 접근

---

[129] 간도지역의 면적은 한반도의 면적은 제주도와 도서지방을 제외하고 북한이 122,794.4㎢, 남한이 98,438.7㎢, 총 221,301㎢로 산출되어, 실제 면적 221,336㎢의 99.98% 일치하는 것으로 보아 매우 정확하게 산출된 것으로 평가할 수 있다.

방법에 의한 북방영토문제에 관한 연구"에서 발표한 북방영토 면적 보다 다소 많은 것은 심·요지역의 일부가 추가되었기 때문이다. 간도지역을 포함한 우리나라 전체의 면적은 999,084 ㎢이다. 지금까지 설명한 간도지역의 면적을 그림으로 나타내면 아래와 같다.

표20 간도지역의 면적

역	면 적 (㎢)	비 고
합 계	777,748	한반도의 약 3배
연 해 주	313,573	한반도의 약 1.5배
서 간 도	220,431	서간도 + 심요지역
동 간 도	243,744	동간도(15,287㎢) +북간도

▲ 자료 : 필자 직접 작성

'북방민족나눔협의회'에서 제시한 간도지역의 모양은 3개 지역으로 구성되어 있으며, 한반도의 모양과 흡사하다.

간도지역의 모양은 간도지역을 동간도, 서간도, 북간도, 연해주로 구분하고 있는 1899년 북변 간도 관리도와 2007년 조병현이 박사학위 논문에서 제시한 북방영토 지도와 비슷한 모양을 하고 있다.

연해주지역은 북한, 중국, 러시아 3국이 접하는 국경지점인 토자비에서 출발하여 우수리강과 흑룡강, 동해를 거쳐 토자비로 이어지는 모양으로 가장 우측에 위치하고 있으며, 러시아 극동에서 사할린주 다음으로 작은 주이다.130) 동간도지역은 중국의 흑룡강성과 길림성에 걸쳐 있으며, 백두산정계비에서 토문강-송화강-흑룡강-우수리강-두만강을 잇는 모양으로 가운데 위치하고 있다.

　서간도지역은 중국의 요녕성의 대부분과 길림성 일부로 백두산정계에서 압록강을 거쳐 서해, 요동반도 해안선을 따라 산해관에서 대능하를 따라 조양에 이르러 내몽고자치구와 경계선을 따라 올라가다가 내몽고자치구, 요녕성, 길림성이 만나는 지점인 쌍료 우측의 203호 국도로 이어져 송화강과 만나는 송원에 이르게 된다. 송원에서부터는 송화강을 따라 이어지다가 길림에서 백두산정계비에 이르는 사각형의 모양을 가지고 있다.

　'북방민족나눔협의회'에서 제시한 간도지역의 모양을 제시하고 보니 북쪽의 경계선과 현재의 압록강·두만강으로 이어지는 경계선의 모양이 비슷해 압록강·두만강 이북의 땅을 이남으로 줄여놓은 축소판과 같은 느낌을 준다.

---

130) 연해주를 러시아어로 '프리모르스키 크라이'라고 한다. 러시아어에서 '프리'는 '연안'이라는 뜻이며, '모르스키'는 '바다의'라는 뜻이다. '크라이'는 '지역'이다. 플로트니코바 마리나, 2006, 1863년-1910년까지 연해주로의 한인 이주와 그들에 대한 러시아의 정책, 석사학위논문, 한국학중앙연구원 한국학대학원, p.2.

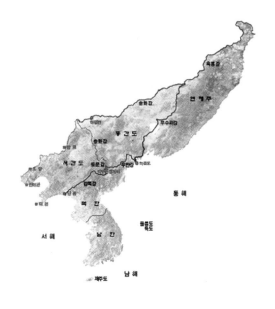

▲ 간도지역의 모양. 필자 직접 작성

5. 국제법상 간도는 우리 땅

1870년경 조선 백성들의 봉금지역 개척과 청의 간도개척정
책 실시로 국경분쟁이 시작되었다. 1885년의 을유감계회담과
1887년 정해감계회담은 이러한 분쟁을 해결하려는 노력의 일

환이었다. 제1차 을유감계담판에서 조선은 정계비 중심의 감계를 주장한 반면, 청은 두만강 중심의 감계를 주장하면서 토문강과 두만강, 도문강이 동일하다는 두만강설을 주장하였다. 반면 조선은 토문강이 두만강과는 다른 별개의 강이라는 토문강설을 주장하여 회담은 결렬되었다. 제2차 정해감계담판에서 청은 처음에 홍단수를 주장하다가 석을수로 변경 주장하였다. 청의 대표가 억압적이고 독단적으로 경계를 정하려고 하자 이중하는 토문강설을 변경하여 홍토수설을 제의하였으나 제2차 회담도 결렬되었다. 이듬해 청이 공문으로 "후일에 감계를 다시 할 것임"을 통보하였기 때문에 국경회담은 지금도 진행형이고, 국경분쟁은 미해결 상태이다.

국경회담이 중단되자 양국은 독자적인 조치를 취하기 시작하였다. 한국은 관찰사 조존우(趙存愚)에게 간도 감계문제를 철저히 조사 보고토록 하였다. 조존우는 백두산 부근의 산과 하천 및 을유·정해감계에 대한 의견서인 담변오조(談辨五條)를 조정에 보고하였다. 그는 국제공법상 토문강이 한·청간의 경계임을 밝혔다. 1898년 종성 사람 오삼갑(吳三甲) 등이 간도문제에 대하여 상소하니 내부대신 이건하(李乾夏)는 함복 관찰사 이종관(李鍾觀)에게 지시하여 경원군수 박일헌(朴逸憲)으로 하여금 국계(國界)를 답사하고 보고하도록 하였다. 두 차례 국계를 상세히 답사한 결과 "토문강이 오륙백 리를 흘러서 송화강과 합하여 흑룡강에 이르러 바다로 들어가니, 토문과 상원(上源)으로부터 바다에 들어가는 흑룡강 하류 이동(以東)은 우리의 땅이다. 아국(我國)은 변경의 분쟁을 염려하여 류민을 엄금하고 땅을 비웠다. 그런데 청이 이를 선점하여 자기 땅이라 하고 아인(俄人)에게 천여 리의 땅을 할양하였으니, 토문으로 정계(定界)한 것으로 보면 이것을 용인할 수 없다. 민생이 이로써 곤란을 받고 변경문제가 늘어 가니 한·청·러(韓淸俄) 3국이 회동선감(會同先勘)하여 각국 통행의 국제법규에 따라 공평히 타결해야 한다."고 보고하였다. 우리 정부는 토문강 상류로부터 흑룡강을 거쳐 바다에 들어가는 강줄기의 동쪽에 위치한 땅인 간도와 더불어 청이 1860년 러시아에 할양한 연해주(沿海州)까지 우리의 국토임을 확인한 것이다.

그러나 안타깝게도 연해주에 대한 영유권 주장과 3국 회담을 요청한 기록은 보이지 않는다. 지금이라도 정부는 간도와 연해주를 영토분쟁지역으로 선포하고, 중단된 국경회담 요청을 서둘러야 한다. 영토분쟁에 있어서 영토분쟁이 결정적으로 표출된 시점을 '결정적 기일'이라 한다. 결정적 기일이 확정되면 국제사법재판소는 그 시점 이전의 사실에 기초하여 영유권 귀속을 판단한다. 간도 영유권 분쟁의 결정적 시점은 간도에서 분쟁이 발생한 1882년으로 보는 견해가 지배적이다. 따라서 간도협약과 조·중변계조약은 간도 문제를 종결짓는 사유가 될 수 없으므로 국경회담 당시로 되돌아가 1882년 이전에 간도가 어느 나라 영토였는지 협상하면 된다. 이는 두 차례 감계회담의 핵심 쟁점과도 일치한다. 중단된 국경회담을 재개하면 되는 것이다. 을유감계담판 이후 청이 황제에게 보고한 고증변석팔조(考證辨析八條)에도 이러한 내용이 잘 나타나 있다. 고증변석팔조란 백두산정계비 및 한·중 국경 문제와 관련하여 고증하고 분석해야 할 8가지 쟁점으로 토문강과 두만강의 관계, 조선의 지방관들이 방조하여 경계를 넘어 경작하고 있는지, 무산 이서로부터 백두산정계비까지 280여 리의 상황, 백두산정계비가 옮겨지지 않았는지, 백두산정계비에 의하여 국경이 나뉜 것인지. 토문이 두만강의 발원을 가리키는지 여부 등이 핵심 쟁점이 될 것이다. 만약, 다시 한·중 국경회담이 열린다면 고증변석팔조에 나타난 쟁점들이 우리가 극복해야 할 과제로 상정될 것이다. 이러한 내용들은 1712년 백두산정계비 건립 당시 공문들을 살펴보면 건립 위치와 내용을 상세히 알 수 있다.

6. 소결론

본 연구는 '북방민족나눔협의회'에서 제시한 지도에 대하여 위치와 모양을 정하고 간도지역의 면적을 산출하였다. 간도지역의 위치는 동쪽 끝은 북위 52°09′13″, 동경 141°32′41″, 서쪽 끝은 북위 40° 30′21″, 동경 121°11′42″, 남쪽 끝은 북위 38°43′17″, 동경 121°11′42″, 북쪽 끝은 북위 53°20′56″, 동경 139°50′59″지점이다. 면적은 777,748㎢로 산출되었으며, 한반도의 3.5배에 해당된다. 지역별로는 서간도지역은 220,431㎢, 동간도지역은 243,744㎢, 연해주 지역이 313,573㎢,이다. 간도지역의 모양은 압록강·두만강 이북지역에 연해주, 동간도, 서간도 등 3개 지역으로 구성되어 있으며, 한반도의 모양과 매우 흡사하다.

그러나 간도지역은 우리의 주장만으로 찾을 수 있는 것은 아니다. 외적으로는 정부가 끊임없이 권리의식을 갖고 국제사회에 소유권을 주장해야 하며, 내적으로는 국민공감대 형성과 영토교육을 실시하고, 남북한의 공조와 국제협력을 통하여 중국의 주장에 반박할 수 있는 논리와 근거를 찾는 데 정부가 적극 나서야 한다. 정부의 소극적인 태도가 지속될 경우에는 권원의 포기 내지는 중국의 영유권에 대한 묵인으로 해석될 수 있기 때문이다.

우리가 지금 당장은 간도지역을 찾지 못하더라도 언젠가 우리 다음 세대에서 찾을 수 있도록 사라져가는 자료들을 정리하고 연구하는 것은 간도지역의 소유권자에게 부여된 당연한 책무이다. 따라서 국정의 최고 책임자가 간도지역을 분쟁지역으로 선포하는 결단을 내릴 수 있도록 정책적 지원을 아끼지 말아야 한다. 아울러 본 연구의 결과로 작성된 (부록 -1)의 "대한민국 북방영토 지도[131]"가 우리의 역사의식 고취와 자라는 세대들에 대한 영토교육, 우리 땅 간도를 찾는데 조금이라도 기여할 수 있기를 기대해 본다.

---

131) 지도 제목을 "간도지역 지도"로 표현하는 것이 논문내용상 합당하지만 전술한 바와 같이 간도지역과 북방영토는 같은 의미로 해석될 수 있고, 연해주지역이 포함되어 있으며 한반도와 연결하여 작성하였으므로 '대한민국 북방영토 지도'로 표현하였다.

대한민국 북방영토 지도

지 역	면 적(㎢)	비 고
합 계	777,748	현반도의 약 3배
연 해 주	313,573	
서 간 도	220,431	서간도+심요지역
동 간 도	243,744	동간도+북간도

북방영토면적

▲ 대한민국 북방영토 지도, 필자 직접 작성

제15장 한국과 중국의 국경문제 해결 전망

이 장은 우리가 안고 있는 한국과 중국의 국경문제 해결 전망을 다루고 있다. 먼저 우리가 안고 있는 영토문제의 분류와 특징에 대하여 분석하고, 국경분쟁 판결에 영향을 미치는 지도의 증빙력과 국경분쟁의 해소 사례와 함께 국경분쟁의 국제법적 해결에 대하여 살펴볼 것이다.

1. 우리가 안고 있는 영토문제의 분류와 특징

영토문제는 '영토에 관련된 제문제 또는 그에 따른 분쟁'이라고 정의할 수 있다. 일반적으로 영토분쟁은 국경과 밀접한 관련이 있다. 국경은 영토의 배분, 국경획정, 국경표지의 3단계의 과정을 거쳐 형성된다. 영토문제는 지리적 요인에 의한 영토의 영유권문제와 국경문제, 성격에 의한 영토의 법률문제와 정치적 문제로 분류하는데, 그 관계를 살펴보면 영토의 배분에 관한 정치적 결정과 관련된 분쟁을 영유권분쟁이라 하며, 이미 정치적 결정이 이루어진 국경지역을 획선하고 지상에 표시하는 단계인 국경획정·국경표지와 관련된 분쟁은 국경분쟁이라 한다. 국경은 일국의 영토주권과 관할권의 한계를 표시하는 선이고, 영토는 그러한 권리가 행사되는 지역이므로 국경은 영토의 부분이라고 할 수 있다.

우리가 안고 있는 영토문제는 독도는 영유권문제 및 정치적 문제, 간도는 국경문제, 이어도와 대마도 및 북한은 정치적문제로 분류할 수 있다. 이러한 학문적인 분류와 달리 네티즌은 우리의 영토문제를 지켜야 할 영토는 독도와 이어도, 우리가 되찾아야 할 영토는 간도와 대마도, 수복해야 할 땅은 북한으로 구분하기도 한다.

좀 더 자세히 살펴보면, 영토분쟁은 인접국간에 영토의 외연을 결정하는 국경의 정확한 위치와 관련된 분쟁인 반면, 영유권분쟁은 독자적 동일성을 가지는 지역에 대한 권원(權原)의 정당성을 다투는 분쟁이라는 점에서 차이점이 있다.132) 영토의 영유권문제는 권원의 귀속과 관련된 분쟁인 만큼 영토의 취득방법에 관한 국제법원칙이 적용된다. 국경문제의 경우에는 영토취득 방법에 관한 국제법 규범은 거의 적용되지 않고 국경획정과 국경표지에 관한 국제법 원칙만이 적용될 뿐이다. 그리고 영토의 영유권문제는 일정한 지역에 대한 영유권의 대세적 효력을 다투는 분쟁이므로 분쟁 당사국뿐만 아니라 모든 국가에 대해 영유권의 효력을 입증해야 한다. 반면, 국경문제는 인접하는 국가 간의 영토주권을 배분하는 문제와 관련되기 때문에 인접 국간에만 발생한다는 점에서 큰

---

132) 배진수, 1997, 세계의 도서분쟁과 독도시나리오, 성남, 한국군사문제연구원, p.25. 일반적으로 영토분쟁을 분류함에 있어서는 영유권분쟁과 국경분쟁으로 표현되고 있으며, 본 연구는 북방영토문제에 분쟁의 범주를 포함하고 있기 때문에 북방영토문제의 분류를 동일 맥락에서 해석하고자 하였다.

차이가 있다. 또한, 영토의 영유권문제에 있어서는 영토의 지위 자체가 문제되므로 분쟁 당사국의 관할권행사 사실이 영유권을 주장하는 권원의 구성요소로서 원용될 수 있다. 국경문제에서는 일단 국경의 최종성과 안정성의 원칙이 우세하게 적용되어 국경의 계속성에 관한 추정이 있게 된다. 특히, 영토 영유권문제는 영토에 대한 권원과 관련되므로 사적인 점유는 고려대상이 되지 않고 국가의 직접적인 주권행위만이 관련성을 가진다.

이러한 차이에도 불구하고 법률적 분쟁과 정치적 분쟁을 정확하게 구분하기가 어렵다. 그 이유는 국가가 필요에 따라 어느 때에는 분쟁이 법적 권리에 관한 것으로서, 또 다른 때에는 이익의 충돌에 관한 것으로서 각각 선언할 권리를 보유하고 있을 뿐만 아니라 어떤 분쟁이 법률적 분쟁인가 또는 정치적 분쟁인가를 밝힐 의무도 없기 때문이다. 법으로 해결을 원치 않을 경우에는 언제든지 그 분쟁을 비법률적 또는 정치적 분쟁이라고 주장함으로써 재판을 회피하고 있는 것이 오늘날의 실정이다.

통상적으로 영토문제는 그 특성상 인접한 국가 간에 발생하는 경우가 대부분으로 다른 이슈에 비하여 영토이슈와 관련된 문제일수록 무력사용과 무력충돌을 수반하는 경향이 강하다. 역사상 전쟁 사례의 많은 부분이 영토분쟁으로부터 기인하였다. 그리고 영토분쟁은 국력 차이가 큰 국가들보다는 적거나 비슷한 국가 일수록 발생할 가능성이 더 높다. 국력 차이가 크면 클수록 상대적으로 약한 국가는 무모한 도발을 회피하게 되고, 국력이 우세한 국가는 무력을 사용하지 않고서도 자신의 목적을 관철시킬 가능성이 크다. 국력차이가 적어 국력이 서로 비슷할 경우에는 서로 자신이 승리할 수 있다는 오판으로 무력도발을 야기할 가능성이 크기 때문이다. 또한 영토분쟁은 자원과 관련된 경우보다 민족·종족과 관련될 때 그 정도는 더욱 심각하게 나타나며, 3개국의 공통 국경지대 경우보다 2개국만의 단일 국경지대에서 발생할 때 그 정도가 심각한 경향이 있다.133)

우리가 안고 있는 영토문제도 위에서 살펴 본 다른 국가들의 통상적인 영토문제에서 보이는 일반적 특성과 부합되기도 하지만, 자원과 관련된 경우가 아닌 민족의 역사적 실체 규명과 관련이 깊고, 한·중 2개국만의 이해관계가 아닌 러시아·일본 등이 관련된 첨예한 정치성을 가진 영유권적 분쟁의 성격을 가지고 있다. 특히, 현 상태에서 영토문제와 관련하여 무력충돌의 가능성은 적다는 것이 특징이다.

2. 지도의 증빙력과 국경분쟁의 해소

영토분쟁은 특정 영토에 대해 2개 이상의 국가간에 영유권에 관한 주장이 경합될 경우 발생한다. 영토분쟁은 분쟁당사국이 아닌 제3국이 분쟁에 개입하는 것은 원칙적으로 불가능하다. 영토분쟁이 발생하면 당사국은 분쟁에 관한 증거로 지도를 많

---

133) 배진수, 1997, 전게서, pp.28~30.

이 내세운다. 증거의 수적 우위와 자국의 주장을 정당화하기 위하여 제출하기 때문이다. 지도의 종류는 매우 다양한데 기능적으로는 참고용지도(reference map)와 주제용지도(thematic map)로 대별한다. 참고용지도는 참조를 위하여 지리적 사실을 일반적으로 표현하는 지도를 말하며, 지형도(topographical map), 지도철(atlas) 및 지적도(cadastral map)로 나누어진다. 주제용지도는 인구, 산업, 기후 등 특정주제를 중심으로 제작되는 지도이다.

지도의 증거력은 지도가 문서증거로서 제요소 충족여부와 지방적 통치행위, 국경조약 등과 비교하여 어느 정도 우위를 점하고 있는지 여부에 따라 결정된다. 지도는 그 자체로는 영토영유권에 영향을 미치는 증거력을 갖지 못한다. 다만, 그 지도가 공식적인 문서에 첨부되어 있는 경우에는 예외로서 그 증거력을 갖는다. 지도가 공식적인 문서에 첨부되어 내부적인 부분을 구성하는 경우를 제외하고는 지도는 단지 다른 증거와 같이 진정한 사실을 확인하거나 재구성하기 위해 사용될 다양한 증거에 불과하다.

지도가 권원(權原)의 증거로 원용되는 이유는 지도의 본질적 기능에 기인한다. 지도는 지구표면에 있는 지리적 사실에 대한 인식의 기초자료인 동시에 일국의 주권적 범위라는 정치적 사실을 표현하고 있기 때문이다. 지도가 이와 같은 기능을 객관적으로 수행자는 정도가 증거력을 결정하는 기준이 된다. 이 기준의 충족여부에 따라 권원확립을 직접 입증하는 1차 증거와 간접적인 증거기능을 가지는 2차 증거로 구분한다. 1차 증거와

2차 증거를 구분하는 우선적 요소는 국가의 공적권위가 보장되는 공정성이다. 그리고 지도제작자 자신이 조사·측량한 독창성과 기술 및 정보원의 신뢰도에 따라 결정되는 정확성, 어느 정도 객관적으로 공정하게 취급하였느냐는 공정성에 의존한다.134)

지도의 증거력은 지도자체의 가치뿐만 아니라 국경형성의 3단계 중 어느 단계와 관련되느냐에 따라 평가가 달라진다. 지도가 다른 권원요소와 합치하는 경우에는 당연히 증거력이 인정된다. 국경획정작성의 결과로 작성된 지도는 국경획정위원회의 기능과 직접 관련된다. 국경획정위원회에게 국경획정기준의 적용에 있어서 일정한 재량권이 부여된 경우, 당연히 작업결과인 지도가 국경획정기준에 우선하는 효력을 가진다. 국경획정조약에 첨부된 지도는 국경획정기준이 국경조약에 설정된 후에 국경위원회가 국경획정기준을 적용하여 작성한 것이므로 지도제작의 시점 및 주체면에서 국경획정위원회가 국경획정기준을 적용하여 작성한 지도와는 성격을 달리 한다. 동일 조약내의 국경획정기준과 첨부한 지도 간에 충돌이 있는 경우 당사국의 합의가 없는 한 첨부지도가 착오에 의하여 작성된 것으로 해석하는 것이 타당하다. 국경조약과 아무런 관련 없이 국경획정 이전에 제작된 지도는 지리적 사실에 관하여 일정한 증거력이 인정된다. 국경획정 이후에 제작된 지도도 국경획정 이전에 제작된 지도와 마찬가지로 증거력이 인정된다. 특히 분쟁당사국

---

134) 신각수, 1991, 국경분쟁의 국제법적 해결에 관한 연구, 박사학위논문, 서울대학교, pp.291~297.

의 공식지도는 관계국의 지리적 인식을 대변하는 것으로 중요하게 취급된다. 국경획정 이후에 제작된 비공식 지도의 경우 정치적 사실에 관하여 일반적으로 아무런 증거력이 인정되지 않지만 다른 권원요소가 명백하지 않을 경우 증거력이 부여된다고 볼 수 있다.

공식화된 국경이 없는 국경분쟁의 경우 지도의 증거력은 일반적인 국경분쟁보다 제약적이다. 비록 공식지도라 할지라도 지도제작자 자신이 사용한 정보원에 의존하기 때문에 1차적 증거로 인정되기 곤란하다. 결국 지도의 가장 중요한 증거력은 분쟁당사국 자신을 구속하는 소극적 효력에서 찾아볼 수 있다. 즉 지도는 당시의 영토주권에 관한 최대한의 주장을 반영한다는 점에서 분쟁당사국으로 하여금 국경을 넘어서는 주장을 할 수 없도록 구속하는 소극적 효력을 가진다.[135]

국경분쟁은 오랜 기간 동안 진행되기 때문에 분쟁해결에 상당히 많은 분량의 증거가 원용된다. 국제재판에서 증거는 법적 판단의 대상인 사실관계의 확정을 위한 진실을 발견하는 역할을 한다. 일반적으로 중재합의에서는 문서증거만 언급하고 있으나 중재재판소의 재량에 의하여 증언증거를 허용하고 있다. 국제재판에서 증거제출은 1차적으로 당사국이 책임이다. 당사

---

135) 지도의 소극적 효력은 일정한 상황에서는 실체법상의 금반언 효과를 귀속시키는 경우도 있고, 때에 따라서는 단순히 증거채택을 제한하는 증거에 관한 기술적 원칙으로서의 금반언 효과만이 인정되는 경우도 있다. 금반언 효과를 귀속시키는 경우는 국경획정 이후 국경획정 결과를 그대로 답습한 공식지도 및 권한 있는 정부기관에 의해 자국의 영토주권 한계를 밝힐 목적으로 제작된 공식지도 등이 해당된다. 신각수, 1991, 전게서, pp.298~308.

국이 제출한 증거가 불충분한 경우 재판소는 추가로 증거의 제출을 명하거나 독자적으로 사실판단에 필요한 증거를 확보한다. 재판소는 독립적인 감정인의 조사, 보고, 증언을 활용하거나 측량과 현지 방문을 통하여 증거를 확보한다.136)

국경분쟁은 본질적으로 영토주권과 관련된 분쟁이기 때문에 재판소에 제출되는 증거의 증거력은 주권적 행위를 구성하느냐 여부에 따라 결정된다.137)

국경획정기준과 지도의 차이로 인하여 발생한 국경분쟁사건으로 대표적인 것은 프레아 비헤아 사원(Temple of Preah Vihear) 사건이다. 최근까지 총격전이 벌어진 이 사건은 1904년 캄보디아의 보호국이었던 프랑스와 샴 간에 이루어진 국경조약과 관련되어 있다. 샴 정부는 국경획정작업의 마지막 단계

---

136) 국경분쟁을 중재재판에 부탁하는 조약의 상당수가 감정인의 사용에 관한 규정을 두고 있으며, 국제사법재판소 규정(제50조)에도 재판관의 재량에 의해 개인, 사무국, 위원회 등에 감정인의 의견을 구할 수 있도록 하고 있다. 분쟁지역이 광범위한 경우 시간과 경비를 절약하고 구지도의 오류를 시정하기 위하여 항공측량을 사용한다. 신각수, 1991, 전게서 pp.280~286.

137) 국경분쟁의 결정적 증거인 주권적 행위는 다음의 세가지가 중요하다. 첫째, 민사재판, 형사재판, 경찰관할권, 난파물의 소유권조사 등 관할권의 행사와 관련된 증거 둘째, 조세부과, 인구조사, 토지매매계약등기, 선박등록, 세관설치 등 지방적 행정행위 셋째, 입법행위는 주권적 의사표시로서 중요한 증거력이 인정된다. 한편 국가기능의 실효적 행사의 요건을 갖추지 못한 행위는 증거력이 인정되지 않거나 부차적 증거력만이 인정된다. 국가가 아닌 사인의 행위는 자체로서 권원을 창출할 수 없으나, 제한된 범위 내에서 권원의 증거를 제공 할 수 있다. 그리고 수로측량, 피난처설치, 기상관측, 과학실험, 등대설치와 같이 영유의사가 없이 행하여진 국가행위는 권원창출요소로서의 증거력이 부인된다. 신각수, 1991, 전게서, pp.287~290.

로 지도작업을 하기로 하였으나, 제작능력이 없어 프랑스 정부에게 의뢰하여 지도를 완성하였다. 이를 기초로 캄보디아령으로 표시함으로써 국경분쟁의 원인이 되었다. 그 후 이 사원이 실제로는 태국측에 위치한 것으로 나타나 국제사법재판소에 회부하였다. 국제사법재판소는 샴 정부가 분쟁발생시까지 묵인하였으므로 금반언의 의무를 부담하게 되어 지도의 내용에 구속된다고 판결하였다.

또한 국제사법재판소는 국경조약에 후행하는 구체적 국경획정작업의 결과는 국경조약내의 국경획정기준에 우선하는 효력을 가진다고 판시하였다. 따라서 지도가 조약에 부속되어 조약의 일부로 되거나, 당사국의 수락을 추정할 수 있거나, 묵인에 의해 금반언의 효과가 귀속되는 경우에는 지도가 국경획정기준에 우선하는 효력을 가진다. 결국 지도는 국경획정작업의 결과로 제작된 경우, 보조적 증거가 아니라, 1차적 증거로서 조약문에 우선할 수 있다는 점을 주목해야 한다.

국경획정기준에 후행하는 국경표지 작업이 서로 상치한 경우 국경형성의 마지막 단계인 국경표지 작업 결과가 우선적으로 존중된다. 국경표지 작업상의 착오가 상당한 시일이 경과한 뒤에 판명되므로 프레아 비헤아 사원 사건에서 보듯이 착오는 승인, 묵인, 금반언의 법리에 의해 치유된다. 따라서 국경조약에 규정된 권한있는 국경표지위원회에 의하여 설정된 국경표지는 다른 지점을 지정하고 있는 국경획정기준 또는 이에 따른 구체적 서면기술에 우선하는 효력을 가진다.

앞에서 살펴본 바와 같이 강도회맹에 유조변책과 백두산정계에 의한 한중 국경선을 표시한 지도는 많이 있다. 강도회맹 당시의 국경선은 『해동지도』138) 3책에 수록된 『조선여진분계도』에도 나타나 있다.139)『조선여진분계도』140)에 의하면, 서쪽 변장 너머는 청의 영역이고, 북쪽의 목책과 책성을 경계로 하여 북쪽이 여진, 책성 이남이 조선의 영토임을 나타내고 있다. 즉, 흑룡강 하구에서부터 서쪽으로 흑룡강에서 갈라지는 송화강을 따라 북쪽 책성을 경계로 하여 개원에 이르러 남쪽으로 내려 온 장성과 맞닿고, 이 장성이 조·청간의 경계가 되며 그 동쪽이 모두 조선의 영토가 된다. 이러한 고지도는 민

---

138) 1750년(영조26년) 초에 관에서 발간하였으며 6책 128장 2축 2장으로 구성되어 있다. 이 지도집에는 조선전도, 도별도, 군현지도 뿐만 아니라 세계지도(천하도), 외국지도(중국도, 황성도, 북경궁궐도, 왜국지도, 유구지도), 관방지도(요계관방도) 등이 망라되어 있다. 2008년 12년 22일 보물 제1591호로 지정되었다. 규장각 한국학연구소 홈페이지(http://e-kyujanggak.snu.ac.kr).

139) 이 지도집에 대한 규장각 측의 총설에 의하면 민간에서 제작된 지도집이 아니라 국가적 차원에서 정책을 결정하는데 활용된 관찬 군현지도집으로 조선의 북방영토를 확인할 수 있는 아주 중요한 지도로 평가하고 있다. 오래된 지도라고 모든 지도가 학술적 연구와 사료적 가치를 지니는 것은 아니다. 특히, 서양고지도에서는 지도의 제작자의 명성과 제작기관에 따라 지도가 가지는 자료적 가치는 다르다고 할 수 있다. 신각수, 1981, 영토분쟁에 있어서 지도의 증거력, 국제법학회논총, 제26권 제1호, 대한국제법학회, p.110.

140) 조선과 청 사이의 국경지대를 그린 지도이다. 북으로 흑룡강, 동쪽으로 연해주 일대, 남으로는 조선 국경, 서로는 장성까지를 그렸다. 의주의 건너편으로 조선 사신들이 출입하던 책문이 보인다. 지도를 그린 대부분의 자료들은 성경지의 지도, 요계관방도의 지도 등 중국측의 자료들이 활용된 것으로 보인다. 조선의 평안도의 군현은 적색 사각형 안에, 함경도는 황색 사각형 안에 그려 넣었다. 국경 밖에 있는 高麗境, 先春嶺의 위치는 고토의식의 심화를 부분적으로 반영하고 있다. 규장각 한국학연구원 홈페이지(http://e-kyujanggak.snu.ac.kr). 2011년 5월 15일 검색.

간에서 제작한 지도가 아니라 국가적 차원에서 정책을 결정하기 위하여 작성한 지도이기 때문에 영토분쟁이 발생할 경우 결정적 증거력을 제공해 줄 것이다.

▲ 유조변책이 표시된 조선여진분계도(이상태박사 제공)

3. 국경분쟁의 국제법적 해결

영토분쟁의 해결방식은 강제적 해결방식과 평화적 해결방식이 있다. 강제적 해결방식은 군사력에 의한 점령으로 새로운 영토를 취득하거나 상대방의 시도를 막아내는 가장 현실적인 방법이다. 평화적인 방식은 외교적인 방식과 사법적인 방식을 들 수 있다. 오늘날 침략, 즉 유엔헌장 제2조 제4항에 위배되는 무력사용에 의한 정복은 불법으로 무효이다.141)

유엔헌장 제33조 제1항에 따른 분쟁의 해결수단은 양자 간에 이루어지는 직접교섭, 제3자의 개입을 통해 이루어지는 심사, 중개, 조정 등이 있다.142) 직접교섭은 가장 기본적인 분쟁해결 방식이다. 직접교섭은 당사국간의 완전한 합의에 의하여 분쟁을 해결하기 때문에 장래에 분쟁의 재발소지를 남기지 않는다. 그러나 분쟁당사국이 함의에 도달할 의무를 부과하지 않는다는 내재적 한계가 있기 때문에 최종적인 분쟁해결을 도출할 수 없다는 한계도 있다. 그렇지만 직접교섭의 기능은 분쟁의 쟁점에 대하여 의견교환을 통하여 직접 분쟁을 해결하는 것이다.143)

그리고 주선은 단순히 분쟁당사국으로 하여금 교섭을 하도록

---

141) 국가의 영토는 '헌장에 위배되는' 무력사용으로부터 초래되는 군사적 점령의 대상이 되지 않는다. 국가의 영토는 무력의 위협 또는 사용으로부터 초래되는 타국에 의한 취득의 대상이 되지 아니한다. 무력의 위협 또는 사용으로부터 초래되는 어떠한 영토취득도 합법으로 승인되어서는 안된다. 유철종, 2006, 동아시아 국제관계와 영토분쟁, 삼우사, pp.73~77.

142) 유엔헌장 제33조 제1항의 내용은 '어떠한 분쟁도 그의 계속이 국제평화와 안전의 유지를 위태롭게 할 우려가 있는 것일 경우 그 분쟁의 당사자는 우선교섭, 심사, 중개, 조정, 중재재판, 사법적 해결, 지역적 기관 또는 지역적 약정의 이용 또는 당사자가 선택하는 다른 평화적 수단에 의하여 구한다.'로 되어 있다.

143) 직접교섭에 의하여 해결된 국경분쟁사건으로는 칠레-페루간의 Tacna- Arica지역 국경분쟁사건, 영국-미국간 oregon지역 국경분쟁사건 등이 있다.

간접적으로 환경을 조성하는 것을 말하며, 중개는 교섭의 과정에 참여하고 성공을 위하여 직접 조력하는 것을 의미한다. 국경분쟁에 있어서 주선·중개의 기능은 국경분쟁으로 인한 무력충돌의 위험을 방지하거나 이미 발생한 무력충돌을 완화하여 무력충돌 이전의 상태에 회귀시키는 데 있다. 가장 성공 가능성이 높은 분쟁해결 방법이다. 제3자가 개입하여 분쟁을 해결하는 방법인 주선·중개는 분쟁당사국의 첨예한 의견대립을 완화함으로써 합의를 도출하는 역할을 담당한다. 주선·중개는 비구속적 성격의 정치적 협상안을 분쟁당사국에게 간편하고, 신속하게 제시한다는 점에서 약소국에게 약한 교섭력을 보완해주는 장점이 있다.144)

국경분쟁을 해결하기 위한 행정적 조정의 성격을 가지는 심사·조정이 있다. 심사·조정은 탄력성이 있는 방법임에도 불구하고 이용도가 떨어졌지만 최근에는 조정에 의한 분쟁해결 사례가 증가하고 있다. 조약법, 해양법 등 다자협약과 관련된 분쟁해결에 있어서 탄력성과 비밀성이 보장되는 조정제도가 활용된다.145)

영토분쟁의 사법적 해결은 일반적으로 20세기 이후의 현상이다. 영토분쟁의 평화적인 해결을 위한 외교적 시도가 불가능해져 국제재판(국제사법재판소, 해양법재판소, 중재법원)에 부

---

144) 주선·중개에 의하여 당사국이 최종적인 분쟁해결방법에 관하여 합의에 이르게 된 국경분쟁사건으로는 Rann of Kutch분쟁, Burami 오아시스사건, Preah Vihear사원사건, 부르키나파소-말리 국경분쟁, 니카라과-온두라스 국경분쟁 등이 있다.
145) 김현수·이민호, 2005, 전게서, pp.220~231.

탁하는 사례가 증가하고 있다. 국제재판은 중재재판과 사법재판으로 구분하는데 중재재판의 발전된 형태가 사법재판이다. 중재재판은 분쟁이 발생할 때마다 당사국의 합의에 의하여 선출되는 재판관에 의한 재판이다. 이에 반하여 사법재판은 재판의 기준과 절차가 이미 결정되어 있고 재판관이 선임되어 있는 상설재판소에서 행하는 재판을 말한다.146)

국제재판은 제3자에 의한 기존 법의 적용을 통하여 분쟁을 해결하는 제도이다. 국제재판은 제소과정에서 어려움에도 불구하고 일단 회부된 분쟁의 최종적 해결을 꾀할 수 있다. 이런 점에서 법률적 성격의 국경분쟁을 해결하는데 기여하였다. 중재판정은 구속력 있는 결정을 분쟁당사국에게 내린다는 점에서 국경분쟁의 해결에 수동적인 역할을 한다. 중재판정에 회부된 대부분의 국경분쟁은 분쟁지역이 경제적 가치가 적거나 인구가 희소한 지역에 한정되었다.147)

국경분쟁 당사국은 사법적 해결보다는 중재판정을 선호한다. 신생독립국들은 선점·정복 등 영토취득에 관한 전통국제법원칙의 적법성에 의구심을 가지고 있으며, 엄격한 법보다는 형평의 적용을 통하여 식민통치시대의 약한 지위를 보정받기 위해서이다. 사법적 해결은 중재판정에 비하여 매우 제한적인 역할을 담당하고 있다. 그리고 사법적 해결에 회부된 사건은 중재판정

---

146) 김정건, 1990, 국제법, 박영사, pp.579~580.
147) 인도-파키스탄간의 Kashmir국경분쟁은 전략적, 심리적, 경제적 가치가 큰 이유로, 어느 당사국에 이해서도 중재합의에 관한 제의가 이루어지지 않았다. 그러나 늪지대로서 별다른 가치를 갖지 못하는 Rann of Kutch국경분쟁에 관해서는 무력충돌이 있었음에도 불구하고 중재판정부에 회부되었다.

에 회부된 사건에 비하여 분쟁지역이 매우 작거나 영토적 가치가 적은 지역을 대상으로 하고 있다. 이러한 현상은 사법적 해결의 경우 구속력 있는 해결수단으로 당사국의 해결절차에 대한 통제권이 제한되기 때문이다.148)

한편, 영토분쟁과 관련 국제판례는 그 대부분이 승인·묵인·금반언(禁反言)의 법리에 의존하고 있다. 국제법상 영토주권은 초기단계에서는 상대적 권원에서 출발하여 시간의 경과를 거쳐 절대적 권원획득으로 고착화되는 과정을 거치게 된다. 승인·묵인·금반언은 대항성의 형성을 통하여 권원의 절대성을 주장할 수 있어 영토분쟁에서 결정적인 역할을 한다. 국제법상 승인은 국제법 주체의 승인에만 한정되는 것이 아니다. 국제관계에 있어서 동의 표시의 주요 수단으로서 광범위한 개념으로 인식되고 있다. 묵인은 자신의 권리에 대한 위협 또는 침해를 구성하는 상황에 직면한 국가의 부작위를 의미하는 소극적 개념이다. 묵인은 크게 세 가지 측면에서 영토분쟁과 관련을 갖는다. 첫째, 묵인의 해석적 기능은 국경분쟁의 해석에서 중요한 역할을 한다. 왜냐 하면 조약상의 특정해석을 유발할 수 있는 행위에 항의를 하지 않을 경우, 당사국의 조약상 권리의무에 관한 양해의 유력한 증거를 제공하기 때문이다. 둘째, 묵인은 일정한 경우, 금반언의 효과를 가져온다. 묵인이 금반언의 효과를 가져오는 경우에도 묵인은 금반언의 한 요소이지 그 자체가 금반언을 성립시키는 것은 아니다. 셋째, 묵인은 영토취득방법인 시효와 역사적 권원에 있어서 중요한 성립요건을 구성한다.

---

148) 김현수 · 이민호, 2005, 전게서, pp.220~235.

금반언은 국가의 책임있는 기관이 특정의 발언이나 행위를 한 경우 나중에 그와 모순, 배치되는 발언이나 행위를 할 수 없다거나 또는 그러한 모순, 저촉되는 발언이나 행위가 법적 효력을 갖지 못하는 것을 말한다.149) 금반언 원칙이 영토분쟁과 관련이 있는 것은 보완적 기능과 안정적 기능 때문이다. 보완적 기능은 영유권분쟁에 있어서 다양한 법적 사실 또는 일방적 행위의 법적 가치판단에 원용된다. 안정적 기능은 준불가역적 (準不可逆的) 성격으로 인하여 국경분쟁에서 중요한 역할을 담당하게 된다.150)

많은 사람들은 국제사법재판소에 소송으로 해결할 수 있다고 말한다. 국제사법재판소에 소송을 제기하려면 분쟁당사자들의 합의가 있어야 한다. 국제사회는 국내사회처럼 법제도가 발전되어 있지 않아서 강제관할이 아니라 임의관할이기 때문이다. 그러므로 당사자들의 합의가 이루어지지 않으면 당사자 일방이 소송을 제기할 수 없다. 이러한 약점을 보완하기 위하여 강제관할권을 인정하는 특별협정을 체결하기도 하고, 국제사

---

149) '금반언의 개념'에 대하여 광의설과 협의설이 대립한다. 광의설은 "소송의 일방당사국이 이전에 명시적 또는 묵시적으로 인정한 것에 반하는 입장을 취하는데 대한 결정적 항변을 지칭하는 개념"이다. 협의설은 "피원용국의 자발적이고 무조건적이며 명백한 입장표명 외에도 원용국의 이러한 진술에 대한 선의의 의존이 있어야 한다."는 것이다. 국경분쟁 및 영유권분쟁에 있어서 권원과 관련한 법적 추론에 있어서 금반언 원칙은 결정적인 역할을 담당하고 있다. 김현수·이민호, 전게서, 2005, pp.263~273.

150) 금반언은 일방당사국의 의무에 관한 동의의 증거를 보완한다는 의미에서의 보완적 기능과 일련의 상호간 관계를 통하여 형성된 법적 관계의 안정성을 유지·강화한다는 의미에서의 안정적 기능을 가진다.

법법원 규약 제36조 제2항에 따라 강제관할권의 선택조항을 수락할 수도 있다. 강제관할권의 선택조항을 수락하면 수락한 국가들 사이에 강제관할권이 적용된다. 가장 바람직한 영토문제 해결 방법은 외교적 해결방안에 의한 평화적인 해결이지만, 국가이익이 첨예하게 대립하는 영토분쟁의 경우 중재재판까지 가는 경우가 대다수이다. 우리가 안고 있는 영토문제도 이와 같은 과정을 거치면서 해결될 것으로 예상된다.

제16장 고토수복은 한반도 통일의 지름길

이 장은 조선과 지나의 국경 변천사 흐름 속에서 고토수복은 한반도 통일의 지름길에 대하여 다루고 있다. 먼저 두 차례 국경회담이 끝나지 않았으므로 한국과 중국의 국경분쟁은 아직도 진행 중인 것을 설명하고, 한반도 통일은 국경분쟁의 첫걸음인 것을 살펴 볼 것이다. 마지막으로 고조선 연구의 중요성을 강조하기 위하여 '고조선이 없으면 한국사는 없다.'라고 강조하면서 결론으로 제시하겠다.

1. 한국과 중국의 국경분쟁은 아직도 진행 중

지금까지 단재의 저술 조선민족 전성기에 나타난 조선과 지나의 국경, 상해임시정부 편찬 국사교과서와 강도회맹 및 백두산정계비, 간도협약에 의한 국경을 살펴보았다.

조선과 지나의 최초 국경선은 만리장성이며, 상해임시정부 국사 교과서에서는 단군이 다스린 영토는 모두 우리 민족의 영토로 규정하고, 이곳에서 일어난 요나라, 금나라, 청나라의 역사도 모두 우리 역사로 가르쳐 우리 강역의 지리적 범위를 산출하였다. 그리고 강도회맹에 의해 획정된 유조변책의 국경과 백두산정계비에 의하여 확정된 국경에 의거 지리적 범위를 산출하였다. 마지막으로 간도지역의 국경분쟁과 간도협약에 의한 지리적 범위를 산출하였다.

이상을 토대로 본 연구 결과에서 도출된 시사점을 정리하면 다음과 같다. 첫째, 만리장성은 조선과 지나의 최초 국경이다. 만리장성은 중국의 동북공정에 대응하기 위한 좋은 방안이 될 수 있다고 본다. 그리고 우리가 중국에 요구할 수 있는 최대 강역의 범위는 강도회맹에 의한 유조변책선이 된다. 유조변책이 그려져 있는 고지도가 그 증거력이 된다. 또한, 상해입시정부에서는 국사교과서를 편찬하여 대륙사관을 가르쳤다. '조선강역도' 안에 일어난 민족과 국가는 모두 다 우리 배달민족의 역사이다. '배달민족통일론' 이론을 확립하는 것이 급선무이다. 우리 역사학계의 주된 사관인 식민사관을 극복할 수 있는 방안으로 배달민족의 강역을 우리의 정신적인 문화영토로 인식하는 '생활권적 잠재적 영토관'이 된다. 마지막으로 일본이 청에게 불법으로 넘겨준 간도는 우리가 빼앗긴 우리 고토이다. 조선과 청의 국경회담이 아직도 진행 중이다.

이러한 우리의 주장에 대하여 중국은 한중간에 역사적으로 미해결된 변경 분쟁의 문제가 남아 있다고 인식하고 있다. 이러한 분쟁은 역사적인 영토 문제로서 민족의 이주 및 각 왕조의 변경 변천으로 조성된 것이다. 그러나 이러한 것을 전근대적인 문제로서 현재 한·중간 변경 분쟁의 이유가 될 수 없다고 설명하려고 한다. 중국이 변경 분쟁 여부를 표면적으로 어떻게 설명하던지 간에 한중 간의 변경 문제를 중요하게 인식하고 있으며, 중국은 이를 해결하기 위해 다양한 논리를 만들고 있다. 중국은 영토분쟁 문제에 대한 기존의 연구에서는 국제법적인 측면을 중시하지 않았다. 그러나 현대 사회에서 양국간의 영토분쟁 문제가 국제법에 따라 소송으로 처리할 수 있다는 것을 인식한 후, 간도 문제를 국제법적인 측면에서 이해하고 있는 것으로 보인다. 국제법적 해결론을 제시하고 있다. 영토문제에 대해 현상유지를 고집하면서 동북공정을 통해 국제법을 검토하여 근현대 변경분쟁을 해결할 법리원칙 5가지를 제시하였다. 중국이 제시한 5대원칙은 ①관습선 존중 ②비밀협약 불승인 ③일방적 변경선 불인정 ④중앙 전권대사 체결 조약만 인정 ⑤미해결 문제는 양국이 협상 등이다. 이러한 중국의 법리원칙에 대한 논리와 이론을 개발하여야 한다.

2. 한반도 통일은 국경분쟁의 첫걸음

우리가 안고 있는 영토문제가 빠른 시일 내에 해결될 가능성은 그리 높지 않다. 우리가 간도와 대마도에 대한 영유권을 주장한다 해도 당장 찾을 수 있는 것은 아니다. 그렇다고 주장하지 않으면 찾을 수 있는 기회조차 갖지 못하게 된다. 자료를 축적하고, 올바른 영토의식과 역사관을 확립하면 반드시 기회가 찾아 올 것이다.

필자는 우리의 영토문제를 해결하는 첫 번째 단계가 통일이라고 주장한다. 우리에게 통일은 세 번의 기회가 있을 것으로 확신하고 있다. 남북통일과 중국의 정치환경 변화, 그리고 우리가 만들어 가는 제3의 길이다. 이 기회를 활용하기 위한 준비단계가 영토교육이다. 통일을 준비하면서 영토교육의 중요성을 강조하는 이유가 바로 여기에 있다.

많은 전문가들이 통일을 이야기한다. 긍정적 신념에 기반한 통일의 꿈을 꾸기 때문에 통일은 반드시 올 것이다. 독일이 라인강의 기억을 이룰 때 우리는 한강의 기억을 이루었고, 독일이 통일을 실현했으면 우리도 통일을 실현할 수 있다. 그리고 이제 때가 무르익었다. 객관적 조건들이 통일에 유리한 상황으로 조성되고, 국제적 요인도 긍정적이다. 또한, 사회주의권의 변화의 궤적을 보면 알 수 있다. 사회주의권 역사발전의 보편적 경로를 살펴보면, 중국은 1979년 개혁개방으로 정책을 전환한 이후 2008년 북경올림픽을 개최하고 G2 국가로 부상하였고, 소련은 1986년 고르바초프 대통령 취임 이후 페레스트로이카로 경제 강국이 되었다. 베트남은 1986년 이후 도이모이로 제2의 한국으로 발전하기 위해 노력하고 있으며, 동유럽 사회주의 국가들은 EU에 가입하여 민주화와 안정적인 경제성장을 도모하고, 동독은 1989년 베를린장벽을 무너뜨리고 1990년 통일을 이룩하였다. 시대적 흐름으로 보아 북한도 분명히 이 중 한길을 걷게 될 것이 틀림없다.

통일은 현재 남한이 안고 있는 문제점 중에서 80%는 해결해 줄 것이다. 천만 이산가족 소원을 풀고, 개인의 꿈 실현과 함께 청년실업 해소는 물론, 북한의 지하자원과 SOC개발, 내수시장 확대도 가능하다. 이뿐만이 아니라 통일한국은 한반도 균형 발전과 국토경쟁력 강화, 재중동포와 교류를 확대하여 간도와 대마도 수복의 가능성을 증대하여 통일한국이 세계중심국가로 도약하는 계기를 마련해 줄 것이다. 통일한국에서 영토문제를 적극적으로 대응한다면 문제의 실마리를 찾을 수 있을 것이다. 중국의 정치환경 변화를 잘 활용하고, 러시아와 공생국가를 실현한다면 간도와 이어도 및 연해주 문제를 반드시 해결할 수 있을 것이다. 자신감을 가지고, 당당하게 맞선다면 독도와 대마도 문제도 풀어낼 것으로 확신한다.

우리가 바라는 통일의 꿈은 단순한 남북한의 지리적 통합을 뛰어넘어 우리의 고토와 정신을 회복하여 남북한과 간도 동포의 핏줄을 하나로 아우르는 진정한 통일이다. 우리 국토, 강역의 변천사가 반도사관에서 벗어나 민족혼을 되찾고, 한민족의 정체성과 영토의식을 회복하는 나침반이 될 것이다.

지금 당장, 간도와 연해주를 당장 찾을 수 없다면 그곳에 우리 문화를 심어주고 역사를 복원하는 것이 영토를 찾는 지름길로 필자는 생각하고 있다. 문화생활권적 영토관이다. 그곳에서 우리 동포가 잘 살고 있으면 그 땅은 바로 우리 땅이 되는 것이다.

백두산은 우리 민족의 성산으로 우리들 마음속에 남아 있다. 지금은 비록 북한과 중국이 분할점령하고 있지만, 반드시 수복해야 할 우리 국토이다. 우리의 정신적 문화영토를 북한, 백두산에 그치지 말고 간도와 연해주로 확장해야 한다.

이제 우리는 고토 회복의 원대한 꿈을 가슴속 깊이 간직하고, 진정한 통일의 꿈을 꾸어야 한다. 우리 정부의 노력에도 불구하고 북한의 도발이 그치지 않고 있지만 통일준비에 소홀해서는 안 된다. 다음 정부 때 통일이 바로 올지도 모른다. "통일은 도둑처럼 온다."고 했다. 지금부터 우리의 모든 역량을 모아 통일 준비에 만전을 기해야 하겠다. 통일은 백두산 넘어 우리가 개척한 간도 땅을 되찾을 수 있는 계기를 마련해 주기 때문이다.

통일은 오는가? 우리가 긍정적 신념에 기반한 통일의 꿈을 꾸기 때문에 통일은 반드시 온다. 독일이 라인강의 기억을 이룰 때 우리는 한강의 기억을 이루었고, 독일이 통일을 실현했으면 우리도 통일을 실현할 수 있다. 그리고 때가 무르익었기 때문에 통일은 반드시 온다. 그 이유는 첫째, 객관적 조건들의 조성이다. 중국 변수와 미국의 한반도 정책 변화, 북한의 핵문제, 국제사회의 대북제제, 북한의 내부 경제상황, 국제사회에서 한국의 위상 등 객관적 조건들이 통일에 유리한 상황으로 조성되고 있다. 둘째, 국제적 요인이다. 중국의 부상과 미국과의 협상 가능성(대만-북한) 상존, 미국이 한중관계를 보는 시각과 중국에 대응하기 위한 한반도 정책 변화 등 국제적 요인도 마찬가지다. 셋째, 북한의 내부 환경이다. 북한은 유사 이래 최악의 재정상태와 주민들의 불만, 김정은 체제의 불안정, 국제사회로 부터의 신뢰 고갈, 핵문제 및 개혁개방의 딜레마 등 북한 내부 환경의 악화되고 있다. 넷째, 사회주의권의 변화의 궤적을 보면 알 수 있다. 사회주의권 역사발전의 보편적 경로를 살펴보면 중국은 등소평이 1979년 개혁개방으로 정책을 전환한 이후 2008년 북경올림픽 개최하고 G2 국가로 부상하였다. 소련은 1986년 고르바초프 대통령 취임 이후 페레스트로이카로 경제 강국이 되었고, 베트남은 1986년 정책전환 이후 도이모이로 제2의 한국으로 발전하기 위한 노력을 경주하고 있다. 그리고 동유럽 사회주의 국가들은 1989년 정책전환 이후 EU에 가입하여 민주화와 안정적인 경제성장을 도모하고 있으며, 동독은 1989년 베르린 장벽이 붕괴되어 1990년 통일을 이룩하였다. 시대적 흐름으로 보아 북한도 분명히 이와 같은 길을 걷게 될 것이 틀림없다.

그리고 통일 환경의 변화에서 통일이 임박했음을 느낄 수 있다. 지난 문재인 정부에서 남북, 북미 회담에 이르렀지만, 불행하게도 평화협정에 이르지 못했다. 다시지 분단의 장기화와 남북한 경제적 격차, 남북주민간 이질화 심화, 주변국의 역사문제와 영토갈등 등이 통일에 대한 부정적 시각으로 작용하고 있다. 최근 북한의 핵실험과 장거리미사일 발사 이후 국제사회로부터 고립이 심화되고, 북중 관계의 소원과 김정은 체제의 안정성에 대한 의구심 증대, 북한주민의 변화 욕구 감지 등으로 북한의 불확실성이 증대되고 있다.

한반도 핵전쟁 위기와 격화되고 있지만, 통일 준비를 본격적으로 추진해야 한다. 통일한국은 현재 남한이 안고 있는 문제점 중에서 80%는 해결해 줄 것이다. 천만 이산가족 소원을 풀고, 개인의 꿈 실현과 함께 청년실업 해소는 물론, 북한의 지하자원과 SOC개발, 내수시장 확대도 가능하다. 이뿐만이 아니라 통일한국은 한반도 균형 발전과 국토경쟁력 강화, 재중동포와 교류를 확대하여 간도와 대마도 수복의 가능성을 증대하여 통일한국이 세계중심국가로 도약하는 계기를 마련해 줄 것이다. 그러나 우리가 바라는 통일의 꿈은 단순한 남북한의 지리적 통일을 뛰어넘어 우리의 고토와 정신을 회복하여 남북한과 간도 동포의 핏줄을 하나로 아우러주는 완전 통일이다. 반도사관에서 벗어나 민족혼을 되찾고, 한민족의 정체성과 영토의식을 회복하는 진정한 통일을 꿈꾼다.

3. 고조선이 없으면 한국사는 없다

사실 본 필자는 북한 토지와 북방영토에 대한 강역의 변천사를 연구하면서 "상고사 부분은 연구하지 않을 것이다. 떡은 떡집에 맡겨야 한다."는 것이 평소의 소신이었지만, 단재학당의 교장을 맡으면서 『조선상고사』를 접하게 되었고, 상해임시정부의 역사교과서에 관심을 가지고 연구를 시작하였다. 특히, 상해임시정부의 역사교과서의 강역을 분석하면서 애국지사들의 역사인식이 잘 반영되어 반드시 승계하기 전파해야 한다는 일종의 사명감을 갖게 되었다. 우리 민족의 유래와 동래, 조선의 고토, 고구려와 발해 땅, 간도, 만주라 불렸던 대륙은 우리와 밀접한 관련이 있는 지역으로, 단군시대부터 이어 내려온 우리의 국토로 인식하게 되었다.

연구를 진행하면서 우리 역사가 중국과 일본의 식민지로 출발했다는 것이 그렇게 자랑스러운지 식민사학자들에게 묻고 싶은 생각이 자꾸 들었다. 연구가 부족하거나 자료가 없어서가 아니라, 이것은 역사의식의 부재로 판단된다. 역사학계가 힘을 합쳐 국가이익에 부합하는 연구로 식민사관을 극복하고 한국사를 바로 세우는데 모두가 동참하길 바라는 마음으로 향후 연구과제를 제시하면 다음과 같다. 첫째 조선사에 대한 후속연구이다. 문헌에 나타난 조선의 위치와 강역에 대한 후속 연구이다. 국경과 강역에 대한 연구 방법론을 적용하여 조선 시대와 전삼한 및 후삼한 시대, 열국시대의 강역에 대한 세밀한 연구가 필요하다. 여기에 한걸음 더 나아가 고려시대의 국경과 지리적 범위도 반드시 이루어져야 할 것이다.

둘째, 상해임시정부 역사교과서 출판 보급이다. 상해임시정부 역사교과서 근세 편에 김종서의 육진개척, 애신각라의 나라 대청, 백두산정계비, 서장과 청해 및 신강의 평정 등 대륙과 관련된 내용이 많지만 본 연구의 범위 밖이므로 제외하였다. 특히 교과서 전체 분량의 3분의 2에 해당하는 문화부문과 일본에 대한 연구도 필요하다. 아직도 국내에『배달족역사』교과서 번역본이 없으므로 출판, 보급이 시급하다. 정부 차원에서 출판 및 보급 사업을 추진하고, 주요 내용을 교과서에 실어야 한다. 중국의 동북공정 논리를 일거에 무너뜨릴 비책이 역사교과서 안에 다 기록되어 있기 때문이다.

셋째, 중국의 '다민족국가통일론'에 대응할 수 있는 영토회복 논리와 이론 확립이다. 역사교과서에서 주장하는 배달민족 강역 안에서 분열과 통합을 반복하고, 전쟁을 수없이 했지만 다 우리 배달민족의 역사이다. "만주를 차지하는 자 세계를 얻는다."라고 했다. 만주를 잠재적 영토관인 '비정치적·생활권적 영토관'에 입각하여 재인식하고, 중국의 '다민족국가통일론'에 대응한 '배달민족통일론'의 이론을 개발해야 한다. 한반도를 포함하여 만주와 몽골, 신장, 위구르자치구까지 배달민족의 강역에 포함하는 잠재적 영토관을 확립하기 위한 후속 연구를 반드시 수행할 것이다.

상해임시정부의 법통을 이어받은 대한민국이 왜 상해임시정부에서 가르친 대륙사관을 승계하지 못하는가? 고구려 역사를 우리 역사로 인정하면서 반도사관을 주장하는 것은 이치에 맞지 않는다. 대륙사관을 부정하고, 일본이 조작한 조선총독부의 식민사관과 중국의 동북공정을 추종해 개인이나 국가에게 어떤 도움이 되는지 묻고 싶다. 식민사학과 반도사관에 매몰된 편협한 역사 인식으로 우리 민족의 정체성과 역사, 고유문화까지 모두 중국에 빼앗겨 뿌리가 없는 민족으로 전락하게 되었다. 이러한 상황에 이르렀음에도 정부나 국회, 역사학계, 그 누구도 나서지 않는다. 대륙사관이 이론적으로 부족한 것이 있으면 보완하고, 연구하여 올바르게 민족정기를 확립하는 것은 역사학자들의 책무이다. "조선이 없으면 한국사는 없다(若無古朝鮮史, 是無韓國史)"는 명제를 명심하고, 조선사 정립과 조선과 지나 국경 연구에 후속 연구자들의 열정적인 탐구정신이 요구된다.

시진핑과 트럼프 대통령 대화에서 "한국사는 중국사의 일부"라고 한 발언과 같은 사태가 다시는 발생하지 않도록 조선사와 강역의 변천사에 연구에 정부가 적극 나서길 기대한다.

제4부   분단 현실과 통일

임태환 박사

제4부는 한반도 분단 현실과 한민
족 통합에 대한 방안을 제시하는 분
야로 4개 장으로 구성되어 있다. 제
17장에서는 한반도 분단에 대한 재
인식의 필요성을 기술하고, 제18장
에서는 제주4·3사건으로 본 분단 현
실을 살펴보고, 제19장에서는 4·3사
건에 대한 유엔에서 4·3의 활동과
언론보도를 소개하고, 제20장에서는
한반도의 통일과 한민족의 통합 방
안을 제시하여 고토 회복의 필요성
과 영토주권 확립의 당위성에 대하
여 설명할 것이다.

제17장 한반도 분단 재인식

이 장은 한반도 분단의 재인식을 다루고 있다. 먼저 한반도의 분단 현실을 정확하게 이해하기 위하여 역사에서 본 한반도의 분단 논의를 검토하고, 현재 한반도의 분단은 일본의 치밀한 항복 전술에 따라 이루어졌다는 최근의 주장과 함께 남북 정부 수립에 대하여도 살펴볼 것이다.[1]

1. 역사에서 본 한반도 분단 논의

한반도가 38선으로 분단된 지 70여 년이 지났다. 오랫동안 잊고 있었던 반신불수의 아픔을 다시금 생각해본다. 한반도는 통일신라 이후부터 통일국가를 유지해 왔으나 일본의 무조건 항복으로 북위 38도선 북쪽은 소련군이, 남쪽은 미군이 진주하면서 분단의 서막이 올랐다. 패전국도 아니고 전승국도 아니었던 한민족은 국제사회로부터 자치능력을 인정받지 못했다는 이유로 지금까지도 분단의 아픔을 겪고 있다.

역사적으로 볼 때 분단은 우연이 아니다. 분단은 광복 이전

---

1) 제4부는 당초 임태환 박사가 한반도 분단 현실 사례로 제주4·3사건
   을 다루는 분야이지만, 독자들에게 전후 사정의 이해를 돕기 위하여
   제17장에서 1.2와 20장에서 2는 조병현 박사의 글을 실었다.

부터 예견되었다. 임진왜란 다음 해인 1593년 6월 일본은 명나라에 보낸 국서에서 조선의 8도를 이북의 4개도(함경도·평안도·황해도·강원도)와 이남의 4개도(경상도·전라도·충청도·경기도)로 분할해서 남쪽은 일본이 차지할 것을 제안하였다. ·

▲ 한반도 분단 논의. 안주섭·이부오·이영화. 영토한국. p.139

19세기 말 20세기 초에도 제국주의 국가들에 의해 여러 차례 논의되었다. 1894년 7월에는 청일전쟁 직전에 영국 외상 킴벌리(Kimberley)는 한반도 분할을 제안하였다. 당시 한반도를 놓고 첨예하게 대립한 일본과 청나라의 중재 방안으로 분할 점령한다는 것이었다. 1898년 2월 아관파천으로 한반도에서 러시아의 이권이 확대되는데 당황한 일본은 위베르·고무라 각서를 통해 아관파천을 인정하고, 1896년 6월 외상 회담에서 일본군의 한반도 주둔을 인정받는 한편 러시아의 주둔도 인정했다. 일본은 러시아와의 군사적 충돌이 별 도움이 되지 못한다는 판단에 한반도의 북위 38도선을 경계로 분할하여 나누어 갖자고 하였다. 그 후 1903년 9월 주일본 러시아 공사인 로오센이 일본에 한반도 분할안을 제시하기도 하였다. 실제 한반도는 1945년 8월 15일 일본의 패망으로 해방되었지만, 38선을 경계로 이북은 소련군이, 이남은 미군이 일본군의 무장해제를 위해 진주하여 분단되었다. 실제 한반도의 분단은 1945년 8월 11일 미군 중령 '러스크(Dean Rusk)'가 지도를 보고 38선을 그어 버린 것에서 출발한다. 미국은 이를 1945년 8월 14일 소련에 통보하였다. 그는 한국은 물론, 소련이나 어떤 나라와의 상의도 없이 독단적으로 선을 그은 것이며, 후에 소련이 동의하여 지리적 분단이 확정되었다. 그리고 1945년 8월 15일 미군정 일반명령 1호로 공표되었다. 이러한 미국의 38선 분단의 이전에는 카이로 회담에서 미국의 루즈벨트, 영국의 처칠, 중국의 장개석이 모여 적당한 시기에 한국을 해방시키며 독립시킬 것을 결의하였고, 1945년 7월 26일 포츠담 선언에서도 재확인하였다. 영국은 제2차 세계대전 후에도 당시 갖고 있던 식민지들을 유지하기 위해 조선의 독립을 당장 허용하는 것에 반대하였다.2)

---

2) 당시 영국에게는 인도가 식민지로서 너무나도 탐스러운 것이어서 도저히 포기할 수 없었다. 그래서 적당한 시기란 말이 삽입되었는데 적당한 시기란 수년~수십 년의 신탁통치를 거친다는 의미이다. 그리고

미·소 군정 당국은 신탁통치 후 독립이라는 과도기를 상정하였으나, 반발에 부딪혀 포기하였다. 이후 유엔은 1947년 제2차 총회에서 한반도 전역에서 통일된 한국 정부수립을 위한 총선거를 결의하였다. 1948년 1월 소련 군정이 거부하고, 유엔 한국임시위원단의 북한지역 출입을 막음으로써, 유엔 소총회는 유엔의 감시가 가능한 지역에서의 선거 실시를 결의하였다. 이에 따라 남한에서 유엔 감시하의 총선거가 실시되고 1948년 8월 15일에는 대한민국이 수립되게 되었다. 북한에서는 1948년 9월 9일 김일성에 의해 '조선민주주의 인민공화국'을 선포함으로 정치적 분단을 가져오게 되었다.3) 이렇게 한반도 분할 문제는 우리 의지와 상관없이 강대국에 의해 논의되고 끝내 그들의 협상으로 분단되었다.

2. 일본의 항복 전술과 한반도 분단

우리는 한반도 분단의 속사정에 대해 잘 알지 못한다. 단순히 일본군 무장해제를 위해 소련군과 미군이 남북에 진주해 분단되었다는 정도로 알고 있다. 한반도 분단에 복잡한 국제 정치질서와 막후 협상이 있었다는 것을 짐작하고 있을 뿐이

실제로 남북 분단 후에 신탁통치를 하려 하였으나, 반대에 부딪히자 남·북한 미소군정을 실시하는 것으로 대체하였다.

3) 당시 조선의 공산주의자들은 소련 공산당의 국제공산주의 영도력을 인정하였기에, 조선공산당의 지도자로 소련이 많은 쟁쟁한 독립운동가들을 물리치고 젊은 김일성을 낙점하자 이에 반대하지 않았다.

다.

한반도 분단 원인으로 외세에 의한 원인과 민족 내부적 원인을 꼽았으나, 최근 들어 일본 요인설에 주목하고 있다. 외세에 의한 원인을 주장하는 사람들은 남북 분단이 미·소간의 이데올로기 대립에서 초래된 것이라 하고, 민족 내부적 원인을 주장하는 사람은 국내 정치세력의 좌우대립 때문에 분단되었다고 한다. 중립론자는 외세에 의한 요인과 민족 내부적 요인인 분열에서 찾기도 한다. 초기에는 외세의 힘으로 분할 점령 되었으나, 민족 내부의 근본적인 원인과 결합하여 복합적인 분단 구조를 형성하였다는 것이다.

이것이 한반도 분단에 대한 정설로 굳어져 왔으나, 최근 제기되고 있는 일본 요인설이 설득력이 있는 데는 그만한 이유가 있는 듯하다. 일본 요인설은 '일본 군부에서 1945년 초부터 38선 분할을 검토하고, 만주와 한국에서 군대를 철수하거나 신속하게 항복하면서, 소련을 한반도에 끌어들였다.'는 것이 주요 내용이다. 일본이 소련군의 한반도 진군을 막거나 지연시킬 힘이 없어서가 아니라, 청일전쟁과 러일전쟁 시기에 제기됐던 '38선 분할안'을 구체적으로 검토하여 '대동아 공영'의 훗날을 기약하며 한반도 분할을 상정하고 이를 위해 기민하게 움직였다는 것이다.

이처럼 한반도 분단이 일본의 치밀한 '항복 전술'의 산물이었다는 사실은 동아시아사 전공자 고시로 유키코(小代有希子)의 「유라시아의 쇠퇴: 일본의 제2차 세계대전 종전 전략(Eurasian Eclipse:Japan's End Game in World War Ⅱ)」논

문에 상세히 나와 있다.[4]

이 논문에 의하면 한반도 분할의 단초를 연 문건은 1945년 3월 13일 발간한 주칸호코구안(中間報告案, 중간보고 초안)이다. 이 문건의 주요 내용은 전쟁에서 질 때 지더라도, 동북아에서 누렸던 기득권을 미국에 넘겨줘서는 안 되기 때문에 미국을 저지하기 위하여 소련과 손잡아야 한다는 것이다. 당초 일본은 미국과 종전협상에서 한반도를 영구 지배하기 위해 최소 항복 조건으로 한반도와 대만에 대해 일본의 지배권을 유지하도록 요구하였다. 1945년 6월까지 미국의 전략사무국(OSS·CIA의 전신)의 핵심 관계자와 접촉하여 한반도와 대만을 일본 영토로 유지해 달라는 '조건부 항복'을 타진했다. 일본은 한반도의 일본 귀속 당위성을 '미국이 뉴멕시코를 성공적으로 합병한 것과 같다.'고 강변하였다.

그러나 태평양 전황이 최악에 이르자 이를 포기하고, 소련군의 한반도 진입을 기다리면서 항복을 늦추고, 한국에 주둔 중인 사령관에게 미군 상륙을 저지하라고 명령하는 등 한반도 분단을 유도하였다. 1945년 8월 8일 소련이 파죽지세로 한반도에 진입하자 미국이 소련군 남하를 막기 위해 서둘러 38선을 확정하게 했다는 것이 일본 요인설의 핵심이다. 고시로 교수가 현재 미국에서 활동하고 있고, 미국 역사학회가 발행하는 학술지에 이러한 내용이 발표되었기 때문에 상당히 사실로 받아들여지고 있다. 한국학연구원 이완범 교수는

---

4) 2004년 4월 미국 역사학회가 발행하는 격월간 학술지 『미국 역사 학보』(제109호 2회)에 발표된 것을 시사저널이 입수하여 2005년 4월 25일 자로 보도하였다.

"일본 요인설에는 수긍할 점이 없지 않다. 이미 분단이 있기 전 만주에 주둔 중인 관동군과 일본 본국의 대본영도 작전상 분계선으로 경기도와 황해도 일원을 포함한 지역을 설정한 바 있고, 미국이 38선을 그을 때 이를 참고했을 가능성도 크다."고 말했으며, 브루스 커밍스(Bruce Cumings)도 '일본이 만주와 한국에서 군대를 철수하거나 신속하게 항복하면서, 소련을 한반도에 끌어들였다고' 주장했다.

기존 정설과 일본 요인설을 종합해 한반도 분단에 대해 좀 더 자세히 살펴보면, 1945년 2월 4일 연합국은 '얄타(Yalta) 회담'을 개최하여 조선을 완전히 독립시키기로 합의하였다. 스탈린은 얄타회담 연장선에서 1905년 러일전쟁에서 상실한 조선에 대한 권리를 복원하기 위하여 일본의 만주국 관동군이 담당하고 있던 대련(大連)과 여순(旅順)에 대한 권리와 만주지역에서의 우선권을 요구하였다. 당시 한반도는 관동군 담당지역이 아니라 일본 본국 대본영 직할지역이었기 때문에 소련이 일본의 관동군 무장해제를 위하여 한반도에 진주할 수 없었다. 그러나 1945년 5월 8일 독일의 패망으로 상황이 달라졌다. 일본은 소련의 참전과 함께 남진을 예상하고, 소련 군을 방어할 군대를 재편하여 한반도 북부는 관동군 관할로, 남부는 일본 본국 대본영 직할지역으로 재편하여 관동군 담당지역을 한반도 북부까지 확대하였다. 다시 말하면 작전상 분계선을 경기도와 황해도 일원으로 설정하여 미국의 딘 러스크(David Dean Rusk)가 38선을 그을 때 이를 참고하도록 유도한 것이다. 결국 1945년 7월 26일 '포츠담(Potsdam)회담'에서 관동군 담당지역은 소련군이 점령하고, 일본본국 대본영 관할지역은 미군이 점령하여 무장을 해제한다는 합의가 이루어졌다. 이에 따라 소련이 북쪽에 진주하였지만, 항복은 북쪽에서 받지 않고, 함경북도 함흥에 주둔해 있던 관동군이 연길(延吉)로 가서 만주지역의 관동군과 함께 소련군에 투항하였다.

그렇다면 패전국인 일본은 어떻게 분할되지 않았을까? 일본의 치밀한 계획으로 한반도가 대신 분단되었다는 생각을 지울 수 없다. 1945년 7월 미국의 육군부(현재의 미국 국방성) 작전국(OPD)에서 한반도를 4개국이 분할 통치하는 방안을 작성하였다. 그 후 미국의 합동전쟁기획위원회(JWPC)에서 1945년 8월 16일 북위 40도 10분(신의주-함흥)선으로 분할하는 방안을 구상하였으나, 1945년 8월 18일 미국의 3부조정위원회(SWNCC, 三部調整委員會)에서 일본 본토를 미국이 단독으로 점령하는 대신 한반도 38도선 분할 점령안을 소련에 수정 제안하자 소련이 아무런 이의없이 받아들여졌다.

일본 분할은 1945년 8월 미국 국무부가 대통령에게 보낸 비망록에 의하면 한반도와 마찬가지로 미국, 영국, 소련 중국(대만) 등 4개국이 분할 점령해 통치하는 방안을 결정하였다. 막대한 전비 부담에 고심하던 미국은 비용을 분담하고 연합국들에게 보은한다는 차원에서 일본 분할점령 방안을 제안한 것이다.

이미 전세가 기울어진 것은 알고 있었던 일본은 이를 눈치채고 소련에 천황의 비밀친서를 보내 본토를 보전해주는 대가로 한반도를 분할하여 북쪽을 공여해 주겠다고 제안하고, 미국의 맥아더사령관에게 731부대의 모든 정보를 넘겨주는 대가로 일본 국토의 신탁을 의뢰하면서 남쪽 공여를 제시하였다. 결국 일본 본토의 분할 통치안은 일본의 신속한 항복과 미소의 이견으로 무산되고 한반도가 지리적으로 분단되는 결과를 초래하였다.

만약, 얄타회담 결정이 지속되었거나, 소련군 참전 이전에 일본이 항복했거나, 관동군 관할지역을 변경하지 않았다면 한반도는 분단되지 않을 수도 있었을 것이다.

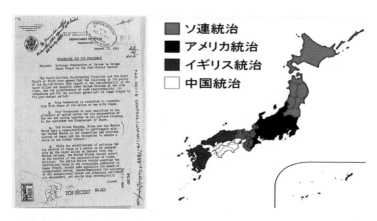

▲ 비망록 문서와 분할점령 구역안. 비망록 문서와 분할점령 구역(위부터 소련, 미국, 영국, 중국) 자료 : 세계일보 2010년 01월 27일자 보도

일본의 '항복 전략'은 그대로 맞아떨어졌다. 38도선은 일본군의 항복을 받기 위한 편의적인 경계선이었을 뿐 국경선은 아니었다. 결국 38선은 한국전쟁을 초래했으며, 분단은 고착

화 되어 군사분계선으로 아직도 남아 있다. 한국전쟁으로 한반도는 잿더미가 되었으나 일본은 전쟁특수로 세계 제2의 경제 대국으로 올라섰고, 우리 영해를 넘나들며 북한 진출을 가시화하고 있다. 분단의 직접적인 원인은 우리 민족에게 있지만, 일본도 한반도 분단에 대한 책임을 면할 수 없다.

3. 남북의 정부 수립

1945년 8월 15일, 일본 제국이 패망하면서 조선총독부 정무총감을 역임했던 엔도 류사쿠가 서울 필동에서 여운형을 만나자고 하였다. 그러고는 치안권과 행정권 등 모든 권한을 여운형에게 이양하여 한반도내에 철수하는 일본인의 안전을 보장해 달라 요구하게 된다. 건국준비위원회는 1945년 8월 15일부터 9월 7일까지 여운형, 안재홍 등이 주축으로 일본으로부터 행정권을 인수하며 만든 조직이다. 이남지역에는 여운형과 안재홍 등을 주축으로, 이북에는 조만식 등을 주축으로 결성되었다. 줄여서 건준이라고도 부른다. 건준은 광복이후 최초의 정치단체와 한국 현대사 최초로 지방자치를 시행한 조직이라는 점에서 커다란 의의가 있다.

이 조직단체는 공산주의자나 민족주의자의 어느 쪽이 주도하는지와 지역에 따라 명칭을 달리하거나 구성에서 다소 차이가 났지만, 그 목표는 새로운 국가의 건설을 위한 기초를 마련한다는 점과 일제 강점기 독립운동을 벌여왔던 민족주의

자나 사회주의자가 중심이 되어 만들어진 '민중의 자치조직'이라는 점에서 커다란 특징을 가진다. 9월 4일 박헌영의 공산당계열이 주도권을 잡아 주도해 나아감에 따라 건준의 본질적인 중도적 정치노선 성향이 변질되어, 9월 6일 밤에 경기여고 강당에서 약 1천여 명이 참석한 가운데 '조선인민공화국임시조직법'을 통과시킨 다음 조선인민공화국(인공) 수립을 선포했다. 인공 형태로 개편시켜 나아감에 따라 9월 7일 건준은 '발전적 해소'라는 이름으로 인민위원회로 각 지역 지부로 개편되었다. 이후 '인공'은 박헌영을 주축으로 실권을 장악하게 되었다. 곧이어 9월에 미군이 한반도에 입성하면서 9월 9일자 미군정의 직접통치를 발표하는 '맥아더 포고령 1호'에 따라 국내에서 치안, 행정 업무를 담당했던 '건준'과 '인공'은 불인정 되었고, 심지어 '충칭 대한민국 임시정부'까지 불인정 되었다. 그 이후 38선 이남에서는 미군정기가 시작되게 된다.

인민위원회는 우익세력으로부터 외면 받은 중앙인민위원회와 달리 지방의 인민위원회 경우는 좌익들만이 아닌 지역에서 양심가로 명망 높은 우익세력 인사들도 대거 적극적으로 참여했기 때문에 대중들로부터 상당한 지지를 받았다. 예를 들어 중국, 소련, 일본 등지에 이민, 징용이나 징병 등 나갔다가 돌아오는 귀환민의 행렬은 해방 후 수개월이 지나도록 계속되고 있었던 무렵에 인민위원회는 이들을 맞이해 먹을 것과 잠자리를 제공해주고 아직 철수하지 않은 일본군경을 견제하는 등 1945년 말까지 실질적인 국가 기관처럼 활동했다. 건국준비위원회는 각 지역에 140여 개의 지부로 확대되어 지방기구를 인민위원회로 전환하여 개편하였고, 인민위원회에서 추대된 위원장들은 대체로 이념과는 무관한 지역 원로원들이 었으며, 주로 민간인들이 주도하여 치안대를 구성하였고 이들은 어떠한 이념대립 없이 민족주의계열과 사회주의계열이 순수 자발적인 단체로 어울렸었다. 주로 하는 업무는 선전, 치안, 행정, 식량배급 업무 등에 심혈을 기울였다. 이들 지방 자치정부들은 실질적인 통치를 하여 각각 여러 정책을 시행했었는데, 주로 과거 일제시대 일본인들의 재산을 한국인들에게 귀속시켜 배분해야 한다는 것과 농업문제, 토지배분, 노동문제 등 해결하고자 힘썼다.

따라서 일제가 물러남에 따라 당시 공백기였던 한반도에 민간인들이 스스로 질서정연하게 결성한 지방 민중자치기구인 인민위원회는 순조롭게 진행 중이었다. 초기에 인민위원회는 사상을 넘어서 좌우합작의 성격을 띠고 있었으나, 조직력에서 앞선 좌익계열 세력이 주도하는 경우가 많았다. 그리고 곧이어 9월에 미군과 소련의 한반도 진주 이후, 남한지역에 입성한 미군은 '인민위원회가 공산주의계열 조직망'이라고 생각하였으며, 맥아더 포고령 제1호를 통해서 이를 전면 부인하고 군정을 선언함으로써 과거 일제시대 친일파였던 군, 경찰, 관료들을 대거 등용하게 된다. 결국, 친일 세력을 대거 등용한 미군정과 인민위원회의 거듭되는 갈등과 대립 중에 미군정은 1945년 12월 12일자로 인민위원회 자체를 불법화함으로써 인민위원회의 활동도 차츰 세력을 잃어가게 되고 인민위원회는 미군정의 탄압을 받는다. 포고령: 한반도내에는 건국준비위원회가 발족하여 치안권과 행정권을 담당하여 한반도의 혼란한 상황을 자주적으로 수습하고자 하였다. 그러는 가운데 1945년 9월에 한반도 38도선을 경계로 미국군과 소련군이 진주하여 미소 양국은 한반도 통치에 대한 포고령을 발표하게 된다. 한반도 이남에 진주한 미군은 맥아더 포고령 제1조 내용을 통해서 미군이 직접 한반도 통치를 하겠다는 의사를 밝혔다. 이어서 국내에서 자주적 치안권 및 행정권을 담당했던 건준을 비롯한 인민위원회, 조선인민공화국은 부정되었고, 심지어 중국 충칭에 있던 대한민국 임시정부까지도 불인정되어 한국인들의 자주적인 통치활동 및 권한이 부정되었다. 반면에 북한지역에 입성한 소련은 인민위원회를 합법적으로 승인하고 이를 간접적으로 지원했으나, 후에 소련에서 정치장교로 활동한 김일성에 의해 좌우를 망라한 중도적 성향이 김일성 우상화 작업으로 변질되어가면서 1946년에 북조선 임시 인민위원회가 설립하게 되었다.5)

---

5) 서중석, 1999, "제주4·3의 역사적 의미", 105쪽, 『제주4·3연구』, 역사비평사.(메릴, 1988, 「제주도 반란」, 148쪽, 『한국현대사연구』I , 이성과현실사). 박명림. 1988, 「제주도 4·3민중항쟁에 관한 연구」, 38쪽, 고려대 석사학위 논문. 박명림, 앞의 글, 38쪽(E. G. Meade, 1952,『American Military Government in Korea』, 185쪽, New York: King's Crown Press, Columbia Univ.).

이 장은 제주 4·3사건으로 본 분단 현실을 다루고 있다. 먼저 분단의 비극으로 발생한 4·3사건의 배경과 경과에 대하여 살펴보고, 4·3사건의 결과와 평가에 대해 분석을 한다. 이를 바탕으로 제주민중의 자주화 투쟁과 분단세력의 반통일적 탄압으로서 초토화 작전의 하나로 이루어졌기 때문에 누가 책임을 져야 하는지 그 책임에 대하여 밝힐 것이다.

1. 제주4·3사건의 배경과 경과

남북한이 독자적으로 정부를 수립하는 일련의 과정 속에 4·3사건의 원인적 배경을 이해하는 데 필요한 두 가지 사안이 있다. 그 하나가 제주도인민위원회는 전국의 여타 인민위원회와 비교해 보면 "모든 면에서 제주도에서 유일한 당이었고 유일한 정부였다."는 것이다. 제주도인민위원회가 일제하 민족해방운동가 중심이었다는 점과 함께 상대적으로 온건했다는 특성은 그들이 제주도민중으로부터 강력한 정통성을 획득하고 또 매우 긴 기간을 미군정과 충돌하지 않으면서 조직을 보존하고 기능을 행사할 수 있었던 가장 중요한 요인 중의 하나였다.[6] 또 다른 하나의 원인을 배태한 배경은 미군정의 제주도(島) 도제(道制)승격7)이 단선·단정안의 현재화 시점과 관련한다는 것이다. 미군이 제주도에 진주한 것은 45년 9월 28일, 실제로 통치기능을 담당할 제59군정중대가 도착한 것은 11월 중순(10-15일)이었다.8) 1946년 7월 미군정은 제주도를 道로 승격시켰다. 도내의 물리력을 군수준에서 도수준에 맞게 법적 제도적으로 확대 강화할 수 있었기 때문이었다. 미군정의 도제승격결정은 제1차미소공위가 휴회되고 단정안이 현재화되던 시점이었다.9) 바로 이 지점이 제주도인민위원회 또는 제주도민의 이해와 상충할 수 있는 지점이기도 하다. 제주도는 단선, 단정을 반대하게 되는 때문이다.

사건의 근인(近因)이라 해야 할 원인을 크게 둘로 나눌 수 있다. 첫 번째 원인으로는 미군정의 정책실패를 들 수 있다. 당시 제주도 상황은 해방으로 부풀었던 기대감이 점차 무너지고, 미군정의 무능함에 대한 불만이 서서히 확산되는 분위기였다.10), 약 6만 명에 이르는 귀환인구11)의 실직난, 생필품 부족, 콜레라에 의한 수백 명의 희생, 대흉년과 미곡정책의 실패 등 여러 악재가 겹쳤다. 특히 과거 일제강점기 당시 경찰출신의 미군정경찰로의 변신, 밀수품 단속을 빙자한 미군정 관리들의 모리행위 등이 큰 사회문제로 주목받았다. 두 번

---

6) 박명림, 앞의 글, 41쪽.
7) 당시 제주도는 전라남도에 속한 지방일 뿐이었다.
8) 박명림, 앞의 글, 42쪽(Meade, 앞의 책, 185쪽).
9) 박명림, 앞의 글, 52쪽(Meade, 앞의 책, 82쪽).
10) 제주 4·3사건 진상규명 및 희생자 명예회복위원회, "정부 진상조사 보고서 결론", 앞의 글.
11) 서중석, 앞의 책, 106쪽.

째 원인은 이런 분위기 속에서 1947년 3.1절 경찰발포사건이 터져 민심을 더욱 악화시켰다. 이날 3.1절 기념식에서 기마경관의 말발굽에 어린아이가 치이는 일이 벌어졌고, 이를 본 시위군중들은 항의하면서 경찰서까지 쫓아갔다. 그런데 경찰이 시위대에게 발포해 6명이 사망하고 6명이 중상을 입었다. 미군정 당국은 이 발포사건을 잘못을 시인하면서도 정당방위 주장을 하고 사건을 '시위대에 의한 경찰서 습격사건'으로 규정하여 간부와 학생들을 연행했다. 한편 경무부에서는 3만여 시위군중이 경찰서를 포위 습격하려고 했기에 불가피하게 발포했다고 해명하면서 민심을 더욱 거슬렀다. 제주민중과 제주도인민위원회의는 반민중적, 반민족적 행위가 폭력적으로 자행되는 것을 확연히 보았다.

제주민중들은 총파업에 돌입했다. 민중들은 경찰청장해임, 경찰무장해제, 친일경찰추방, 발포경찰추방, 피살자와 부상자에 대한 군정의 사과와 보상, 불법적 검거와 투옥금지, 수습책제시, 미소공동위원회 즉시 속개 등[12]을 요구하며 총파업에 돌입했다. 미군정은 조사단을 제주에 파견, 이 총파업이 경찰발포에 의한 도민의 반감과 이를 증폭시킨 남로당의 선동에 있다고 분석하면서 이를 극좌적인(extreme leftwing)[13] 요구라고 일축했다. 총파업에는 금융·통신·교육·기업체·식량기관 등 거의 모든 기관·관공서·업체가 가담하였으며 도군정청

---

12) 박명림, 앞의 글, 61쪽(Hq. USAFIK, G-2 Weekly Summary, Vol. 13, 85쪽).
13) 박명림, 앞의 글, 61쪽(Hq. USAFIK, G-2 Weekly Summary, Vol. 13, 85쪽).

관리도 75% 가담하였다.14) 이 파업에는 좌익뿐만 아니라 우익도 다수 가담하였고, 군정경찰도 50명이나 가담하였으며 일부 군정 관리는 경찰의 행위에 대한 항의의 표시로 사임하기까지 했다.15) 2000여 명 검거, 200여 명 구속, 66명 경찰 파면, 3명 고문치사 등 미군정이 무차별적 강경진압으로 일관하자 도지사 박경훈(朴景勳)마저 이에 대한 항의의 표시로 도지사직을 사임하고 민전에 가입해 버렸다.16) 이는 제주도민의 한마음 한뜻을 잘 표현해주는 것이었다. 그것은 민중적, 민족적, 사회 평화적, 자주적 제주민의 통일된 표현이었다. 박경훈이 사임하자 미군정은 극우인 유해진(柳海辰)17)을 임명했다. 도지사를 비롯한 군정 수뇌부들이 전원 외지사람들로 교체됐고, 경찰이 파면된 자리는 서북청년회 소속으로 충원됨으로써18) 제주도민들과 군정경찰 및 서북청년단 사이에서는 대립과 갈등이 더욱 커졌다. 반공일변도의 폭력적, 일방적, 강압적 횡포와 탄압이 일상화되었다.19)

---

14) 박명림, 앞의 글, 61쪽(Hq. USAFIK, G-2 Periodic Report, 1947.3.15.).
15) 박명림, 앞의 글, 62쪽(Hq. USAFIK, G-2 Periodic Report, 1947.3.14.).
16) 박명림, 앞의 글, 63쪽(박경훈은 제주도 출신으로 제주도가 도(道)로 승격되고 나서 초대 도지사를 맡은 인물이다. 그의 집안은 일제하부터 제주도지방의 몇 안 되는 자본가 집안이었으며, 그를 포함하여 그의 집안 전체가 제주도의 대표적인 우익이었다.).
17) 박명림, 앞의 글, 63쪽(유해진은 한독당 농림부장이었으며, 그는 군정청 민정장관 안재홍의 천거로 생면부지의 제주도에 부임하였다.).
18) 강준만,『한국현대사산책』〈1940년대편 2권〉, 인물과 사상사, 2004, 20-21쪽.
19) 해방 후 북한의 사회개혁 시 일제치하에서 누려오던 사회적·경제적 모든 기득권을 박탈당하고 월남한 이들은 극단적인 반공주의자들이었다. 이들은 자신들의 경제적 생존과 반공산주의 신념에 의거 "빨갱이 사냥(red hunt)"을 명분으로 무차별 테러를 자행했다.

남한 단독정부 수립을 위한 1948년 5월 10일 선거가 예정
되면서 남로당 제주도지부의 김달삼 등은 남로당 중앙당과
상관없이 또 사전 아무런 협의 없이 스스로 무장투쟁을 결정
했다.[20] 이들 무장대는 경찰과 서청의 탄압 중지와 단선·단정
반대, 통일정부 수립 촉구 등을 슬로건으로 내걸었다.

1948년 4월 3일 새벽 2시, 김달삼 등 350여 명이 무장하
고 제주도 내 24개 경찰지서 가운데 12개 지서를 일제히 공
격하였고, 경찰관과 서북청년단, 대한독립촉성국민회 등 우익
단체들을 습격하였다. 미군정은 4월 5일에 '제주도 비상경비
사령부'를 설치하였다. 이어서 미군정은 즉각 각 도로부터 차
출한 대규모의 군대, 경찰, 서북청년단 등 반공단체를 증파하
였고, 제주도 도령을 공표해 제주 해상교통을 차단하고 미군
함정을 동원해 해안을 봉쇄하였다.[21] 탄압이 강화되자 체포
를 피해 한라산에 입산하는 자가 점점 늘어갔다. 도지사 유해
진은 경찰과 청년단을 더욱 적극적으로 지원하며 빨갱이 소
탕전을 독려했다. 서청은 조직의 활동자금을 마련하기 위해
도를 순회하면서 도민에게 테러하며 금품을 갈취했다.[22] 서
청은 제주도를 한국의 '작은 모스크바(Little Moscow)'[23]라
며 자신들의 목표는 '공산주의를 분쇄하는 것'[24]이라고 했다.
한라산의 1300여 개에 달하는 자연동굴과 2차대전 말 일군

20) 서중석, 앞의 책, 111쪽.
21) 제주 4·3사건 진상규명 및 희생자 명예회복위원회 사건일지, 1948.4.5.
22) 박명림, 앞의 글, 69쪽(Hq. USAFIK, G-2 Periodic Report, 1947.11.24.).
23) 박명림, 앞의 글, 69쪽(Hq. USAFIK, G-2 Periodic Report, 1947.11.25.).
24) 박명림, 앞의 글, 70쪽(Hq. USAFIK, G-2 Periodic Report, 1947.11.22.).

이 대미결전시 본토사수를 위한 최후의 보루로서 설치해놓은 각종 군사시설은 자연적으로 입산자들의 은신처가 되었다. "조선을 조선인으로부터 빼앗아 제멋대로 하려는 미군을 몰아내자. 무기를 가지고 민중을 탄압하는 경찰을 타도하자."25)

일제 식민을 거친 제주도민의 심중이 삐라에 표현되었다. 이후 4월 28일 9연대 사단장 중령 김익렬이 더 이상의 피해를 막고자 남로당 무장대 대장 김달삼과의 회담을 가져 평화적으로 해결하고자 했다. '4·28협상'이 체결되어 전투를 72시간 이내에 중단하기로 합의하였다. 그러나 미군정과 조병옥 경무부장 등의 강경 일변도 진압정책으로 평화협상이 결렬위기에 처한 데다26) 5월 1일, 서북청년단을 비롯한 우익청년단체에 의해 오라리에서 일어난 방화 사건으로 합의가 파기되면서 사태가 악화되었다.27) 5월 5일 낮 12시, 4·3 사건의 해결을 놓고 제주중학교 미군정청 회의실에서 진압회의가 열렸다. 김익렬은 제주경찰의 지휘권을 요구했고, 조병옥은 김익렬을 공산주의자라 질타했다. 진압회의는 결말없이 끝났다.28)

25) 박명림, 앞의 글, 71쪽(Hq. USAFIK, G-2 Periodic Report, 1947.8.8.).
26) 서중석, 앞의 책, 131쪽.
27) 제주4·3사건진상규명 및 희생자명예회복위원회, 『제주 4·3사건 진상조사보고서』, 2003, 162-168쪽.
28) 서중석, 앞의 책, 132쪽. 김익렬, "김익렬 기고문", 국제신문, 1948.8. 6일, 7일, 8일자. "김익렬 유고", 1970년대 작성, 1988년 12월 김익렬 사망 후 발표, 미간행 출판물.

2. 제주4·3사건의 결과와 평가

5월 10일의 남한 단독선거에서 제주도는 투표수 과반수 미달로 무효처리 되었다. 미군정은 브라운 대령을 제주지구 최고사령관으로 임명, 강도 높은 진압작전을 전개하며 6월 23일 재선거 실시를 시도했으나 또다시 실패했다. 일제 식민을 경험한 민중들의 자기해방 염원과 민족 주체성을 천명하려는 의지의 표현이 불가피한 항쟁으로 단선·단정 반대에 뜻을 담아 표현되었다.

제주4·3사건은 대한민국 국회가 "1947년 3월 1일을 기점으로 하여 1948년 4월 3일 발생한 소요사태 및 1954년 9월21일까지 제주도에서 발생한 무력봉기와 진압과정에서 주민들이 희생당한 사건을 말함"이라고 여야 만장일치로 통과시키고 정부가 공포하여(2000년 1월 12일) 그 성격을 규정하고 진상조사에 착수한 [제주4·3특별법]29) 제2조에 이를 명시하였다.

'제주4·3사건 진상조사보고서'는 "1947년 3월 1일 경찰의 발포사건을 기점으로 하여, 경찰·서청의 탄압에 대한 저항과 단선·단정반대를 기치로 1948년 4월 3일 남로당 제주도당 무장대가 무장봉기한 이래 1954년 9월 21일 한라산 금족지역

---

29) [제주4·3특별법], 곧 『4·3사건 진상규명 및 희생자 명예회복에 관한 특별법』을 말한다. 2013.6.27.에 [4·3특별법개정안]이 국회를 통과했다. 이로써 4·3희생자 추념일 지정, 국가의 생활지원금 보조, 4·3 트라우마 치유센터 건립, 4·3재단의 기부금품 모집이 가능하게 되었다.

이 전면 개방될 때까지 제주도에서 발생한 무장대와 토벌대 간의 무력충돌과 토벌대의 진압과정에서 수많은 주민이 희생 당한 사건을 말함"(2003년 3월 29일)이라 하였다.30)

2003년 10월 31일 국가를 대표하여 노무현 대통령이 직접 제주도를 방문하여 '국가권력에 의해 대규모 희생'이 이뤄졌음을 인정하고 제주도민과 유족에게 공식 사과를 한 사건이다.

박명림은 해방에서 4·3민중항쟁에 이르기까지 제주도에서의 정치적 갈등의 전개과정을 네 개의 소시기로 구분하였다.31) 제1기 초기국면은 해방으로부터 도승격 때까지(1945.8-1946.7). 좌익민족운동세력의 완전한 헤게모니 장악시기로, 59군정중대는 도착 후에도 내적으로는 준비부족과 인원부족으로, 외적으로는 인민위원회의 힘이 강력했던 관계로 인민위원회에 대해 협조적이었다.32) 제2기 중기국면은 도 승격으로부터 3·1절 기념시위 직전까지(1946.8-1947.2). 미군정이 제주도를 도로 승격시키고 도내우익을 강화, 물리력을 확보한 시기로, 59군정중대의 정책기조가 인민위원회의 활동을 제지하기 시작했다.33) 제3기 후기국면은 3.1절 기념시위사건부터 8월

---

30) http://www.jeju43.go.kr/sub/catalog.php?boardid=board__pds04& mode=view&no=38&start= 0&search__str=&val=&CatNo=45. [정부 진상조사보고서 결론]에서. 참조: [정부진상보고서] 전문 (총617쪽)

31) 박명림, 1988, 「제주도 4·3민중항쟁에 관한 연구」, 37쪽, 고려대 석사학위 논문.

32) 박명림, 앞의 글, 43쪽(E. G. Meade, 1952,『American Military Government in Korea』, 186쪽, New York: King's Crown Press, Columbia Univ.).

대탄압 전까지(1947.3-1947.7). 본토로부터의 물리력 강화에 이은 미군정의 공세로의 전환과 제주도민중·좌익민족운동 세력이 점차 '직접대결'로 전술을 전환한 시기로, 미군정은 특히 3·1절 기념시위사건 이후 극우반공청년단체인 서북청년회(서청)를 제주도좌익탄압에 투입했다. 제4기 말기국면은 8월 대탄압으로부터 4·3발발직전까지(1947.8-1948.3). 미군정의 대탄압과 제주도 민중·좌익민족운동세력의 적극적 저항과 항쟁준비기로, 많은 민중이 입산했고 테러위협에 하산할 수가 없었으며 반미투쟁의 성격을 명확히 했다.34)

한편, 4·3취재반은 4·3 이후를 구분하여 8 시기35)로 나눈다. 제1기는 '무장대 공세기(1948.4·3.-5.11.)'로 4월 3일 봉기를 시발로 무장대가 공세의 주도권을 잡게 된다. 제2기는 '경비대주도 토벌기(1948.5.12.-10.19.)'로 토벌의 주도권을 장악한 경비대의 작전이 강력히 전개되고 무장대의 공세가 비교적 약화된다. 제3기는 '사태의 유혈기(1948.10.20-12.31)'로 토벌대의 무제한적 초토화 작전 전개로 인명피해가 극심했다. 제4기는 '육·해·공 합동토벌기(1949.1.1.-3.1.)'로 9연대와 교체된 2연대 도착 후 무장대의 공세가 한때 활기를 띠었으나 육·해·공 3군 합동작전에 의한 토벌이 강화되면서 무장대의 세력이 약화된다. 제5기는 '선무 활(1949.3.2 - 5.15.)로 제주도지구 전투사령부 설치(3월), 이승만 대통령의 내도(4월)와 국회의원 재선거 실시(5월) 등 정부의 통치력이

33) 박명림, 앞의 글, 52쪽(Meade, 앞의 책, 186쪽).
34) 박명림, 앞의 글, 71쪽.
35) 제민일보 4·3취재반, 1994, 『4·3은 말한다-1』, 9~12쪽, 진예원.

회복되면서 토벌대에 의한 선무공작과 빗질작전, 잔여 무장대가 궤멸상태에 이른다. 제6기는 '소강상태(1949.5.16.−1950. 6.24.)로, 제주도지구전투사령부 해산, 독립 1개 대대가 잔여 무장대 소탕작전에 나서면서 무장대 사령관 이덕구가 사살된다. 제7기는 '대대적 예비검속기(1950.6.25.−10.9.)로 6·25 발발 직후부터 보도연맹 가입자, 입산자 가족 등 대거예비검속 다수인명 처형한다. 제8기는 '마지막 토벌(1950.10.10−1954.9.21.)로 제주도의 비상계엄령이 해제된 이후 제100 전투경찰사령부 창설, 유격전 특수부대 투입 등으로 무장대 세력이 완전히 소멸한다.

3. 제주민중의 자주화 투쟁

정해구는 제주4·3의 시기를 구분하는 데 사건의 발발과 확산, 그리고 그에 따른 대량학살의 주요 요인을 넓게는 미국의 대한반도 정책의 차원까지 관계되는 것으로 보면서 이를 미군정의 정책과 관련하여 직접적으로는 그 정책의 실패로 분석하여 네 국면의 단계적 과정으로 구분했다.36) 당시 미군정

---

36) 정해구, 1999, "제주4·3항쟁과 미 군정정책", 184쪽, 『제주4·3연구』, 역사비평사. 제1국면(1945.8~1947.2)은 제주도의 지역좌파세력 주도로 자율적인 지역공동체적 질서가 지켜지면서 비교적 평온한 상태가 유지되었던 기간으로, 제2국면(1947.3~1948.4·3)은 1947년 3· 1절 기념행사 도중 발생한 '3·1발포사건'을 계기로 제주도자체에서의 갈등이 본격화되었던 기간으로, 제3국면(1948.4·3~1948.10)은 4·3항쟁 발생을 계기로 경찰 및 군과 항쟁 세력이 무력충돌하지 않

은 기본적으로 제주도 특유의 민중적 삶을 이해하지 못했고, 제주도의 갈등 상황을 소련·북한·중앙남로당·지방남로당으로 이어지는 좌파세력의 선동이라는 시각에서만 보려 했으며, 이에 경찰 등 반공물리력을 동원하여 민중들의 요구와 항의를 탄압하는 방식을 선택한 결과, 양민의 대량학살이라는 역사적 오류를 낳게 되었다는 것이다.[37) 제주 '4·3'이 남로당 중앙의 지령에 따른 사건이 아니란 것[38)은 당시의 시점에서 남로당 중앙에서는 이를 고려하고 있지 않았던 전술이었다.[39) '하급은 상급에 복종한다.'라는 남로당의 당 규율[40)과는 전혀 달리 발발하였다. 피억압계층인 제주 민중들은 남로당 제주도위원회와 상황을 쉽게 공유할 수 있었을 뿐이며 항쟁의 주체는 분명히 제주도 민중들이었다. 고창훈은 "4·3민중운동은 새로운 역사의 지평을 여는 주체화 과정의 측면에서 민중항쟁이었으며, 과정과 결과의 연속선상에서 볼 때 민중수난이었다.",

---

을 수 없었으며 뒤이어 단선단정을 둘러싼 갈등으로 발전했던 기간으로, 제4국면(1948.11~1949.5)은 이승만 정부 수립 후 발생했던 여수14연대 반란사건을 계기로 제주도 게릴라에 대한 강력한 진압작전이 실시되었고 그 가운데 대규모의 양민학살 사태가 야기되었던 기간이다.

37) 정해구, 앞의 책, 204쪽.
38) 서중석, 앞의 책, 108쪽.
39) 이와 관련하여 1948년 1월 말경, 북한 주둔 소련 군정당국의 스티코프는 유엔한위에 대하여 보이콧하면서 "유격활동에 대한 남한 내의 견해"에 대해 "필요없다."고 지시하고 있다. 『레베데프 비망록』,1948.1.20. 정해구,「제주 4·3항쟁과 미 군정정책」,『제주 4·3연구』, 역사비평사, 1999, 198쪽에서 재인용.
40) 남로당의 당 규율은 "당원간의 횡적 연락을 엄금하고 하급은 상급에 복종하고 전 당원은 중앙에 복종한다."라고 정하고 있다. 박일원, 『남로당의 조직과 전술』, 세계, 1984, 63쪽.

"본질적으로 제국주의(직접적으로는 제국주의와 그 추종 이승만세력)에 대한 항쟁적 성격을 가진 민족해방운동이었으며, 항쟁의 과정을 거치면서 수난적 성격과 결과를 내포하게 된 것"41)으로 본다. 자주적 민중항쟁이요 주체적 민족해방운동임을 확인한다.

제주도 민중들의 4월 3일 봉기는 폭동이나 반란이 아니었다. 그것은 미군정과 경찰, 서청의 탄압에 대항하기 위한 자위적이고 방어적인 항쟁이었다. 그것은 미군점령기 어느 항쟁보다도 조직적인 항쟁, 조직적인 변혁운동이었다. 그것도 무차별적 공격이 아니었으며 자위적, 방어적 성격의 항쟁이었다.

첫째, 4·3민중항쟁은 통일운동이었다.42) 4·3민중항쟁은 비극적인 민족의 분단을 저지하고 통일민족국가를 수립하려는 통일운동이었다. 단선의 거부와 그것의 실질적인 저지는 4·3민중항쟁의 통일운동으로서의 성격을 가장 확실하게 표출한 것이었다. 이 단선저지는 북한에 대한 지지라기보다는 통일정부수립 노력으로 해석되어야 한다. 조국의 통일을 추구한 통일운동으로서의 4·3항쟁은 분단 78년, 통일운동 78년을 경과하고 있는 오늘의 시점까지도 아마도 가장 거대하고 가장 치열했던 통일운동으로 기록될 수 있을 것이다. 둘째, 4·3민중항쟁은 미국의 제국주의적 점령정책에 반대하는 반미투쟁이었다.43) 4·3항쟁은 2차세계대전 이후 미국이 추구해온 세계

---

41) 고창훈, 1988, "4·3민중운동을 보는 시각과 연구과제", 366쪽, 「실천문학」, 실천문학사.
42) 박명림, 앞의 글, 180쪽.

지배전략과 그와 같은 전략으로 추진된 점령논리와 그 정책을 정면으로 거부하고 항쟁한 식민지시대 민족해방운동의 연속으로서의 민족해방을 위한 반미투쟁이었다. 반미투쟁으로서의 4·3항쟁은 아마도 2차세계대전이후 탈식민지사회에서 발발한 조직적인 반미무장 투쟁으로서는 최초의 사례로서 기록될 수 있을 것이다. 4·3항쟁의 진압과정에서 미군정, 미군사고문단이 채택한 우익테러단체 투입, 방화-소개-초토화전술, 민간인 대량살상전술 등44))은 미국이 이후 한반도 본토의 게릴라전, 한국전쟁, 베트남, 라틴아메리카를 비롯하여 전세계의 광범위한 지역에서 현지 민중을 상대로 동일하게 재현하는 진압작전의 한 선례이기도 하였다. 그린의 표현을 빌리자면 한국에서의 미국의 실험은 "고도로 의도된 실험(a well-intentioned experiment)45)이었다. 그 실험의 와중에서 제주도는 미군과 한국정부의 '대공투쟁의 전초기지'로서 그 시험무대"46)였던 것이다.

4·3항쟁은 2차세계대전 이후 미국이 추구해온 세계지배전략과 그와 같은 전략으로 추진된 대한반도 점령논리와 그 정

---

43) 박명림, 앞의 글, 181쪽.
44) 1949년 미국이 그리스에서 택한 진압작전의 내용은 이와 아주 유사하며 베트남에서도 그렇다. 예컨데 미국이 그리스에 개입하면서 최초로 나타난 효과는 우익테러단체인 X단(X-ites)의 강화로 나타났다. Richard J. Barnet, 『Intervention and Revolution: The United States in the Third World』, New York, World Publishing Company, 1968, 125쪽.
45) A. W. Green, 『The Epic of Korea』, Washington, Public Affairs Press, 1950, 104쪽.
46) 서울신문, 1949.9.1.

책을 정면으로 거부하고 항쟁한 식민지시대 민족해방운동의 연속으로서의 투쟁이었다.

이정석은, 김동춘의 "제주 4·3사건은 '빨갱이'를 상종 불가능한 정치적으로 다른 종족으로 간주한 채 그 혈족에 대한 살육에 대해 도덕적 책임을 갖지 않게 하는 무조건적인 국가주의이자 의사(pseudo) 종족주의 내지 변형된 인종주의가 가장 첨예하게 발현된 역사적 현장이다."47)와 아감벤(Giorgio Agamben)의 "그들은 비상상황에서 국가의 주권을 정초하기 위해 계산된 절차에 의해 법의 예외 상태로 내몰린 존재 즉, 지배적 정치체제의 구축을 위해 배제를 통해 포함되는 존재로 인식되고 있다."48)를 들어 민중에 폭력적인 국가 공권력의 폭압성을 확인하면서, 제주4·3사건이 국가권력에 의해 자행된 학살로 결론을 맺는다. 이정석의 결론은, "현기영의「순이 삼촌」49)에서처럼 무고한 양민희생에 무게를 두는 토벌대의 일방적 학살로 이해하든, 김석범의「까마귀의 죽음」50)에서처럼 외세와 결탁한 단정세력과 이에 반대하는 세력간의 충돌로 이해하든 법의 예외상태로 몰려 무조건적으로 국가권력

---

47) 김동춘, 2000,『전쟁과 사회』, 280-282쪽, 돌베개.(위에서 재인용).

48) Giorgio Agamben, 2008,『호모 사케르 - 주권 권력과 벌거벗은 생명』, 46-47쪽, 박진우 옮김, 새물결.(위 재인용).

49) 손숙의 아주 특별한 인터뷰 - "제주 4·3항쟁은 국가에 의한 기억의 타살 사건"., [노컷뉴스](http://www.cbs.co.kr/Nocut/), 2007. 4. 3. "천재지변도 아닌 이해불능의 사건이거든요. 누군가를 미워한다는 것 자체도 어려운데 더욱이 막대한 철권을 가진 국가를 미워한다는 게 쉬운 일은 아니잖아요." 현기영, 1979. "순이 삼촌".『순이 삼촌』, 창작과 비평사.

50) 김석범. 1988. 김석희 역, "까마귀의 죽음".『까마귀의 죽음』, 소나무.

에 의해 자행된 학살이라 할 것이다."51)에서 다시 확인한다. 반공일변도의 반인간적, 반생명적, 반자주적, 반민족적, 반평화적, 반통일적 세력에 의한 탄압이 폭력적으로 이루어졌다. 국가권력에 의해 학살이 자행된 것이다.

해방정국에서 미국의 대한반도 정책과 이승만의 권력야욕은 극단적 반공논리에 피차 편승하여 분단을 사실화하고 고착화하려 한다. 단선·단정이 대표적이다. 친일세력을 아울러 남북의 분리 분단을 획책 종용 성취한다. "하나의 민족을 분리할 수 없다."52)는 확고한 신념과 입장을 견지한, 부단한 자기 성찰적 민족주의는 그들에게는 이해될 수도 없고 감당될 수도 없는 소란스러운 부담이었다. 필요하다면 언제라도 민족을 차별, 분리하는 것이 그들의 속성이요 지배의 질일 때 그들이 결과한 모습이 제주 4·3민중학살이다.53) 위민이 아니고 국가권력을 빙자한 민중 탄압이다. 제주4·3은 미군정과 주한미 군사고문단, 이승만 정권이 피고임이 자명한 반민족적 행위이고 반인간적 만행이었음이 적나라하다.

---

51) 이정석, 2008. "제주 4·3사건을 기억하는 두 가지 방식 -김석범의『까마귀의 죽음』과 현기영의『순이 삼촌』을 중심으로", 542쪽, 어문학 제102집. 한국어문학회.
52) 김구, "3천만 동포에게 읍고함" 참조.
53) 서중석, 2011.『지배자의 국가, 민중의 나라』, 18쪽, 207-209쪽, 241쪽, 돌배게.

4. 분단세력의 반통일적 초토화 작전

8월 15일 남한에 대한민국이 수립되고, 다음달 9일 북한에 조선민주주의인민공화국이 수립되면서 남한의 이승만 정부는 제주도 문제를 정권의 정통성에 대한 도전으로 인식하였다. 이승만 정부는 그해 10월 11일 제주도경비사령부를 설치하고 본토의 군 병력을 증파하였다. 9연대 송요찬 연대장은 해안선으로부터 5㎞ 이상 들어간 중산간지대를 통행하는 자는 폭도배로 간주해 총살하겠다는 포고문을 발표했다. 11월 17일 제주도에 계엄령이 선포되었다.

이와 관련, 미군 정보보고서는 "9연대는 중산간지대에 위치한 마을의 모든 주민이 명백히 게릴라부대에 도움과 편의를 제공하고 있다는 가정 아랫마을 주민에 대한 '대량학살계획(program of mass slaughter among civilians)'[54]을 채택했다."고 적고 있다. 미군정은 항쟁의 전개과정에서 '공산주의 숙청(Red Purge)정책'[55]을 기반으로 하여 강경 초토화 작전을 원칙적으로 채택하였다. 1948년 11월부터 중산간 마을의 95% 이상이 불에 타 없어지고 '좌익과 무관한' 많은 인명이

---

54) 박명림, 앞의 글, 178쪽(Hq. USAFIK, G-2 Periodic Report, 1949.4.1. Chejudo Rep.)

55) 아라리연구원, 『제주민중항쟁1』, 소나무, 1988, 15쪽. "미국은 1947년을 기점으로 하여 세계전략에 있어서 공산주의자 숙청(Red Purge)작업을 미국본토와 일본, 여러 점령 지역에서 실시해 왔다. 공산주의자 숙청은 지역적으로는 반공기지화, 정치적으로는 반공이데올로기 장악, 인적으로는 모든 반동 보수세력의 영합, 경제적으로는 자본주의 블록을 구축하기 위한 저강도, 고강도 전략(Low and High Intensity War)의 일환이다."

희생되었다. 해안 마을에 소개한 주민들까지도 무장대에 협조했다는 이유로 죽임을 당했다. 목숨을 부지하기 위해 입산하는 피난민이 더욱 늘었고, 추운 겨울을 한라산 속에서 숨어다니다 잡히면 사살되거나 형무소 등지로 보내졌다. 심지어 진압 군경은 가족 중의 한 사람이라도 없으면 '도피자 가족'으로 분류, 그 부모와 형제자매를 대신 죽이는 '대살(代殺)'을 자행하였다. 12월 말 교체된 함병선 연대장의 2연대도 강경 진압을 계속, 재판절차도 없이 주민들이 집단으로 사살되었다. 가장 인명피해가 많았던 '북촌사건'도 2연대에 의해 자행되었다.

1949년 3월 제주도지구전투사령부가 설치되면서 진압·선무 병용작전이 전개되었다. 신임 유재흥 사령관은 한라산에 피신해 있던 사람들이 귀순하면 모두 용서하겠다는 사면정책을 발표했다. 많은 주민이 하산하였고, 1949년 5월 10일 재선거가 성공리에 치러졌다. 그해 6월 무장대 총책 이덕구의 사살로 무장대는 사실상 궤멸하였다. 그러나 한국전쟁이 발발하면서 또다시 비극이 찾아왔다. 보도연맹 가입자, 요시찰자 및 입산자 가족 등이 대거 예비 검속되어 죽임을 당하였다. 또 전국 각지 형무소에 수감되었던 4·3사건 관련자들도 즉결처분되었다. 이 사건은 1954년 9월 21일 한라산의 금족(禁足) 지역이 전면 개방됨으로써 발발 이후 7년 7개월 만에 막을 내렸다. 이 제주 4·3사건은 한국전쟁이 끝날 때까지 계속되었으며, 『제주4·3특별법』에 의한 조사결과 사망자만 14.032명(진압군에 의한 희생자 10,955명, 무장대에 의한 희생 1,764명외)에 달한다.56) 제주 4·3 사건은 30여만 명의 도민이 연루된 가운데 2만5천-3만 명의 학살 피해자를 냈다. 전체 희생자 가운데 여성이 21.1%, 10세 이하의 어린이가 5.6%, 61세 이상의 노인이 6.2%를 차지하고 있다. 유족들은 아직도 그 시신을 대부분 찾지 못하고 있다.

역사학자 서중석은 하나의 고립된 섬에서 약 1년 사이에 제주도에서 민간인이 3만 명 내외가 희생된 것은 제주도가 협소한 지역임을 고려하지 않더라도 어떠한 말로도 표현할 수 없는 범죄행위였다면서, 이는 3국통일 전쟁기에도, 거란이나 몽골이 쳐들어왔을 때도, 임진왜란, 병자호란에서도 볼 수 없었던 것으로서, 일제로부터 해방되었을 뿐만 아니라 지극히 현대 세계에서 저질러진 것57)이란 점을 통박하였다. 1948년 당시 전쟁 지역이 아니었는데도 국가 물리력-공권력에 의하여 조직적으로 대규모 민중들이 학살된 것은 당시 남한의 유일한 합법정부는 미군정이었으므로 미군정이 정책적으로 여타 지방보다 제주도에서 상대적으로 강도 높은 억압정책을 시행하였기 때문임을 주시해야 할 것이다.

---

56) 제주4·3사건진상규명 및 희생자명예회복위원회, 『제주 4·3사건 진상조사보고서』.
57) 서중석, 1999, "제주4·3의 역사적 의미", 124쪽, 『제주4·3연구』, 역사비평사.

제19장　유엔에서 4·3 활동과 언론보도

　이 장은 유엔에서 4·3 활동과 미국의 책임을 다루고 있다. 먼저 4·3사건의 핵심 학살 단체인 서북청년회에 대하여 살펴보고, 언론보도에 나타난 유엔본부에서 4.3의 활동과 미국의 책임, 미국 언론들의 관심과 함께 워싱턴DC의 제주4·3심포지엄 이후 '이제는 미국이 제주 4·3책임을 인정하고 사과해야'라고 전한 내용에 대하여 설명할 것이다.

1. 제주4·3사건과 서북청년회

　2019년 4월 3일자 민중의 소리 권종술 기자는 평화나무 "4·3학살 자행한 서북청년회 본산 영락교회 제주도민에 사과해야"라고 보도하였다. 평화나무는 "제주 4·3 사건 당시 제주도 민간인에게 극악한 테러를 가한 단체로 서북청년회가 있다."라며 "이들의 출발점에 영락교회가 있다."고 밝혔다. 평화나무는 "영락교회는 분단 시기 월남자의 거점이었고, 상당수가 교회를 통해 서북청년회원이 됐다는 것이 정설"이라고 설명한다. 당시 서북청년회(西北靑年會) 또는 서북청년단(西北靑年團, 약칭: 서청)은 미군정 당시 조직된 대한민국의 보수 운동단체로 반공주의 청년단체였다. 서북청년회는 1946년 11월 30일 월남한 이북 각 도별 청년단체가 대공투쟁의 능률적인 수행을 위해 설립한 우익청년운동단체이다. 제주4·3평화기념관에는 이승만은 공식석상에서 대놓고 '가혹하게 탄압하라'고 말하기도 했다는 기록이 보존하고 있다. 서북청년회 단원을 경찰과 군대에 편입하라고 지시하기도 했다는 내용도 기념관에 전시돼 있다. 서북청년회에서 문봉제 중심의 재건파는 이승만의 친위대 역할을 하였다. 서북청년회는 제주시민 10%까지 포함한 전국에서 30만 명에 달하는 국민을 좌경분자 처단이라는 명목 하에 탄압 혹은 살해했다. 이승만의 친위대 역할을 하며 1949년 6월 26일에 경교장에 들어가 김구를 살해한 안두희는 서북청년회 문봉제 중심의 재건파에 속했다.58)

평화나무는 "한경직 목사 일생은, 신사참배에 동참하고, 유신독재에 침묵했으며, 광주학살 주범 전두환을 축복하고, 한국기독교총연합회(한기총) 창립으로 교회의 우경화를 추동하는 등 역사적 잘못으로 점철돼 있다. 영락교회는 이 같은 한경직 목사의 흑역사에 대해 눈 감았다. 그러나 제주 인구 1/10이 학살당한 4·3 사건의 가해 책임을 인정하고 사과하는 것까지 외면할 수 없다."며 "영락교회는 당회 차원에서 제주도민에게 사죄하고 아울러 피해자에 대한 물심양면의 보상을 약속해야 한다."고 강조했다. 평화나무는 "이것이 한국 간판 장로교회다운 태도다. 평화나무는 영락교회가 역사의 일원으

---

58) 한경직 목사의 증언에 의하면 "그때 공산당이 많아서 지방도 혼란하지 않았갔시오. 그때 서북청년단이라고 우리 영락교회 청년들이 중심이 되어 조직을 했시오. 그 청년들이 제주도 반란사건을 평정하기도 하고 그랬시오. 그러니까니 우리 영락교회 청년들이 미움도 많이 사게 됐지요."라고 증언하였다. 김병희 편저, [한경직 목사], 규장문화사, 1982.)

로서 4·3 사죄 및 보상을 결단을 요구한다. 만약 이를 뭉갠다면 교회가 태도를 바꿀 때까지 매년 4·3 시기를 앞두고 사죄촉구 메시지를 낼 것"이라며, "역사적 정의를 내재하지 않는 복음은 꽹과리 소리에 불과하다. 영락교회의 역사적 소임을 기대한다."고 밝혔다.[59]

2. 유엔본부에서 4·3의 활동과 미국 언론의 관심

제주4·3 희생자유족회와 70주년기념사업위원회, 70주년범국민위원회는 제주4·3사건에 대한 미국과 국제연합의 책임있는 조치를 촉구하는 10만인 서명지를 미국대사관에 전달했다.[60] 2018년 10월 31일 연합뉴스 보도에 의하면 '나는 사태의 원인에 관심 없다. 나의 사명은 오직 진압뿐이다.'라는 제주 4·3 사건 당시 제주지구 미군사령관 로즈웰 브라운 대령의 이 발언이 대비극의 출발점이었기 때문에 '미국은 4·3 학살에 책임을 인정하고 사과해야 합니다.'라고 주장하였다. 그러면서 "제주 4·3은 냉전체제가 구축되는 과정에서 한반도 남쪽에 친미정부 수립을 위해 반대세력을 억압한 반인륜적 인권유린 사태"라며 "인권과 평화에 기초한 정의로운 세계를 구축하려면 미국은 냉전 시대의 어두운 유산부터 정리해야 한다."고 10만 9천 996명의 서명지를 움켜쥐고 강조했다.

---

59) http://www.vop.co.kr/A00001394842.html
60) 2018년 10월 31일자 연합뉴스 뉴스 "미국, 제주 4·3 책임져야"…10만인 서명, 미대사관에 전달.

그리고 2019년 06월 20일 "미국 뉴욕에 있는 유엔본부에서 처음 열린 '제주4·3 인권 심포지엄'에서는 4·3에 대한 미국의 역할과 책임 문제가 중점 거론됐다."라고 미디어제주가 보도하였다.61) '제주4·3의 진실, 책임 그리고 화해'라는 주제로 미국 현지 시간으로 20일 오후 3시부터 6시까지 3시간 동안 UN본부 회의실에서 진행된 이 심포지엄은 유엔 외교관과 38개 국내외 협력단체 관계자 등 150여명이 참석, 회의장을 꽉 메운 성황리 속에 개최됐다. 이 날 심포지엄은 세계적 석학들과 제주4·3 유족의 발표를 통해 미국의 책임 문제와 함께 4·3의 정신과 진상규명운동 과정을 과거사 문제 해결의 새로운 세계적 모델로 모색한 자리로, 4·3평화·화해운동을 노벨평화상 추천 운동으로 승화하자는 의견도 제시됐다. 주최 측인 주유엔대한민국대표부의 조태열 대사는 환영사를 통해 "이 심포지엄은 제주4·3사건의 의미를 되새겨보고 아직도 전 세계에서 학살과 인권침해로 고통받고 있는 이들에 대해 이 사건이 갖는 함의를 광범한 분야에 걸쳐 이뤄지고 있는 유엔의 맥락에서 반추해 볼 수 있는 각별한 의미가 있다."고 의미를 부여했다.

협력단체 대표로 축사에 나선 미국기독교교회협의회(NCCCUSA) 짐 윙클러 회장은 "4·3이라는 참극은 수만 명의 민간인이 학살당한 사건으로 동아시아에서 가장 규모가 컸던 학살의 하나이나 제주도민들이 이 끔찍한 비극을 이겨내고 4·3을 평화, 인권, 화해, 공존의 모델로 만들어 내 주신 데 대

___
61) 2019년 06월 2일 홍석준 기자 보도.

해 감사드린다."고 인사했다. 이어 기조발표에 나선 강우일 주교는 "제주4·3은 미국과 한국 정부 당국이 저지른 인권과 인간 생명에 대한 대대적인 위반이자 범죄였다."면서 "처형과 학살을 한국경찰과 군인이 저질렀지만, 정책을 수립하고 명령을 이행한 이들은 미군 지도부였다."고 주장했다. 브루스 커밍스 교수도 '제주4·3과 미국의 책임'이라는 발표를 통해 "미국인 대다수가 2차대전 종전 후의 한국 상황과 무관한 방관자처럼 행동하지만, 사실은 일제에 부역했던 한국인들을 지원하여 3년간 한국 군부와 군경을 이끌었다."면서 "결국 당시 제주도민 인구 10분의1에 해당하는 3만 명 가량을 학살하기에 이르렀다. 미국의 실질적 책임은 면할 수 없다."고 주장했다. 미 국무부 동북아실장을 지낸 존 메릴 박사도 "한국은 1948년 8월까지 미군정 통제 아래 있었기 때문에 미국 역시 상당한 책임을 져야 한다."는 입장을 표명하고 "미군은 결과에만 주목하느라 종종 지역 치안부대의 폭행을 못 본 체했고 진압작전은 악랄하고 무자비하게 전개되었다."고 밝혔다. 노근리 사건을 집중 보도한 공로로 퓰리처상을 수상했던 찰스 핸리 전 AP통신 편집부국장은 4·3 당시 미국 양대 언론인 AP통신과 뉴욕타임스의 보도 태도를 분석, 발표해서 눈길을 끌었다.

그는 "이들 언론의 제주4·3에 대한 보도는 한 단락 내지는 길어야 예닐곱 단락에 불과했고, 정보의 출처는 서울에 주둔 중인 미 육군인 경우가 부지기수였다."면서 "철저하게 냉전의 관점에서 사태를 바라봤다."고 분석했다.

찰스 핸리 기자는 "두 언론은 미군의 제주도 주둔이 확정되지 않았다는 점을 강조하면서 기사의 내용은 미군과 무관하다는 입장을 취했지만, 이는 무엇보다도 브라운 대령, 로버츠 장군, 딘 장군의 관리감독 역할을 간과한 보도였다."고 지적했다. 그리고 '제주4·3과 국제인권법'을 발표한 백태웅 하와이대학교 로스쿨 교수(유엔인권이사회 강제실종위원)는 "제주4·3 토벌의 과정에서 벌어진 과잉진압, 대량 학살, 초토화 등은 결코 법적 책임을 피할 수 없는 중대한 사안이며 그 책임의 유형도 형사법적 책임은 물론 민사법적 책임, 인권법적 책임 등을 망라한 종합적인 요소들을 고려해야 한다."면서 "이러한 책임관계의 논의를 위해서는 구체적 사실관계의 확정과 증거의 축적 등을 포함하여 매우 정밀한 논의와 검증의 과정이 필요하다."고 조언했다. 심포지엄 토론 순서의 사회를 맡은 박명림 연세대학교 교수는 '제주4·3의 화해모델'을 강조하면서 "관용과 상생의 절정의 모습을 보여준 제주모델은 향후 남한의 과거사 극복, 한반도 통일시의 과거사 처리, 세계 허다한 지역의 갈등 및 트라우마 사례들에게 학습되어야 할 범례로 기록될 것"이라고 역설했다.

특히 그는 "4·3 평화 화해운동은 가해와 피해, 민과 관, 진보와 보수를 뛰어넘어 화해와 상생, 관용과 용서의 상징으로 거듭나고 있다."면서 "글로벌 연대를 통해 노벨평화상 추천운동을 전개하자"고 제안, 박수를 받았다. 심포지엄에서는 참석자들의 토론을 통해 4·3 참상의 진실과 미국 책임문제를 다루기 위한 국제위원회 발족 등 연대의 필요성과 유엔 기록보관소의 자료 검색, 워싱턴DC에서의 4·3심포지엄 개최 등 다양한 의견이 제시됐다.

또한 노정선 연세대 명예교수는 한국전쟁 당시 6살의 어린 나이로 제주도에서 피난생활을 했던 서북청년단 가족의 일원이었다고 고백하고 "서청이 제주도에서 벌인 만행에 대해 사죄한다."는 입장을 밝혀 눈길을 끌기도 했다.

UPI통신은 브루스 커밍스 교수가 "미국 관리들은 이승만 대통령의 '정열적인' 반공주의를 칭송하며, 그의 강경책이 장개석보다 우월한 것으로 평가했다."면서 "이런 사실이 (미국인인) 나를 부끄럽게 했다."고 발언한 부분을 보도하였다. UPI통신은 이 심포지엄을 준비한 제주4·3평화재단 양조훈 이사장이 "4·3피해에 대해 미국과 남한의 과거 독재정권의 책임이 크다."라고 밝혔고 "우리는 진정한 화해를 위해 진실과 정의를 추구하고 있다."고 발언했다고 언급했다. 그리고 뉴스플랫폼인 '미디엄'(Medium)은 7월 2일 '제주4·3 한국 역사의 어두운 장이 유엔에서 드러났다(Jeju 4·3 A Dark Chapter in Korean History Revealed at UN)'라는 제목으로 긴 논평기사를 실었다. '전환기 정의를 위한 국제 센터(The International Center for Transitional Justice)'에서 작성된 이 기사는 미군정 시절에 발생한 이 사건의 발생 배경과 전개과정, 3만 명에 이르는 민간인의 학살, 구금, 고문, 실종 등이 이뤄졌다는 역사적 사실과 4·3특별법 제정, 2018년 문재인 대통령의 사과에 이르기까지 과거부터 현재까지의 모든 내용을 망라했다. 프랑스 통신사 '임팩트 뉴스 서비스(Impact News Service)'도 7월 2일 '제주4·3운동이 UN에서 역사적 이벤트를 열었다(Jeju 4·3 Movement Holds Historic Event at UN)'는 제하로 4·3 심포지엄의 진행내용을 상세히 다뤘다.

한편, 유엔이 운영하는 온라인 방송인 '유엔 웹 TV(UN Web TV)'는 3시간 동안의 심포지엄 전 과정을 생중계하기도 했다.

그리고 지난 2022년 12월 8일 '한미관계: 제주4·3사건의 회고, 인권과 동맹'을 주제로 미국 의회의 싱크탱크이자 정부출연 연구기관의 주최로 처음 열렸다.62) 이번 콘퍼런스는 "정치적 이념을 넘어 인권 문제 차원에서 무고한 양민이 희생된 4·3사건을 살펴보고 미국의 책임 문제를 다루고, 이를 통해 한미동맹을 더욱 굳건히 하는 계기를 마련"하고자 열렸다. 발표자로 참가하는 한반도 전문가인 이성윤 교수는 발표를 통해 "대한민국 정부 수립 이전에는 미군정 체제에 있었고, 정부 수립 이후에는 한—미협정에 따라 미군의 작전통제권이 있었다."며 "제주4·3에 있어서 미군정의 책임 있다."고 말하고, "바이든 대통령이 윤석열 대통령과 함께 제주4·3평화공원을 찾아 참배하고 희생자와 유족을 위로하기를 희망한다."며 "이는 제주4·3 문제해결을 위한 한미 간 공동노력의 출발점이 될 것이다."라고 밝혔다. 심포지엄에서 참가자들은 제주4·3에 대한 미군정의 역할에 대해 인식을 같이하고, 인권적 차원에서 미국 정부가 4·3 문제해결에 나서야 한다는데 의견을 같이했다.

---

62) 자세한 내용은 우드로 윌슨센터(www.wilsoncenter.org)와 월든 코리아(www.waldenkorea.org), 제이누리(https://www.jnuri.net)에서 볼 수 있다. 제이누리양 은희 기자 보도.

▲ 지난 8일 미국 워싱턴DC에서 열린 제주4·3 심포지엄. 사진
＝제주4·3평화재단 제공 재인용

　이날 콘퍼런스에 대해 워싱턴 이본영 특파원은 "한국 정부
의 진상조사와 사과, 보상, 재심을 통한 무죄 판결이 이뤄진
상황이니 이제는 미국이 나설 차례"라고 보도했다. 고희범 4·
3재단 이사장은 개회사에서 "4·3은 74년 전 미군정 관할 아
래에서, 정부 수립 후에는 미 군사고문단의 통제 아래에서 진
행됐다."며 3만 명이 목숨을 잃고 유족 14만 명이 오늘날까
지 큰 고통을 겪고 있다고 말했다. 그는 이어 "제주도민들과
유족들은 4·3과 직접 관계가 있는 미국은 어떤 자세를 갖고
있는지 묻고 있다."며 미국이 4·3의 진실과 마주한다면 한미
관계가 더 굳건하게 발전할 수 있을 것이라고 말했다. 지금까
지 이뤄진 진상조사 결과를 보면, 4·3의 비극적 전개 과정에

서 미국이 직간접으로 큰 역할을 했다는 사실이 명확하게 입증돼 있다. 1948년 8월 15일 대한민국 정부 수립 이전 미군정은 남한에 대한 정치·군사적 통제력을 완전히 쥐고 무력 진압을 이끌었고, 이후에는 주한미임시군사고문단장인 윌리엄 로버츠 장군 등이 '1948년 11월 토벌' 등 초토화 작전을 격려하며 한국 군경의 등을 떠밀었다. 이성윤 미국 터프츠대 교수는 "한미 동맹은 민주주의 체제, 평화, 자유, 정의라는 가치와 신념의 공유에 기반한 진정으로 특별한 동맹"이라며 "그러나 74년 전 미국은 민주주의, 인권, 평화, 정의에 배치되는 사건(4·3)을 감독했다."고 지적했다. 4·3의 기본 배경과 미국의 책임에 관해 양조훈 전 4·3재단 이사장은 "비극의 뿌리는 미국과 소련이 그어놓은 38선이며, 희생자들은 이 선을 걷어내려고 5·10 단독선거에 반대했다는 이유로 참혹한 죽음을 당했다."고 말했다. 이날 토론의 결론은 미국이 이제 그만 사실을 인정하고 피해자들에게 사과해야 한다는 것으로 미국의 전향적 태도가 필요하다고 했다.63)

3. 제주4·3사건의 진실과 한민족 통합

지금까지 제주4·3사건에 대한 언론보도와 미국의 책임에 대하여 살펴보았다. 한국 일각의 우려와 달리, 4·3사건에 얽힌 미국의 책임 문제를 되짚고 미국 쪽의 사과를 통해 과거사를

---

63) 2022년 12월 11일 이본영 기자 보도.

극복하는 결단이 한미 동맹 강화에 도움이 될 것이라는 공감대가 형성되고 있음은 의미심장한 일이다. 특히 미국 쪽 인사들이 정책 노선과 상관없이 광범위한 동의를 표한 것은 주목할 만하다.

제주의 비극 4·3사건은 오랫동안 강요된 침묵의 대상이었다. 1947년 3·1절 행사 강제진압과 1948년 4월 3일 소요사태를 거쳐 1954년 9월 21일 종료될 때까지 제주 양민 3만여 명이 경찰, 토벌대, 서북청년단에 의해 무참히 희생당했다. 그러나 과거 권위주의 정권 시기 4·3사건은 공산주의자들의 폭동으로 낙인찍혔고 희생자 유족들은 연좌제라는 족쇄에 묶여 절망 속에서 살아가야 했다. 1987년 민주화 이후에야 비로소 사건이 공론화돼 김대중 정부 이래 과거사 진실규명 작업이 진행됐고 피해자와 가해자 사이 화해도 이뤄졌다. 국회는 4·3 특별법을 개정해 희생자 보상 문제도 마무리했다. 전 세계적으로 보기 드문 '진실과 화해'의 대표적인 사례다.

그러나 제주도민들에게는 미결의 과제가 있다. 바로 미국의 역할과 책임을 규명하고 그에 따른 상응 조치를 요구하는 일이다. 지난 8일 미국 워싱턴의 초당적 싱크탱크인 우드로윌슨센터는 수미 테리 아시아국장 주도로 '제주 4·3사건: 인권과 동맹'이라는 주제의 심포지엄을 개최해 이 문제를 정면으로 다뤘다. 워싱턴 싱크탱크의 일반적 관행을 고려하면 매우 이례적인 기획이었다. 성숙해진 한-미 동맹에 대한 자신감이 아니고서는 설명하기 어려운 일이다.

심포지엄에서는 4·3사건 피해자 유족 대표들과 제주4·3평화재단 관계자들이 사건의 비극에 관해 생생히 증언했다. 오랜 기간 이 분야에 천착해온 『한겨레』 허호준 기자는 미국 정부 사료를 기초로, 당시 미군정이 한국군과 경찰에 대해 작전관할권을 행사하고 있었고 제주도민을 상대로 한 초토화 작전을 용인했다는 주장을 펼쳤다. 이른바 '미국 책임론'에 대한 설득력 있는 근거 제시였다.

주목할 것은 미국 쪽 인사들의 반응이다. 4·3 문제를 미국에서 최초로 제기했던 존 메릴 전 국무부 정보조사국 동북아 국장은 4·3사건에 대한 미국의 관여가 객관적 사실이며 이에 대한 미국 쪽의 입장 표명이 있어야 한다는 견해를 밝혔다. 중도 성향의 캐슬린 스티븐스 전 주한 미국대사도 "고통스럽지만 4·3의 진실을 직시할 때가 됐다."고 지적하면서 이 문제를 계속 제기해나갈 것을 권했다. 보수 성향으로 알려진 이성윤 미국 터프츠대 교수 또한 '민주주의, 평화, 자유, 정의'라는 가치를 공유하는 한미 동맹의 미래를 위해서라도 4·3의 비극에 대해 미 정부가 유감을 표명해야 한다고 역설했다. 다만 그 구체적인 방법에 대해서는 미묘한 차이가 있었다. 프랭크 자누지 맨스필드재단 이사장은 4·3사건에 대한 미국 대통령의 명시적 사과를 요구하기보다는 제주에서 한-미 정상회담을 개최하고 이를 계기로 미국 대통령이 4·3평화공원을 방문해 추모하는 형식이 더 바람직할 것이라는 견해를 폈다. 더불어 미 의회를 상대로 적극적인 공공외교를 전개하고 미국 시민들을 대상으로 교육 홍보와 미 언론을 통한 공론화 작업 등 점진적인 접근을 전개해야 한다는 의견도 나왔다.

한국 일각의 우려와 달리, 4·3사건에 얽힌 미국의 책임 문제를 되짚고 미국 쪽의 사과를 통해 과거사를 극복하는 결단이 한미동맹 강화에 도움이 될 것이라는 공감대가 형성되고 있음은 의미심장한 일이다. 특히 미국 쪽 인사들이 정책 노선과 상관없이 광범위한 동의를 표한 것은 주목할 만하다. 물론 이런 견해가 미 정부의 공식적인 태도 변화로 당장 이어지기는 어렵겠지만, 성숙한 동맹의 책임 있는 면모를 보여주는 인식 전환의 토대는 마련된 셈이다.

심포지엄에서 참석자들은 4·3 같은 비극적인 사건이 재발해서는 안 된다는 데 의견을 같이했다. 이는 한미동맹의 미래에도 깊은 함의를 담고 있다. 본래 동맹이란 현실주의의 처방이다. 공동의 적과 위협에 대응하기 위한 군사협력체가 동맹이기 때문이다. 따라서 동맹의 일차적 목적은 세력 균형을 통해 전략적 안정을 꾀하고, 동시에 공동의 거부 또는 응징 억지력을 행사해 실질적인 또는 잠재적인 적국의 군사 모험주의를 막는 데 있다. 전쟁 발발을 억제하고, 억제가 실패하더라도 승리를 담보하는 것이 동맹의 목적이다. 냉전 구도가 형성되던 시기, 제주도민들의 항쟁을 공산주의자 폭동으로 인식하고 비인도적 진압을 용인한 것 또한 이러한 논리의 연장선이었다고 할 수 있다. 언뜻 모순적으로 들릴 수 있지만, 한미 동맹은 이제 평화를 위한 동맹으로 자리매김해야 한다. 안보를 위해 전쟁에 대비하는 동맹을 넘어 외교를 통해 무고한 생명의 희생을 예방하고 평화를 만드는 동맹, 그것이야말로 한·미의 가장 보편적인 공유 가치에 부합하는 동맹의 미래가 아닐

까. 이는 4·3의 가슴 아픈 교훈이기도 하다.64)

제주가 격변의 시기를 지나고 있다. 4·3의 상처가 조금씩 아물어가고 있는 가운데, 여당 국회의원의 "제주4.3은 김일성의 만행"라고 발언해 물의를 빚고 있다. 제주4·3사건의 실체는 1948년 4월 3일, 제주도에서 남한만의 단독정부 수립을 반대하는 좌익 무장대가 관공서를 습격하자, 이에 대응한 군경 토벌대의 초토화작전 과정에서 대량 학살이 자행된 비극적 사건이 바로 제주 4·3이다. 당시 제주도 인구 25만~30만의 10%가 사망한 것으로 추정된다. 이 가운데 군경 토벌대에 의한 희생자가 86%, 한라산으로 도피한 무장대에 의한 희생자가 14%로, 말 그대로 동족상잔의 민족적 비극이다. 아직도 4·3은 제주도 사람들의 일상생활 속에 현재 진행형으로 깊숙이 자리 잡고 있다.

6월 항쟁 이전까지만 해도 4·3은 군사정권에 의해 철저히 왜곡되고 은폐된 금기어였다. 4·3을 소재로 소설이나 시 창작 활동을 해도 국가보안법 죄명을 씌워 구속하던 시절이 있었다. 제주도민과 제주신문의 노력으로 1989년 4월 3일부터 '4·3의 증언'이라는 제목으로 57회에 걸쳐 연재하였고, 1990년 6월 『제민일보』에 '4·3은 말한다.' 456회를 연재하여 해결의 실마리를 찾았다. 1988년 11월부터 시작된 5·18국회청문회를 계기로 6000명의 증언을 채록하였다.

---

64) 문정인 칼럼, "미국은 4·3의 진실을 직시해야", 한겨레(2022. 12. 25) 요약 정리.

▲ 다랑쉬굴 현장취재 당시의 모습. 1992년 4월2일 구좌
읍 중산간에 있는 다랑쉬굴에서 4·3희생자 유해 11구
가 발굴돼 전국적으로 큰 충격을 주었다. 앞쪽부터 김
동만 양조훈 상고경 강홍균.

그 결과 한국현대사에서 특별법에 의해 작성된 최초의 정
부 차원의 '4·3사건 진상조사보고서'가 2003년 12월에 나왔
다. 4·3위원회나 진상조사기획단에 국방부, 경찰청, 보수단체
등도 참여하여 갈등구조를 뚫고 이루어 냈지만, 최근에도 4·
3을 폄훼해온 극우 성향의 인사의 논란의 발언이 잊힐 만하
면 반복되고 있다. 이제, '이념이 절대 가치'라고 여기는 맹목
적인 집단의 반성을 통한 전 국민의 단합이 이러한 문제를
극복할 수 있다. 미국의 책임 문제와 4·3의 올바른 명칭을 찾
아주는 정명(正名) 문제도 해결해야 한다. 그리고 현재 진행
중인 보상 문제로 새로운 갈등을 유발하지 않도록 철저히 관
리해야 할 것이다.

제20장 이제, 통일을 이야기 할 때

이 장은 본 연구의 흐름 속에 한반도 통일과 한민족 통합을 다루고 있다. 먼저 남북한의 통일정책에 대하여 설명하고, 지금까지 논의한 연구 내용을 정리하여 진정한 통일방안에 대하여 논의하고, 진정한 통일방안을 결론으로 제시하겠다.

1. 남북한의 통일정책

남북한의 통일정책은 지향하는 목표가 서로 상이하여 당장 통일이 어렵다는 것을 인정하고, 남측의 연합제와 북측의 낮은 단계의 연방제를 절충한 단계적·점진적 통일방안을 논의하였다. 그동안 남북정부는 통일정책을 꾸준히 가다듬어 왔다. 우리는 통일정책 기조로 평화와 민주의 정신을 일관되게 유지해 왔다. 즉, 통일은 반드시 평화적인 방식으로 이루어져야 하며, 민족구성원 모두의 자유의사 표명과 선택이 가능한 민주적인 방식으로 이루어져야 한다는 것이다. 이 같은 통일정책기조 위에 1973년 6.23 평화통일외교정책선언에 이어 한민족공동체 통일방안을 1989년 남북한 서로 공유하였고, 1994년 민족공동체 통일방안으로 발전시켰다. 1998년 3월 국민의 정부는 평화·화해·협력에 바탕을 둔 대북정책 기조를 발표하였다. 대북정책 3대 원칙으로 첫째 평화를 파괴하는 일체의 무력도발 불용, 둘째 흡수통일 배제, 셋째 화해·협력의 적극 추진을 제시했다. 또 대북정책 추진 기조는 안보와 협력의 병행 추진, 평화공존과 평화교류의 우선 실현, 화해·협력으로 북한의 변화여건 조성, 남북간 상호이익 도모, 남북 당사자 해결 원칙하에 국제적 지지 확보, 국민적 합의에 기초한 대북정책 추진에 두었다.

그리고 2000년 6.15 남북공동선언, 2007년 10.4남북공동선언과 함께 정부는 남·북한 관계의 개선 문제와 통일문제를 총체적으로 협의, 해결하면서 상대방의 주장과 제안도 수용하려는 포용적 접근 자세를 보이면서 햇볕정책과 평화번영정책을 추진하였다.

남북연합은 남북의 현존 2체제 2정부를 유지하면서 쌍방 정부간 협력체를 구성하여 통일과정을 관리, 통일과정을 시작하고, 통일을 촉진하는 개념으로 화해협력, 남북연합, 통일국가의 3단계로 이루어져 있다. 민족공동체통일방안은 개개인의 인간적인 삶과 가치를 가장 잘 실현시켜 줄 수 있는 자유민주주의를 그 철학적 바탕으로 하고 있다. 통일의 방법은 자주, 평화, 민주를 그 내용으로 하는데 이러한 원칙은 한국정부가 일관되게 견지해 온 입장이다.

통일정책의 차이점에도 불구하고 남측의 연합제안과 북측의 낮은 단계의 연방제안은 다음과 같은 공통점을 가지고 있다. 남·북한은 단계적·점진적 통일방안으로 당장 통일을 달성하는 것이 어렵다는 것을 인정하고 있다. 따라서 통일의 중간단계를 설정하고, 중간단계에서 2체제 2정부를 유지하여 내정·외교·군사권 등을 남북이 각각 보유하고 행사하는 개념이다. 그리고 남북간 협의체를 구성하자는 것으로서 우리는 남북연합을, 북한은 낮은 단계 연방이라고 명명하고 있다. 그러나 내정·외교·군사권이 없는 연방은 사실상 상설협의체로서 이름만 다를 뿐 남북연합과 같은 개념이다.

남북정상회담의 의의65)

남한의 김대중, 노무현, 문재인 대통령들의 북조선의 김정일, 김정은 정상들과의 회담과 그 결과물로서의 공동성명은 통일운동사에서 커다란 의의를 지니고 있다.

그 근거는 정권 차원에서도 민간의 통일운동에 동참함으로써 통일성취의 강력한 추진력을 갖추게 되었기 때문이다.

남북정상회담은 남북통일의 핵심적인 문제인 통일운동의 주체, 통일성취의 평화적 방도, 통일실현의 단계적 제도 등에 합의했다는 의의가 있다.

이 합의는 시대적 조건에 부합해서 합리적이며 남북민중이 모두 수용할 수 있는 공명정대성을 가지고 있다.

남북공동성명에서 가장 핵심적이며 일차적인 문제인 통일의 주체역량에 대해 구체적으로 확인한다면 다음과 같이 서술되어 있다.

---

65) "독일통일과 한반도통일의 전망" 중 일부 재인용

통일운동의 주체

6.15 남북공동선언 "1. 남과 북은 나라의 통일문제를 그 주인인 우리 민족끼리 서로 힘을 합쳐 자주적으로 해결해 나가기로 하였다."

10.4선언 "1. 남과 북은 6.15 공동선을 고수하고 적극적으로 구현해 나간다.

남과 북은 우리민족끼리 정신에 따라 통일문제를 자주적으로 해결해 나가며 민족의 존엄과 이익을 중시하고 모든 것을 이에 지향시켜 나가기로 하였다."

4.27 판문점 선언 "1. 남과 북은 우리 민족의 운명은 우리 스스로 결정한다는 민족자주의 원칙을 확인하였으며 이미 채택된 남북선언들과 모든 합의를 철저히 이행함으로써 관계개선과 발전의 전환적 국면을 열어나가기로 하였다."

남북 해외의 수많은 희생을 동반한 통일운동과 훌륭한 남북공동선언이 있음에도 조국통일을 이루지 못한 것은 바로 이 통일 주체역량의 약세와 주체와 대립한 외세문제의 미해결에서 찾을 수밖에 없다.

통일운동의 정체

통일운동에서 통일실현의 조건으로 시민운동과 정권의 결합만큼 이상적인 상황은 없을 것이다.

이러한 조건이 2000년대 20여 년간에 세 번이나 조성되었다.

그러나 이러한 조건에서도 통일을 실현하지 못하고 오히려 정체 상태에 빠져있다.

2022년부터 통일의 길은 더욱 험난해지고 있으며, 남북의 군사적 충돌이라는 위험성이 극대화되고 있다.

통일운동 정체의 근본 원인은 무엇보다 통일운동 주체역량을 강화하지 못한 데 있다 할 수 있다.

그러나 현시점에서 보다 결정적인 잘못은 주체역량의 대립적인 이면에 대해서 소홀히 한 것이다.

정상회담을 실현한 3 정권은 모두 외세(미국, 일본)의 압박에서 주체적 자주권을 실현하지 못하고 굴복한 것이다.

그로 인해서 정상회담의 약속을 지키지 못하고 통일추진 절호의 기회를 살리지 못한 것이다.

또한, 시민운동세력은 주체역량을 극대화하지 못했을 뿐 아니라 분산된 역량을 주 타격목표에 하나로 집중시키지 못하고 있다.

이러한 통일운동의 정체를 벗어나는 방도는 먼저 흩어져 있는 역량을 하나의 목표에 집중시키는 전략 전술을 마련하고 주저 없이 실현하는 것이다.

낙관적인 통일 세상

우리나라 사람들은 역동적이고 진취적이며 정신면이나 정서면 그리고 육체적인 면에서도 어느 나라 민족이나 시민보다 못지않게 종합적으로 우수하다.

독일은 아무런 통일운동 없이 통일이 선물처럼 되었으나 우리는 70년 이상 피와 땀을 흘렸음에도 아직도 통일이 지체되고 있다.

그런데도 아니 그러므로 우리의 통일은 알찬 통일이 되리라.

우리 민족은 홍익인간, 인내천 사상, 주체사상 등 높은 수준의 철학사상을 창출해 냈다.

남한은 발전된 자본주의사회를 유럽 사람들이 여러 세기 걸린 것을 반세기 만에 성취했다.

북조선은 모든 사회주의국가가 붕괴했지만, 오히려 사회주의 건설을 다그치고 있다.

이러한 남북이 화해 소통하고 나아가서 통일을 성취하게 되면 세계에서 제일 번영하는 금수강산을 짧은 기간에 건설할 충분한 저력이 보인다.

우선 사상이론적인 차원에서 이미 창출한 사상이론을 바탕으로 새로운 세계적인 사상이론을 태동시킬 것이다.

그리고 남북의 사회경제건설에서 단련된 인재들이 어느 나라보다 질적으로나 수적으로 못지아니하다.

여기에 북조선에는 현대 산업발전에 필수적인 17가지의 희토류, 원유, 마그네사이트 등 여러 가지 지하자원이 양적으로도 풍부하다.

남한에는 이 원료들을 가공할 기술인재들이 넉넉하다.

통일된 한반도의 미래는 매우 낙관적이다.

한반도의 통일은 오늘을 사는 8천 5백만 한겨레의 역사적 소명으로 추진되었다. 통일정책의 궁극적인 목표는 잘사는 한민족, 강한 통일한국 건설에 두고, 독일통일과 같이 통합된 국토와 인구를 바탕으로 세계의 중심국가로 나아가는 목표로 실현해 나가야 한다.

우리 정부와 북한은 1972년 7.4남북공동성명 발표 이후 40여 년 동안 남북의 화해와 통일, 교류 활성화를 위하여 노력해 왔다. 통일정책과 추진방향에 차이점이 있음에도 불구하고 꾸준히 협상한 결과 2000년과 2007년 두 차례에 걸쳐 남북정상회담을 이끌어 냈다.

문재인 정부는 2018년 9월 18일부터 20일까지 평양에서 김정은 국무위원장과 남북정상회담을 진행하고, 9월 평양공동선언서를 발표하였다. 양 정상은 역사적인 판문점선언 이후 남북 당국 간 긴밀한 대화와 소통, 다방면적 민간교류와 협력이 진행되고, 군사적 긴장완화를 위한 획기적인 조치들이 취해지는 등 훌륭한 성과들이 있었다고 평가하였다.

양 정상은 민족자주와 민족자결의 원칙을 재확인하고, 남북관계를 민족적 화해와 협력, 확고한 평화와 공동번영을 위해 일관되고 지속적으로 발전시켜 나가기로 하였으며, 현재의 남북관계 발전을 통일로 이어갈 것을 바라는 온 겨레의 지향과 여망을 정책적으로 실현하기 위하여 노력해 나가기로 하였다.[66]

---

66) 출처 : 2023년 2월 16일, 김성수 박사, (현) 6·15공동선언실천유럽위원회 자문위원, 독한문화원, 출처 : 광주in(http://www.gwangjuin.com)

2. 진정한 통일을 꿈꾸며

진정한 통일은 남북한과 북방영토에 거주하는 한민족이 한데 어우러지는 것이다. 중국이 관리하고 있는 간도는 간도임시정부와의 통합을, 러시아가 관리하고 있는 지역은 '광개토대왕프로젝트'와 '한러공생연합국가론'을 통하여 가능할 것이다. '광개토대왕프로젝트'는 구소련과의 국교수립 때 제공한 14억 7,000만 달러의 대처 차관을 받는 대신 경상북도 크기만한 연해주 다르네고브스키 지역(약 54만ha)의 개발권을 한국에 제공해 농업기지와 고려인자치구를 마련한다는 프로젝트이다. 한국이 대소련 차관을 대러시아 차관으로 전환하는 과정에서 고민을 거듭하자, 이 차관을 끌어왔다가 나라를 잃음으로써 갚지 못하게 된 고르바초프 전 대통령은 한국에 대해 '인간적으로 미안함'을 갖게 됐다. 그런 까닭에 고르바초프는 1992년 10월 중국에서 노태우 대통령의 비서실장과 국무총리를 지낸 노재봉씨를 만나 "14억7000만 달러의 상환은 어려울지도 모른다. 그러니 내가 영향력을 발휘해 경상북도 크기만 한 연해주 다르네고브스키 지역(약 54만ha)의 개발권을 한국에 주도록 하겠다."라고 제의했다.

고르바초프가 이런 제의를 하기 직전인 9월 17일 남북한은 총리급 회담을 열고 상호 불가침에 관한 합의서를 체결한 상태였으므로 어느 때보다 남북관계가 좋았다. 때문에 다르네고브스키 지역에 대규모 농장을 건설하고 여기서 생산한 농산물을 식량난이 심각한 북한에 보낸다면 남한이 북한에 대해 영향력을 행사할 수 있다는 의견이 나왔다.

한러공생국가는 한국인(한국+북한+러시아와 중앙아시아 고려인) 2천500만~3천만명을 시베리아에 정착, 자원과 인프라를 개발하여 그 이익을 한국과 러시아, 한·러 공생국가에 균등하게 배분하는 한국과 러시아의 대등한 협력네트워크를 말하는데 러시아 사회학자 블라드미르 수린박사가 2006년에 제시하여 2008년부터 러시아 국민 99%가 인정, 현재는 유력한 정치인들과 사회지도층도 암묵적으로 동의하고 있는 상황이다.[67]

일본의 우경화, 중국의 G2 부상 등 동북아의 복잡한 역학관계와 국제 정세가 이를 쉽게 허락하지 않겠지만, 좀 더 낳은 국가 미래를 위해 한반도를 벗어나 대륙으로 진출할 수 있는 방안을 모색할 시점이 도래하고 있는데 러시아의 제안과 같이 러시아가 땅과 자원을 대고, 우리의 기술 인력과 자본, 응용기술을 합쳐 동등한 연방공생국가를 추진 한다면 국가 경제의 획기적 발전을 기대할 수 있으며 러시아는 기초과학기술과 우리의 융합과학기술 접목으로 다양한 경제구조 실현 가능, 철도 등 신 실크로드로 물류혁신에 의한 경제적 효과와 지금 우리가 안고 있는 많은 문제를 일거에 해소가 가능하다.

북한과 중국동포, 러시아 및 중앙아시아 고려인의 통합으로 새롭고 완벽한 공동체 형성으로 이는 한반도 통일에 기여 할

---

67) 이는 러시아에서 가장 영향력 있는 정치인 100명이 구독하는 월간 정치 평론지 "폴리티체스키 클라스"에 "코리아선언"을 통하여 주장을 하여 러시아 내에서는 이미 공론화 단계에 있다.

뿐 아니라 남북의 통일 시 북한 경제를 향상시켜 통일비용 구조를 개선하는데 직접적인 도움이 되며 제2의 글로벌 햇볕정책으로 추진하여야 한다.

한·러 공생국이 탄생하게 되면 남북통일의 주춧돌이 만들어지게 되는 것이며 간도 등 북방영토를 회복하는 계기점이 된다.

러시아가 극동과 시베리아지역에 땅과 자원을 대고 우리는 자본과 응용기술을 대어 동등한 연방공생국가를 추진한다면 우리는 손해 볼 것도 없고 경제이득 뿐만 아니라 중국의 동북공정의 대항마로서 이익을 향유할 수 있다. 지금까지 우리의 천년의 수난역사는 우리가 원하는 방향보다도 외부강대국에 의해서 우리역사가 끌려가는 아픈 역사였는데 우리 후손들에게 더 이상이 아픈 역사를 물려주지 않으려면 지금 이 시점에서 심사숙고해야 한다. 그것도 러시아가 서방세력에 의해 완전히 몰락하기 전, 우리는 그 틈새에서 기회를 꼭 잡아야 된다. 우리국익을 위하여 주변 4대강국 중 누가 한반도 통일을 원하는지 정확히 알고 철저한 계획을 세워 국가 미래와 역사 바로 세우는 싱크탱크를 만들어서 자손만대에 위대한 선조들의 문화유산을 만들어 주는 것이 이 시대를 살아가는 우리들의 책임과 의무라고 생각한다. 인류에게 남은 마지막 寶庫(보고)로 불리는 시베리아를 우리가 개발한다면 세계를 주도하는 상등국가로의 발전을 확신하기 때문이다.

이와 같이 간도 수복을 통한 간도의 재중동포와 한러공생국가 건설을 통한 연해주의 고려인, 남북한의 한민족이 한데 어우러지면 '한민족 삼위일체(三位一體) 통일론'을 완성할 수 있다. 우리가 반도라는 좁은 울타리에서 벗어나 대륙으로 진출할 수 있는 계기를 마련할 수 있다.

제5부

통일한국
영토주권

김성배

제5부는 이 책에서 과거와 현재를 바탕으로 미래를 다루는 부분이다. 한국 상고사와 강역의 변천, 분단의 현실을 연구한 연속선상에서 전개한다. 제5부는 네 개의 장으로 구성되어 있다. 제21장에서는 한국의 영토문제를 살펴보고, 제22장은 대마도의 영토주권 확립을, 제23장은 이어도 해양과학기지 영토화 추진을 검토하여 제24장은 통일한국의 영토주권 확보 방안을 제시하도록 한다.

제21장 해양영토의 개념과 영토주권

이 장은 해양영토의 개념과 영토주권을 다루고 있다. 먼저 해양영토의 개념과 영해의 범위, 배타적 경제수역에 대하여 검토하고, 어업협정과 해양주권과 해양주권 선포에 대하여 설명할 것이다.

1. 해양영토의 개념

바다는 지구 표면의 71%를 차지하고 있지만 아직도 인간의 손이 다 미치지 못한 미지의 세계이다. 바다는 그동안 소유권을 정해둘 필요가 없는 공동의 공간으로 인식되어 왔지만 인류가 직면한 여러 문제를 해결하기 위한 대안으로 부상하면서 '해양영토'라는 새로운 이름으로 불리기 시작했다. 해양영토란 좁게는 한 국가의 영토주권이 미치는 관할 해역으로서 영해와 배타적 경제 수역 그리고 대륙붕 수역을 의미한다.[1] 하지만 직접적인 관할 해역을 넘어 개별 국가가 독점적 탐사와 개발권을 확보한 심해저와 과학기지를 운영 중인 극지를 포함한 지역 또한 넓은 의미의 해양영토로 정의할 수

---

1) 해양교육퍼털 홈페이지 https://www.ilovesea.or.kr/eduGarden/eduTemplet.do?
   menuCode=010200

있다. 해양은 다양한 광물이 매장되어 있는 자원의 보고이며 약 30만 종의 생물이 서식하는 생명의 근원이기도 하다. 바다의 이러한 잠재력에 따라 세계 각국은 해양 산업과 과학을 발전시키고 있으며 더 넓은 해양영토 확보를 위해 치열한 경쟁을 벌이고 있다.

이에 따라 국제사회는 치열한 해양영토 확보 경쟁을 벌이고 있다. 세계 각국이 더 넓은 바다로의 진출에 박차를 가하면서 한 치의 해양영토라도 더 차지하기 위한 경쟁과 충돌은 날이 갈수록 심해지고 있다. 이에 국제사회는 해양영토 확보 경쟁에 따른 국가 간 정치적·물리적 충돌을 미연에 방지하고 분쟁이 발생했을 때 원만하게 해결하기 위하여 국제연합(UN) 해양법협약을 채택하는 등 해양 질서를 유지하고자 힘쓰고 있다. 연안국들은 해양영토를 확보하기 위하여 해양주권을 확립하고, 해양자원을 효율적으로 관리하기 위하여 배타적 경제수역(Exclusive economic zone)을 선포하고 있다.

해양영토의 범위는 '기선'이라고 하는 가상의 선으로부터 결정된다. 기선을 기준으로 안쪽에는 내수가 있고 바깥쪽에는 영해, 접속 수역, 배타적 경제 수역, 대륙붕 수역이 존재한다. 영해는 육지와 동등한 주권이 미치는 공간으로, 기선부터 12해리까지의 바다를 말하며 기선부터 24해리까지 영해의 바깥쪽 바다는 접속 수역에 해당한다. 바다가 가진 무궁무진한 잠재력으로 최근 그 중요성이 급격히 부각된 배타적 경제 수역(EEZ: Exclusive Economic Zone)은 기선으로부터 최대 200해리까지 설정할 수 있는 수역이다. 대륙붕 수역은 육지 영토의 자연적 연장이 기선부터 200해리 미만인 경우 200해리, 200해리를 넘는 경우 최대 350해리까지 설정되는 수역이다.

대륙붕은 연안국의 땅덩어리가 해면 아래까지 이어져 있는 부분을 말한다. 1945년 미국의 트루먼 대통령이 '대륙붕 선언'을 하면서 제법적인 문제로 부각되기 시작하였다. 1958년 대륙붕에 관한 협약 제1조에 '영해 외의 해저에서 수심 200m까지의 해저 또는 그 이상의 심해라 하더라도 천연자원에 대한 개발이 가능한 해저'를 대륙붕으로 정의하였다. 그 후, 1969년에 있었던 북해 대륙붕 사건에서 대륙붕은 영토의 자연 연장이라는 국제사법재판소의 판결이 나왔다.

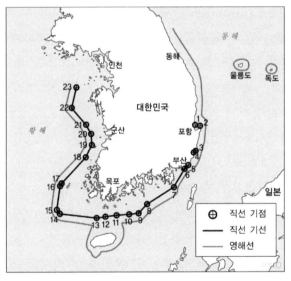

▲ 직선기선과 영해선

1982년 해양법에 관한 국제 연합 협약에서는 대륙붕을 200해리의 거리 기준과 해저의 형상을 조합하여 오늘날의 국제법상 제도로 정착되었다. 그러나 대륙붕과 배타적 경제 수역과의 관계, 그리고 대륙붕의 경계획정 등에 대해서는 아직까지 해결되지 않은 문제들도 다수 존재한다. 우리나라와 일본은 일부 대륙붕에 한해 협정을 체결하였지만, 중국과는 아직 획정하지 못한 상태이다

2. 영해의 범위

영해(Territorial Sea, 領海)는 영토나 영공과 마찬가지로 연안국이 주권적 권리를 행사할 수 있는 배타적 관할 구역이다. 주권이 미치는 해양 공간은 크게 영해, 접속 수역, 배타적 경제 수역, 대륙붕으로 구분되는데, 연안국은 영해에서의 해상 안전과 질서를 국내법으로 통제할 수 있으며, 외국 선박이 영해에서 문제를 일으켰을 경우에도 마찬가지로 국내법을 근거로 나포하거나 처벌할 수 있다.

영해의 개념은 17세기 근대 국제법의 형성기에 있었던 해양의 지위에 관한 논의에서 나왔다. 해양은 그 성격상 모든 사람에게 개방되어야 한다는 원칙이 천명되었다. 하지만 연안국은 현실적으로 자국의 해안에 인접한 수역에 어느 정도 관할권을 행사해야 할 필요가 있었다. 이 관할권은 18세기 후반 3해리로 고정시킬 것을 제안한 절충안으로 통합되었으나

국제법의 일반적인 원칙으로 인정되지는 못했다.

한국의 영해는 영해법에 따라 한반도와 그 부속 도서의 육지에 접한 12해리까지를 포함한다. 다만 영해법 시행령에 따라 대한해협에 대해서는 일본과의 관계를 고려하여 잠정적으로 3해리까지 만을 우리 영해로 하고 있다. 영해에서도 국가 권력은 그 상공·해상 및 해저지하에 미친다. 영해는 연안국은 영해에서의 해상 안전과 질서를 국내법으로 통제할 수 있으며, 외국 선박이 영해에서 문제를 일으켰을 경우에도 마찬가지로 국내법을 근거로 나포하거나 처벌할 수 있다. 그리고 연안국은 영해에서 외국 선박이 폐기물을 투기하거나 해양 오염을 야기할 경우 이를 규제할 수 있는 권한을 갖고 있으며, 해양 과학 조사를 위한 배타적 권리를 갖고 있다.

해양주권과 관련한 영해의 범위에 대하여 과거부터 학설이나 각국의 관행이 다르게 나타났다. 14세기부터 17세기에 걸쳐 100해리설, 60해리설 또는 육안으로 볼 수 있는 한도까지라는 설(목측가능거리설), 1일 동안 항해가 가능한 한도까지라는 설(1일 항해거리설) 등이 주장되기도 하였으나 1702년에 네덜란드 사람인 판 빈케르스후크(Cornelius van Bynkershoek)가 그의 저서 『해양주권론(De Dominio Maris Dissertatio)』에서 "국토의 권력은 무기의 힘이 그치는 곳에서 끝난다."라고 주장하였는데(착탄거리설), 이것이 3해리설의 기원이 되었다. 그 후 착탄거리가 3해리라고 하여 영해의 범위를 3해리까지 하여야 한다는 주장이 나오고 이것이 다수설이 되었다. 이러한 3해리설은 해양강대국들의 지지를 받았다. 그 이유는 해양강대국들은 가능한 한 영해의 범위를 줄임으로써 공해를 확장하여 그들의 군사적 활동의 자유가 제약되는 것을 방지하려 했기 때문이다. 그러나 3해리설을 반대하여 노르웨이와 스웨덴은 4해리설을, 스페인과 이탈리아는 6해리설을 주장하였고 러시아는 1909년 이후 12해리설을, 엘살바도르와 우루과이는 200해리설을 주장해왔다. 이와 같이 국가마다 상이한 영해의 폭을 주장하여 이에 관한 국제사회의 통일된 의견을 찾아보기 어렵게 되었다.

이러한 상황을 타개하기 위하여 국제적인 노력이 시도되었다. 1930년 국제연맹의 주최로 '헤이그 국제법전편찬회의'가 개최되었으나 영해의 범위에 대해서는 3해리를 주장하는 국가들과 6해리는 주장하는 국가 간의 대립으로 합의를 보지 못하였다. 그 후 1958년 국제연합의 주최로 개최된 제1차 국제해양법회의에서 영해·대륙붕·공해·어업 및 생물자원보존에 관한 4개 협약이 채택되었으나 영해의 범위는 결정하지 못했다. 영해의 범위를 확정하기 위하여 개최된 제2차 국제해양법회의도 국가 간의 대립으로 성과 없이 끝나고, 1973년에 시작된 제3차 해양법회의가 1982년에 '해양법협약'을 채택하면서 연안국은 기선(baseline)으로부터 12해리를 초과하지 않는 범위에서 영해의 폭을 설정할 수 있다고 규정하여 영해의 범위를 12해리로 확정하였다. 우리나라의 영해는 「영해 및 접속 수역법」에서 기선으로부터 측정하여 그 외측 12해리의 선까지에 이르는 수역으로 하고 있으며 다만, 대한해협은 3해리로 설정하여 준수하고 있다.

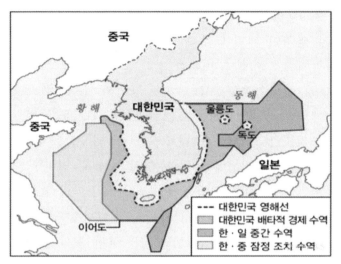

▲ 한국의 해양영토. 네이버 백과사전

3. 배타적 경제수역

배타적경제수역(Exclusive economic zone)은 각국은 자국의 영토로부터 200해리까지 배타적 경제 수역을 설정할 수 있으며, 이 수역 안에서는 배타적 권리를 확보하게 된다. 배타적 경제 수역은 외국선박의 운항, 통신의 자유 보장, 외국 항공기의 상공 비행의 자유를 방해할 수 없다는 것 외에는 사실상의 영토로 볼 수 있기 때문에 각국에서는 배타적 경제 수역을 주권적 차원에서 관할하고 있다. 배타적 경제 수역은 국제연합 해양법협약에 의해 규정된다. 이 협약에 의해 영해가 기존의 3해리에서 12해리로 늘어났으며, 배타적 경제 수역이 200해리까지 인정됨에 따라 한 국가가 관할할 수 있는 바다의 영역이 과거에 비해 확연히 넓어졌다. 결국, 전체 바다 면적의 1/3 이상이 배타적 경제 수역에 포함되었다.

배타적 경제수역은 1970년대에 생성된 개념인데 그러나 실질적 개념은 이미 1945년 트루먼(Truman) 미국 대통령이 '2개의 해양관할 선언(소위 대륙붕 선언)'과 함께 미국 연안의 인접수역의 생물자원에 대한 주권적 권한을 선언한 것이 계기가 되었으며, 이후 이것은 배타적 경제수역의 효시 1982년 5월 국제연합해양법회의에서 채택한 해양법협약에 의해 배타적 경제수역은 최초로 국제법화'UN해양법 협약'은 배타적 경제수역의 법적 지위를 영해도 공해도 아닌 제3의 특별수역으로 해석하고 있다.

배타적경제수역은 1994년 12월에 발효돼 1995년 12월 정기국회에서 비준된 유엔 해양법협약은 연안국의 EEZ권리를 인정하고 있다. 연안국은 배타적 경제수역에서 ① 해저의 상부수역(上部水域), 해저 및 그 밑의 생물과 비생물의 천연자원을 탐사·개발·보존·관리하기 위한 주권적 권리 및 해수·해류·바람을 이용한 에너지 생산 등 수역의 경제적 탐사와 개발을 위한 다른 활동에 관한 주권적 권리 ② 인공 섬, 설비 및 구축물의 설치와 이용, 해양의 과학적 조사, 해양환경의 보호와 보전에 대하여 해양법조약에서 정한 관할권 ③ 해양법조약에서 정한 기타의 권리를 갖는다. 다른 나라 배와 비행기의 통항(通航) 및 상공비행자유가 허용된다는 점을 제외하고는 영해나 다름없는 포괄적 권리가 인정된다. 따라서 다른 나라 어선이 EEZ 내에서 조업하려면 연안국의 허가를 받아야 하고 이를 위반하면 나포, 처벌된다. 그러나 12해리(22.2km) 이내의 영해가 아니면 조업을 하지 않는 한 어느 나라 배도 허가 없이 항해할 수 있다. 또한 어떤 나라가 일방적으로 200해리 EEZ를 선포한다고 해서 즉각 EEZ 권리가 인정되는 것은 아니다. 통상 인접국의 EEZ와 겹치는 경우가 많아 경계 획정(劃定)분쟁이 발생하기 때문이다.

우리나라는 1996년 EEZ를 선포했으나 한국과 일본 사이에는 육지와 육지 간 거리가 13마일(24km)에 불과한 곳도 있어 자주 마찰을 빚어왔다. 한일 신어업협정은 2001년 1월 22일부터 발효되었고, 한중어업협정은 2001년 6월부터 발효되었다.

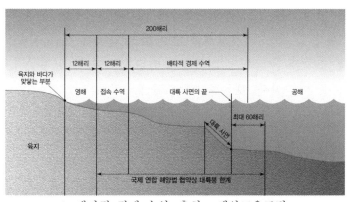

▲ 배타적 경제 수역. 출처 : 해양교육포털.

4. 어업협정과 해양주권

한일어업협정은 1965년과 1998년 두 차례 체결되었다. 1965년 6월에 체결된 어업협정은 한국과 일본 양국 간의 국교정상화의 일환으로 체결된 조약으로 공식명칭은 「대한민국과 일본국간의 어업에 관한 협정」으로 같은 해 12월 발효되었다. 그 후 1982년 「해양법에 관한 국제연합 협약」에 의해 새로운 국제 어업환경의 재정비를 위해 1998년 11월에 체결하여 1999년 1월에 발효되었다. 이 두 협정을 구별하기 위해 전자를 구한일어업협정이라 하고, 후자를 신한일어업협정이라 한다.

광복 이후 한일간 국교정상화를 의미하는 한일 기본조약을 체결할 당시 한일간에는 우선하여 어업협정을 체결하는데 이에 대한 구 어업협정의 주요 내용은 다음과 같다.① 자국 연안의 기선(基線)으로부터 12해리 이내의 수역을 자국이 어업에 관하여 배타적 관할권을 행사하는 어업전관 수역으로 설정할 것, ② 한국측 어업수역의 바깥쪽 주위에 공동수역을 설정하고, 어업자원 보호를 위한 규제조치를 강구할 것, ③ 어업수역 바깥쪽에서의 단속 및 재판관할권에 대해서는 어선이 속하는 국가만이 행사할 것, ④ 협정의 목적을 달성하기 위하여 양국어업공동위원회를 설치하고 필요한 임무를 수행할 것, ⑤ 공동자원조사수역의 설정, 그리고 ⑥ 분쟁해결 방법에 관한 여러 규정 등이다.

그러나 1977년 미국과 소련이 200해리 어업보존수역을 시행하자, 일본 역시 그해 5월 자국 연안으로부터 200해리까지의 모든 자원에 대해 독점적 권리를 행사할 수 있는 배타적 경제수역(EEZ)을 선포하였다. 이어 일방적으로 '트롤어선 조업금지 라인'을 설정함으로써, 한일간의 어업분쟁은 격화되었다.

이에 따라 양국은 1980년 10월 합의를 통해 자율적 규제를 하게 되었고, 1982년 유엔해양법협약이 채택되어 1994년 11월부터 공식적으로 효력이 발생하면서, 1965년 당시의 한일어업협정도 새로운 국제어업환경에 맞게 정비하지 않을 수 없게 되었다.

일본은 1996년, 200해리 EEZ제도를 선포하고 구 어업협정을 일방적으로 종료시키면서 새로운 어업협정 체결이 필요해졌다. 이후 김영삼 정부 시절 1997년 7차례 협상을 진행 하는데 1997년 7월 김영삼정권은 배타적 경제 수역(EEZ)의 기점을 울릉도로 하는 발표를 하고 그 해 10월 잠정공동수역안(잠정조치수역은 독도 중간수역)을 공식적으로 받아들여 독도를 중간수역으로 하기로 일본과 합의를 하였다. 단지 그해 IMF위기에 빠지게 되자 서명을 하지 못하고, 1998년에 들어서 김대중정부에서 8차례의 공식협상을 거쳐 그해 10월 9일 신한일어업협정에 가서명하고, 11월 28일 서명한 데 이어, 이듬해 1월 6일 국회 비준을 거쳐 1월 22일부터 정식 발효하였다.

신한일어업협정의 주요 내용은 EEZ의 설정, 동해 중간수역 설정, 제주도 남부수역 설정, 전통적 어업실적 보장 및 불법조업 단속, 어업공동위원 설치 등이다. 그러나 신어업협정이 체결될 당시부터 한국 측이 일본 측의 주장을 상당 부분 수용했다는 비난이 계속 제기되었고 정부의 미흡한 대응책에 대한 비판이 잇따랐다.

결국 한국 영토의 일부인 독도를 기선으로 한 EEZ를 확보하지 못하고, 독도가 한국 전관수역에서 배제된 채 중간수역에 포함시킴으로써 막대한 국가적 손실을 초래하였기 때문에 이 신한일어업협정을 파기하고 재협상에 임해야 한다는 주장이 끊이지 않고 있다. 이 협정의 유효 기간은 3년으로, 2002년 1월 22일 효력이 만료되는데, 만료 이후 한일 양국 어느 쪽에서도 협정 파기 의사를 밝히지 않는 한 효력은 자동 연장되어 진행되는데 현재 어느 나라도 파기의사를 밝히지 않고 있다.

한중어업협정도 난관에 부딪쳐 있다. 우리나라와 중국은 황해를 사이에 두고 마주보고 있지만, 역사적으로 양국은 어업 문제에 관해서는 공식적인 협상이나 특별한 관계를 가져본 적이 없다. 20세기에 접어들어 중국의 모택동 라인(1950년)이나 우리나라의 이승만라인(1952년)이 각각 선포되었을 때에도 각국에서는 이에 대해 상호 인정하지 않았다. 이 승만라인은 1952년 1월 이승만 대통령이 한반도 주변 수역에 대한 주권을 선언한 것으로 평화선이라고도 한다. 오늘날 배타적 경제 수역과 유사한 개념으로 독도와 이어도를 포함하고 있어 그 의미가 크다.

한국과 중국 간의 어업 변천사를 보면, 1980년대 초까지는 우리 어선이 중국의 연안에 더 많이 출어하였다. 그러나 1980년대 중반 이후에는 더 많은 중국의 어선이 우리 수역에서 조업하였으며, 조업이 크게 증가함에 따라 어족 자원의 고갈 문제와 우리 어민들의 피해가 많이 발생하였다.

한편, 한중 양국의 수교 이전부터 황해 어업에 대한 민간 차원의 교류와 협력이 이루어지고 있었다. 1989년 우리나라의 수산업 협동조합 중앙회와 중국의 동·황해 어업 협회 간에 「어선 해상 사고 처리에 관한 합의서」가 체결되었는데, 이는 한중 양국 어선의 긴급 피난 및 안전 조업과 해상 사고 처리에 관한 민간 협정이었다. 1992년에 수교한 이후, 정부 간 어업협정 체결을 위한 실무 회담을 시작하여 2000년에 이르러 「한중어업협정」이 정식으로 체결되었다. 협상이 길어진 이유는 국제연합 해양법이 인정하는 200해리 배타적경제 수역의 관점에서 볼 때 양국 간에 공유하는 황해의 폭이 최대 280해리에 불과하여 양측 간에 수역의 경계를 획정하는 데 어려움이 있었기 때문이다. 양국 간에 체결된 어업협정의 전문을 보면, 협정의 기본 이념과 목적으로서 해양 생물자원의 보존과 합리적 이용, 정상적인 어업 질서 유지, 어업 분야에 있어서 상호 협력 강화 등 세 가지 항목이 명시되었다.

그리고 동중국해에서 우리나라, 중국, 일본 간 대륙붕 경쟁이 재 점화되고 있다. 2012년 12월 말, 국제연합 대륙붕 한계 위원회(CLCS)에 확대된 우리의 대륙붕 외측 한계선에 관한 자료를 제출하였다. 이 자료는 국제연합 해양법협약 제76조를 근거로 동중국해에서 우리나라의 권한이 미치는 대륙붕 끝은 영토의 자연적 연장에 따라 일본 오키나와 해구까지 뻗어나간다고 밝힌 것으로 이는 동중국해의 특수한 지형에 따른 것이다 .

동중국해는 한반도에서 시작된 수심 200m 미만의 얕은 바다가 완만하게 남쪽으로 이어지다가 오키나와 앞에서 깊이 8,000m에 이르는 거대한 해구와 만난다. 우리 정부는 이런 지형적 특징을 고려하면서 '대륙붕이 시작된 나라에 대륙붕 영유권이 귀속된다.'는 자연 연장설을 근거로 경계선을 확대해야 한다고 국제연합 대륙붕 한계 위원회에 설명하였다.

한편 중국도 2012년 12월 새로 규정한 대륙붕 한계 정보를 국제연합 대륙붕 한계 위원회에 제출하였다. 그러나 일본의 경우는 오키나와 앞바다가 곧바로 깊은 해구로 연결되기 때문에 대륙붕 확대를 주장할 수 없다. 따라서 일본으로서는 대륙붕 확장을 주장하기보다는 우리나라와 중국이 오키나와 해구까지 대륙붕을 확장하려는 시도에 이의를 제기함으로써 추가적인 논의를 차단할 가능성이 높다.

5. 해양주권 선포

이승만 대통령이 1952년 1월 18일 최초로 해양주권을 선포하였다. 이를 평화선이라 부르는데, 평화선은 대통령령 '대한민국 인접해양의 주권에 대한 대통령의 선언'을 공표하여 설정된 대한민국과 주변국가간의 수역 구분과 자원 및 주권

보호를 위한 경계선이다. 오늘날 배타적 경제수역과도 비슷한 개념인데, 실상은 영해로서 선포된 것이다. 이승만은 이 경계선이 한일간 평화 유지에 그 목적이 있다고 밝히고, 그에 따라 '평화선'으로 명명하였다. 해외에선 평화선이라는 이름이 아니라 이승만 라인으로 불린다. 영해로서의 평화선은 독도를 확실하게 지켜내는 결과를 안겼다. 일본이 지속적으로 독도에 대한 영유권 주장을 하고 있지만 실효지배를 하는 국가는 대한민국이다. 특히, 이 평화선 안에 대마도는 제외되어 있지만, 이어도가 포함되어 있는 것은 그나마 다행한 일이다.

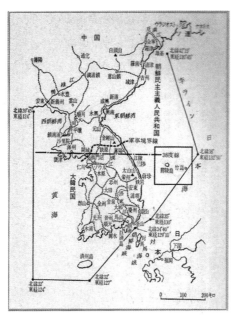

▲ 송본박화(松本博和), 1952, 격동하는 한
국, 암파신서, p.488. 출처:독도시사뉴스.

한일어업협정의 가장 큰 문제는 독도에 대한 영해의 문제이다. 표면적으로는 어업협정에 국한 한다고 하여 문제가 없는 듯하지만 그 당시의 협정 내용을 그대로 보면 독도가 중간수역에 들어가 있어 우리의 영토로서 12해리 영해가 없어진 모양새를 갖추고 있다, 이는 김영삼 정부 시절 1997년 7월에 배타적경제수역(EEZ)을 발표하는데 우리 영토인 독도를 제외하고 울릉도를 기선으로 하여 배타적경제수역을 선포하였기 때문이다. 다시 말해서 배타적경제수역을 독도기선이 아닌 울릉도를 기선으로 하여 선포하고 이를 기준으로 하여 그해 10월 잠정공동수역안을 공식적으로 합의 한 것이다.

김영삼 정부시절 독도가 아닌 울릉도를 기선으로 하여 EEZ를 공식 선포한 것은 국제해양법상 무인도를 EEZ로 잡을 수 없다는 UN규정 준수의 취지로 독도가 아닌 울릉도 기선 선택하였다고 하나 사실 독도는 무인도가 아니며 유인도이고 대한민국에 영유권이 있음에도 아마 박정희 시절 독도에 대한 밀약의 준수 의미에서 합의가 된 것으로 유추 해 할 수 있다.

신한일어업협정으로 독도에 대한 관심이 뜨거워지고 한일 간 독도문제가 영토분쟁으로 진행이 되자 노무현 정권은 2006년에 독도를 강제관할권 배제선언을 하게 된다. 이는 유엔해양법 제287조에 따른 것으로 이 선언은 엄청난 의미를 가지게 된다. 이 선언으로 독도문제를 국제해양법재판소로 가져갈 수 없게 되는 국제법의 선언을 하게 된 것이다. 다시 말해서 강제관할권 배제선언은 독도문제를 법적분쟁의 대상으로 삼을 수 없게 되었음을 의미하는 것으로 재판요건이 성립되지 않음을 의미하는 것이다.

　노무현 정부는 2006년에 김영삼 정부가 울릉도를 기선으로 한 배타적경제수역(EEZ) 기선을 해지하고 '독도를 EEZ 기선으로 한다.'라고 하는 내용을 국제적으로 선언하였다. 독도의 영유권을 국제적으로 선언한 것으로 독도가 국제적으로 분쟁화할 수 없게 규정한 것이다. 이는 해양주권의 틀을 마련한 것으로 독도가 더 이상 영유권 분쟁지역이 아님을 선포한 것이다.

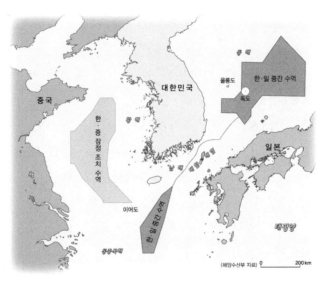

▲ 한일·한중어업협정 지도 <출처 : 해양교육포털>

제22장 대마도 영토주권 확립

이 장은 대마도 영토주권 확립을 다루고 있다. 먼저 대마도 개관을 설명한다. 한국과 일본의 대마도 관리와 대마도는 본시부터 우리 땅인 근거를 분석한 내용을 바탕으로, 임나의 실체를 통해 대마도 영토주권 확보의 정당성을 살펴볼 것이다.

1. 대마도 개관

역사적으로 볼 때 대마도는 분명히 우리 땅이었으나 현재는 일본에 귀속되어 일본이 실효적 지배를 하고 있다. 대마도의 위치는 북단이 북위 34°42′, 남단은 34°5′이며, 동단은 동경 129°30′, 서단은 129°10′으로 부산에서 49.5km 지점에 위치하고 있다. 대마도는 부산 앞바다에서 보일 정도로 가까운 거리에 있어 맑은 날은 대마도의 서해안에서 한국의 산과 거리를 볼 수 있다. 일본과의 거리는 복강(福岡 후쿠오카)까지 138km이다.

일본이 실효적 지배를 하는 대마도의 현재 행정구역은 장기현(長崎縣 나가사키현)에 속해 있으며, 좌도도(佐渡島 사도가시마)와 엄미대도(奄美大島 아마미오시마)에 이어 일본에서 3번째로 큰 섬으로, 장기현 전체 면적의 17.3%를 차지하고 있다.

대마도의 면적은 708.66k㎡로 제주도 면적 1,849.2k㎡의 약 38.3%, 울릉도 면적 72.86k㎡의 약 9.73배, 0.187453k㎡의 독도 면적에 비하면 3782.2배에 달하는 땅이다.[2]

남북 약 82km, 동서 18km로 가늘고 긴 모양의 섬이다. 해안은 침강과 융기의 반복적인 작용의 결과로 리아스식 해안이며, 총연장은 915.0km이다. 섬의 89%가 산림이고, 매우 험준한 산으로 이어져 있다. 대체적으로 해발고도 200~300m의 산들이 해안까지 줄지어 있다. 따라서 해안은 장소에 따라서 고도 100m 정도의 단벽을 이루고 있고, 해류도 거친 파도의 영향을 받기 때문에 사빈해안의 수가 적게 나타난다. 대마도의 하천은 지형적인 영향으로 대부분 급류 하천이고 유로연장도 짧다. 대마도는 본도와 109개의 섬으로 이루어졌다. 본도는 두 개의 섬으로 나눠져 있으나 다리(만제키바시)로 연결되어 있다. 작은 섬 중에 유인도는 상대마정에 속해있는 해율도를 합하여 총 5개의 섬이 있지만, 해율도를 제외하면 본도와 교량으로 연결되어 있어서 육지의 지속이라고 할 수 있다.[3]

대마도의 연간 평균기온은 섭씨 15.1도로 온화한 편이며 섬에 있는 울창한 원시림에는 일본 본토에서는 볼 수 없는 많은 대륙계 동식물이 많이 서식하고 있다.[4] 대마도의 지역

2) 신용우·김태식, 전게논문, p.108.
3) 김일림, 전게논문, p.94.
4) 조춘호, "대마도의 한국관련 유적", 「경산문화연구」, 제6집, 경산대학교경산문화연구소, 2002. p.131.

성 속에 일본보다 한국에 더 가까운 요소가 들어있기 때문일
가능성이 있는 것이다.5)

2. 문헌에 나타난 대마도

대마도는 삼국지(三國志) 위서 동이전 왜인조(倭人條)에
대마국(對馬國)으로 처음 나타나고, 일본이 제작한 팔도총
도6)와 해동팔도봉화산악지도(海東八道烽火山岳地圖 1652),
해동도(海東圖 1800), 해좌전도(海左全圖 1857. 부산포와 대
마도의 수로 표기), 대동여지도(1861) 등에 분명하게 대마도
는 조선 땅으로 표기되어 있다. 또한, 여지도서(與地圖書
1765), 경상도읍지 동래부도서조(島嶼條 1822)에 대마도가
수록되어 있다. 특히, 팔도총도는 임진왜란(1592년) 때 풍신
수길이 조선침략을 위해 만든 지도. 팔도총도와 강원도에 울
릉도와 우산도(于山島-독도)를 표기하였다. 대마도를 조선의
영토로 표시한 현존하는 최초의 지도이다.

해동지도7) 영남의 대마도, 대마여지도8) 대마(任那) 조선

---

5) 권도경, "한국 대마도 전설에 나타난 대마도 지역성과 활용방안", 「로
   컬리티 인문학」, Vol.-No.4, 부산대학교 민족문화연구소, 2010. p.217.
6) 팔도총도(八道總圖). 이종학(독도박물관장)이 일국립공문서관에서
   촬영하여 독도박물관에 기증하였다.
7) 해동지도(海東地圖 1750) 보물. 백두산은 머리요 백두대간은 척추며,
   영남의 대마도와 호남의 탐라는 두발이다. 以白山爲頭 大嶺爲脊 嶺
   南之對馬 湖南之 耽羅 爲兩趾.
8) 대마여지도(對馬與地道 森幸安 1756.6). 대마도의 부·향·군 모든 법
   칙은 조선국 부산에 준한 것이다. 거리는 470리다. 釜示准朝鮮國地

령, 청구도9) 동래부 기장현, 삼국접양도10) 대마도·울릉도·독도를 조선령으로 표기하고 있다.

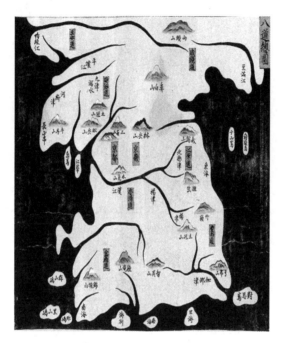

▲ 팔도총도, 독도박물관 소장

之例則府鄉郡令之470里.

9) 청구도(靑邱圖) 김정호(1834) 제작. 보물. 현존하는 가장 큰 지도. 대마도는 원래 신라 땅에 예속되었으며, 실성왕 7년까지 동래부에 속한 섬으로 470 리 거리 동남쪽 바다에 있다. 무신년에 왜가 들어와 살기 시작했다. 本隸新羅水路四百七十里在東萊府之東南海中至實聖王7年戊申倭置營於此島.

10) 삼국접양지도(三國接壤之圖). 임자평(林子平 1785) 편찬. 삼국통람도설(三國通覽圖說)의 부도(5매).

▲ 삼국접양도 프랑스어판, 김상훈(월간조선 2011)

이 지도는 프랑스판으로 번역(1832)[11]되어, 대마도·울릉도·독도는 우리 땅임을 세계가 인정하고 있다.

아주(我州 대마도)가 본래 조선 경상도의 속도인 것은 일본과 대마도의 서(書)에서 자주 보인다. 또 여지승람에도 아주를 동래의 속도(屬島)라고 하였다. 조선도 이 구절을 자주 인용하지만, 문적(삼국사·삼국유사)에 관해 토론하였다. 뒤에

---

11) 클라프로트 1832년 번역. 대마도와 독도가 우리 영토로 표기되었다. 국제법으로 공인받은 프랑스어판이다. 일본은 1860년대 소립원(小笠原 오가사와라)제도를 두고 미국과 분쟁하였다. 독일 동양학자 클라프로트가 번역한 프랑스어판을 증거로 제시하여 영유권을 인정받았다. 뒤늦게 이를 확인한 일본은 슬그머니, 지도를 조작하여 배포하고 있다.

이익과 안정복 등이 '대마속국론'을 들고 나온 것은 지극히 당연한 일이다.12) '대마속국론'의 주요 내용들을 정리하면 아래와 같다.

동사상일록에 "지성으로 조선에 사대하며, 시종 한마음으로 영원히 조선의 속주로서 충성을 다할 것이다. 또 이 섬의 백성은 오로지 우리나라 난육(卵育)의 은폐에 힘입어 생계로 삼고 있는 처지이다."13)라고 기록하고 있으며, 동사록에는 "조선의 쌀과 베로 너의 밥이 되고 너의 옷이 되었다. 너의 목숨은 조선에 달렸으며, 너희는 자손대대로 우리의 속민(屬民)이다. 대마도주는 제발 속이지를 마라. 그리고 조선에 충심을 다해 백 년토록 복을 누려라."14) 해유록에는 "이 고을은 조선의 한 고을이다. 태수가 도장(圖章)을 받았다. 조정의 녹을 먹으며 크고 작은 일에 명을 청해 받으니, 우리나라에 대하여 속주(屬州)의 의리가 있다."15) 라고 기록하였다. 그리고 해사일기에는 "대마도는 본래 조선의 소속이다. 이미 조선의 옛 땅에 살면서 대대로 조선의 도서를 받았다. 또한 공미(公米)와 공목(公木)으로 생활하니, 대마도는 곧 조선의 영토다."16)라고 기술하였으며, 안정복의 동사문답에는 "대마도는

---

12) 송포윤임(松浦允任) (1725). 조선통교대기(朝鮮通交大紀). 권1. 원통사공(圓通寺公). 왜관(동래)을 중심으로, 조일관계를 조선 중심으로 기술했다. 조선의 대마에 대한 고찰과 조선에 대응수단 연구, 막부에 조선과 대마의 관계를 이해시키기 위한 목적에 맞도록 쓴 외교 실무서이다. 10권 10책이며, 조선사편수회에서 활자화했다.
13) 오윤겸 (1617). 동사상일록. 광해군 9년. 재인용.
14) 조경(趙絅) (1643). 동사록(東槎錄) 망마주(望馬州). 인조 21년. 재인용.
15) 신유한 (1719). 해유록(海遊錄). 숙종 45년. 재인용.

우리의 부속 도서이다. 대개 대마도는 신라·고려 이래로 국초에 이르기까지 우리의 속도(屬島)였다."17)라고 정확하게 기술한다. 여지승람에는 "대마도는 옛날 경상도 계림 땅에 예속되었다." 승사록에도 "대마도는 일본 내국과 전혀 다르다. 일본인은 항상 대마도인을 오랑캐(蠻夷)라고 부르며, 사람 축에 끼워주지 않았다."18)라고 기술되어 있다.

마한에서 건너간 이주민이 대마도·일기도에서 살았다. 이때문에 이들 지역은 마한의 지배를 받았다. 이때, 소잔명존(素盞嗚尊 스사노오)은 아들 오십맹신(50猛神 이타케루노카미)을 데리고 신라국(구주의 고금신라拷衾新羅)의 증시무리(曾尸茂利 소시모리)에 있었다. 소잔명존은 '이 땅은 내가 살고 싶지 않다.'라고 말하며, 진흙으로 배를 만들어 출운(出雲國 이즈모)의 파천(簸川) 상류의 조상봉으로 갔다.19)

여기서 신라국은, 일본서기(중애 8년9월)에 나오는 고금신라와 출운풍토기의 국인신화(國引神話)의 고금신라와 같은 곳이다. 구주(九州 큐슈)는 도래인이 세운 신라의 소국이 많았다. 이때 소잔명존이 출운으로 이주한 것은, 대마도·일기도·구주 등이 마한의 관경이기 때문이다.

이러한 내용은, 대마도를 중심으로 한 일기도와 구주는 왕검조선 때부터 우리 민족이 통치했다는 실증적 자료다. 일본

16) 조엄(趙嚴) (1763). 해사일기(海槎日記). 영조 39년. 재인용.
17) 안정복 (1900). 동사문답(東使問答). 안종엽 편, 순암집(順菴集) 권 10. 재인용.
18) 원중거(元重擧) (1763). 승사록(乘槎錄). 영조39년. 일본인의 대마도 구분의식은 풍습(風習)과 대화국지(大和國志) 등에 나와 있다.
19) 일본서기 신대 상8.

서기의 신(神)은 모두 우리나라에서 건너간 지배인을 말한다. 그리고 섬야노(陝野奴 스사노오)를 우두천왕(스사노오)으로 모신 신사(神祠)가 우두사(牛頭寺 소머리데라)다. 구주와 대마도는 삼한이 나누어 다스린 땅으로, 본래 왜인이 사는 지역이 아니었다. 임나가 또 나뉘어 삼가라가 되었다. 가라(加羅)는 중심되는 마을을 일컫는다.[20] 좌호가라 신라, 인위가라 고려, 계지가라 백제이다.

임나는 대마도에 있던 우리나라 이름이다. 동과 서에 마을이 있어 치소(治所)가 있고, 조공하기도 하며 배반하기도 하였다. 임나가 대마도를 지배하므로, 그때부터 임나를 대마라고 일컬었다.[21]

임나는 대마도 서북 끝에 있으며, 북쪽은 바다로 막히고 국미성에 치소가 있다.[22] 광개토경호태황비에 의하면 영락 10년(410)에 삼가라(대마도 삼한분국. 左護·仁位·鷄知)는 모두 고구려에 귀속되었다. 이로부터 바다와 육지의 모든 왜가 임나에 통합되어, 열 나라로 나뉘어 다스리니 이를 연정(聯政)이라[23] 하였다.[24] 연정은 고구려에 직할되었으며, 열제(광개토경호태황)의 명령 없이는 제멋대로는 아무것도 행할 수 없

---

20) 이병선 (1990). 임나국과 대마도. 아세아문화사; 문정찬 (1970). 일본상고사. 백문당. 한단고기 고구려편. 재인용.: 東西各有墟落 或貢 或叛 後 對馬二島 遂爲任那所制故 自是任那 乃對馬全稱也.
21) 이병선, 임나국과 대마도. 문정찬, 일본상고사. 한단고기 고구려편, 재인용. 任那者 本在對馬島西北界 北阻海有治曰 國尾城.
22) 이병선, 임나국과 대마도. 문정찬, 일본상고사. 재인용.
23) 대마도·일기도·말로국·구주·세도(瀨戶)연안·대화왜(大和 야마토)
24) 이병선, 임나국과 대마도. 재인용: 永樂十年 三加羅盡歸我 自是 海陸 諸海悉統於任那 分治十國 號爲聯政; 태백일사. 광개토경호태황비문.

었다. 그 후 백제가 관할하였다.25)

구야한국(拘邪韓國. 금관가라)에서 1천여 리 떨어진 바다를 건너면 대마국에 이른다. 사방이 400여 리쯤 된 곳에 조선 도래인이 거주하고 있다.26) 또 대마에서 1천여 리 떨어진 곳의 일기국(壹岐國)은 사방이 300리쯤 된다. 본래 이곳은 사이기국(斯爾岐國)인데, 여러 섬의 사람이 모두 조공하였다. 아라(安羅)는 대마도의 임나(任那)로 편입되었다. 말로국(末盧國) 남쪽 대우국(大隅國)에 시라군(始羅郡)이 있다. 이곳은 남옥저 사람이 도래하여 살았다.27) 가락국 6대 좌지왕 2년(408년), 왕비 용녀(傭女)가 붕당을 일으키어 국력이 쇠잔하였다. 이때, 고구려 연정(대마왜)이 지배하였다(신라 실성왕 7년. 동진 안의희(安義熙) 3년. 일본 황반정(皇反正) 3년. 광개토경호태황비문).

삼국사에 의하면 왜가 대마도에 병영을 설치했다는 소식을 접하고 가락국과 신라는 같이 근심하였다. 대마도를 정벌하려 하였으나 미사품(未斯品)의 간언으로 중단했다.28) 삼국사도 임나국은 가락의 영토라 분명히 밝히고 있다.29) 이때, 대마왜는 임나연정이 지배했다.

---

25) 然 直轄於高句麗 非烈帝所命 不得自專也. 한단고기 고구려편. 열제의 비문.
26) 위지 왜인전. 태백일사 대진국 본기. 재인용.
27) 태백일사 대진국. 광개토경호태황비. 재인용.
28) 삼국사 권3. 신라본기3 실성왕 7년(408.2). '대마도 실지회복 작전회의'였다. 성병원 (2005). 실성왕은 대마도 실지회복 작전회의를 열었다. 한산신문, 2005.3.31.
29) 任那國之所係 赤各羅古城所係

대마도는 가락국의 영토이다. 비단 무역의 거점으로, 용성국(長崎 나가사키)→충승(沖縄 오키나와)→연해주한류(리만해류)를 타고 싱가포르→복강성→갠지스강→아유타국→아라비아로 비단을 나른 곳이다.30)

삼국사는 대마도라 기록하고 있으나, 일본서기는 대마국·대마도·대마주로 되어 있다. 대마는 삼국지 이후, 널리 쓰이고 있다. 다시 말하면, 대마란 마한(馬韓)과 마주 대하고 있다 하여 부른 이름이다. 대마의 명칭 유래는 영유구혜(永留久惠)의 책(고대 일본과 대마)에 잘 나와 있다. 또한, 삼국사, 가락국기, 대동세보에도 분명하게 기록되어 있다.31) 이렇게 역사적 고증으로, 5세기 이전에 대마도는 오랫동안 가야의 영토임을 밝히고 있다. 다시 말해, 일본 스스로 대마도는 일본의 영토가 아님을 증명하는 증거이다.

대마도의 소도(卒土)는 마한의 소도(蘇塗)와 같은 곳이다. 고황산령존(高皇産霊尊 다카무스비노미코도)와 천조대어신(天照大御神 데라시스오오미카미) 등의 신화는 조선분국의 존재를 증명한다. 다시 말해 대마도 신(神)의 고향은 바로 한국이다.32)

---

30) 이용기 (1987). 가락국의 영광. 가락국사적개발연구원. 재인용.
저자가 14년 동안 탐방한 실제 내용을 기록한 책이다.

31) 삼국사 권3 신라본기 제3 실성왕 7년 春二月 王聞 倭人於對馬島置營貯以兵革資粮以謀 襲我 我欲先其未撥揀精兵聲破 兵儲舒邨未斯品曰, 臣聞兵器戰危事…. 가락국기 神王二年 戊申新羅實聖王 七年 西紀四0八年 倭始置營于 馬島 神王戊申 倭始營 於對馬島 洛羅二邦爲憂…. 대동연보 좌지왕 新羅實聖王七年 東晉安帝熙四年 日本皇反正三年 倭始營于 對馬島….

32) 영유구혜(永留久惠 나가도메 히사에). 대마도 역사관광. 재인용

왜는 신라 통일 후 국교가 단절(779년)되자, 군사와 무역의 요충지인 대마도를 침범하여 약탈의 기지로 삼았다. 신라는 계속하여 왜구를 소탕하였으며 대마도를 관리하였다. 특히 9세기 장보고의 해상활동과, 관리를 파견하고 화사품을 하달하는 등 적극적인 정치적 개입이 있었다(811년, 812년, 813년, 814년).33)

고려 때 만호(萬戶)를34) 파견하여 대마도를 관리하였으며, 진봉선무역(進奉船貿易)을 하였다.35) 그리고 우왕 3년(1375)에 박위를 보내어 대마도 주민을 보호하고 왜구를 격퇴했다. 대마도가 우리 영토임을 다시 확인한 일이다.36)

조선왕조실록에 의하면 세종 원년 이종무의 정벌37)로 대마도는 조선의 속주(屬州 동래부 편입)가 되었으며, 통치에 따랐다. 이후 왜구는 근절되었다. '밖에서 귀국을 호위하며…. 우리 섬이 귀국 영토 주군(州郡)의 예에 따라, 주의 명칭을 정하여 주고 인신(印信)을 주신다면 마땅히 신하의 도리를 지키어 시키는 대로 따르겠습니다.'라는 속주화(屬州化)요청에38) 대마도주의 간절함이 고스란히 남아있다.

---

33) 나종우 (1996). 중세의 대일관계. 원광대학교출판부. 재인용.
34) 공민왕17(1368). 수직왜인 최초기록. 대마도주 종4품의 만호와 쌀 천석을 하사받음.
35) 진봉선무역-고려는 왜와 대마도의 진상에 답하여 많은 생필품을 화사품으로 보냈다.
36) 나종우 (1996). 중세의 대일관계. 원광대학교출판부. 재인용.
37) 己亥東征 세종1 1419. 잔존왜구에 대한 최후의 군사대응이다. 일본은 응영외구((應永外寇)라 한다. 조선초 조일관계의 한 획을 긋는 사건이다.
38) 以爲外護貴國… 若將我島 依貴國境內州郡之例 定爲州名賜以印信 則當效臣節 惟命是從. 세종실록 2년 윤1월 10일.

'노비문기(奴婢文記)에, 두지인(豆之 대마도)이 있다. 대마도는 조선 땅이니, 그곳에 왜인(조선 도래인)이 살고 있다고 무슨 문젯거리가 되랴'고 세종과 김중곤(金仲坤)이 나눈 대화에서, 세종의 확고한 국가관을 엿볼 수 있다(세종실록 23년. 1441.11.22). 황희(黃喜)는 '대마도는 예로부터 우리 땅인데, 고려말에 기강이 허물어져 왜구가 날뛰게 되었다.'고 말했다. 이와 같은 대마도 속주의식은 군신과 학자, 백성 모두의 머리와 가슴속에 깊이 새겨져 있었다.

조선은 실정막부(室町幕府 무로마치)의 요청에 따라, 통교허가증을 발급하였다. 행장(行壯)·노인(路引)·문인(文引)·도서(圖書)·수직왜인(受職倭人)·통신부(通信符)·상아부(象牙符) 등의 통행증은, 대마도인이 우리의 속민이었다는 증거이다. 또한 일본이 조공했다는 실증적 내용이다. 이러한 통행증의 왕래와 검역은 거제도 지세포(知世浦) 만호가 담당하였다(세종실록 4년. 1422.8.2).

또한 수직왜인(벼슬아치)에게 내린 교지는, 군신의 예와 충성의 책무를 강하게 포함되어 있다. 이것으로 일본과 대마도는 조선의 정치체제 안에 편입되었음을 알 수 있다. 또한 그들을 보살핀 조선의 성의가 포함되어 있다.[39]

'경의 조부가 대대로 우리의 남쪽 변경을 지켜서 국토를 보호하게 되었는데, 지금 경이 선조의 뜻을 이어서 더욱 공경하고 게으르지 아니하며 거듭 사람을 보내 작명(爵命)을 받기

---

39) 중천영효(中村榮孝). 수직왜인의 고신. 한일관계사연구, (상), p.585. 재인용.

로 청하니, 내가 그 정성을 가상히 여겨 특별히 숭정대부 판중추원사 대마주 병마도절제사를 제수한다.'고 종성직(宗成職)에게 내린 교지(세종실록 7년. 1425.8.28)의 당근과, '대마주는 속신(屬臣)인데 어찌하여 조선과 대마도를 양국이라 칭하느냐. 너의 도주가 우리 조정에 신하라 칭하였으니, 대마도는 조선의 일개 주현에 지나지 않을 뿐이다.'고 한 서계(書契)의 따끔한 회초리(성종실록25년 1494.2.7. 연산군일기8년 1502. 1.19)도 보인다.

'대마도는 일본왕의 명령이 미치지 못하는 섬'이라는 강선권(일기도 초무관)의 보고서는 분명, 대마도는 조선 땅임을 말하고 있다(세종실록 26년. 1444.4·30).

'영원토록 귀국의 신하로서 충절을 다하겠다.'는 대마도주는 서계(성종실록 18년 1487.2.7.)로 답했다. 그리고 '형제처럼 우호와 신의, 화목으로 200여 년 동안 조금의 틈도 없었다. 대마도는 우리의 속주로서 조선의 신하로 섬겼으므로, 나라에서 심하게 후한 대접을 하였다…. 섬의 모든 백성이 조상 대대로 그 덕을 입고 양육받지 않음이 없었다. 그로써 생활하였으니 모두가 상국인 조선의 은혜'라는 경상감사가 대마도주 종의지(宗義智)에게 보낸 답서(선조실록 2년 1569.8.7.)에서 점잖은 타이름도 있다.

일본의 문헌에 나타난 대마도를 살펴보면 아래와 같다. 위지왜인전에 "서기 100년경에 이미 구주의 키 작은 원주왜인(原住倭人 남방계)을 정복하고, 비류백제 왕실 자제(子第)가

담로주(擔魯主)로 통치하고 있었다."라고 기록되어 있다.40)

▲ 산가요약기 권2, 도시장블로그(이창혁)

일본서기 신대성기(神代成紀)에는 "음신과 양신이 성교하여 산달에 이르러 담로주(淡路州)를 모태로 일본을 낳았다.41) 이는 백제인이 세운 담로가 본주(本州 혼슈)와 구주, 대마,

40) 정상광정(井上光貞). 일본 국가의 기원. 재인용, 담로는 성(城)을 뜻하는 백제어. 다라 또는 드르의 한자표기. 백제의 지방행정 조직. 7담로 對馬, 壹岐, 伊都奴, 投馬, 邪馬臺. 양서梁書 백제전에 처음 등장한다.
41) 김성호, 은사한국(恩師韓國). 재인용. 陰陽始 合爲夫婦 反至產時 先 以淡路洲爲胞… 生日本.

일기도에 있었다는 것을 증명하는 내용이다.

산가요약기(山家要略記)에는 '오래전부터 대마도는 고려(고구려)국의 목(牧)이다. 신라사람이 살고 있다(曾対馬嶋高麗牧矣 新羅住土).' 이 내용은 산가요약기(山家要略記)[42] 대주편년략(對州編年略),[43] 부상고어영이집(扶桑古語霊異集),[44] 대마기(対馬記),[45] 삼한정벌기(三韓征伐記)[46]에 기록되어 있다.[47] 또한, 중애(仲哀 일왕)가 악포(鰐浦)에서 신라를 정벌하여 대마도를 얻었다.'고 기록하고 있다. 이 기록의 신라는, 대마도의 좌호가라(佐護加羅) 중심의 신라이다. 그리고 중애는 신라정토의 신탁을 믿지 않았다. 그리고 억지로 웅습(熊襲

---

42) 산가요약기는 일본 승려 현진(顯眞)이 5권으로 편찬한, 천태종 교리를 정리한 책 권2. 正八幡大菩薩垂迹事에 三韓征伐記曰 武內宿祢記正八幡大菩薩、日本武尊第貳子穴戶豊浦宮仲哀天皇在、曾對馬嶋高麗牧矣。新羅住土、開化天皇代於此嶋襲來新羅於大日本國爲毆朝、則天照太神顯二兵降伏新羅。 而太多良姙出現沙竭羅龍王宮、防拒土弼朝。爾後息長宿祢女化、仲哀天皇后約、而後此王治二年癸酉、自大和國被遷都於穴戶、偏是新羅來朝怖、防土御世事...기록. 산가요약기는 역사서가 아니다. 증애가 삼한정벌에서 부상당해 대마도로 돌아와, 정팔번대보살이 되는 경위를 밝히고 있다. 고려목신라주토 12자는 삼한정벌기(三韓征伐記)에서 인용했다고 기록.

43) 대주편년략은 3권으로, 대마도인 등정방(藤定房)이 1731년에 편찬하였다. 대마도 연료와 역대 대마도주 이름, 전승, 비사, 구전을 기록했다. 對馬嶋者高麗國之牧也 新羅住之의 기록은 산가요약기라 출처를 밝히고 있다.

44) 부상고어영이집은 도량향(都良香)이 한 노인에게 들은 이야기를 기록한 책이다. 증애의 일대기는 일본서기를 근거하고 있다.

45) 대마기의 앞부분은 증애의 일대기. 뒷부분은 용녀(龍女. 神功皇后)의 삼한정벌기이다.

46) 일본서기 삼한정벌기 중애9년. 199.10월 기사. 신라정벌과 배 80척의 조공선. 고구려 백제의 투항으로 삼한을 정벌했다고 기록.

47) 이창혁 (2021). 대마도 영유권 주장에 대한 불편한 진실. 네이버블로그, 죽도시장, 2021.3.21.

구마소)을 토(討 공격)하였으나 승리하지 못하고 돌아왔다.48)

진대(塵坮)에는 '대마도는 신라국과 같은 곳이다. 사람의 모습도, 그곳에서 나는 토산물과 모든 것이 신라의 것이다.' 이러한 진대의49) 고백은, 신라사람이 대를 이어 대마도에 살았다는 사실을 밝혀준다. 또한 대마도가 신라와 같은 곳(左護加羅)이라는 증명이다. 인종과 문화의 동질성을 강조하고 있다. 이렇듯 대마도는 한반도와 가깝게 있는 부속 도서로서, 우리의 정치와 문화가 상존했음을 일본학자가 나서서 증명하고 있다. 대마도에 산재해 있는 수많은 문화·유적·생활·습속은 신대마도지 등에 잘 정리되어 있다.50)

고사기(古事記)에는 천일창(天日槍 아메노히보코) 설화는, 가라 세력이 대마도를 거쳐 열도까지 점령하였으며, 그 후손이 일본왕으로 번영하게 된 경위 등을 진실하게 쓰고 있다. 대마도의 표기를 고사기는 진도(津島 쓰시마), 일본서기 신대는 한향지도(韓鄕之島 가라시마)로 하고 있다. 진도는 한반도로 가는 배가 머무는 항구와 같은 섬이고, 한향지도는 바로 한국인의 섬, 한국인이 고대부터 살았던 섬이라는 뜻이다. 풀

---

48) 이병선, 임나국과 대마도. 일본서기. 한단고기 고구려편. 재인용.
49) 진대(塵袋)는 분류 사전으로 편찬된 11권의 책. 편자미상. 승려 인유(인용)이 1264-1288에 재편찬한 것으로 추정된다. 고사전(高士傳)의 고사원본(古寫元本)으로 희귀본. 1971.6.22. 국보지정. 일본과 지나의 고사(古史)의 기원·어원·전거·유래 등을 일본서기·만엽집을 인용하여 고증하고 있다.
50) 서울신문사 (1985). 대마도·일기도 종합학술조사 보고서. 서울신문사. 신대마도지. 재인용.

어 말하면, 우리나라에서 사람과 문화가 건너갈 때 거쳤던 섬, 또는 교역이 이루어졌던 섬이라는 뜻이다.

▲ 고사기상권강의, 국학원대학(일)

대마국도(對馬國島)의 대관(大官)을 '히고(卑拘 비구)', 부관을 '히노모리(卑奴母難 비노모난)'라 불렀다는 기록이 최초의 대마 기록이다. 위지(魏志)의 기록자는 진(津)의 도(島)로 이해했다. 쓰(津)는 배가 닿는 곳이다. 따라서 배가 닿는 섬이란 뜻으로 쓰시마(津島)로 표기해야 옳다. 고사기는 진도다. 시마(島)는 우리말의 '섬'에서 유래되었다. 우리말의 두

섬이 두시마, 쓰시마가 되었다. 이러한 내용으로 볼 때, 3세기 이전부터 대마도는 구야한국(가야)에 속했음을 알 수 있다.

한편, 중국 문헌에 나타난 대마도를 살펴보면 아래와 같다. 중국은 침략의 정당함을 위할 때 왜를 두둔한다. 한서와 위서, 신·구당서, 진서(晉書), 송서(宋書) 등의 기록이 그러하다. 특히 송서·양서(梁書)·남사(南史)의 5세기 일본 기사는 왜·신라·임나·가라·진한(秦韓)·모한(慕韓)에 사지절도독(使持節都督 총독)을 임명했다고 한다. 그러므로 이때부터 일본이 한반도 남부를 경영하였다고 주장하는 일본학자가 증거로 삼는 부분이다. 그러나 이러한 내용은 터무니없는 주장이고 검증되지 않은 가필일 뿐이다. 통일왕정은 7세기 후반에 이루어졌기 때문에 열도의 통일왕정은 없었다. 다만, 대마도에 도래인이 세운 임나연정이 있었을 뿐이다. 찬·진·제·흥·무 5왕은 곧 대마도의 임정왕이다.51)

수서(隨書) 대판만(大阪灣 오사카)에는 담로(擔魯)와 일치하는 담로도(淡魯島)가 있었다. 서기 18년에 공주(熊津)에 도읍한 비류 백제는, 처음부터 백가(百家)나 되는 많은 세력으로 바다를 건넜다.52)

위지동이전(魏璡夷傳) 왜인전 3세기 기록은 대마도가 대마국으로 표기되어 있다. 한단고기 고구려편에는 본주(本州 혼슈)·구주·대마도에는 본래의 왜인은 없다 하였으니, 주민 모두

---

51) 이병선, 임나국과 대마도. 재인용.
52) 수서 권81 백제전. 初以百家濟海, 因號百濟. 立其始祖仇台廟於國城, 歲四祠之.

가 우리나라에서 건너간 도래인이었음을 뜻한다.

3. 한국과 일본의 대마도 관리

대마도는 한반도와 일본의 중간에 위치하기 때문에, 징검다리 섬 또는 국경의 섬이다. 그리고 전략적 요충지이다.[53] 이러한 대마도는 부산에서 50㎞에 불과하다. 대마도에서 구주의 박다(博多 하카타)까지의 최단거리도 142㎞나 된다. 국제법으로 따져도 명백한 한국의 연안 섬이다.

청백리 황희는 '대마도는 예로부터 우리 땅으로 고려말에 국가 기강이 크게 허물어져 도적의 침입을 막지 못해 왜구가 웅거하게 되었다.'[54]고 하였다. 또한 이황(李滉)은 조선과 대마도를 부자 관계로 보았으며,[55] 세사미두(歲賜米豆)는[56] '대마도가 충성을 다하여 바다를 든든하게 지키는 수고로운 공적을 가상히 여겨 해마다 하사'한다고 하였다(예조답대마도주(禮曹答對馬島主) 권8).

'대마도는 우리나라 조정의 은혜로 우리의 동쪽 울타리를 이루고 있으니 의리로 말하면 군신지간이요, 땅으로 말하면 우리의 속국'이라고 해사록(海槎錄)이[57] 밝히고 있다.

---

53) 최진희 (2013). 대마도와 소 요시토시 연구. 부경대학교, 석사학위 논문.
54) 등정방(藤定房)이 1731년에 편찬한 대주편년략에 수록. 재인용.
55) 갑신포역절왜소(甲辰包勿絶倭疏). 퇴계전서(退溪全書) 권8. 재인용.
56) 기해동정(1419)으로 식량과 생필품의 곤궁에 처한 대마도주의 간청으로 통교하면서 맺은 계해약조(세종25 1443), 임신약조(중종7 1512), 기유약조(광해1 1609)의 내용이다. 약조에 따르면, 조선은 대마에 해마다 쌀과 콩을 하사한다.
57) 김성일이 통신부사로 일본에 다녀온 뒤 1590년에 작성한 사행록(견

그런가 하면, 중촌영효(中村榮孝)는 조선과 대마도의 속지관계의 개연성을 인정하고 있다. 대마도는 대륙으로 이어지는 생명선과 같은 섬이며, 지정학적 여건 등으로 볼 때 '조선의 영토'라는58) 고백도 있다. 조선과 대마도는 한 집안이고, 같은 왕의 신하라 하여 대마만호 태량의 칭송을 받았다는 기록은59) 대마도의 조선속국을 잘 표현하고 있다. 그리고 신숙주는 일본(8도 66주)과 구별하여, 대마도를 완전한 조선영토로 기술하였다.60) 대마도가 지금은 비록 일본의 폭력으로 강제 편제되었다. 본래는 동래에 속했던 까닭에, 이에 대한 기록이 우리의 고사에 많이 있어 아울러 기록한다…. 섬 안 남자의 언어와 부녀자의 의복이 조선과 같다. 대마도민 자체가 스스로를 일본의 일부로 생각하지 않았다.61)

역사적으로 한국령이 아니라는 것은 사실이다. 그렇다고 현재의 일본령을 미래의 한국령으로 될 가능성이 전혀 없는 것은 아니다. 대마도가 장래 한국령이 될 수 있는 가능성은 얼

문록). 이 글은 해사록(海槎錄권3, 답허서장서(答許書壯書)에 실려 있다. 재인용.
58) 중촌영효(1966). 일본과 조선. 지문당(동경). 재인용.
59) 송희경(1420). 노송당일본행록. 재인용
60) 신숙주(1471). 해동제국기(海東諸國記). 재인용. 해동제국기는 신숙주가 편찬한 일본·대마도·유구국의 역사서. 해동제국총도·본국도·서해구주도·일지도도·유구국도·조선삼포도의 상세하고 세밀한 지도가 수록되었다. 이 수록된 일본지도는 현재까지 전해지는 일본전도 가운데 가장 오래된 지도이다. 또한 세계 최초의 인쇄지도이며, 가장 오래된 지도집이다.
61) 증보문헌비고(增補文獻備考). 재인용. 증보문헌비고는 동국문헌비고(東國文獻備考 영조46 1770)를 증수 보완. 고종의 황명으로(1903-1908) 간행된 250권으로 갑오개혁의 변화된 조선문물제도가 반영되었다.

마든지 있다. 우리의 노력에 달려 있다고 본다.

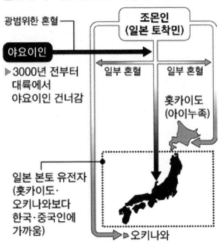

일본인의 기원에 관한 이중구조설

광범위한 혼혈 ─

조몬인
(일본 토착민)

야요이인

▶3000년 전부터
대륙에서
야요이인 건너감

일부 혼혈　　일부 혼혈

홋카이도
(아이누족)

일본 본토 유전자
(홋카이도·
오키나와보다
한국·중국인에
가까움)

▶오키나와

▲ 일본인 뿌리는 한반도계 혼혈, 중앙일보
2012.11.2.

　그 땅에서 문화를 행한 주체인 원주민이 누구인가 하는 문제는, 영토를 정의하는 중요한 요소이다. 대마도 원주민과 우리 민족, 일본 민족에 관한 '바이러스 지도'62) 일본의 연구로 발표되었다. 이 발표에 따르면, 대마도는 완전히 북방형이다.

---

62) 일 후생성의 후생성간장연구진이 세계보건기구와 협력하여, 세계인류를 HB항원의 4개 유형에 따라 분류하여『바이러스 지도〉를 작성하였다. 1975년에 발표된 이 결과에 따르면, ADR항원은 한국인과 중국인에게서 압도적으로 발견되었다. 한반도와 가까운 대마도는 완전 북방형이며, 일본 열도의 동북쪽으로 거슬러 올라갈수록 남방형이 많아졌다. 동경이 67%가 북방형이고, 아키타에서는 45%로 줄어들고 있다.

우리와 일치하는 것은 대마도가 우리 땅이라는 근거이고 증거가 된다. 대마도인은 완전히 북방형이고, 구주와 복강(福岡 후쿠오카)은 90% 이상, 동경은 67%가 북방형으로 나타났다. 반면에 추전(秋田 아키타)은 45%로 줄었다.[63]

이러한 결과는, 대마도는 일본열도와 다른 민족이 살았다는 과학적인 증명이다. 또한, 우리와 일치하는 것은 대마도가 우리 땅이라는 근거이고 증거가 된다.[64]

대마도주를 '대마도구당관(對馬島勾當官)'으로 불렀다.[65] 이는 대마도를 직접 통치했다는 의미이기도 하다. 고려는 제주도 성주(星主)를[66] 탐라구당사(耽羅勾當使), 일기도주(島主)를 일기도구당관으로 임명했다. 구당관은 변방과 수상(水上) 교통을 관장하는 관직이다. 따라서 대마도는 고려의 속령이며, 탐라와 같이 취급했음을 보여준다.

이러한 내용은 중국의 역사학자 하광악(何光岳)의 저서 『동이원류사(東夷源流史)』[67]의 지도에서도 확인할 수 있다.

---

63) 동아일보 (1975). 혈청감염 분포조사로 일본민족의 근원추적. 1975.11. 25. 재인용. 중앙일보 (2012). 일본인 뿌리는 한반도계 혼혈 일, DNA 분석. 중알일보, 2012.11.2.

64) 신용우·김태식 (2013). 문화적 접근에 의한 대마도(對馬島) 영토근거 연구. 대한부동산학회지, (36). 일부 발췌.

65) 고려사(선종2 1085). 재인용.

66) 성주(星主). 별의 주인이다. 城主가 아니다. 탐라왕이 겸하거나 다를 수도 있다. 탐라왕보다 높은 지위와 실세였다. 제주에 星主廳 터가 남아 있다.

67) 출처 : 네이브 블로그 오똑이의 삶과 여정, 중국 하광악(何光岳)의 『동이원류사(東夷源流史)』에서 말하는 해양강국 백제(百濟) : https://www.google.co.kr/search?q=%EB%8F%99%EC%9D%B4%EC%9B%90%EB%A5%98%EC%82%AC&hl=ko&sxsrf=AJOq lzX6K7H__qHjr6Y1KVBE2bgCjohN1VA:1677222324125&source=l

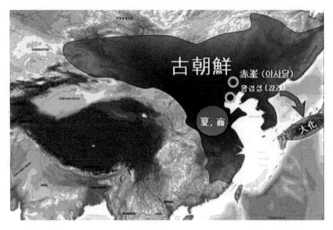

▲ 중국의 역사학자 하광악(何光岳)의 저서 『동이원류사(東夷源流史)』(江西教育出版社. 中國, 1990) 참조 재작성.

　　서기 5세기 때 백제 유민 일부가 대마도로 건너가 구주(九州 규슈)에 자리 잡았다. 이들은 지금의 복강현(福岡縣) 이웃의 비지(肥地)에서 살았다. 일본인은 옛날에 비인(肥人)을 훈독하여 박인(狛人)이라 하였다. 만엽집(萬葉集)68)에 "비인(肥人)을 훈독하여 박인(狛人)이라 하였으니, 곧 백제 8대 성(姓)의 하나인 백성(苩姓)이다. 백(苩)·박(狛)은 고대 맥인

　　nms&tbm＝isch&sa＝X&ved＝2ahUKEwjDytqGzK39AhVLfN4KHUDSDawQ__AUoAXoECAEQAw&biw＝1024&bih＝452&dpr＝1.88

68) 만엽집(일본어: 万まん葉よう集しゅう 만요슈)는 7세기 후반에서 8세기 후반에 걸쳐서 만들어진 책이며, 일본에 현존하는 고대 일본의 가집(歌集)이다. 일본어의 한자가 신자체화 되기 전에 쓰인 책이기 때문에 원래 표기는 '萬葉集'이지만, 신자체화 뒤로는 '万葉集'라고 쓰고 있다. 출처 : 위키백과 https://ko.wikipedia.org/wiki/%EB%A7%8C%EC%97%BD%EC%A7%91.

(貊人)의 후예이다. 비인(肥人)이 비후(肥侯)를 건국하였으니 백제의 후국(侯國)이다. 그리고 비조(飛鳥 아스카)의 소아씨(蘇我氏) 원조는 춘추시대 소국(蘇國)의 후예다. 하남(河南)에서 백제(百濟)로 이주했으나, 다시 일본(日本)으로 전입하였다. 일본 국왕의 대신 왕인(王仁)도 전국시대 제국(齊國)의 왕족 후예로, 산성(京都 교토) 일대에 정착하였다. 일본의 부씨(夫氏)는 부여(夫餘) 왕족의 후예다…"라고 기록되어 있다. 따라서 이 책은 대마도를 비롯하여 일본 열도 대부분이 동이가 세운 나라가 자리를 잡았고, 일본은 동이의 속국이거나 식민지로 비로소 문명과 문화가 발전하기 시작하였다는 것이다. 또한, 고조선의 영토가 대륙중원과 동유럽에서부터 산서성, 복건성까지 포함하고 있는 것으로 나타나 있다. 그러나 이 책은 중국 정부가 판매를 금지하여 지금은 구입할 수 없다.

팔도전도에는 독도와 대마도가 조선 땅으로 표기되었다. 그 뿐만 아니라, '공격대상'으로 주기를 달았다.69) 풍신수길조차 대마도는 조선 땅으로 인정하고 있었다는 중요한 증거이다. 그리고 대마도는 '대한민국 경상남도 동래부 기장군 대마도'의 옛 주소를 가지고 있다.70)

김상훈의 연구71)와 하우봉의 저술72) 등을 깊이 연구하고

---

69) 하우봉 (2006). 조선시대 한국인의 일본인식. 혜안.『1부 3장. 한국인의 대마도인식〉은 직접 참고하지 못하였다. 윤의사 (2014). 대마도는 우리 땅을 주장한 하우봉 교수. 티스토리, 2014.10.5.
70) 이창희 (2022). 대마도는 한국땅이다. 인천인닷컴, 2022.1.6.
71) 김상훈 (2011). 국제사회가 공인한 대마도 영유권과 반요구의 타당성 연구-일본 및 국제사회의 공식문헌을 중심으로 -. 한일군사문화연구, 11(0).

학습해야 한다. '대마도 우리 땅'을 교과서에 명기하자고 결의한 주장73)도 이어가야 한다. 그리고 이승만의 '대마도반환' 요구를, 일본의 터무니없는 독도주장에 맞불로 내세워야 한다.

일본은 역사적 사실이나 근거 없이 영유권을 주장한다. 피곤한 일이다. 대마도가 우리 땅임을 확인해 주는 역사적 사실과 근거 사료가 넘치고 있다. 그런데도 한 발짝도 나서지 않는 우리 정부의 태도를 이해할 수가 없다. 포기하고 있는 듯해 안타깝기만 하다. 정부는 뒷짐을 지고 있으나, '대마도 실지회복 국민운동'이 끊임없이 제안74)되고 있다. 그러나 정치적 행사가 아니라, 체계적으로 추진되어야 한다. 먼저, 대마도는 역사·문화·지리적으로 우리 땅인 증거 하나하나를 검증해야 한다.75) 그러나 삼한정벌기와 대마기의 '고려목 신라땅(曾対馬嶋高麗牧 新羅住土)'을 주장의 근거로 내세우는 것은 가성비가 떨어진다.

대마도는 판적봉환을 통하여 일본이 직접 통치하게 되었다. 판적봉환은 명치유신 초의 정책이다. 대명(大名 다이묘. 무사)이 영지(領地)와 영민(領民)을 일왕에게 반환한 일이다.

---

72) 하우봉 (2006). 조선시대 한국인의 일본인식. 혜안.
73) 김상회 외 17인 (2008). 우리 땅 대마도를 우리역사 교과서에 명기를 촉구하는 결의안. 전주시의회, 2008.7.18.
74) 장봉현 (2012). 순천시의회 일 독도영유권 맞서 대마도 실지회복운동 결의안 채택. 뉴스원, 지방, 2012.9.14. 윤미경 (2015). 일본침략저지, 대마도 실지회복 운동 벌려야. 칠곡신문방송, 2015.9.17. 천용길 (2021). 국민의 힘 박용선 경북도의원, 대마도 회복운동 제안. 뉴스민, 2021.1.26.
75) 영숙이 (2015). 연대기를 통해본 대마도는 한국땅. 네이버블로그.

국가의 3요소는 주권, 국민, 영토이다. 국민을 관리하는 호적, 영토를 관리하는 지적이다. 이러한 호적과 지적을 판적(版籍)이라 한다. 대마도주는 이 판적을 일왕에게 봉환(奉還)하였다. 이것을 판적봉환이라 한다.

강호막부는(江戶 에도) 소멸되었다. 신정부(명치)는 새로운 지방제도를 수립하였다. 1868년 4월 대명의 영지는 번(藩)이 되었으며 대명은지사(藩主)에 임명되어 통치를 위임받았다. 막부는 부와 현으로 재편되어, 부번현삼치제(府藩縣)가 되었다. 1868년 10월 중앙은 번을 통제하였으며, 가신의 정치 참여를 막았다. 그리고 유신의 공이 컸던 살마(薩摩 사쓰마)·장주(長州 조슈)·토좌(土佐 도사)·비전(肥前 히젠)번주는 번의 권리를 왕에 귀속한다는 판적봉환 건의서를 1869년 1월에 제출하였다

유신정부의 권력 기반은 취약했으며, 번에 대한 강제력도 갖지 못했다. 더구나 법적인 근거도 탄탄하지 않았다. 그리고 주군과 가신의 주종관계, 세습된 번의 권력으로 저항은 충분히 예상되었다. 따라서 신정부는 보신전쟁의 공훈을 정하여 번주와 가신의 반발을 무마하였다. 또한, 번주는 재정난 심각했던 번의 유지를 희망하지 않았다. 막부는 몰락했고, 왕이 그 역학을 대신한다는 생각이 컸다. 그 때문에 판적봉환은 큰 저항 없이 순조롭게 이루어졌다. 결국 판적봉환으로 폐번치현(廢藩置縣)은 성공했고, 부현제가 확립되었다.

4. 대마도는 본시부터 한국 영토

대마도는 역사적으로도 우리 땅이다. 고려·조선과 독자적인 무역을 하였으며, 실정막부(室町幕府 무로마치) 때에도 독립적이었다. 막부의 재정지원을 받지 않았으며, 막부의 사신 호행(護行)도 하지 않았다. 더욱이 고려에서 대마도는 물론 일기도까지 구당관(勾當官)76)을 임명하여 지배하였다. 그뿐만 아니라, 시방호족이 보낸 상인 사절도 많았다.77)

고려 공민왕은 대마도주에게 만호벼슬을 내렸다. 세종실록에 '대마도는 경상도 계림에 속하는 본시 우리 땅'이라 되어 있다. 세종은 대마도주에게 교지와 인신(印信)을 하사했으며, 도주는 스스로 군신관계를 맺은 번방국(藩邦國)임을 밝혔다. '대마도는 경상도에 예속되었으니, 문의할 일이 있으면 반드시 본도 관찰사에게 보고하라. 또한 모든 일은 관찰사에게 보고하고 본조에 직접 보고하지 마라. 요청한 인장과 하사품은 사신에게 보낸다.'78)고 거리두기를 하고 있다.

종삼위 종조신 의화경오묘(從三位宗朝臣義和卿奧墓)의 비문은,79) 대마 종가는 조선의 가신(家臣)으로 그 의무에 충실

---

76) 구관(勾管)은 한 지역 또는 한 가지 사무를 맡아 다스리거나 검사하는 관직이다. 담당·관장의 뜻으로 구검(句檢)·구당(句當)이라고도 한다. 구관당상(句管堂上), 인력구관(印曆句管) 등이 있다.

77) 나종우 (1996). 한국중세대일교섭사연구. 원광대출판국. 재인용.

78) 對馬島隸於 慶尙道 凡有啓稟之事 必須呈報本島觀察使 傳報施行毋得 直呈本曹兼請請印篆 竝賜物 就付回价. 세종실록 2년 1420.1.23.『신대마도지〉의 응구(應寇 왜구) 부분 참고. 재인용.

79) 만송원(萬松院)은 천태종의 사찰이며, 종의지(宗義智)와 종씨 종가 무덤이다. 32대 의화(義和)의 묘비문(1842년, 조선 헌종 9년) 내용

했다. 그리고 대마도가 조선의 속주임을 증명한다.

대마도는 임진왜란(1592년)과 판적봉환(1869)으로 엄원번(嚴原藩)에 속했다. 강화도조약 뒤 폐번치현(廢藩置縣 1877) 정책에 따라, 장기현(長崎縣)에 강제 편입시켰다. 러일전쟁에 승리한 일본은 대마도 지배권을 더욱 강화하였다. 샌프란시스코 조약(1952)에 따라, 대마도의 일본땅을 국제적으로 인정받아 오늘에 이르고 있다.[80] 이러한 정책은, 대마도가 예전에는 조선의 땅임을 스스로 입증한 것이다.

우리나라는 광복 후 미군정 입법의회와 제헌의회에서 한 차례씩, 이승만은 여러 번이나 대마도의 반환을 요구했다. 일본의 항의에 '대마도 속령에 관한 성명'으로 압박했으나 성과 없이, 6·25동란 등으로 오늘에 이르렀다. 대마도가 일본에 강제 편입하기 전에는 우리 땅으로 인식됐던 곳으로, 우리의 가슴속에서 살아 숨 쉬고 있다. 대마도가 판적봉환으로 지금은 일본의 통치와 관리를 받고 있다. 이미 역사적 고증을 마친, 서양의 지도조차 조선의 영토로 표기되어 있다. 또한 대마도는 장묘문화, 무기 등 여러 면에서 우리 문화와 같다. 이산가족의 부모형제와 같은 우리 민족이 살고 있는, 우리의 땅이다. 이승만 대통령도 우리 땅으로 선포하였다.

이다. 재인용.

80) 정승욱 (2016). 대마도는 과연 어느 나라 땅인가. 세계일보. 2016.2.19.

▲ 대마도반환요구, 동아일보 1949.1.8.

　대마도 문화의 대부분은 우리의 문화다. 즉 우리와 같은 문화권에서 같은 생활을 하였다는 증거이다. 대마도의 문화와 관련한 부분은 신용우의 논문81)을 중심으로 살펴본다.

먼저 비파형 동검을 살펴보면, 대마도에 존재하는 우리의 유형 문화 중 대표적인 것은 비파형 동검이다. 고조선 유물을 대표하는 비파형 동검이 대마도에 있다는 것은, 그곳이 우리의 영토였다는 중요한 문화적 증거이다. 고대 국가에서도 무기 제조기술은 아주 중요한 '국가기밀'이다. 그리고 제조 수량의 한계 때문에, 자국의 병사나 상비군만이 소지할 수 있었다.

　고조선은 국가 상비군을 갖추고 있었지만,82) 고조선 영역

---

81) 신용우 (2016). 문화영토론에 의한 대마도의 영토권 연구. 경일대학교대학원 박사학위 논문. 신용우 '대마도의 눈물', '천추태후' 등의 소설과 '민주의 영토권', '대마도의 영토권' 등의 소설을 썼다.
82) 사회과학원역사연구소(북조선) (1989). 조선고대사. 한마당(서울), p.61.

을 벗어난 곳에서도 소유하거나 소지할 수 있는 것은 아니다. 전쟁 중에 획득하거나 첩자를 통해서 소유할 수는 있었지만, 다량 소유는 할 수 없었다.

구주국립박물관 4층에 『바닷길, 아시아로 통하는 길>의 상설전시관이 있다. 구석기 유물실에는 버젓이 비파형 동검이 다량 전시되고 있다. "대마도에서 출토된 것으로, 반도에서 건너온 양식"이라고 친절하게, 분명하게 설명하고 있다. 대마도가 고조선의 속국이거나 영향권에 있는 나라가 아니었다면, 그렇게 많은 무기가 대마도에 존재할 수가 없다. 스스로 인정했듯이 반도에서 건너온 것이니, 대마도는 고조선의 속국이거나 같은 나라라는 결론이다. 고조선은 나라의 중심은 국왕이 직접 통치하고, 나머지는 국왕에게 종속된 여러 명의 제후(왕)가 통치하였다.[83] 그러므로 대마도 역시 고조선의 제후가 다스리던 나라이다. 이러한 사실의 뒷받침으로, 일본 열도 어느 곳에서도 비파형 동검은 나오지 않고 있다. 이것은 대마도는 일본열도와 다른 문화, 즉 우리 문화권의 우리나라이다. 한반도 남쪽에서도 비파형 동검이 발견되는 만큼, 고조선의 남쪽의 삼한에 전해진 것으로 보기도 한다.[84] 하지만, 중요하지 않다. 대마도의 비파형 동검은, 고조선과 삼한의 것에는 이견이 없기 때문이다. 결국 고조선의 가장 중요한 무기가 대마도에 전해진 것을 보면, 대마도는 분명 우리 문화권의 우리

---

83) 사회과학원역사연구소(북조선) (1989). 조선고대사. 한마당(서울), p.98-99.
84) 사회과학원역사연구소(북조선) (1989). 조선고대사. 한마당(서울), p.62-34.

영토이다. 고조선과 삼한의 활발한 교역으로, 고조선의 문화가 삼한과 마한에 전해졌고 그것이 대마도에서 출토된다는 주장[85]이 있다. 하지만 대마도의 유물이 결국은 우리 문화이고, 비파형 동검은 고조선 유물이라는 주장에 전혀 무리가 없다.[86]

그리고 대마도 고분이다. 사람의 삶은 생로병사의 과정이다. 따라서 문화는 태어나서 먹는 음식과, 아플 때 사용하는 치료법이 커다란 자리를 차지한다. 하지만 그보다 더 큰 것은, 사후를 어떻게 하느냐 하는 장례문화이다. 사람은 육신이 죽더라도 영원히 살고 싶은 바람이 있다. 또 조상이 죽어 좋은 곳에서 내세를 누리기를 바라는 마음을 간절히 담아 장례를 치른다. 그러므로 장례문화는, 그 문화가 속한 곳이 어디인가를 알아내는 가장 좋은 척도다.

현대에 이르러 인류의 보편적 장례문화가 자리 잡고 있지만, 고분은 그렇지 않다. 따라서 대마도의 고분과 장례문화를 살펴보는 것이, 대마도 문화의 근원을 찾아가는 가장 좋은 방법이다.

일본의 고대 고분은 옹관(항아리)에[87] 넣은 옹관묘식(甕棺墓式)과 굴장(屈葬)이다. 그에 반해 고조선을 포함한 우리나라 고대 고분은, 돌로 사각형 관을 만들어 죽을 사람을 하늘을 보고 반듯이 눕히는 상식석관묘고분(箱式石棺墓古墳)이다.

---

85) 사회과학원역사연구소(북조선) (1988). 조선문화사. 오월(서울), p.84.
86) 신용우·김태식 (2013). 문화적 접근에 의한 대마도 영토 근거 연구. 대한부동산학회지, (36), 97-119. 일부 발췌.
87) 시신의 팔다리를 굽히고 쭈그린 자세로 항아리에 넣었다.

그리고 대마도의 많은 고분도 상식석관묘고분이다. 그중 유명한 고분은 대장군산고분(大將軍山古墳), 탑수고분군(塔の首古墳群), 조일산고분군(朝日山古墳群), 근증고분군(根曾古墳群) 등이다. 또 고분에서 출토되는 부장 유물 동검(銅劍)과 동모(銅矛 창) 등은 우리나라 것이다. 반면 대마도에서 약 70Km 떨어진 일지도(一岐島 아끼도)는 대부분 옹관묘고분(甕棺苗古墳)이다.88)

대마도에서 발굴되는 비파형 동검은, 일본이 자인하듯 고조선의 대표적 유물이다.89) 대마도의 장례문화가 우리나라의 문화와 같으니, 문화의 관점에서 우리나라 영토라는 것은 명백한 일이다.90)

무형문화 아리랑 축제에서도 찾을 수 있다. "쓰시마 최대 규모의 축제로, 시대 고증에 근거하여 약 400여 명의 참가자가 재현하는 '조선통신사 행렬'을 메인으로, 한일전통무용 공연을 포함한 무대행사와 어린이 가마행렬, 노젓기대회, 불꽃놀이 등 다양한 행사가 펼쳐진다. 2002년에는 부산바다축제와 우호교류협약을 체결한 후, 2011년에 부산문화재단과 새

---

88) 황백현 (2012). 대마도 통치사. 도서출판 발해, pp.16~17. 인용문에서는 원저자의 뜻을 살리기 위해 추기하지 않았다. 다만 우리나라 고분 특히 고조선의 고분에는 석관묘 고분과 함께 목관묘 고분(木棺墓古墳)도 출토되었다는, 북한 사회과학 연구원에서 발표된 사실이 있다. 목관묘고분 역시 관을 나무로 만들었다는 것의 차이가 있을 뿐, 인용문처럼 하늘을 보고 반듯이 눕히는 형식은 동일하므로 추기하지 않아도 논지에는 이상이 없음을 밝혀둔다.

89) 사회과학원역사연구소(북조선) (1989). 조선고대사. 한마당(서울), p.233-234.

90) 신용우·김태식 (2013). 문화적 접근에 의한 대마도 영토 근거 연구. 대한부동산학회지, (36), 97-119. 일부 발췌.

로이 우호교류협약을 체결하여 기존의 양 단체 관계자와 문화단체를 파견하던 교류를 한층 더 활발히 지속시켜 가고 있다."91)

대마도부산사무소의 아리랑축제(쓰시마아리랑마쯔리)를 소개하는 1980년 기사에 보면 '조선통신사' 관련 내용이 잘 나타나 있다.

"조선통신사행렬진흥회의 발족으로 한국에서 무용단을 비롯한 많은 사람이 참가하게 되었으며 에도시대(1600~1687) 약 200년 동안 12회에 걸쳐 일본을 방문한 문화사절단 '조선통신사' 일행을 쓰시마번(藩)이 직접 에도까지 안내하였던 역사적 사실을 재현하여 축제의 메인 행사로 자리 잡게 되었다."

얼핏 보기에는, 관광객 유치를 위한 홍보의 하나일 뿐이다. 하지만 자세히 보면, 그 규모가 보통이 아닌 것을 알 수 있다. 시대 고증에 근거하여, 400여 명이 재현하는 행사라는 것이다. 400여 명이 외교사절을 맞이했다면, 이건 어마어마하게 큰 행사이다.

---

91) 쓰시마 이즈하라항축제 홍보문. 쓰시마부산사무소, 2023.1.10.

▲ 조선통신사행렬도(부분), 박영철 블로그 참조.

수신사의 규모가 약 400여 명이었다고는 하지만, 격군 270
명과 선원 24명을 제외하면 100여 명이다. 잡역을 제외하면
실제 40여 명이다. 그 40여 명도 3사를 제외하면 역관이나
서기, 군관이다. 또 삼사(정사·부사·종사관)를 제한 나머지는
모두 서얼과 중인이다. 역관, 군관 등은 중인 이하의 신분이
다. 삼사 역시 3품 이하에서 선출하였다.[92] 결국 사신은 3품

92) 한태문 (2012). 조선통신사의 길에서 오늘을 묻다. 도서출판 경진,

이하의 양반 세 명이 전부다. 그런 통신사행렬을 무려 400여 명이 영접한다는 것은 대마도의 여러 조건으로 볼 때, 조선에 속한 일개 섬이거나 속국이었다는 결론이다.

　지금까지 살펴본 바와 같이 "에도시대 약 200년 동안 12회 에 걸쳐 일본을 방문한 '조선통신사' 일행을 쓰시마번이 에도 까지 직접 안내한 것을 기념하여 메인 행사로 자리 잡게 되었다." 대마도에 사는 자신을 직접 통치하는 기관에서, 자신의 생활 등을 감사하기 위해 방문한 것이다. 그러니 대규모 환영 행사는 물론, 그들의 다음 목적지까지 배웅하는 의무까지 있었다. 행사 때, 대마도 주민은 한복을 입고 조선통신사 행렬에 참여한다. 조선통신사 정사의 가마는 동래구청장이나 구의회의장이 탄다. 그리고 그 호위는 대마도의 육상자위대와 해상자위대 대장이 맡는다.[93]

　아리랑축제는 고증에 따라 열리며, 3품 이하인 조선수신사 정사는 대마도 수비대장이 극진히 받들어야 하는 존재였다. 이는 결국, 조선이 대마도를 직접 통치했음을 시사해 주는 것이다. 이런 사실을 뒷받침하는 좋은 자료가 있다. 대마도에서 촬영한 관리 임명장인 고신(告身)[94]이다.

---

pp.23~26.
93) 창간특집84 (2004). 우리 땅 우리혼 영토분쟁 현장을 가다. (16), 대마도의 역사적 진실, 동아일보, 2004.7.15.
94) 창간특집84 (2004). 우리땅 우리 혼 영토분쟁 현장을 가다. (15), 대마도 재발견, 동아일보, 2004.7.22. 대마도역사민속자료관에서 촬영하였으나, 한국 국사편찬위원회 소장임을 밝히고 있다.

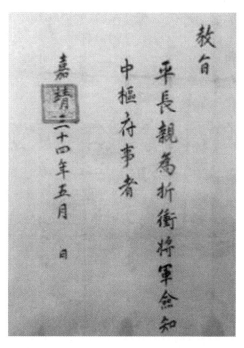

▲ 평장진 고신(敎旨), 국학원대학(일)

　이 고신은 가정(嘉靖 명) 34년이니, 서기 1555년이고 명종 10년이다. 이 고신은, 대마도 관리에게 조선의 국왕이 내리는 임명장이다. 이것을 받은 사람을 수직왜인으로 불렀다.95) 대마도 관리는 조선이 내린 임명장을 받았으니, 조선의 수신사를 극진히 받들어야 했다. 그렇게 중요한 축제가, 조선 수신사를 영접하는 일에서 출발한 점에 주목해야 한다.

---

95) 창간특집84 (2004). 우리 땅 우리 혼 영토분쟁 현장을 가다. (15), 대마도 재발견, 동아일보, 2004.7.22.

축제는 대마도 깊숙이 흐르는 민족의 정서이자 무형문화다. 그리고 그 문화는 대마도가 우리나라에 속해 있었던 것을 보여주는 행위다. 지금까지 계속되고 있는 그들의 문화행사에서 우리는 대마도가 누구의 영토였는지를 알 수 있다.96)

이처럼, 아리랑축제를 일본 주장 그대로 살펴보았다. 그런데, 살펴보면 볼수록 대마도는 우리 땅이다. 더 깊이 연구한다면, 대마도가 우리 문화를 즐기는 우리 땅이라는 답이 쉽게 나올 듯하다.97)

초대 대마도주는 종중상(宗重尙)이다. 동래부지(東萊府誌)에,98) '대마주는 옛 계림에 속해 있었다. 그 도주 종씨는 원래 우리나라 송씨'라 기록되었다.99) 그러나 일본은 이러한 사실을 왜곡하기 위해 무던히 노력하고 있다. 이는 엄원(嚴原 이즈하라)시의 상견판(上見坂 카미자카)전망대 안내문에서도 확인할 수 있다. 2011년 이전 안내문은 종중상이 초대 도주이다.

2011년 말에 바뀐 안내문은, "오랫동안 종중상이 초대 도주라 전해왔으나 사실이 아니라는 것이 역사연구로 판명되었다."로 수정하였다.100)

---

96) 이 행사는 대마도 불상반환 문제가 불거지자, 2013년부터 이름을 쓰시마이즈하라항축제로 바꿨다. 이런 일은 바로 일본 스스로 대마도가 우리 영토이고, 아리랑 축제가 우리 문화임을 인정한 것이다.
97) 신용우·김태식 (2013). 문화적 접근에 의한 대마도 영토 근거 연구. 대한부동산학회지, (36), 97-119. 일부 발췌.
98) 박사창(동래부사)이 1704(숙종30)년에 편찬하였다. 한국일보, 2012. 6. 1. 재인용.
99) 강성명 (2012). 대마도 옛 도주가문 조상, 일본인 아닌 한국인 송씨. 한국일보, 2012.6.1.

종의지(宗義智)는 1588년부터 대마도주이며, 제19대도주였다. 일본 주장에 따르면, 종의지(1603-1615) 종의달(宗義達 판적봉환 1863-1869)의 재위기간이다. 그리고 초대 번주 종의지는 강호막부(江戸 에도)의 1603년부터 대마번주라[101] 한다. 그러나 대마도주 종의지가 1대 번주라 해도, 1대 도주 종중상의 후손이며 종씨는 변함이 없다. 논리 부족의 궁색한 주장이며, 억지로 끼워 맞춘 증거이다. 또한, 종의달의 판적봉환(1869) 봉답서(奉答書)조차 대마도주가 조선의 신하임을 밝히고 있다.

"이번 서류부터는 조선에서 만들어준 관인을 사용하지 않고 일본에서 만들어준 도장을 사용한다. 그리하여 400여 년 동안 조선으로부터 받아온 국가적인 모욕을 바로잡고, 일본의 국위와 국체를 바로 세우는 데 최선을 다하고자 한다."[102]

이 봉답서는 대마도가 우리 땅임을 증명하는 자료다. 일본의 주장대로 처음부터 일본인이거나 강호막부 때부터 번이었다면, 종의달이 이런 봉답서를 쓸 이유가 없고 쓸 수도 없었다. 종의지가1대 번주(1603)라면 판적봉환(1869)까지 무려 266년 동안이나 강호막부와 함께 한 꼴이 된다. 그러나 종의달은 400여 년 동안 번신(藩臣)의 조선을 언급하였다. 이것은 조선의 번신, 즉 군신(君臣)의 예를 다했음을 직접적으로 말하

---

100) 황백현 (2012). 대마도 통치사. 도서출판 발해, p.75. 사진은 황백현 박사가 촬영하여 소장하던 사진을 제공받았다. 본문 내용을 증명하고 있다.
101) 일본은 대마도가 강호막부 때 예속된 번이라고 주장하면서, 쓰시마 후 추번(對馬府中藩)이라고 한다.
102) 황백현 (2012). 대마도 통치사. 도서출판 발해, pp.127~128.

고 있다.

결국, 초대 대마도주 종중상이 아니라 초대 대마번주 1603년으로, 스스로 역사 왜곡의 현장을 드러낸 것이다. 역설적으로, 대마도는 우리 땅이라고 밝히고 있다. 그리고 그것이 밝혀지는 것이 두렵다는 모습과 속내를 고스란히 보여주고 있다.

5. 소결론

대마도는 역사적으로도 우리 땅이다. 광개토경호태황릉비(廣開土境好太皇陵碑)의 임나가 한반도의 남쪽이라는 설은, 일제가 왜곡한 가짜라는 것이 이미 밝혀졌다. 하지만 광개토경호태황릉비를 왜곡한 목적은 단순하지 않다. 일본은 임나일본부설을 내세워 한일병탄(庚戌國恥)은 합당하고 정당하다고 주장한다. 그렇게 배웠고, 그렇게 생각했다. 그러나 대마도가 우리 영토라는 직접적인 증거라는 것은 주목하지 못했다.

태백일사 고구려국 본기의 기록이다. 이렇듯 임나의 존재는 고구려가 대마도에 두었던, 일본을 통제하는 정부였다. 대마도는 고조선의 속국이었으나, 불화가 일자 영락대제가 평정했다는 내용이다. 물론, 아직 역사서로 공인을 받지 못하는 태백일사의 기록이라 신뢰할 수 없다고 할 수도 있다. 하지만 대진국 본기에서, 대마도와 일기도의 위치까지 서술하고 있다. 이것은 태백일사의 기록이 사실이라는 확신을 하게 한다.

그뿐만 아니라, 대진국 때도 대마도는 확실한 우리 땅이었음을 알 수 있다.

"아라(安羅)는 뒤에 임나에 들어갔는데 고구려와 이미 친교를 맺었다. … 처음 바다를 건너 천여 리에 대마국(對馬國)에 이르는데, 사방이 400여 리쯤 된다. 또다시 바다를 건너 천여 리쯤 가면 일기국(一岐國)에 이르는데 여기는 사방 300여 리쯤 된다."

고려·조선과 독자적인 무역을 하였으며, 실정막부(室町幕府 무로마치) 때에도 독립적이었다. 고려 공민왕은 대마도주에게 만호벼슬을 내렸다. 세종실록에 '대마도는 경상도 계림에 속하는 본시 우리 땅'이라 되어 있다. 세종은 대마도주에게 교지와 인신(印信)을 하사했으며, 도주는 스스로 군신관계를 맺은 번방국(藩邦國)임을 밝혔다. 종삼위 종조신 의화경오묘(從三位宗朝臣義和卿奧墓)의 비문은, 대마 종가는 조선의 가신(家臣)으로 그 의무에 충실했다. 그리고 대마도가 조선의 속주임을 증명한다.

대마도는 임진왜란(1592년)과 판적봉환(1869)으로 엄원번(嚴原藩)에 속했다. 강화도조약 뒤 폐번치현(廢藩置縣 1877) 정책에 따라, 장기현(長崎縣)에 강제 편입시켰다. 러일전쟁에 승리한 일본은 대마도 지배권을 더욱 강화하였다. 샌프란시스코 조약(1952)에 따라, 대마도의 일본 땅을 국제적으로 인정받아 오늘에 이르고 있다.

영토는 현재 누가 관리하고 거주하느냐의 문제가 우선이다. 지금이라도 우리는 대마도를 관리해야 한다. 영토문제는 국가

단위의 문제이다. 개인이 법적 소유권을 가지고 있다 해도 영토가 될 수는 없는 것이다. 국가에서 영토로 인정하고 영유권을 주장해야 그 나라의 영토가 되는 것이다. 지금이라도 대한민국 정부는 대마도에 대한 영유권을 선언하고 영토 회복을 하여야 한다. 일본은 역사적 사실이나 근거가 거의 없음에도 불구하고 영유권을 일본 정부에서 주장하여 우리나라를 피곤하게 하고 있다. 대마도는 역사적 근거와 사실이 우리의 영토임을 확인해 주는 사례가 많이 있음에도 정부가 나서지 않는 것은 이해할 수 없는 처사이다. 이미 이승만 정부 시절 대마도를 되찾으려는 노력이 있었다. 그 이후 어느 정부에 대마도에 관심을 가지지 못했지만, 지금부터라도 대한민국 정부는 대마도 영유권을 주장하여, 분쟁지역화 시키고 국제사법재판소의 판결을 받아야 한다.

그리고 본 논문을 작성함에 있어 아쉬움과 부족한 부분이 많다. 특히, 조병현 박사가 제공해 준 구산 박 씨에 대한 내용을 담지 못했다. 우리나라에서 대마도를 정벌하고 그 공을 인정받아 식읍과 성씨를 하사 받은 것을 유일한 일인데, 그것이 구산 박 씨이다. 군위군에 위치한 구산박씨 시조 묘소와 재실, 유적지를 탐방하고 선양계획까지 제공받았지만 싣지 못하였다. 다음에 이 책을 보완할 때 반드시 반영할 것을 약속한다.

제23장　이어도 해양과학기지 영토화 추진

　이 장은 이어도 해양과학기지 영토화 추진을 다루고 있다. 이어도에 대한 관리 실태를 분석하여, 우리 영토화 방안을 마련한다. 먼저 이어도를 제대로 알기 위한 일반적인 사항과 관리 실태를 알아본다. 그리고 한국과 중국의 해양영토 갈등 구조를 설명한다. 그런 다음에 이어도 해양과학기지 영토화 방안을 소결론으로 제시하도록 한다. 이장은 2022년 11월 8일 조병현 박사의 '인내천역사아카데미' 자료집을[103) 참고하여 보완하였음을 밝혀둔다.

1. 이어도에 대한 올바른 이해

　이어도(離於島 Ieodo)는 탐라국 때부터 제주도민에게는 피안의 세계, 환상의 섬, 전설의 섬이다. 제주도 민요 등에 전해지는 섬으로, 우리 민족의 삶과 밀접한 섬이다.[104)

이어도는 해양법의 섬이 아니라 수중 암초이기 때문에 영토의 법적 지위를 인정받지 못한다. 또한 이어도 해양과학기지

---

103) 조병현 (2022). 이어도와 7광구 어떻게 할 것인가. 통일학당, 인내천역사아카데미 자료집, 2022.11.8.
104) 박향기 (2014). 중국의 대 이어도 전략과 한국의 대응전략 고찰. 군사연구, (138), p284.

를 건설하고 운영하고 있어도, 우리 영토로 편입되거나 해양 관할권이 확대되는 것은 아니다. 그러나 배타적 경제수역이나 대륙붕 수역에 설치되는 인공도서나 시설과 구조물은 관세, 안전과 출입국관리법령 관할권을 가진다. 그리고 인공도서, 시설, 구조물의 안전보장을 위해 주위 500m 범위 안에 '안전 구역'을 설정할 수 있다. 이어도 해양과학기지의 효율적인 운용을 통하여 배타적 경제수역과 대륙붕 수역의 해양 관할권 행사를 확고히 하여, 앞으로 있을 해양 관할수역 경계획정 협상 과정에서 이어도와 이어도 주변수역이 이미 우리의 관할권에 있다는 근거로 삼아야 한다. 그러기 위해서는 이어도 해양과학기지의 활용도를 더욱 높여야 한다.

이어도는 마라도에서 81해리(149km), 중국(蛇山島 서산다오) 155해리(287km), 일본(鳥島도리시마) 149해리(276km)이므로, 한중일 모두 배타적 경제수역 관할권을 주장한다. 그러나 우리 정부는 중간선 기준으로 등거리원칙에 따라 우리의 배타적경제수역이며, 이어도와 주변 해적의 대륙붕도 우리 관할이라고 확고한 입장이다. 국제법(해양법협약)으로도 이어도의 대륙붕은 우리 대륙붕에 속한다.

이어도가 우리 영토인 것은 김정호가 제작한 고지도 여지전도105)에 잘 나타난다. 이 지도는 서구의 지리 지식이 조선

---

105) 여지전도. 한국민족문화대백과사전. 조선 후기 각종 자료를 수집하여 아시아 유럽 아프리카를 그린 세계지도로 정교하게 판각된 목판본으로 바다와 산맥을 손으로 채색하였다. 남북아메리카를 뺀 구대륙지도이다. 대동지지(1791)와 지구전후도(1834)의 내용과 대부분 일치한다. 여지전도는 외국 지도를 복사한 것이 아니라, 각종 자료를 수집하여 제작한 조선 후기의 중요한 지도자료이다.

사회에 어떻게 수용되는지를 보여주고 있다. 목판본 지도의
상단에는 여지전도로 표기되어 있다. 이 지도에는 아시아·유
럽·아프리카·오세아니아 대륙이 그려져 있고 아메리카 대륙은
빠져있다.

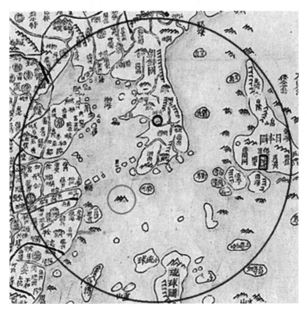

▲ 여지전도, 서울역사박물관 소장

그리고 조선 시대에 제작된 지도에도 이 시대 사람들이 이
어도에 대하여 어떻게 인지하고 있었는지를 잘 보여준다. 천
왕봉이 이어도 해역에 속해 있으면서 산방산 앞의 형제도(兄
弟島)처럼 암석으로 이루어진 섬으로 그려져 있다.

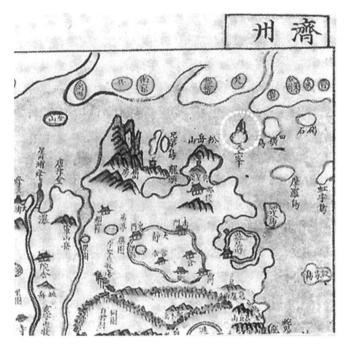

▲ 이어도 지도, 영남대박물관소장

특히, 흥미로운 것은 17세기 조선의 생활상을 세세하게 기록한 최초의 유럽 서적으로 사료적 가치가 높은 하멜표류기 원문에 수록된 항해도에 이어도가 OOST 섬으로 기록되어 있다는 사실이다. 하하멜표류기는 '표류기(漂流記)'와 '조선 왕국기(朝鮮王國記)'로 구성되어 있으며, 이어도가 그려져 있다. 이어도의 표기는, 하멜도 이어도의 존재를 알고 있었다는 증거이다.

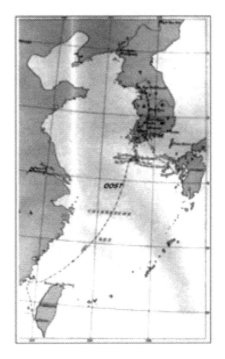

▲ 이어도가 그려져 있는 하멜표류기 첨
부 지도

이어도는 긴긴 세월 동안 섬은 늘 거기에 있었다. 그러나
섬을 본 사람은 아무도 없다.106) 섬을 본 사람은 모두가 섬
으로 가버렸기 때문이다. 돌아온 사람은 한 명도 없었다.107)
여지전도에 제주와 영파(寧波 닝보) 사이의 이름 없는 네 봉

---

106) 이상우 (2003). 이청준의 이어도 연구-초점화와 담론을 중심으로.
　　한국문예비평연구, 13(0), p181. 재인용.
107) 이상우 (2003). 이청준의 이어도 연구-초점화와 담론을 중심으로.
　　한국문예비평연구, 13(0), p181. 재인용.

우리로 표시된 암초가 이어도로 추정된다. 이어도 주변의 평균 파고는 3~6m이며 기준 수면보다 4.6m 아래에 정상 부분이 존재한다. 또한 파도칠 때와 춘분과 추분 무렵의 해수면이 낮을 때 보인다.

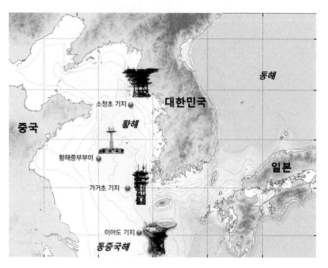

▲ 해양과학기지, 한국해양과학기술원 2020

'제주 바다.'와 '제주 먼바다.'로 더 알려진 이어도가 존재한 것을 제주도민은 오랜 역사적 체험으로 알고 있었다. 지도에 나타난 암초가 전설 속의 이어도인지는 명확하지는 않지만, 태풍 때 파고가 16m에 이르기 때문에 살아서 귀가하기는 힘들었을 것이다. 그러니 파도가 심할 때만 그 모습을 드러내는 이어도와 사후세계와 연결된 전설이 생긴 것으로 본다.

이어도는 문헌 ①탐라순력도 ②남환박물 ③일본서기와 고문헌 ①여인국 ②여도 ③제여도 ④유여도 등에서 그 이름을 찾을 수 있다. 또한 ①제주지도(1700) ②해동지도의 제주삼현도(1750 영조26년) ③제주삼읍도총지도(1770) ④환영지의 탐라도(1822) ⑤탐라지도병지(1841 이원조) 등에서 그 흔적을 찾을 수 있다.108)

한편, 이청준의 소설 '이어도'는 이어도 대중화에 결정적인 이바지를 하였다.109) 해양과 이어도에 대한 가치는 여러 가지가 있으나 영토로서의 가치를 제외하면, 그다음이 경제적 가치110)를 들 수 있다. 이어도는 한중일 3국이 만나는 해역으로 경제적, 전략적 가치가 매우 높다. 석유매장 가능성 큰 지점 3곳을 포함한 남해 먼바다(동지나해)에 최대 1,000억 배럴의 원유와 72억 톤의 천연가스, 230여 종의 해저자원이 매장된 것으로 추정된다. 또한 전갱이, 고등어, 오징어, 갈치 등의 월동과 산란장소로 어족이 풍부한 황금어장이다.111) 그리고 주요태풍의 길목에 있어 기상관측의 주요 거점이며, 해난구조기지 설치 장소로도 적합한 위치이다.112) 이어도의 중

---

108) 오재용 (2013). 세계 3대 유전지대가 있는 이어도는 명백한 우리 땅. 조선일보, 2013.12.3.
109) 조성윤 (2011). 이어도에 관한 제주도 주민들의 이미지. 탐라문화, 39(0), p342.
110) 이윤 (2019). 중국의 인접국에 대한 해양정책 연구. 해양경찰청, 훈련보고서, 2019.4. p36-37.
111) 박향기 (2014). 중국의 對이어도 전략과 한국의 대응전략 고찰. 군사연구, (138), p289.
112) 김재현 (2019). 한·중 이어도 관할권 분쟁과 한국의 대응. Journal of the KNST, 2(1), p38.

요성과 미래가치는 상상할 수 없을 정도로 크며, 그 관할 범위는 우리나라 면적의 몇십 배가 넘는 우리의 생명줄과 같다.113)

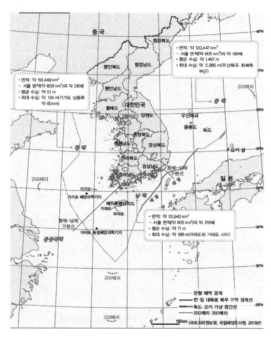

▲ 한국의 해양영토, 해양교육포털.

이어도는 우리가 태평양으로 나가는 중앙 길목(목젖)에 위치한다. 수출입 물동량의 90% 이상, 수입 에너지의 90% 이상이 드나드는 핵심 해상 교통로다. 또한 중국의 북해함대와

---

113) 오재용 (2013). 세계 3대 유전지대가 있는 이어도는 명백한 우리 땅. 조선일보, 2013.12.3.

동해함대가 태평양에 진출하기 위해 반드시 거쳐야 하는 군사 활동의 중요한 길목이다. 그러기 때문에 중국은 이어도 관할권 주장에 목메고 있는 꼴이다. 이는 미국의 봉쇄정책을 뚫고 영향력을 약화할 수 있는 군사적 가치가 그만큼 크다는 것을 방증한다. 따라서, 중국의 군사적 위협을 효과적으로 견제할 수 있는 중요한 요충지이다.[114]

2. 한국의 이어도 관리 실태

이어도를 제대로 관리하려면 이어도에 대한 전설과 신화, 문학과 바다인문학[115]은 물론 자연과학의 이해가 함께 따라야 한다. 또한 국제법과 해양법을 근본적으로 해결할 수 있는 지적학으로 해양영토의 경계획정으로 영토주권 확립과 영토화가 중요하다.

이어도는 한중일의 배타적경제수역이 겹치는 곳으로, 해양경계획정의 합의가 어렵다. 이 지역 대륙붕의 정당한 법적 근원을 가진 우리 정부는 중일대륙붕공동개발 합의에 이의를 제기하였으나 뜻을 이루지 못하였다. 또한 한일대륙붕공동개발 협정은 2028년에 끝난다. 신해양법에 따르면, 제7광구 개발권은 일본으로 넘어갈 수도 있다. 따라서 이어도의 우리 영

---

114) 김재현 (2019). 한중 이어도 관할권 분쟁과 한국의 대응. Journal of the KNST, 2(1), p39.

115) 조병현 박사는 '바다인문학은 바다와 인간의 관계에서 발생하는 현안에 대한 여러 해법을 제시하는 인문학'으로 설명한다.

토화 작업이 시급하다.

이어도 해양과학기지는 우리나라 최초의 해양과학기지이며,116) 21세기 해양 강국으로 가는 전초기지이다.117) 파도와 조석, 해류, 수온, 염분, 대기 변화, 이산화탄소 등을 365일 자동 측정하여 무궁화 위성으로 실시간 전송된다. 2003.6월에 이어도 해양과학기지 준공과 시범운영 되었으며, 2007.1월에 한국해양연구원에서 국립해양조사원으로 이관되었다. 해양과학기지(인공구조물)는 ①높이 76m(수상36m 수중40m) ②중량 3,400t ③면적 1,320㎡ ④수명 50년 ⑤기준파고 24.6m ⑥기준풍속 50㎧ ⑦기준조위 3.7m ⑧해·조류 2.34㎧이다.

유엔은 암초 위에 등대 등의 구조물 세우는 것을 권장하고 있다. 만약, 이어도에 해양과학기지가 세워지지 않았다면 이어도 상공을 대한민국 방공식별구역으로 포함할 수 없었다. 이러한 이어도 해양과학기지는 많은 이의 집념과 노력, 열정의 산물로 태어났다.118)

---

116) 이어도 (2022). 이어도 해양과학기지. 해양정보, 해양과학기지, 국립해양조사원(공식누리집). 이어도 해양과학기지, 신안가거초 해양과학기지(2009.10), 옹진소청초 해양과학기지(2014.10)
117) 오재용 (2013). 세계 3대 유전지대가 있는 이어도는 명백한 우리 땅. 조선일보, 2013.12.3.
118) 심재율 (2013). 이건희가 지으려 한 이어도기지, 멍청한 YS는?. 뉴데일리, 2013.12.17.

▲ 감명국, 시사저널 2007

　국립해양조사원과 전남대학교 공동 연구(2020)에 따르면, 이어도 정상에서 채취한 암석의 동위원소 측정 결과 약 224만 년 전 화산분출로 형성되었다.

　이어도(Socotra Rock)는 영국의 무역선 소코트라가 좌초되면서 최초로 발견하고 명명, 중국은 물에 잠긴 바위(암초)의 뜻으로 소암초(蘇岩礁 슈옌자오)로 부른다.

　평화선(1952)에 아슬아슬하게 포함되었으며, 제주대학교가 탐사(1984)한 뒤 '파랑도'로 명명하여 전설 속의 이어도와 연결했다. 이 탐사내용은 KBS의 영상자료로 남아 있다.

　이어도는 하멜의 '하멜표류기'에 동아시아 해역 항해도에

Oost라 표기되어 있으며, 이어도와 일치한다.119) 그러나 이어도의 최초 발견은 영국 무역선 스코트라이다. 이어도의 발견과 해양과학기지 건설의 연표를 정리하면 다음과 같다.

표21 해양과학기지 건설 연표

도	내　　용
1963	하멜. 하멜표류기. 동아시아 해역 항해도에 'Oost'라고 표기- 이어도와 일치
1900	영국 무역선 스코트라 - 이어도 최초 발견
1910	영국해군 측량선 워터위치 - 이어도 확인
1951	한국산악회와 해군의 이어도 탐사. 수중암초 발견 - '대한민국 영토 이어도' 동판 수중설치
1952	이승만 평화선. 대한민국 국무원고시 제14호 (1952.1.18) - 이어도 한국관할권 선포
1970	해저광물자원개발법 제정. 시행령에 이어도 제4광구를 포함
1984	KBS-제주대 파랑도 탐사반 - 이어도 존재 확인
1987	이어도 등부표 설치 - 국제 공표. 이어도 최초의 구조물
1990	제주인의 이상향 이어도는 제주땅 - 수중표석 설치
1996	국토해양부 이어도 포함한 배타적 경제수역 선포
2001	국립지리원 수중 암초를 이어도로 명명
2003	이어도 해양과학기지 준공

▲ 필자가 조사한 자료 내용을 참고하여 직접 작성.

---

119) 오재용 (2013). 세계 3대 유전지대가 있는 이어도는 명백한 우리 땅. 조선일보, 2013.12.3.

3. 한국과 중국의 해양영토 갈등

  영토분쟁은 내륙영토분쟁과 해양영토분쟁으로 크게 나눈다.[120] 이를 다시 영유권분쟁과 국경 경계분쟁으로 나눈다. 영유권분쟁은 영토의 귀속과 배분의 정치적인 분쟁이며, 국경 경계분쟁은 국경 지역의 경계선획정 분쟁이다. 해양영유권분쟁은 도서영유권 분쟁과 해양경계획정 분쟁으로 나눈다. 일반적으로 해양경계획정에는 영해, 대륙붕. 배타적 경제수역의 경계선이 포함된다. 영해의 경계선을 제외한 나머지 대륙붕과 배타적 경제수역 설정 등은 관할권 분쟁으로 보고 있다.

  현재 동북아지역의 영유권과 관할권 분쟁이 매우 심각하다. 특히, 일본과 중국 사이에 끼어 있는 우리는 아직 그 심각성을 깨닫지 못하는 것이 답답할 뿐이다. 동북아지역의 영유권과 관할권 분쟁내용을 살펴보면 아래와 같다.

  중국은 해양대국을 위한 태평양 진출에 공을 들이고 있다. 없어서는 안 되는 유리한 거점인 충승도(沖繩島 오키나와) 탈환의 유구공정(琉球 류큐)을 추진하고 있다. 유구국은 19세기 후반까지 존재했던 독립국이었으며, 조선과도 친밀한 관계를 유지했다. 2차대전 후 일본영토에 편입되었으며, 미국과 일본은 결코 중국에 양보할 수 없는 땅이다. 중국 또한 유구는 자국 영토였음을 주장하며 유구공정을 치밀하게 추진하고 있다. 따라서 군사 충돌이 예견되는 가장 위험한 땅이다.

---

120) 이재영 (2019). 주변국 도서 영유권·EEZ 문제에 따른 독도·이어도 분쟁의 대응방안 연구. 부경대대학원 해양수산경영학과. 석사논문. 2019.2.22. p30-31. 재인용.

표22 해양과학기지 건설 연표

	분 쟁 내 용
한일	독도영유권 주장
한중	이어도 관할권 주장 – 한국 실효적 점유. 한국 이어도 해양과학기지 건설
한중일	대륙붕 경계 갈등
중일	첨각열도(尖閣列島 센카쿠) 영유권 분쟁 -일본 점유. 조도(鳥島 오키노도리) 인공섬 조성
중월	서사군도(西沙 시사) 남사군도(南沙 난사) 중국과 베트남 영유권 분쟁. -중국 영서초(永暑礁 용수자오) 활주로와 인공구조물 건설. 해군종합병원 개원.121) 민병대 활동122)
중비	황암도(黃岩島 황옌다오)-중국 점유 중국과 필리핀 영유권분쟁
러일	천도열도(千島 쿠릴) 영유권 분쟁 – 러시아 점령

▲ 필자가 조사한 자료 내용을 참고하여 직접 작성.

첨각열도(尖閣列島 센카쿠) 해상에서 벌어진 영유권 다툼
(2010.9)도 유구공정의 하나이다. 중국의 희토류 수출을 전
면 중단하면서, 일본이 사실상 백기 투항한 꼴이 되었다. 이
러한 사실은 가볍게 볼 수 없는, 우리에게 미칠 영향 또한 크
다. 중국은 유구에 접근하려고, 이어도 해역 관할권 주장의
목소리가 점점 커질 것이다. 또한 유구가 중국에 편입되면,

---

121) 홍병문 (2016). 남지나해 영유권 못박기 나선 지나. 서울경제 2016.11.25.
122) 지해범 (2021). 중의 남지나해 군사화 '강 건너 불' 아니다. 주간조선
(2653), 2021.4.15.

한반도 서남해는 중국의 내해가 될 위험성이 짙다. 중국 해양 신식망에 게시된 이어도 지도(좌측)와 헬기탑재 하이젠50호 순찰 범위에 이어도를 포함하고 있다.

▲ 중국 해양신식망에 게시된 이어도 지도. 김승범, 조선일보. 2011

중국의 유구공정의 궁극적 목표는, 이어도해역(북)과 유구해역(남)을 포함한 남해 먼바다(동지나해)를 중국의 내해로 만드는 것이다. 유구공정은 동북공정 등과는 달리, 해군이 처음부터 전면에 나서 진두지휘하고 있으므로 경계하고 주의를 가져야 한다. 중국이 항공모함을 띄우고 이어도를 삼키려는 야욕을 노골적으로 드러내고 있기 때문이다.[123]

중국은 동북아시아 해양분쟁에 있어 자연·지리적으로 가장 많이 차지한다. 국가목표인 '중국몽' 실현을 위해 강력한 해군

---

123) 매일경제 (2012). 중 항공모함 띄우고 이어도 삼키려는 야욕. 매일경제, 사설. 2012.2.12

건설에 집중투자하고 있다.124)

우리 정부는 중국의 터무니없는 주장에 단호하고 확고하게 배척하고 있다. 중국의 주장을 정리하면 아래와 같다.

첫째, 쑤옌자오는 동지나해 북부의 수면 아래에 있는 암초이며, 제주 서남쪽 이어도에서 이루어지는 한국 측의 행동은 아무런 법률적 효력이 없다.

둘째, 이 부근 해역은 산동·강소·절강·복건·대만 등 5개 성의 어민이 예로부터 어업 활동하던 어장이다. 근래 이래 일본과 한국을 포함해 그 어떤 국가도 이의를 제기한 적 없다.

셋째, 지질학자에 의해 이 암초가 대륙판에 속한다는 것을 밝혀냈다. 이어도가 대륙붕에 있고, 영해와 200해리 EEZ에 있으므로 우리 영토이다. 따라서 외국이 전진기지를 세우거나 주변 해역에서 석유를 채굴할 권리가 없다. 이를 점령하는 것은 영토주권 침범이다.

넷째, 한국은 역사학자 등을 동원해 이어도가 제주도 전설에 나오는 환상의 섬, 피안의 섬이라고 신화를 날조하고 조작했다.

다섯째, 세계의 영토 강역은 누구랑 가까우면 누구의 것이라는 간단한 논리로 결정되지 않는다. 신도(薪島)는 우리와 더 가깝지만, 북한에 속한다. 또한 대마도는 한국에 더 가까운데 일본에 속한다.

여섯째, 해안선의 길이와 인구 비례 등 '형평의 원칙'에 따

---

124) 백병선 (2019). 미중 간의 힘의 경쟁에 따른 한국의 해양분쟁 변화 전망과 대응방향. 전략연구, 26(2), p324-325.

라 해양경계는 획정되어야 한다.

중국의 이러한 도발[125]은 아주 위험하고 심각한 수준이다. 이어도 문제를 해결하기 위하여 지금까지 여러 차례 경계획정 협상을 했으나 중국의 소극적인 태도로 별다른 성과를 내지 못하고 있다. 이러한 외교전은 최근 중국의 공세적 해양전략으로 볼 때, 위험이 매우 크다. 중국의 해군력 증강과 미중의 동아시아 해양패권 경쟁으로, 이어도 주변수역에서 충돌 가능성과 최악의 군사 충돌에 대비해야 한다.

이어도는 중동-인도양-말라카해협-남지나해를 거쳐 황해로 연결되는 중요한 해양 수송로이다. 또한 주변 해역은 중일과 미중의 해양 경쟁에서 중에 꼭 필요한 전략적 요충지이다. 따라서, 중국이 이어도 해양과학기지를 불법점거, 훼손 등의 우발적인 충돌을 언제 일으킬지 모르니 철저한 대비가 필요하다.[126]

앞에서 기술한 바와 같이, 동북아지역의 영유권과 관할권 분쟁은 매우 심각하다. 복잡하게 엮인 국가의 분쟁 중에서 우리와 중국과의 분쟁이 앞으로 가장 심각하게 다가올 것이다. 지금까지 일어난 한국과 중국과의 분쟁내용을[127] 정리하면 아래 표와 같다.

---

125) 고경민 (2014). 이어도 분쟁의 가능성과 대응방안, 국가안보와 전략, 14(2), p.7-8, p17.
126) 김재현 (2019). 한중 이어도 관할권 분쟁과 한국의 대응. Journal of the KNST, 2(1), p38.
127) 이윤 (2019). 중국의 인접국에 대한 해양정책 연구. 해양경찰청, 훈련보고서. 2019.4. p38-40.

표23 한국과 중국의 분쟁 현황

	분 쟁 내 용
1900	영국 상선 소코트라(Socotra) 항해 중 이어도 발견
1910	영 해군 측량선 워터위치(Waterwitch)에 의해 이어도 재확인
1938	(일제) 이어도에 콘크리트 인공구조물 설치계획 - 2차대전으로 불발
1951	한국산악회와 해군 '대한민국 영토 이어도' 동판 수장
1952	독도와 이어도 포함한 이승만 라인(평화선) 선포. 국제적으로 인정받지 못함
1976	해저광물자원개발법 제정 이어도 제4해저광물자원개발구역으로 편입
1984	KBS와 제주대학교 파랑도 탐사 성공
1986	수로국(국립해양조사원) 조사원에 의해 암초 측량 수심 4.6m 확인
1987	제주해양수산청 - 이어도 등부표 설치
1992.5	중국 해군(북해함대) 순항
1995	이어도 해양과학기지 설치를 위한 해저지형 파악과 조류 관측 등 현장조사 시행
1996	한중 배타적 경제수역 경계획정 협상 시작
1999-2002	중국, 세 차례 이어도 주변 지역 조사
2001.1.26	한국지리원 구글에 이어도로 개명 이어도 해양과학기지 착공
2003	국립해양조사원 이어도 해양과학기지 완공
2006	중국 외교부 - 이어도를 소암초(쑤옌자오) 명명 이어도 인근에 순시선 파견
2006.9.14	중국 외교부 진강(秦剛) - 영토분쟁이 없다 발표

2006.11	(王建興) 중화보위소암초협회 조직. 이어도에 중국령 동패와 석비 세우자 선동
2007	한국이 소암초(쑤옌자오) 침탈했다 주장[128]
2007.1.18	제주도의회 – '이어도의 날' 제정과 홍보 시작
2007.12	인터넷에 이어도를 중국영토로 표기[129]
2008.8	우리 정부의 항의받고 삭제와 수정[130]
2009	유엔대륙붕한계위원회에 중국 대륙붕이 이어도까지연결되었다 주장
2011.7	이어도 해역에서 인양 작업하는 한국 선박에 작업중단 요구 – 한국 해경 출동해 관공선 돌려보냄
2012.3	류사귀(劉賜貴 국가해양국장) – 이어도 중국 관할 정기 순찰 밝힘
2012.3.12	이어도는 영토분쟁지역 아니며, 해양경계획정은 한국의 관할이다 - 이명박 발표
2013.11.23	중국 – 이어도 포함한 방공식별구역 확대 선포
2013.12.8	한국 – 방공식별구역 이어도까지 확대 선포
2019.2.23	중국 – 항공기 한국 방공식별구역 침범. 동해 인근까지 침범한 사례는 있었으나, 울릉도와 독도 사이로 진입해 비행한 것은 첫 사례

▲ 필자가 조사한 자료 내용을 참고하여 직접 작성.

해양경계획정을 위한 회담은 1997년 2월 24일 서울에서 처음 열렸다. 그 뒤 2022년 11월 23일까지 20여 차례의 회

---

128) 중국 국가해양국 발간하는 군사전문 월간지 「해양개발과 관리」 (2007년 제3호). 재인용.
129) 중국 국가해양국 산하기구 웹사이트 해양신식망(海洋信息網)에 발표. 재인용.
130) 이어도를 중국 영토로 표기하였으나 "쑤옌자오(蘇岩礁)는 한·중 양국의 200해리 경제수역이 겹치는 지역에 있다. 이에 대한 귀속 문제는 양국 간 협상을 통해 해결돼야 한다."라고 수정. 재인용.

담과 협의가 있었으나, 큰 성과는 없었다. 한중의 해양경계획정 회담과 협의내용을 요약 정리하면 아래와 같다.131)

표24 한중의 해양경계획정 회담 현황

	회 담 명 칭	합 의 내 용
1997.2.24	1차한중EEZ경계획정회담 (서울)	해양경계획정 원칙과 EEZ 시행 문제 협의
1997.6.25-26	2차한중EEZ경계획성회담 (상해)	해영경계획정 원칙문제 논 의
1997.12.1	3차한중EEZ경계획정회담(서울)	해양경계획원칙문제와 EEZ 시행 문제협의
1999.5.27-28	4차한중EEZ경계획정회담 (북경)	해양경계획정 원칙문제 협의
2000.3.9-10	5차 한중조약국장회담과 EEZ경계획정회담(북경)	동북아평화질서 구축방안 논의. 국제기구 진출 시 협 조 방안협의. EEZ중복해역 경계선획정 협의
2001.5.8-9	6차 한중 조약국장회담과 EEZ경계획정회담(서울)	해양경계획정 원칙문제 협의
2002.6.17-18	7차 한중 조양국장회담과 EEZ경계획정회담(북경)	해양경계획정 원칙문제 협의
2003.12.15-18	8차 한중 조약국장회담과 EEZ경계획정회담(제주)	해양경계획정 원칙문제 논의
2004.12.15-18	9차한중EEZ경계획정회담	해양경계획정 원칙문제 구

131) 박창건 김지예 (2013). 동북아 지역 협력으로서의 한중해양경계획정 아태연구, 20(3), p5-33. 재인용.
132) 외교부 (2015). 한중 해양경계획정 제1차 공식회담 개최. 외교부 보도자료, 2015.12.22.
133) 김효정 (2016). 한중 내일 베이징서 해양경계획정 국장급 협의. 연합뉴스

	（북경）	체적 논의
2005.12.6-7	10차 한중조약국장회담과 EEZ경계획정회담(서울)	황해에서의 해양경계획정 문제 해양관련 관심사항 기타 국제법 논의
2006.12.6-7	11차 한중EEZ회담(북경)	해양경계획정 문제와 국제법협의. 해양경계획정 전문가회의개최합의
2007.12.14.	12차 한중EEZ회담 (제주)	서해 해양경계획정 교섭 가속화. 해양안전과 해적행위 방지 협력. 한중형사사법분야 협력
2008.7.3-5	13차 한중EEZ해양경계획정회담(청도)	황해해양경계 조기 획정 해양과학 조사 등 해양법 문제논의
2008.12.12	14차 한중조약국장회담과 EEZ경계획정회담(부산)	해양경계 조기획정 가속화 방안협의. 국제법문제,해적 문제 의견교환
2015.1.29.	해양경계획정 국장급회담	불법조업 문제 등으로 첨예하게 대립하고 있는 서해 배타적경제수역획정을 위한 협상
2015.12.22	1차 해양경계획정 차관급 회담(서울)[132]	협력, 호혜, 상호신뢰에 따라 해역경계획정 협상. 연1회 차관급 회담합의
2016.4.22	해양경계획정 국장급회담 (북경)[133]	해양경계획정 문제 논의
2016.12.20-21	해양경계획정 국장급회담 (부산)[134]	해양경계획정 문제 논의
2017.8.7	3차 해양경계획정 국장급	해양경계획정 문제 논의

2016.4.21
134) 외교부 (2022). 한반도 주변 해양. 외교부 공식 누리집.

	(북경)135)	
2018.7.5-6	4차 해양경계획정 국장급 회담(경주)136)	해양경계획정 문제 논의
2019.1.7	5차 해양경계획정 국장급 회담(하문)	해양경계획정 문제 논의
2022.11.23	10차해양경계획정 국장급 회담 (서울)137)	해양경계획정 문제 논의

▲ 제7차(2020.7), 제8차(2021.3), 제9차(2021.11) 국장급 회담은 코로나19 매문에 화상회의로 개최, 필자가 조사한 자료 내용을 참고하여 직접 작성.

향후 우리가 예상할 수 있는 이어도 분쟁은 다양한 형태로 발생할 수 있다. 지금까지 선행연구에서 제시한 이어도 분쟁 유형과 대응 방안은 크게 민족주의 도발과 물리적 충돌, 군사적 충동 등으로 구분할 수 있다. 이러한 충돌은 언제든지 발생할 원인은 상존하고 있다. 우리가 예상할 수 있는 유형별 상황과 대응 방안, 대응 주체로 나누어 구체적으로 설명할 수 있다. 이어도 분쟁에 대한 대응 방안을138) 정리하면 아래와 같다.

---

135) 이윤 (2019). 중국의 인접국에 대한 해양정책 연구. 해양경찰청, 훈련보고서. 2019.4. p20-21.
136) 이상현 (2018). 서해상EEZ경계획정 한중국장급회의. 연합뉴스 2018.7.6
137) 외교부 (2022). 한중해양경계획정 제10차 국장급 회담 개최. 외교부 보도자료, 2022.11.23.
138) 고경민(2016). 한중간 이어도 분쟁과 유형별 대응방안. 국가안보와 전략, 16(3), p109.

표25 이어도 분쟁의 대응 방안

	분쟁상황	대응방안	대응주체
민족주의 도발	해상집단행동(시위)	회항 요구와 경고 방송 해상집단시위대응 매뉴얼적용 법적 대응	해경
	과학기지점거훼손시도	경고 진압 현행법 체포	해경
	과학기지훼손충돌포함		해경 (해군 원거리 지원)
물리적 충돌	해상대치 해경순시선	3단계 접근 저지 - 과학기지 1,000m 경고 - 500m 차단 - 250m 최후 저지 4단계 대응 - 경고, 차단, 밀어내기, 나포	해경 (해군 원거리 지원)
	해상충돌 해경순시선		해군(해경 후방지원)
군사적 충돌	무력시위 (해·공군)	제한적 근해우세 전략에 따른 기동함대 구축 한미 연합 대응	해·공군 (해경후방지원)
	무력충돌 (해·공군)		

▲ 필자가 조사한 내용을 참고하여 직접 작성.

방공식별구역에 관한 갈등은 일본과도 밀접한 관련이 있다. 한중일은 방공식별구역의 갈등은, 우리의 입지가 점점 줄어들고 있다. 이제는 우리만 준수하도록 강요당하는 느낌이다. 지금까지 발생한 한중일 방공식별구역의 분쟁내용을 정리하면 아래와 같다.[139]

---

139) 최현준(2013). 뜨거워지는 이어도. 한겨레, 2013.12.8.

표26 한중일 방공식별구역 분쟁 현황

	분 쟁 내 용
1951	미태평양 사령관 한일 방공식별구역 선포
1963-1999	일본에 11차례 개정 요구 - 일본 거부
1969	일본 방공식별구역 고시
2008	한국 방공식별구역 고시
2013.11.23	중국 방공식별구역 선포
2013.11.28	중국 - 한중 국방차관급 전략대회 한국의 시정 요구 거부
2013.12.8	이어도 상공, 마라도와 홍도(경남) 영공을 포함한 방공 식별 구역 선포

▲ 필자가 조사한 자료 내용을 참고하여 직접 작성.

한중일 방공식별구역 중첩 갈등이 본격적으로 시작된 것은 '사드 배치 후인 2017년으로 볼 수 있다. 이때부터 일본 전투기도 중국보다 2배가량 침범이 늘어났다. 우리 군은 이에 F-15K 전투기 등 10여 대를 긴급 발진하고, 공군 중앙방공통제소(MCRC)는 중국 제남(濟南 지난)군구 방공센터를 연결하는 핫라인을 통해 경고 메시지도 발신했지만, 중국 측은 "이번 비행이 훈련상황"이라고 말한다. 그러나 훙-6(轟·H-6)' 전략폭격기 6대뿐 아니라 윈(運·Y)-8 조기경보기 1대, 윈-9 정찰기 1대 등을 비행시킨 이유는 단순한 훈련 목적을 넘는 비행이라는 우려가 나오고 있다.140)

---

140) 서울경제, 확장 3년 만에 중군용기 대거 침범…중 "훈련상황"

▲ 방공식별구역, 국방부 연합뉴스 2013

4. 일본과 중국의 해양영토 확장

일본은 해양강국으로서 우리가 본받아야 할 점이 여럿 있다. 일본은 영토확장에 대한 의식이 높은 나라로서 물론 우리와는 독도문제로 껄끄러운 관계이지만 러시아와 북방영토에 대한 특별법까지 만들어 꾸준히 협상하여 일부 성과를 올리기도 하였으며 중국과도 첨각열도 문제로 분쟁을 하고 있다. 특히 일본은 해양영토 확장에 열을 올리고 있는데 태평양 상

2017.01.10. 보도, 출처 : https://www.sedaily.com/NewsView/

의 암초를 적극적으로 영토화하여 배타적경제수역을 늘리고 있어 해양주권국으로 자리매김하고 있다. 이에 관한 결과는 일본의 본토보다 4배가 넓은 해양영토를 확보하고 있어 명실상부한 아시아의 최대 해양주권국이다.

충지조도는 일본 도쿄에서 남남서쪽으로 1,740km 떨어진 태평양 해상에 위치한 산호초이다. 태평양상에서 높이 70cm, 가로 2m, 세로 5m에 불과해 파도가 조금만 일어도 물속에 잠겨 볼 수 없으며 만조 때나 수면 위로 70cm 정도 드러나는 2개의 암초로 이루어져 있다.

일본은 이를 두고 섬이라고 주장하면서 배타적 경제수역(EEZ)을 주장하는 반면, 중국과 한국 등 주변국들은 섬이 아닌 바위에 불과하다고 반박하고 있어 해양영토를 둘러싼 갈등이 고조되고 있다. 국제법상으로 섬은 EEZ 설정의 근거가 되지만, 바위(암석)는 그 근거의 대상이 되지 못하여 대륙붕을 가질 수 없기 때문이다. 일본은 이곳을 섬으로써 인정받고 영토권을 주장하기 위해 1988년 콘크리트를 타설해 지름 50m, 높이 3m의 인공섬으로 만들어 면적을 넓히고 산호초를 양식하여 자연섬으로 만드는 계획까지 세웠으며 2007년에는 등대까지 설치한 후, 일본의 최남단 국토라고 주장하고 있다. 일본은 지난 2008년 11월 충지조도 해역을 비롯한 주변 7개 해역의 약 74만㎢를 대륙붕으로 인정해 달라고 유엔 대륙붕 한계위원회에 신청했으나, 중국은 이는 산호초여서 자체 대륙붕이나 배타적경제수역(EEZ)이 있을 수 없다며 반발해 왔다. 이에 2012년 4월 유엔은 오키노토리시마가 아니라 주변 섬들을 기점으로 북방 해역 17만㎢를 일본의 대륙붕으로 인정했지만, 남방 해역 25㎢에 대해서는 중국의 반발을 고려해 결론을 유보한 바 있다.

▲ 영서초 인공섬 군사기지 (좌) 안승섭 연합뉴스 2020, 충지조도 인공섬 공사장면 (우) 중앙일보 2012

한편, 일본 정부는 충지조도에 비해 비교할 수 없이 큰 독도를 리앙쿠르암(Liancourt Roocks)이라며 국제사회에 퍼뜨리는 이중적 태도를 보이는가 하면, 2012년에는 독도문제를 국제사법재판소에 단독으로 제소하려는 움직임을 보이는 등 독도를 국제적으로 영토분쟁 지역화하려는 정책을 펴고 있다. 그러나 이런 암초를 영토화하기 위하여 적극적으로 섬으로 만들고 이를 배타적경제수역으로 선포함으로써 해양영토를 확보하려는 의지에 대하여는 우리 정부도 배워야 할 것이다.

소입원(小笠原 오가사와라)군도는 일본 도쿄 남쪽 약 970km 떨어진 서태평양에 있는 제도로서 27개 화산섬으로 구성되어 있다. 주도는 부(父島 지치지마)섬. 1830년 소수의 유럽인 하와이인이 이주했으나 1862년에 일본이 점령했고 이후 제2차 세계대전 때에는 미국이 점령하여 1968년까지 통치를 하였다.

일본은 이에 대하여 미국과 적극적으로 협상을 하고 삼국접양지도 프랑스판을 근거로 제시하여 영토분쟁을 당사국 합의에 따라 일본의 영토로 편입을 시켰다. 행정상 동경도(都) 소입원촌(小笠原村)에 속하며 영어명은 보닌 아일랜드(Bonin Islands)이며 섬의 넓이는 106.1㎢에 불과하나 이를 중심으로 배타적경제수역을 200해리 보장받기 때문에 영해와 더불어 해양주권의 큰 의미가 있다.

중국도 일본과 마찬가지로 해양영토 확장에 적극적으로 나서고 있다. 새로운 방공식별구역 선포와 인공섬 건설에 역량을 집중하고 있다. 중국은 2013년 11월 23일 동중국해 상공에 '방공식별구역(ADIZ, Air Defense Identification Zone)'을 선포하였다. 중국이 새로이 설정한 방공식별구역에는 중·일간 해양영유권 분쟁이 야기되는 첨각열도(중 댜오위다오)와 해양과학기지가 설치된 이어도가 포함되어 있다. 이어도를 '방공식별구역에 포함시킨 것은 중국도 이어도와 그 주변수역에 대한 경제적, 해양과학적, 군사적으로 중요한 지역으로 인식하고 있기 때문이다.

그리고 해양영토 확대를 위하여 필리핀, 베트남 등과 영유권분쟁을 벌이고 있는 남중국해의 암초와 산호초를 인공섬으로 건설하고 있다. 공사가 진행 중인 곳만 7곳으로 모두

2016년까지 완공할 계획으로 추진하고 있다. 이렇게 되면 남중국해에 대한 중국의 지배권은 한층 공고해질 것이고, 영유권을 다투는 다른 국가와 대립구도가 더욱 첨예해질 것으로 예상된다.

중국은 그간 남중국해를 '난하이(南海)'라 부르면서 자국 내해(內海)라고 주장해왔다. 면적 350만㎢에 달하는 이 해역에 이른바 '남해9단선(南海九段線·nine dash line)'을 일방적으로 설정해놓기도 했다. 9단선은 남중국해 주변을 따라 그은 9개의 직선으로, 중국은 1940년대에 이 선을 긋고 자국의 해양관할권을 주장해 왔다. 9단선 안에는 남중국해의 80%가 포함된다. 이 기준을 적용하면 현재 남중국해에서 영유권분쟁이 벌어지는 모든 해역이 중국 영역이 된다. 중국 국가측량지리정보국은 지난해 남중국해가 자국 영해로 표시된 4개의 새로운 지도 발행을 인가하였다. 중국 정부는 또 새 여권에도 남중국해 전체를 자국 영해로 표기한 지도를 삽입하였다.141)

남중국해에는 750여 개의 작은 섬, 산호초, 암초, 모래톱이 산재해 있다. 남중국해에서 영유권분쟁이 벌어지는 지역은 스프래틀리 제도와 파라셀 제도다. 스프래틀리 제도에는 175개 섬, 암초, 산호초, 모래톱이 있는데 이들 섬 가운데 베트남이 24개, 중국이 10개, 필리핀이 7개, 말레이시아가 6개, 대만이 1개를 실효 지배하고 있다. 파라셀 제도의 130여 개 섬, 산호초, 암초, 모래톱은 모두 중국이 실효 지배하고 있다.

---

141) 이장훈 (2015). 남중국해에 인공섬 만드는 중국의 꼼수. 주간동아, (977), p50.

이 때문에 중국 정부는 특히 스프래틀리 제도에 있는 산호초와 암초들을 집중적으로 인공섬으로 조성해 영역을 확대하는 전략을 실행하고 있다. 작은 암초가 면적 7만5000㎡의 인공섬으로 확장되었다. 축구 경기장 14배에 해당하는 규모로, 2개의 항구와 헬리콥터 이착륙장 등이 건설되고 있다.

스프래틀리 제도의 피어리 크로스 암초도 거대한 섬이 되고 있다. 휴즈 암초에서 30km 떨어진 이 암초는 만조 때 높이가 수면 위로 60cm 정도만 드러나는 작은 바위섬이었다. 남중국해 중앙에 위치해 중국 해남(海南 하이난)성에서 1000km, 베트남과 필리핀에서는 480km, 말레이시아에서는 550km 떨어진 전략적 요충지이다. 중국 정부는 이 암초 주변 바다를 매립하는 등 1단계 공사를 끝냈다. 인공섬의 길이는 3000m에 달하고 폭은 200~300m 정도이다. 인공섬 동쪽으로는 5000t급 함정과 유조선이 정박할 수 있는 규모의 항구 조성 공사도 진행되고 있다. 중국 정부는 이 섬의 남서쪽에 인민해방군을 주둔시키고 있으며 대공포와 통신시설도 배치했다. 길이로 볼 때 활주로와 비행기 계류장으로도 충분히 활용할 수 있는 면적이다.

스프래틀리 제도 북부에 위치한 사우스 존슨 산호초(중국명 츠과자오)도 매립해 0.1㎢ 정도의 인공섬을 간척하였다. 이곳에도 각종 시설물을 건설하고 있다. 부두와 비행장 등 군사시설도 건설될 것으로 보인다. 현재 공사가 50% 넘게 진행된 상황이다. 이와 함께 스프래틀리 제도에 있는 게이븐(난쉰자오), 쿠아테론(화양자오), 엘다(안다자오) 등 5개 산호초 주변 바다를 매립해 인공섬을 건설하고 있다. 중국 정부가 매립하는 암초와 산호초는 시진핑 국가주석이 직접 선택하였다.

중국 정부의 해양영토 확대는 일본을 벤치마킹한 것이다. 일본 정부가 충지조도(沖之鳥島)를 인공섬으로 만든 것을 그대로 흉내 내고 있다. 남중국해에서의 인공섬 건설 전략이 진척됨에 따라 중국도 일본처럼 이 해역의 각종 자원을 확보할 수 있게 된다. 남중국해에는 석유 2130억 배럴, 천연가스 3조8000억㎥가 매장돼 있는 것으로 추정된다. 하이드레이트도 중국이 130년간 소비할 수 있는 규모로 추정된다. 그리고 인공섬을 군사기지로 만드는 전략은 미국을 모방한 것이다. 미국 정부는 1966년 영국 정부와 협정을 맺고 인도양 한가운데 있는 영국령 디에고 가르시아 섬을 50년간 임대하여 군사기지를 건설해 해·공군 병참 기지로 활용해왔다.

주변국은 중국의 인공섬과 군사기지 건설을 국제법과 아세안이 중국과 2012년 서명한 '남중국해 당사국 행동선언(DOC)' 취지에도 배치된다고 비난하고 있지만 중국은 멈추지 않고 있다. 필리핀 정부는 남중국해 영유권 분쟁을 국제해양법재판소(ITLOS)에 제소하고, 아세안 10개 회원국도 중국의 인공섬 건설공사를 강력하게 비판했지만, 중국 정부는 이 역시 무시하고 있다.

오히려 중국은 최남단 해남성 동부 담문(潭門 탄먼)이 '민병기지'로 활용하고 있다. 미 해군 이지스 구축함 라센함이 중국이 건설 중인 인공섬 수비환초의 12해리 이내로 진입하자 중국 어선들이 수시로 출몰해 라센함의 항해를 방해하는 사건이 발생하기도 하였다. 당시 중국 어선들은 독자개발한 위성위치확인시스템(GPS)인 베이더우(北斗) 시스템을 부착하고, 일사불란하게 라센함의 뱃머리를 가로지르고 바짝 붙어 주위를 맴도는 등 '도발적으로' 행동했던 것으로 전해졌다. 실제 담문에 1985년 민병 기지 역할을 하는 기구가 발족돼 현지 어선을 선발해 군사 훈련을 실시해 전시 정보수집은 물론 인공섬 건설 등을 지원해 남중국해 주권 수호에 이바지하고 있다.

중국 정부는 2016년 4월 6일 인공섬인 수비환초(渚碧礁)에 등대를 완공하고 가동에 들어갔다고 신화통신이 보도했다. 등대의 높이는 55m이며 등대 주변 40㎞까지 불빛이 도달한다. 수비환초는 미스치프환초(美濟礁)와 함께 중국과 주변국 간 남중국해 영유권분쟁의 대표적인 인공섬으로, 스프래틀리 군도에 있다. 중국은 수비 환초 등대 건설에 앞서 지난해 10월, 스프래틀리 군도의 콰테론 암초암초(華陽礁 화양자오)와 존슨 사우스 암초(赤瓜礁 츠과자오) 등 2곳에도 등대를 완공했다. 그동안 남중국해에 최소 7개의 인공섬을 건설하고 일부 인공섬에는 전투기가 이용할 수 있는 활주로와 함정 정박시설 등도 건설한 것으로 알려졌다.

5. 이어도 해양과학기지 영토화 방안

이어도 영토화 방안에 앞서 국립해양조사원의 이어도 대국민 인식조사 결과를 살펴보면, 대마도에 대한 이미지를 ①제주민요 ②설화 ③해양과학기지 순으로 뽑았다. 또한 10명 가운데 9명 가까이 이어도를 알고 있으나, 수중 암초는 절반만 알고 있었다.[142] 제주도 중학생은 이어도 전설(92%), 민요(86%), 해양과학기지(80%)를 모르고 있다. 또한, 이어도를 알게 된 것은 TV신문(40%), 인터넷(15%)이 앞서며 학교교육은 고작 11%에 불과했다. 그리고 이어도는 실제로 존재한다(76%)고 믿고 있으며, 이어도 교육에 관심 없고(52%) 부담스러우며(18%), 학교도서관에 이어도 자료가 있는지조차 모르고(65%) 있다.[143] 중학교 사회①(1학년 과정)에서 이어도는 한 곳도 없으며, 이어도의 위치 또한 부정확하게 표기하고 있다. 중학교 사회 ②(3학년 과정)는 대부분 해양영토 분쟁에 중점을 두고 있다. 또한, 사회과 부도 대부분 이어도의 위치를 잘못 표기하였으며, 구체적인 표기한 교과서는 절반뿐이다.[144]

영토화는 ①무주지 선점 이론 ②실효적 점유 이론 ③역사적 근원의 응고 이론 ④결정적 기일 이론 ⑤지도의 증거력 이론에 따른다. 또한, 영토주권을 주장하기 위한 증거의 하나로 지도를 만들자고 제안한다. 지도는 지리적 사실 인식의 기초자료인 동시에 특정 국가의 주권 범위의 정치적 표현이기 때문이다. 지도의 성격, 기능, 가치는 영토분쟁의 성격에 따라

---

142) 한광범 (2021). 한반도 태풍 파수꾼 이어도는 섬일까?. 이데일리, 2021.2.12.
143) 강문석 (2016). 이어도에 대한 제주도 중학생의 인식 및 교육실태 분석. 제주대학교, 석사논문, 2016.12, p35.
144) 강문석 (2016). 이어도에 대한 제주도 중학생의 인식 및 교육실태 분석. 제주대학교, 석사논문, 2016.12, p12-17.

증거력이 다양하게 적용된다. 지도의 증거력 확보를 위해서는 공식성, 근원성, 정확성, 객관성이 있어야 한다. 또한, 영토 주장은 ①합법적인 정부가 해야 효력이 있으며, ②대상 지역은 어느 국가에도 속하지 않는 무주지여야 하며, ③정부의 대외적인 선점 의사와 실효적 점유행위가 있어야 한다.

오늘날 국제사회는 치열한 해양영토 확보 경쟁의 신해양시대이다. 독도의 해양주권은 일본의 끊임없는 도전을 받고 있으며, 이어도는 중국과 해양경계획정 협상에 중요한 문제로 작용하고 있다. 하지만 독도에 비하면 이어도의 해양주권 인식은 아직도 많이 부족하다. 따라서 이어도와 해양과학기지에 대한 인지도와 해양주권을 강화하는 방안을 찾아야 한다. 이어도의 해양주권은 아주 중요한 문제이므로 정부와 온 국민이 나서야 한다. 이어도와 해양과학기지의 현안을 더 구체적이고 사실적으로 연구하여 국민의 공감을 끌어내야 하며, 일본과 중국에 당당하게 맞서야 한다.

우리는 중일의 위협은 먼 미래로 인식하고 있다. 그러나 전혀 그렇지 않다. 중일의 위협은 현실이다. 따라서 군사전략과 대응도 필요하다.145) 잠수함을 운용하여 중국의 해상전력을 억제하고, 나아가 핵잠수함에는 핵잠수함으로 항모는 항모로 대응하여 질적인 균형을 이뤄야 한다.146)는 주장을 가벼이 흘려서는 안 된다. 이어도와 7광구는 결코 포기하거나 타협할

---

145) 백병선 (2019). 미중 간의 힘의 경쟁에 따른 한국의 해양분쟁 변화 전망과 대응방향. 전략연구, 26(2), p339-340.
146) 김재헌 (2019). 한중 이어도 관할권 분쟁과 한국의 대응. Journal of the KNST, 2(1), p44.

수 없는 문제이다.

그런데도, 중국이나 일본처럼 해양영토 확장에 아주 소극적인 형태를 보여주고 있다. 일본은 오가사와라 제도의 영토편입과 작은 암초인 충지조도의 영토화를 통하여 해양주권을 넓혀 나가고 있으며, 최근 중국도 남중국해의 군사시설 설치와 인공섬 수비환초(渚碧礁)를 건설하는 등 해양영토를 확대하고 있다. 중국은 남중국해에 최소 7개의 인공섬을 건설하고 일부 인공섬에는 전투기가 이용할 수 있는 활주로와 함정 정박시설 등도 건설한 것으로 알려졌다. 특히, 중국 정부가 방공식별구역에 이어도 상공을 포함했지만, 우리는 "이어도 이용에는 전혀 영향이 없다."는 말만 되풀이하고 있다. 이뿐만이 아니라 중국은 국가해양국의 공식 사이트인 '해양신식망'에 이어도를 자국 영토로 소개하고 있다. 이 사이트는 각종 고대 문헌에 기록돼 온 소암초는 중국 영해와 200해리 경제수역 내에 있으므로 현재도 중국의 영토라고 주장한다.중국에서는 이어도를 자국 영토로 편입시키려는 작업이 정부뿐 아니라 민간에서도 시도되고 있다. '소암초보호연맹'이란 민간단체는 전용 사이트를 개설하고 행동계획을 수립한 뒤 각종 자료와 사진을 올리며 자국 영토로 편입시키기 위한 중국인들의 동참을 촉구하고 있다. 그뿐만 아니라 헬기탑재 하이젠50호 순찰 범위와 가거도 해역 순찰도(巡察圖)에 이어도를 명기하여 순찰에 활용하고 있다. 일본이 한미일 합동군사훈련에 동해를 일본해로 표기하여 사용하고 있는 것과 똑같다. 일본과 중국은 해양영토와 관련하여 적극적으로 추진하는 반면 우리는 손 놓고 있는 것이 한심할 따름이다.

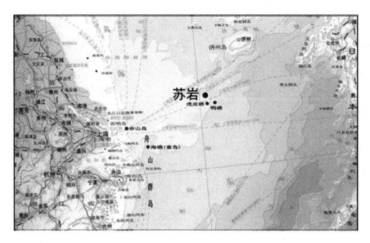

▲ 하이젠50호 순찰 범위와 가거도 해역 순찰도

중국 언론들도 그동안 "이어도는 장쑤 외해의 대륙붕의 연장된 일부이자 지질학적으로 창장 삼각주의 해저구릉으로 오래 전부터 산둥, 장쑤, 저장, 푸젠, 대만 등 어민들의 어장이었다."며 중국의 영토임을 강조하고 있다.

중국이 이어도를 차지하려는 이유는 이어도의 어마어마한 경제적 가치 때문이다. 전문가들은 이어도 일대 바닷속 지하자원의 규모가 원유 최대 1000억 배럴, 천연가스는 72억 톤 등으로 파악하고 있다. 그래서 중국은 이어도를 중국 영해에 넣기 위해 해저 대륙붕을 근거로 배타적경제수역(EEZ)권을 정해야 한다고 주장해 왔다.

중국의 이어도 접근법은 준비가 미진하여 소극적이었지만 상황이 많이 달라졌다. 지금까지는 한국이 실효적으로 지배하고 있는 이어도를 국제적으로 부각하기에는 시기상조로 판단해 왔지만, 이제는 베이징 올림픽으로 자신감을 확보하고, G2로의 경제성장과 축적된 달러화를 바탕으로 세계 경제에 대한 영향력을 급속히 확대해 나가면서 대외적으로 힘을 과시하고 있다. 이제는 중국정부 차원에서 이어도 문제를 직접 다루기 시작했다. 중국정부가 이어도에 대한 야심을 본격적으로 드러내고 있다. 이어도 문제에 대하여 중국이 국내외적 여론을 자신들에게 유리한 방향으로 이끌기 위한 명분과 논리를 만들고 있다

이제 우리도 이어도 문제에 적극적으로 대응해야 하는 시점이 되었다. 앞으로 불거질 분쟁에 효율적으로 대응하고, 국익의 극대화를 위한 종합 대책을 수립해야 한다. 내적으로는 이어도를 국토의 최남단으로 바꾸고, 이승만 대통령 당시인 1952년 국무회의에서 우리나라 인접 해안에 대해 주권을 선언키로 의결해 관보(국무원 고시 제14호)에 게재한 1월 18일을 '이어도의 날'로 지정하여 기념행사를 비롯해 학술연구와 탐사 등 다양한 정부차원의 행사와 함께 이어도 헬기관광, 잠수함 관광기지 건설사업을 정부차원에서 추진하여 국민적 관심을 고조시켜야 한다. 또한 무인도서의 체계적 관리를 위해 2017년까지 구축할 '무인도종합정보시스템'에 이어도를 포함하여 이어도의 위치·수심·지형 등 공간정보를 담은 3차원(3D) 지형도 제작을 추진하고, 지적공부에 등록하여 영토를

확대해야 한다.

특히, 정부는 더 적극적으로 현재 수중 암초를 영토화하는 작업을 추진해야 한다. 이는 불가사리 콘크리트를 활용하여 현재 수중화 되어 있는 이어도를 지상으로 개발하여 섬으로서 자리매김하고 영유권 선언을 해야 한다.

이렇게 되면 이어도를 중심으로 영해가 설정되며 이를 기선으로 하여 다시 배타적경제수역을 선포할 수 있게 되는 것이다. 해양영토를 넓혀야 한다. 이어도 암초는 깊이가 약 50m로 준설이 비교적 쉽게 공사가 이루어질 수 있으며 해양과학기지가 설치되어 있어 공사의 명분도 있다. 이어도를 영토화하여 해양주권을 선언하는 길이 이어도를 지키는 유일한 방법이다.

외적으로는 해양법상 이어도와 그 주변수역에 대한 우리나라의 관할권 근거를 더욱 분명하게 구축하여 중국과 일본의 무리한 정치적 움직임에 대해서도 더욱 강력하게, 평화적인 방법으로 대응해 나갈 수 있도록 외교력을 강화해 나가고, 해양 관련 전문인력 양성과 국제기구 활동에 적극적으로 참여해야 한다. 해양 분야 국제기구는 국제해양법재판소, 국제해사기구, 국제해저기구 등이 국제 해양 관련 분쟁과 해양환경 보호 등을 위하여 다양한 역할을 하고 있다. 특히, 독도와 관련한 동해 지명 및 해저 지명을 다루는 국제 수로 기구(IHO : International Hydrographic Organization)에서의 활동이 요구되고 있다.

미국 정부도 남중국해 인공섬 건설과 관련해 한국 정부의 동참을 요구하고 있다. 미국 국무부 대니얼 러셀 동아시아태평양 담당 차관보가 미국 전략국제문제연구소(CSIS)와 한국 국제교류재단(KF)이 공동 개최한 워싱턴 '한미전략 대화' 세미나에서 "한국은 그동안 국제 시스템하에서 번창해 왔으며, 현재 국제질서에서 주요 '이해상관자(stakeholder)'로서 큰 역할이 요구되고 있다."고 언급했다. 이어서 이제 "한국이 미국과 마찬가지로 남중국해 분쟁의 당사자가 아니더라도 목소리를 높여야 할 이유는 많다."고 덧붙였다. 러셀 차관보가 개인적 입장을 전제로 지적한 한국의 '이해상관자' 입장은 남중국해에서의 자유로운 항해 권리 보장과 역내 자유무역을 저해하는 무력 행위 반대, 국제법 준수의 세 가지다. 이는 미국이 한국의 역내 위상을 인정한 긍정적 사례로 볼 수 있다. 특히 한국 경제발전의 생명선인 대외무역의 주요 해상교통로가 남중국해를 경유한다는 점을 고려할 때 일리 있는 정책적 제언이다.

　마지막으로 영토에 대한 공적 장부인 지적을 생각할 때, 해양조사를 위한 정부의 지원이 요청된다. 해양조사는 해양의 자연 현상을 밝히기 위해 해저면, 하층토, 상부 수역, 인접 대기를 대상으로 하는 조사와 측량을 말한다. 해양조사는 해양측량, 해저 조사, 해양 관측 등으로 나눌 수 있다. 특히, 해양측량은 해양을 적극적으로 활용하고자 해양 관련 자료를 얻는 것으로 수로측량, 해안선조사측량 등이 있다. 수로측량은 바다의 수심, 암초의 위치, 높이, 해저 지질 등을 조사하는 것이다. 수로측량 자료를 이용하여 해도와 각종 수로서지를 제작하고, 항해 안전, 항만 공사, 군사 작전, 해양개발 등에 이용하고 있다. 해안선 조사 측량은 영해 기선, 배타적 경제 수역(EEZ), 수산 자원 보호 구역, 대륙붕의 한계 경계, 육지와 바다의 경계 등 해양 경계의 기준 설정을 위해 실시한다. 해안선의 정확한 산출을 위해 조석 관측을 통해 최저 저조면, 평균해수면, 최고 고조면 등의 자료를 수집한다. 해저조사는 해저 퇴적층 조사, 심해 시추를 통한 광물 조사 등이 있다. 해양조사 결과를 토대로 해양지적정보체계를 구축하여 해양 자원의 효율적 활용에 이바지할 수 있을 것이다.

그리고 독도가 일본의 도전을 받는 것과 마찬가지로 우리나라 최남단 이어도와 해양과학기지도 중국의 도전을 받고 있다. 중국과의 해양경계획정 협상에 중요한 문제로 작용할 가능성이 크다. 앞에서 살펴본 바와 같이 이어도는 한국과 중국의 EEZ가 중첩되는 곳으로, 양국 간 중간선 원칙에 따라 중국의 EEZ 경계를 획정하면 이어도는 자연히 우리 수역에 들어온다. 그렇다고 가만히 있으면 안 된다. 가장 먼저 할 일은 우리나라 지도에 이어도를 넣고, 우리 영토로 가르쳐야 한다. 나라가 못하면 시민이 나서야 한다. 난 10월 29일 중국 군용기 1대가 이어도와 가까운 제주도 해역을 중국 한국의 방공식별구역을 침범하였다. 이 중국 비행기는 방공식별구역 침범한 뒤 한반도 가까이 진입하여 강원도 강릉 동쪽까지 북상했지만, 우리는 이 일이 앞으로 어떻게 전개되어 어떠한 영향을 미칠지 생각조차 하지 않는다. 우리의 목젖을 막아도 아픈 줄을 모른다. 우리 시민이 대비해야 한다. 시민운동으로 이어도와 제7광구를 지켜야 한다. 이것이 오늘을 살아가는 건강한 시민으로서 권리이자 의무이다.

▲ 이어도를 표시한 대한민국전도

현재 우리나라 해양영토는 약 443,838㎢이지만, 이어도를 영토화하면 엄청난 해양영토를 확보할 수 있게 된다. 우리 국민은 역사상 이어도를 섬으로 알고, 우리 땅으로 생각하고 살아왔다. 따라서 정부는 "이어도는 우리 영토가 아니지만, 이용하는 데는 전혀 영향이 없을 것"이라고 말할 것이 아니라 "이어도는 우리 영토이다."라고 당당하게 외교적인 노력을 기울여야 한다. 아울러 민간에서도 이어도의 존재와 역사적·지리적 중요성을 인식하고 이에 대한 지속적인 관심과 지원을 아끼지 않아야 "우리 영토를 지킬 수 있다."는 진리를 명심해야 할 것이다.

6. 소결론

중국의 이어도와 주변 해역에 대한 움직임은 또 다른 동북공정의 하나이며, 해양공정의 첫발이다. 중국은 발해사와 고구려사를 왜곡하여 북한의 영향력을 확대하고 있다. 중국의 이어도 관할권 주장은, EEZ 선점 차원을 넘어 해양대국을 위한 유구공정과 남해 먼바다의 해양관할권 확대의 정치적 움직임을 본격화 한 것이다.

중국은 미국과 어깨를 나란히 하는 초강대국 실현을 위한 해양영토 확대의 '목젖'인 이어도를 반드시 차지하려 할 것이다. 국제정치적 합의와 해양법과 국제법적 해결의 영향력을 확대하여, 우리를 곤경에 빠뜨릴 것이 틀림없으므로 이에 대한 대비와 준비가 시급하다. 적극적으로 대처하지 않으면 동북공정처럼 맥없이 당하는 우를 범하게 된다.

더 염려스러운 것은, 간도회복 문제를 준비하는 우리의 협상력 약화이다. 간도와 백두산 국경분쟁 해결에 커다란 장애로 작용할 가능성이 크다. 이처럼 중국의 이어도 주장은, 이어도 해역의 풍부한 지하자원과 엄청난 어족자원에 있다. 이어도 해역은 원유 1,000억 배럴, 천연가스 72억 톤이 매장된 것으로 추정된다. 그리고 이어도 관할권을 주장하여 분쟁지역으로 만들려는 야심과 해양지배권 확대의 군사적 의도가 깔려있다.

이어도는 아직도 해양경계획정이 협상 중이다. 최근 중국의 전략으로 볼 때, 힘에 의한 접근'으로 이어도 해역을 통제하거나 무력대응 가능성이 크다. 동아시아 해양은 해양영토분쟁이 가장 치열하게 진행되고 있다. 또한, 이어도 해역은 세계에서 제일 중요한 바다로서 경제와 지리적 사활의 중요한 해역으로 평가받고 있다.

중국은 경제력과 군사력을 앞세워 아시아 패권을 장악하려는 속내를 감추지 않고 있다. 노골적으로 이어도를 포함하는 해상경계를 주장하며, 울릉도와 독도 근해까지 정찰기가 제집 드나들 듯 한다. 중국은 '신화의 섬'을 들먹이며, 이어도를 빼앗으려 한다. 우리보다 100년 먼저, 이어도의 존재를 알았다고 주장한다. 그러나 증거를 내놓지 못하고 있다. 이어도는 신화의 섬이 아닌, '전설의 섬'으로 존재하고 있다. 이어도는 문화적 권원이 우리에게 있다.

7광구도 지키고, 이어도 해양과학기지의 영토화 방안으로는 첫째, 인공섬 조성과 영역확대이다. 둘째, 지적공부에 등록하고 등기를 마쳐야 한다. 셋째, 정부는 영유권 선언을 공표해야 한다. 우리가 건설하고 운용하는 이어도 해양과학기지는 그 법적 근거가 정당하고 합법적이다. 그동안 이어도 해양과학기지는, 항해하는 모든 국가의 선박에 아주 유용한 기상자료를 제공하고 있다. 이러한 일은 해양 국제협력의 중요한 사례로, 국제사회에 적극적으로 홍보해야 한다. 또한, 이어도 영토화 방안의 하나이다. 우리도 이어도를 인공섬으로 만들어야 한다. 오늘은 중일의 눈치를 보지 말자. 미루면 미룰수록, 후세에 죄짓는 일이다.

제24장 통일한국의 영토주권 확보 방안

이 장은 통일한국의 대마도 영토주권 확립을 다루고 있다. 먼저 통일 한국의 영토문제와 영토문제의 범위를 검토하고, 고 토회복과 영토주권을 확보할 통일한국의 법적 지위에 대하여 설명한다. 마지막으로 통일한국과 영토주권 확보방안을 제시하고자 한다.

1. 통일 한국의 영토문제

우리에게 영토란 무엇인가. 영토는 과거 우리 조상들이 반만년 동안 가꾸어온 역사공간이자 문화공간이며, 현재의 생활공간에서 미래의 활동 공간으로의 확장을 의미한다. 여기에서 우리가 놓치지 말아야할 것이 있다. 영토주권과 역사주권을 동일시하면 안된다. 제1부와 제2부에서 다룬 역사주권과 위리가 회복해야 할 영토주권은 별개로 생각해야 한다. 역사주권은 역사적으로 우리의 영토에 대한 바른 인식을 통하여 간직해야 할 비정치적 생활권적 영토관을 말한다. 반면, 여기서 본격적으로 다루는 영토주권은 우리가 반드시 회복해야하는 고토에 대한 인식을 말한다.

우리는 그동안 대륙중원에서 발원하여 만리장성 안쪽까지

영토를 확장하고, 일본과 대마도를 경영하였지만, 한일병탄과 광복, 6·25동란을 거치면서 한반도가 분단되어 오늘날 섬이 되고 말았다. 현재 남북 간에 38선과 NLL, 휴전선에 대한 처리문제가 남아 있으며, 한일간에 독도 영유권과 관련하여 외교적 마찰과 한중 간에 중국과 간도와 백두산 문제, 러시아와는 연해주, 녹둔도(鹿屯島) 분쟁이 잠재해 있다. 이러한 영토문제는 단순히 법적·정치적인 문제뿐만 아니라 국가의 재산권과 민족적 자존심에 대한 문제이다. 이러한 문제가 남북한 통일 이전에 해결될 가능성은 그리 크지 않다. 그렇다고 통일이 된다고 해서 쉽게 풀릴 일도 아니다. 사람은 나서부터 죽을 때까지 국가라는 테두리를 벗어나지 못하는 것과 같이 국가 영토의 범위도 벗어날 수 없다. 그래서 한반도의 영토문제는 통일한국의 위상과 직결된다.

그렇다면 대한민국의 영토는 어디서 어디까지를 말하는가. 그 범위는 분명한 것 같으면서도 그렇게 간단하지 않다. 국가의 동일성과 영토계승의 문제가 복잡하게 존재하기 때문이다. 새로운 국가가 탄생한 경우에 국가의 생명이 백지상태에서 시작하는 것이 아니고, 영토에 속한 모든 권리·의무를 상속하는 것이 국제법의 원칙이다. 따라서 신생국이 문제가 있는 영토의 일부분을 상속했다면 신생국은 이 지역의 분쟁도 상속한 것이 된다. 이 점에 있어서 한국의 영토는 아직도 해결해야 할 문제점이 많이 내재되어 있다. 우리 대한민국은 고조선으로부터 고구려와 발해, 고구려와 대한제국을 계승한 국가이기 때문에 대한제국 때 해결하지 못한 중국·일본·러시아와 영토분쟁에 대한 가능성이 항상 존재한다고 할 수 있다.

대한민국 헌법 제3조에 「대한민국의 영토는 한반도와 그 부속도서로 한다.」로 규정하고 있다. 헌법에 영토에 관한 규정을 설치하는 것은 다수국가가 결합하여 한 국가를 형성한 연방국가에서 필요한데 우리는 연방국가가 아니기 때문에 헌법에 영토조항을 설치할 필요가 없다는 주장도 있었지만, 대한민국 헌법은 결코 남한에만 시행되는 것이 아니고, 우리나라 고유의 영토 전체에 시행되는 것이라는 것을 명시하기 위하여 특별히 이 조문이 설치된 것이다.

그렇다면 헌법에 나타난 「한반도」와 「부속도서」의 범위는 어디까지를 말하는 것인가? 해석에 따라 대한민국 영토의 영역이 다르게 된다. 「한반도」는 동으로 두만강, 서로는 압록강 입구를 기점으로 하여 두만강과 압록강을 경계선으로 한 한반도가 역사상 명확한 고유의 영토인지? 두만강·압록강 이북 지역 어디 까지를 한반도에 포함해야 하는 문제가 있다. 초기 제헌헌법 제정경위를 살펴볼 때 우리 영토범위를 간도까지 포함한 것으로 해석할 여지가 있다. 간도는 압록강 두만강 대안지역으로 우리 손으로 개간한 땅이다. 1885년부터 영토귀속권을 가지고 본격적으로 국경회담을 시작하였지만 백두산 정계비를 중심으로 시작되는 토문강의 해석으로 회담이 결렬되어 아직도 미해결 된 지역이다.

그리고 대한민국의 영토에 속하는 「부속도서」로 대마도와 독도, 녹둔도가 있다. 대마도와 녹둔도는 한국에 의하여 실효적으로 점유되고 있지 않고, 「국제조약에 의한 확정된 영역권

」에 있는 것은 아니지만 충분히 검토할 가치가 있다.

　독도의 문제에 있어서 한국의 현실적 점유하에 있으며, 카이로선언 이후 대일 평화조약에 따른 국제문서와 일본의 독도 편입은 한일병탄 과정에 발생하였기 때문에 한국의 광복과 더불어 당연히 한국에 귀속되어야 마땅한 「부속도서」임은 의심의 여지가 없다. 이렇게 볼 때 중국과 러시아의 점령하에 있는 간도와 연해주, 녹둔도의 문제도 역시 같은 논리로써 한국에 귀속되어야 한다는 역사적, 법적 사실은 충분하다. 그러므로 이 지역에 있어서 한국은 적어도 중국과 러시아에 대하여 청구권을 보유하고 있으므로 우리의 고유한 영토에 포함된다고 볼 수 있다. 그러나 이러한 결론에 도달하더라도 이 지역을 우리 땅으로 편입하기 위해서는 현재 우리나라 헌법의 영토조항으로는 수용할 수 없는 한계를 가지고 있다.

2. 통일한국의 영토문제의 범위

　한국의 영유권 주장의 범위 확정은 매우 어려운 일이다. 전문가들은 몇 가지 경우의 수를 기준으로 그에 따른 범위를 확정하고 있다. 그러나 영유권 범위의 확정이 사실상 불가능하여 주장하고자 하는 대상을 불특정하여 분쟁에 대비하고, 영유권을 주장하는 것은 있을 수 없는 일이다. 다시 말해, 한국이 영유권을 주장함에 있어 영토의 범위가 한정되지 않고 있다는 것은 큰 문제이다.

결과적으로 통일 한국의 영토범위 문제는 정확한 지리적 범위를 확정되어 있지 않다는 것이다. 가장 합리적인 역사적 근거들에 기반하여 내부적으로 지리적 범위를 확정하는 작업이 선행되어야 할 것으로 판단된다. 이러한 작업은 영토주권을 확보하는데 있어 중요한 자료가 된다. 단계별로 사안별로 역사적, 법률적 판단에 기반해 지리적 범위를 확정해야 한다. 통일이 되면 불가피하게 영토문제가 외교의 최우선 과제가 될 수밖에 없다. 그 범위는 멀리는 유조변책에서 간도협약까지가 대상이 된다.

강도회맹과 백두산정계비의 역사적 사실과 간도협약과 중조변계조약 등 조약만 보면 이 지역에 대한 영유권을 주장하는 데 있어서 유리하다. 하지만 영유권 문제는 법적 문제인 동시에 정치적 문제이고, 영토의식의 문제이기도 하다. 정부가 끊임없이 권리의식을 갖고 국제사회에 주장해야 하는 이유가 바로 여기에 있다.

일반적으로 매우 중요한 국가 간의 영토분쟁은 평화적으로 해결한 경우가 매우 적으며, 소요되는 시간이 또한 매우 길다. 더구나 이 지역의 영유권분쟁은 이해관계가 복잡하여 평화적인 해결을 기대하기가 어렵다.

중국과 일본이 국가 주도로 자신의 국익에 유리한 이론화 작업을 추진하는 데 비해 우리 정부는 외교적 마찰을 염려하여 회피하려고 하는 것이 문제다. 중국 정부와의 '조용한 조율'을 할 것이 아니라, 오히려 문제로 삼음으로써 국경협상에 대한 카드로 이용해야 한다.

'인류의 역사는 영토쟁탈의 역사이다. 분쟁은 마찰을 전제로 하는 것이므로 중국과의 마찰을 현 정권이 기피하거나 유예하는 것은 개혁정부의 올바른 처신이 아니다.'라고 강조한 바 있다. 우리가 힘이 없어 고토를 회복하지 못하고 분단되었지만, 언젠가 힘이 강해지면 고토를 찾을 수 있다. 조선시대 북벌을 주장하고, 이승만 정부에서 대마도 환수에 노력하였다. 이러한 사실에 비추어 볼 때 고토 회복이 전혀 불가능한 것이 아니다. 이런 차원에서 영토를 규정한 헌법을 변경해야 한다는 일부 주장도 타당성이 있다. 현재 헌법 제3조에는 "대한민국의 영토는 한반도와 그 부속도서로 한다."로 되어 있으며, 영토의 취득과 관련 조항은 제5조에 "① 대한민국은 국제평화의 유지에 노력하고 침략적 전쟁을 부인한다."라고 명시되어 있다. 이는 영토에 대해서 변경이나 취득 또는 여타의 가능성이 배제된 조문으로 한반도와 부속 섬을 제외하고는 우리의 영토가 될 수 없다는 의미로 해석된다. 다른 국가의 영토를 양도받거나 미개척지를 개발한 경우, 간도와 연해주 지역을 국제법적인 판결에 의해서 회복하는 경우에도 우리의 헌법은 허용하지 않고 있으므로 우리 땅으로 편입할 수 없다. 외국의 경우는 많은 국가들이 영토의 범위와 취득에 대하여 헌법에 광범위하게 규정하고 있다.147)

　벨기에의 경우는 헌법 제1조에 "벨기에 국은 이를 주로 구분한다."라고 규정을 두고, 벨기에 국이 취득한 식민지, 해외

---

147) 여러 나라의 영토와 관련된 헌법조문은 권영성 저, 「비교헌법학」에서 발췌 인용.

속령, 또는 보호령은 특별법에 따라 이를 통치한다. 이들 영토를 방위할 벨기에 군대는 지원에 의하며 징집은 불가능하다. 인도의 경우도 마찬가지다. 헌법 제1조에 "인도, 즉 바라트는 연방국가다. 각주와 그 영역은 제 1부칙에 규정된다. 인도의 영역은 다음으로 구성된다. 제주(諸州)의 영역과 제 1부칙에 규정된 연방영역, 장래에 취득될 기타 영역"으로 규정하고 있으며, 이란은 헌법 제78조에 "영토와 국경의 변경은 금지된다. 단, 국가이익에 부합되고 영토의 보존과 독립에 영향을 미치지 않는 사소한 변경은 국회 재적 의원 5분의 4이상의 찬성을 얻어야 한다."라고 상세히 규정하고 있다.

멕시코는 헌법 제42조에 "영역은 다음과 같은 것으로 구성된다. 연방의 구성부분과 도(인접한 바다의 암초와 산호초를 포함함), 태평양에 있는 가다르페와 레비야히테도도(島), 대륙붕, 도와 산호초 및 암초의 해저붕, 국제법 및 국내해사법이 정한 범위와 조건에 있는 영해, 국제법에 의하여 확립된 원칙의 범위내에 있는 영역의 상부에 위치하는 공간"으로 명시하고 있다. 필리핀도 세부적으로 정하고 있다. 헌법 제1조에 "영토는 필리핀군도와 이에 부속한 모든 도서, 그리고 영해·영공·하층토·해상·대륙붕, 필리핀이 주권 또는 관할권을 가지고 있는 다른 해저지역을 포함하여 역사적 또는 합법적 권리에 의하여 필리핀에 속하는 모든 영토를 포함한다. 군도의 도서들 사이와 그 주변 해양은 그 폭과 면적에 관계없이 필리핀 내해의 일부가 된다." 포르투칼은 제5조에 "포르투칼은 유럽대륙에서의 역사에 의하여 정하여진 영토와 Azores와

Madeira군도로 이루어진다. 국가는 국경의 조정을 제외하고는 포르투칼 영토의 일부분도 매각할 수 없으며 영토에서 행사할 수 있는 주권을 양도하지 못한다. 영해의 범위와 한계와 인접한 해저의 권리는 법률로 정한다. 포르투칼 통치하에 있는 마카오는 그 특수상황에 부응하는 법령에 따라 통치된다." 라고 명시하고 있다.

이와 같은 외국의 경우를 참고하여 우리의 영토와 관련된 헌법조항을 개정한다면, "제3조 ①대한민국의 영토는 북방영토를 포함한 한반도와 그 부속도서로 한다. 영토에 속하는 영공·영해·해저·대륙붕을 포함한다. ②영토 취득은 국제법에 따라 정당한 경우에만 가능하며 이에 대한 승인은 국회의원 재적인원 과반수의 찬성으로 한다."정도가 바람직할 것으로 판단된다.

이는 제1항에서 제정헌법의 정신을 계승하여 대외적으로 우리의 영토를 표명하고, 2항에서는 향후 발생하게 될지도 모르는 영토의 취득에 대비하자는 의미에서 제시하였다.

3. 통일한국의 법적지위

통일 방식에 따라 영토문제 처리 방향도 다르게 나타난다. 앞에서 살펴본 바와 같이 우리가 생각하는 통일방안으로 국가연합(confederation) 또는 연방제(Federation)에 의한 통일을 상정할 수 있다.148) 국가연합은 국제법상의 국가로서 인정되지 않는다. 각 구성국은 국제법상으로 평등한 국가이며, 연합에 위임한 권한을 제외하고는 대내외적으로 독립성을 가진다. 연방제는 국가의 권력이 중앙 정부와 주에 동등하게 분배되어 있는 정치 형태로, 2개 이상의 주권이 결합하여 국제법상 단일적인 인격을 가지는 복합 형태의 국가이다.

연방제를 실시하는 국가는 연방국가 혹은 연합국가라고 불리며 연방 헌법을 가지고 있다. 연방 헌법은 중앙정부와 주의 관계를 정의하며, 그 국가의 어떠한 법보다 가장 중요하며 높은 자리를 차지한다. 연방제는 국가연합과 달리 지방정부는 외국과의 조약 혹은 외교 관계를 맺을 수 있는 권한이 없다. 연방정부만이 외교권, 군사권과 같은 대외 주권을 행사하고, 연방정부 자체가 국가로서 통일적인 국제법상 인격을 인정받는 통합 형태이다. 연방국가의 형태에 의한 통일 방법은 남한과 북한이 단일의 국가로 흡수되는 것을 의미한다.

남북통일 형태가 국가연합 또는 연방국가에 의한 국가결합이든 국가승계 문제가 반드시 발생한다. 국경선의 획정이나 지역·행정·재산의 권리는 권리이전의 조약에 따라 통일 이후에도 상속된다. 하지만 남북통일의 유형에 따라 조약승계의 방식과 조약승계의 절차는 달라진다. 동서독의 경우 조약승계의 방식에 관해 동서독이 합의한 내용을 통일조약에 규정하

---

148) 통일은 평화통일, 수복통일, 흡수통일, 국가연합 또는 연방제통일로 구분할 수 있다. 우리나라는 헌법 제4조에 "평화적 통일정책을 수립하고 이를 추진한다."고 명시함으로서 평화통일을 통일정책으로 추진하고 있다. 그러나 본문에서는 남·북한이 합의한 국가연합 또는 연방제통일에 대하여 다루기로 한다.

고, 조약승계의 절차에 관해서도 그 근거를 통일조약에 밝혔다. 남·북한이 통일할 경우 동서독 통일조약처럼 그 내용을 남·북한 통일조약에 규정하고, 조약승계의 절차도 통일한국이 조약 당사자와 협의한다는 근거를 통일조약에 명시해야 한다. 이럴 경우 북한과 중국이 체결한 국경조약의 승계를 배제하고, 통일한국과 중국간의 새로운 국경조약 체결이 필요하다. 통일한국이 간도의 영유권을 회복할 수 있는 기회를 갖게 되는 것이다.149)

남북통일은 영토주권을 회복하는데 있어서 충분조건은 아니지만 하나의 절실한 필요조건이 된다. 남북통일은 우리 민족의 단결된 힘을 바탕으로 영토주권 확보에 큰 상승효과를 가져다줄 것이기 때문이다.150) 남북통일은 대대적인 북방진출의 기회를 제공해 주고, 장차 중국과 영토협상을 벌일 때 우리 측에 실질적 힘을 가져다 줄 것이다.

그러나 중국의 입장은 다를 수 있다. 북한과의 관계에서 남한을 봐야 하고, 통일한국의 법적지위와 영유권 문제를 다루어야 하기 때문이다. 통일 이전의 대한민국과의 관계는 한반도에는 두 개의 국가가 존재하게 되며 통일 이전의 대한민국은 남한지역만을 지배하는 중앙적 법률상의 정부 즉, 합법적인 정부이고, 북한은 북한지역만을 지배하는 중앙적 법률상의 정부로 볼 것이다. 그러므로 중국은 통일 이후 통일한국은 한반도 내에 두 개의 국가가 통일인 것이다.

---

149) 한국일보, 2004년 5월 3일자 참조.
150) 유정갑, 1991, 전게서, pp.243~244.

통일한국은 대한민국의 국가와 북한의 국가를 승계한 국가가 된다. 국가는 국제법상 법률행위를 할 수 있는 자격을 가진 국제법 주체로서 국제법상의 권리의무를 갖는다.151) 조약의 국가승계와 관련하여 오늘날 보편적으로 확립된 국제법규칙은 없다. 조약의 국가승계에 관한 국제법을 간략히 정리하면 다음과 같다. 국가는 국제법 주체로서의 자격을 상실하여 소멸하거나 법적 지위를 승계하기도 한다.

국가소멸(state extinction)은 국가가 국제법 주체로서의 자격을 상실하는 것을 말한다. 국가가 소멸하게 되면 국제관계의 급격한 변동을 피하고 국제분쟁의 발생을 미연에 방지하기 위하여 권리의무를 승계국(successor state)에 이전하게 된다.

국가의 승계는 일정한 영역에 대한 외국의 주권이 타국으로 변경된 경우 그 변경 전까지 행사하고 있던 선임국의 조약·국가재산·문서·채무 등 기타의 모든 권리·의무가 승계국에게 이전되는 것을 말한다.152)

국제법상 국가승계시의 통합국가란 기존의 2개의 국가 또는 그 이상의 복수의 국가가 통합하여 1개의 승계국으로 되

---

151) 이를 국가의 기본적 권리의무라 한다. 국가의 기본적 권리의무는 주권, 평등권, 자위권 및 국내문제 불간섭의 의무 등이 있다.

152) 1978년 8월 23일 '조약에 관한 국가승계에 관한 협약'(Vienna Convention on Succession of Stodes in respect of Treaties)(조약승계협약)이 채택되어 아직 발효하지 않은 법규범이 존재한다. 남북회담사무국, 1998, 통일 이후 간도지역 회복에 관한 법적 연구, 북한, 통일연구 논문집 참고작성, 남북회담본부 홈페이지, 2007년 11월 5일 검색. (http://www.dialogue.unikorea.go.kr).

는 것을 말하며, 이 1개의 승계국을 구성하는 통합에는 합병과 병합이 모두 포함된다. 그리고 국가승계시 이미 발효된 선행국의 조약에 대해서 학설은 선행국의 국가의 법인격이 소멸되는 포괄적 승계와 선행국의 국가의 법인격이 소멸되지 아니하는 부분적 승계로 나뉘며, 또 정치적 행위의 권리·의무에 관한 조약인 인적조약과 영토에 종속된 권리·의무에 관한 조약인 물적조약으로 구분하고 있다. 여기에서 포괄적 승계의 경우에는 선행국이 체결한 모든 조약은 실효하며, 국가 인격이 존속하는 부분적 승계의 경우에는 당해 조약은 부분적으로 승계되어 버린 상실된 지역에 대해서만 실효하게 된다. 그리고 인적조약은 조약의 승계가 인정되지 아니하나 물적조약은 조약의 승계가 인정된다.

이에 반해 국가승계시 이미 발효된 선행국의 조약에 대한 관행은 백지출발주의를 원칙으로 하고 예외적으로 계속주의를 택하고 있다. 아울러 여기의 선행국이 체결한 특정조약은 관습국제법, 국제강행규범과 상술한 물적조약을 포함한다. 조약승계협약상에는 국가승계시 이미 발효된 선행국의 조약에 대해 물적조약은 조약의 승계를 인정한다는 학설을 근거로 하여 관행으로의 계속주의를 일반원칙으로 채택하고 있다. 그러나 예외적으로 통합국이 그의 의사에 따라 백지출발주의를 따르기 위해서는 통합국과 그 조약의 당사국간의 합의를 요한다고 하고 있다.

고토와 잃어버린 땅을 되찾기 위한 영토주권 확립은 당사국이 존재한다. 역사적으로 볼 때, 북방영토의 소유권에 대하여 조선과 청국이 200여 년 동안 분쟁이 계속되었다. 북방영토에 대한 소유권 관계는 일제강점기와 해방, 한반도와 중국의 분할, 한국과 중국의 국교수립을 거치면서 더 복잡해졌다. 여기에서는 북방영토에 대한 법적 권리를 한국입장을 중심으로 남·북한 분단 이전과 이후, 한국·중국의 수교 이후로 구분하여 구체적으로 설명하고 있다.

조선시대부터 대한제국시기까지의 법적권리는 당연히 조선과 조선을 승계한 대한제국에 있다. 그러나 1905년의 을사늑약과 1910년의 한일병탄조약 등 일련의 침략조약에 의해 대한제국은 일본에 병합되었다. 그러나 이들 조약들은 조약체결권자(treaty-making power)가 강박에 의해 체결된 것이므로 그 당시의 국제법에 의해서도 무효이다. 조약은 당사자 쌍방의 합의가 진정한 합의인 경우에 유효한 조약으로 성립한다. 그러나 조약체결의 합의에 사기, 강박 또는 착오가 있으면 그 조약은 무효이다. 을사늑약과 같이 조약체결 당시에 조약체결권자 개인에게 강박을 가하여 강제적으로 합의된 조약은 하자 있는 조약으로서 무효가 된다는 국제법 이론도 성립되어 있었다.

그리고 "1910년 8월 22일 또는 그 이전에 대한제국과 일본국간에 체결된 모든 조약과 협약이 이미 무효임을 확인한다."는 한일기본관계에 관한 조약 제2조의 규정에 의하여 1910년의 조약은 이미 무효이므로 효력이 없다. 그러므로 대일항쟁시기의 법적 권리는 간도협약에 의해 일본으로 넘어간 것이 아니라, 조선의 정부를 승계한 대한제국 또는 대한민국 임시정부에 계속적으로 발생된다. 따라서 대한제국의 국가의 동일성·계속성에 의하여 법적 권리는 간도협약의 무효에 따른 법적 당사자의 회복에 의해 당연히 대한제국에 있다. 따라서 북방영토 소유권의 법적 권리는 대한제국 혹은 대한민국 임시정부가 된다.

남북한 분단 이후 법적 권리는 한반도의 분단으로 복잡하게 되었다. 한반도에 2개의 정부가 수립되어 결국 이 문제는 국제연합에 이관되었고, 1948년 12월 12일 대한민국을 유일합법정부로 승인하였다. 정부의 승인은 국가의 승인을 의미하지는 않지만, 대한민국은 국제법상 법인격이 회복된 대한제국을 그대로 승계하였다. 이로 인해, 한반도에는 대한민국 1개의 국가가 존재하게 되었으며, 북한은 국가성이 부인되었다. 북한지역은 사실상 정부인 북한정권에 의해 통치권이 행사되고 대한민국의 통치권 행사가 사실상 제한된 지역에 불과한 것이다. 일본으로부터 독립된 대한제국의 지위가 1948년 8월 15일 수립한 남한정부에 승계되었기 때문에 남한이 정부의 변경에 의한 국가가 된다. 따라서 남한정부는 중앙적 법률상의 정부(center de jure government)이고, 북한정부는 지방적 사실상의 정부(local de facto government)인 것이다. 그러나 현실적으로 북방영토와 국경을 접하고 있는 것은 북한이고, 북한이 북한지역을 사실상 지배 통치하고 있으므로 북한이 법적 권리가 있다는 주장도 제기되고 있다.

그렇지만 대한민국 헌법에는 "대한민국의 영토는 한반도와 그 부속 도서로 한다."고 규정하고 있으므로 헌법적으로 북한지역은 대한민국의 영토이다. 이 규정은 대한민국 영역의 한계를 규정한 것일 뿐만 아니라, 한반도 문제와 관련하여 시사적인 의미를 갖는다. 대한민국의 통치권은 현재 휴전선 이남에서만 실효적으로 행사할 수 있고, 그 이북에는 미치지 못하고 있다. 그럼에도 "대한민국의 영토는 한반도와 그 부속도서로 한다."고 선언하였다. 대한민국 영토를 한반도와 그 부속도서로 명시한 것은 우리나라 영토의 지리적·역사적 개념으로서 대한민국이 구한국시대의 국가영역 위에 건립되었음을 밝히는 것이다.153)

이러한 주장에 대해 여러 가지 학설이 있지만, 헌법재판소는 유일합법정부론을 고수하고 있으며, 대법원도 북한은 국가보안법상의 반국가단체로 보고 있다.154) 한편, 북한의 유엔가입, 김대중대통령의 북한 방문 등에 비춰볼 때 북한은 국가이고, 그 기반으로서 영토와 주민을 인정하는 견해도 있다.155)

1992년 한국과 중국이 공식적으로 수교함에 따라 한반도에는 다시 두 개의 국가가 존재하게 되었다. 즉, 한·중 수교 이

---

153) 대한민국 헌법에 규정된 영토조항의 한반도는 어디에서부터 어디까지 지칭하는 것인가? 영토의 범위를 헌법에서 정확히 명시하기가 어려운 것이기 때문에 헌법에 영토조항을 둔 것은 제정경위에 비추어 볼 때, 한반도의 범위는 "간도를 포함한 고유한 우리 영토 전체를 나타내 주는 것"이라는 주장도 있다.

154) 김민배, 북한토지의 효율적 활용을 위한 법적·제도적 과제, 한국토지공사 홈페이지(http://www.iklc.co.kr). 2007년 5.15. 검색.

155) UN총회 결의 제195조에 의하면 대한민국은 UN 위원단의 활동이 가능했던 38선 이남 지역에 대해서만 유효한 통치와 관할권을 갖는 합법적인 정부라고 명시되어 있으며, UN은 38선 이북 지역을 대한민국의 영토로 인정하지 않는다. 더구나 북한은 이미 100여 개 이상의 국가와 수교를 맺고 있고 1991년에는 남한과 동시에 UN에 가입했다. 국제 정치무대에서 남한과 북한은 연관성이 없는 독자적인 나라로 인정하고 있다.

후에 있어서 남한의 지위는 중국과의 관계에 있어서 남한이 한반도를 영토로 하는 국가라고 중국에 대해 주장할 수 없고, 단지 남한 영역만을 영토로 하는 국가라고 말할 수 있다. 왜 냐하면, 한국은 중국이 북한을 국가로 승인하고 있음을 알면 서 중국과 수교관계를 맺은 것은 한반도에는 두 개의 국가가 존재한다는 것을 인정한 것이 된다. 한·중 수교 공동성명 제3 항에서 한국은 중국 정부를 중국의 유일한 합법정부로 승인 하고 중국은 오직 하나의 중국만이 있다고 선언했다. 그러나 중국으로부터 한국정부는 한반도의 유일합법정부라는 승인이 라든가 한반도에는 오직 하나의 국가만이 있다는 선언을 받 지 못했다. 따라서 중국과의 관계에 있어서 한국정부는 남한 영역만이 합법정부이며, 북한정부는 북한영역만을 영토로 하 는 합법정부가 되는 것이다. 한중수교 이후 간도지역의 법적 권리는 수교이전의 남북한 관계와 마찬가지로 한반도에 두 개의 국가가 존재하지만 한국이 된다. 연해주지역의 법적 권 리는 당연히 러시아가 된다.

4. 통일한국의 영토주권 확보 방안

우리가 안고 있는 영토문제가 빠른 시일 내에 해결될 가능 성은 그리 높지 않다. 우리가 간도와 대마도에 대한 영유권을 주장한다 해도 당장 찾을 수 있는 것은 아니다. 그렇다고 주 장하지 않으면 찾을 수 있는 기회조차 갖지 못하게 된다. 자료를 축적하고, 올바른 영토의식과 역사관을 확립하면 반드시 기회가 찾아올 것이다. 필자는 우리에게 세 번의 기회가 찾아올 것으로 확신하고 있다. 남북통일과 중국의 정치환경 변화, 그리고 우리가 만들어 가는 제3의 길이다. 이 기회를 활용하기 위한 준비단계가 영토교육이다. 통일을 준비하면서 영토교육의 중요성을 강조하는 이유가 바로 여기에 있다.

지금까지 남북한의 합의서와 조약, 정부의 통일정책이 있었지만 통일은 요원하다. 윤석열 정부에서 자유경제체제로 통일을 말하지만, 오히려 남북 관계는 더 냉각되고 있다. 그러나 긍정적 신념에 기반한 통일의 꿈 꾼다면 통일은 반드시 올 것이다. 독일이 라인강의 기억을 이룰 때 우리는 한강의 기억을 이루었고, 독일이 통일을 실현했으면 우리도 통일을 실현할 수 있다. 그리고 이제 때가 무르익었다. 객관적 조건들이 통일에 유리한 상황으로 조성되고, 국제적 요인도 긍정적이다. 또한, 사회주의권 변화의 궤적을 보면 알 수 있다. 사회주의권 역사발전의 보편적 경로를 살펴보면, 중국은 1979년 개혁개방으로 정책을 전환한 이후 2008년 북경올림픽을 개최하고 G2 국가로 부상하였고, 소련은 1986년 고르바초프 대통령 취임 이후 페레스트로이카로 경제 강국이 되었다. 베트남은 1986년 이후 도이모이로 제2의 한국으로 발전하기 위해 노력하고 있으며, 동유럽 사회주의 국가들은 EU에 가입하여 민주화와 안정적인 경제성장을 도모하고, 동독은 1989년 베를린장벽을 무너뜨리고 1990년 통일을 이룩하였다. 시대적 흐름으로 보아 북한도 분명히 이 중 한길을 걷게 될 것이 틀림없다.

통일한국에서 영토문제를 적극적으로 대응한다면 문제의 실마리를 찾을 수 있을 것이다. 중국의 정치환경 변화를 잘 활용하고, 러시아와 공생국가를 실현한다면 간도와 이어도 및 연해주 문제를 반드시 해결할 수 있을 것이다. 자신감을 가지고, 당당하게 맞선다면 간도와 대마도 문제도 풀어낼 것으로 확신한다.

이를 성취하는 방법은 법리에 의한 귀속권원의 확인에 있다고 할 것이다. 그러나 이러한 법리적용에 의한 해결 이외에 정치적·외교적 방법에 의하여 해결하는 것도 가능하다. 특히 한국 내부에서 이미 주변4강에 대한 통일비용지급문제를 자처하여 거론하고 있는 실정에서 중국과 러시아와의 교섭대상으로 이 간도와 연해주영유권문제를 활용할 수 있다는 것이다. 이 지역을 분할영유하거나, 공동관리하거나, 또는 확정적으로 중국과 또는 러시아에 귀속시키되 그 외의 이익을 대가로 하는 방법 등을 생각해볼 수 있다. 이와 같이 간도와 연해주영유권문제의 제기는 우리에게 매우 유용한 것이라 하겠다. 따라서 이들 간도 및 연해주문제는 통일정책과 북방정책의 차원에서 취급해야 할 중요한 사항이다.

우리가 바라는 통일의 꿈은 단순한 남북한의 지리적 통합을 뛰어넘어 우리의 고토와 정신을 회복하여 남북한과 간도 동포의 핏줄을 하나로 아우르는 진정한 통일이다. 우리 국토, 강역의 변천사가 반도사관에서 벗어나 민족혼을 되찾고, 한민족의 정체성과 영토의식을 회복하는 나침반이 될 것이다.

지금 당장, 북한과 간도, 연해주를 당장 찾을 수 없다면 그곳에 우리 문화를 심어주고 역사를 복원하는 것이 영토를 찾는 지름길로 필자는 생각하고 있다. 문화생활권적 영토관이다. 그곳에서 우리 동포가 잘 살고 있으면 그 땅은 바로 우리 땅이 되는 것이다.

백두산은 우리 민족의 성산으로 우리 마음속에 남아 있다. 지금은 비록 북한과 중국이 분할점령하고 있지만, 반드시 수복해야 할 우리 국토이다. 우리의 정신적 문화영토를 북한, 백두산에 그치지 말고 간도와 연해주로 확장해야 한다.

이제 우리는 간도수복의 원대한 꿈을 가슴속 깊이 간직하고, 진정한 통일의 꿈을 꾸어야 한다. 우리 정부의 노력에도 불구하고 북한의 도발이 그치지 않고 있지만 통일준비에 소홀해서는 안 된다. 다음 정부 때 통일이 바로 올지도 모른다. "통일은 도둑처럼 온다."고 했다. 지금부터 우리의 모든 역량을 모아 통일 준비에 만전을 기해야 한다.

통일은 현재 남한이 안고 있는 문제점 중에서 80%는 해결해 줄 것이다. 천만 이산가족 소원을 풀고, 개인의 꿈 실현과 함께 청년실업 해소는 물론, 북한의 지하자원과 SOC개발, 내수시장 확대도 가능하다. 이뿐만이 아니라 통일한국은 한반도 균형 발전과 국토경쟁력 강화, 재중동포와 교류를 확대하여 간도와 대마도 수복의 가능성을 증대하여 통일한국이 세계중심국가로 도약을 약속해 준다. 통일은 백두산 넘어 우리의 정신적 영토와 우리가 개척한 간도 땅을 되찾을 수 있는 계기를 마련해 주기 때문이다.

결론   평가와 전망

조병현 박사

여기에서는 지금까지 논의한 한국 상고사와 통일문제를 종합적으로 평가하고, 연구의 한계와 정책적 제언을 제시한다. 그리고 마지막으로 인내천 깃발 아래로 모여 조선사와 잃어버린 고토를 되찾고 한반도 통일을 위한 시민운동에 에 다 같이 나아갈 것을 촉구한다.

1. 한국 상고사 연구와 통일문제 연구의 평가

본 연구의 목적은 조선사와 통일문제를 연구하여 바른 역사관과 통일관 함양을 위하여 실시할 인내천역사아카데미 교재를 편찬하기 위한 것이었다.

이상과 같은 연구의 목적을 효율적으로 달성하기 위해 본 연구는 다음과 같은 세부 목표를 설정하였다. 첫째, 한국 상고사와 통일에 대한 이론적 고찰을 실시한다. 둘째, 조선과 중국의 상고사를 고찰한다. 셋째, 기자조선과 단군조선을 비교 분석한다. 넷째, 조선과 지나의 오천년 강역 변천사를 연구한다. 다섯째, 한반도 분단 현실과 통일문제를 분석한다. 여섯째, 통일한국의 영토주권 확립 방안을 제시한다.

이상의 연구목적과 세부 목표를 달성하기 위해 연구범위로서 내용적 범위는 연구 결과를 토대로 문제점을 도출하여 이를 해결하기 위한 방안을 제시하는 것으로 한정하였다. 또한 본 연구에 사용된 연구방법으로 접근방법은 영토의 지리적 범위를 확정하는데 가장 적합한 지적학의 접근방법을 사용하였고, 조사방법은 문헌조사법과 인터넷조사법을 병행하였으며, 분석방법은 기술적(記述的) 분석방법과 인공위성 분석방법을 병행하였다.

이상을 토대로, 본 연구 결과에서 도출된 우리나라 조선사 연구와 통일에 대한 문제점과 개선방안을 요약하면 다음과 같다.

조선사는 위대하고 찬란하다. 중원대륙을 차지하고, 지나의 열국들과 경쟁하였다. 그러한 민족정신은 한민족의 정체성으로 자리 잡아 왔으나 친일과 사대로 인하여 훼손되고, 오늘에 와서는 식민사관과 반도사관을 우리의 '혼'마저 빼앗기고 말았다. 암울했던 일제강점기 단재 선생님을 비롯한 민족주의사학자들에 의하여 주체사상과 홍익인간을 실현하고자 노력했지만, 주류사학자들에 의해 무산되고 말았다. 그러나 최근 북한과 해외, 국내 민족의식을 가진 사람들에 의해 부활을 꿈꾸고 있으니 그나마 다행스러운 일이다. 그리고 우리는 단군이 건국한 조선의 역사가 얼마나 소중한지 그 가치를 헤아리지 못한다. 중국과 일본보다 먼저 나라를 세우고, 문화의 꽃을 피웠다. 그러나 일제강점기나, 적어도 1970년대 까지만 해도 교과서에 실었던 고조선 지도를 지금은 교과서에서 찾아볼 수 없고, 가르치지도 않는다. 조선이 위대한 것이 그렇게 부끄러운 일인지 되묻지 않을 수 없다. 하루 빨리 고조선의 역사를 바로세우고, 강역의 범위를 확정하여 교과서에 싣고 가르쳐야 할 것이다. 그러기 위해서 강역의 지리적 범위 확정도 매우 중요하다. 이전에는 강역의 범위를 확정할 수 있는 기술이나 방법론이 부재하여 어쩔 수 없다 치더라도, 이제는 과학기술의 발전으로 가능해졌다. 이런 차원에서 이 책에서 고조선에 대한 강역의 지리적 범위부터 간도협약에 따른 강역의 범위를 시원적으로 제시하였다. 앞으로 이 부문에 대한 적극적인 연구가 요구된다. 이와 함께 대한제국시기까지 우리의 행정력이 미친 간도문제 해결이다. 이 지역을 우리가 개간하고 측량하여 지적공부를 작성하였으나 소유권이 중국으로 넘어가 우리의 지적주권이 완전히 상실되어 우리에게 소유권이 존재하지 않으며, 그 당시 작성된 것으로 알려진 지적공부도 현재 남아있지 않다. 물론 이 지역에는 연해주도 포함된다. 이 지역을 수복하여 한민족이 한데 어우러져 사는 것이 진정한 통일이다. 지금은 남북관가 단절되어 통일이 요원하지만, 통일은 도둑같이 온다고 했다. 통일을 맞이하는 마음과 정부의 진정성있는 통일정책이 필요다. 아니 단순한 통일정책을 뛰어 넘어 통일외교가 적극적인 필요하다. 지금까지 우리는 확고한 통일의지와 통일정책, 통일외교가 있었는지 한번 따져봐야한다. 이것이 오늘날 우리가 살아야 할, 지식인들이 가져야할 시대정신이라고 생각한다. 이러한 기조위에서 통일한국의 영토주권 문제를 고민해야 한다. 정부에서 확인한 바와 같이 청일간도협약은 을사늑약에 기초하여 국제법적으로 원천무효이다. 따라서 국제법적으로 볼 때 우리 땅 간도를 중국이 불법적으로 점유하고 있기 때문에 1887년 정해담판 시점으로 되돌아가야 한다. 그런데 북한이 중국과 1962년 국경조약을 맺어 통일 이후 국제법상 조약의 국가승계문제가 발생한다. 조약법에 관한 비엔나 협약에 의해 자동승계원칙이 적용된다는 주장이 있지만 실제 통일 독일의 경우 당사국과 협의를 거쳐 조약의 효력을 결정하였다. 국경확정과 같은 민족사의 중요한 문제를 부분국가인 북한이 단독으로 결정할 수 없는 것이다. 북한이 중국과 맺은 비밀조약을 통일 한국이 수용할 수 없다. 유연한 백지의 원칙에 의거 통일한국과 중국이 긴밀히 협의하여 결정하여야 한다고 본다. 이것이 고토회복의 첫 걸음이다. 중국은 국치지도를 만들어 조선은 애초 자기들의 속국이었는데 일본에 그 관할권을 넘겨주었고, 지금은 남북으로 분단되어 있지만 반드시 찾아야 할 땅을 명시하고 있다. 이렇게 가르치고 있는데, 우리는 독도와 대마도, 이어도 문제도 풀지 못하고 오히려 시간이 갈수록 여건이 더 불리하게 전개되고 있다. 영토는 타협의 대상이 아니다. 국가가 힘이 있어야 국민을 보호하고, 민족정신이 강렬해야 역사를 지킨다는 사실을 명심해야 한다.

2. 연구의 한계와 정책적 제언

이 책은 인내천역사아카데미 교육 교재로 편찬하였지만 부족한 부분들이 많이 발견된다. 서론에서 동북공정에 의한 역사왜곡 부분과 선행연구를 광범위하게 정리하지 못했으며, 통일한국 정부의 북방영토 귀속 전망도 깊이 있게 다루지 못했다. 북방영토에 대한 중국과 북한의 입장 분석도 최신 자료와 정보가 부족해 만족할 만한 성과를 거두지 못했다.

무엇보다도 북한·중국의 입장과 향후 변화를 예측하고, 북방영토에 미치는 영향을 분석하여 모형화하는 작업은 접근조차 하지 못했다. 북한은 심각한 경제난 해결과 김정은 세습체제 유지에 매몰되어 있으며, 중국은 소수민족문제가 아직도 상존하고 있다. 서장자치구와 신장위구르자치구의 독립투쟁

활동을 보면 우리에게도 반드시 기회가 올 수 있다. 우리에게 하나의 기회가 될 소수민족의 독립과 한반도 통일은 전혀 예상하지 못한 상황이 발생할 것이다. 통일이 되면 한반도와 재중동포 사회 간의 교류가 확대되고 이 지역 전체가 한민족韓民族의 영향이 미치게 된다. 그렇게 되면 통일한국과 중국의 국경선이 모호하게 되어 북경분쟁은 불을 보듯이 뻔하다. 이러한 역사적 흐름을 우리의 통일정책과 연계하여 북방영토문제 해결방향에 제대로 담아내지 못하였다.

그리고 형식과 내용은 역사적 사실을 기술함에 있어서 각주나 설명, 참고자료에 출처를 다 밝히지 못하였으며, 너무 간단하게 인용, 기술하여 내용에 대한 해석의 차이가 있을 수 있고, 다양한 지도와 그림, 사진을 충분히 첨부하지 않아 지리적으로 이해가 어렵다는 점 등에대항 독자의 깊은 이해를 구한다. 그리고 활용적인 측면은 연구 결과의 평가와도 연관이 있다. 대륙사관을 부정하는 사람들은 역사교과서에서 기술하고 있는 내용을 모두 인정하지 않으려고 하겠지만, 조선사와 기자조선, 한반도 분단에 대한 새로운 인식과 기술에 대한 부분은 더 연구가 요구된다. 그리고 민족사적 관점에 우리민족에 대한 깊은 성찰이 필요하다. 말갈족은 고구려를 형성한 주요부족이고, 고구려 유민들과 연합하여 발해를 세운 후 여진족으로 이름이 바뀌어 요나라와 금나라로 이어졌기 때문에 여진족은 고구려와 발해의 후예들이 틀림없다. 모두 다 조선과 고구려의 강역 안에서 이루어진 역사들이다. 그래서 요나라와 금나라의 역사를 우리 배달민족의 역사로 편입하고, 우리 한민족의 강역으로 가르친 것이다. 고구려가 우리 역사이기 때문에 요나라와 금나라 역사도 배달민족의 역사에 편입해야 한다는 논리에 대해서도 보완이 필요하다. 이에 대한 자료는 중국의 문헌 『만주원류고』와 『중국정사』, 『사기』, 『요사』, 『금사』 등을 분석하면 문제가 없을 것으로 판단된다. 이와 같이 보완해야 할 부족한 부분은 인내천여사아카데미를 통해 새로운 정보를 제공할 것을 약속하며 독자 여러분의 허심탄회한 조언을 부탁한다.

오늘날 우리의 북방강계는 흔히 압록강-두만강선인 것이 기정사실로 인식되어져 있으나, 그것은 일제가 청에게 간도영유권을 불법적으로 넘겨준 사실을 은폐하기 위하여 일제시기에 식민지정책의 일환으로 조작한 것이었고, 해방 이후에는 국제사회의 냉전적 대립으로 말미암아 간도를 불법적으로 점유하고 있는 중국에 대하여 우리가 간도영유권을 주장할 기회가 없었기 때문이다. 그러나 오늘날은 이러한 장애들이 해소된 상태이며, 특히 남북통일을 대비하여서나 북방정책이 일환으로서 간도영유권문제를 제기하여야 할 필요성이 매우 높아지고 있다고 하겠다.

조선사 정립과 통일문제의 연결고리가 간도문제이다. 간도문제를 잘 풀면 통일의 길이 열릴 것이다. 간도가 중국의 땅인 것처럼 된 것은 1909년 청일 간도협약에 의해서였다. 물론 이 청일 간도협약은 불법적인 것으로 무효이지만, 이 협약을 체결한 일본과 중국에 의해서 의도적으로 이 협약이 마치 합법적인 양 처리되고, 또 일반에 홍보되었다. 그런데 우리가 역사를 얘기할 때, 예컨대 100년이라는 기간은 짧고 멀지 않은 것이지만, 각 개인에게 있어서 100년은 아주 오랜 시간이며, 이 기간 동안 3-4세대가 내려가게 된다. 따라서 불법적인 간도협약의 결과인 압록강-두만강 국경은, 그것이 잘못된 것임에도 불구하고, 일제 강점기부터 수대에 걸쳐 우리 국민에게 교육되어져 왔다. 이제, 간도가 우리 땅이라는 것을 역사적·법적으로 구명하고, 특히 남북통일을 전후하여 우리가 중국에 대하여 간도영유권문제를 제기하고 이를 해결해야 하는 바로 여기에 있다. 이러한 문제의식을 가지고 정부는 조선사 정립과 진정한 통일을 위한 정책을 개발하고, 통일정책에 반영해 시민교육에 적극 나서야 한다.

이 책에는 많은 주장과 새로운 사실이 있지만, 정책제언 부분은 상해임시정부 국사교과서를 분석한 내용을 중심으로 정리하고자 한다. 상해임시저부의 법통과 정신을 이어받은 것이 대한민국이기 때문에 상해임시정부의 국통과 역사인식을 받아들여야 하는 당위성이 존재한다.

먼저, 영토문제 인식과 해결을 위한 논리와 이론 개발이다. 대륙사관에 기반을 둔 '배달민족통일론'의 정립이 한 가지 방안이 될 수 있을 것이다. 앞에서 살펴본 바와 같이, 배달민족 강역 안에서 이루어진 모든 국가들의 역사는 모두 배달민족의 역사이다. 한족(漢族)이 세운 나라는 한나라와 송나라, 명나라, 지금의 중국뿐이다. 한족의 통일국가인 송나라와 대치했던 요나라와 금나라의 역사는 중국의 역사가 될 수 없다. 동북공정으로 고구려와 발해의 역사를 자국의 역사로 편입하려고 하는 중국에 비하면 자료나 근거가 객관적으로 충분하다. 이제 반도사관에 의한 사대주의적 한국사 전개에서 벗어나 배달민족의 역사를 배달민족사로 편입하여 대륙사관을 정립할 시점이 되었다. 요나라와 금나라의 역사를 우리 민족사에 편입하지 않고, 그대로 세월이 지나면 "고구려는 중국의 지방정권이다."라는 중국의 동북공정을 도와주는 결과를 초래할 것이다. 중국의 동북공정에 대응할 기초 자료의 부족과 중국의 영토문제 해결 기본 논리와 이론이 없다는 것이다. 중국의 동북공정에 활용할 기초자료는 본 연구에서 제시한 고조선 강역의 지리적 범위를 활용하면 가능하다. 고조선의 위치와 크기 모양은 부정하지 못할 결정적 근가가 될 수 있기 때문이다. 그리고 중국의 '통일적다민족국가론'에 대응할 수 있는 방안은 배달민족의 강역을 우리의 정신적인 문화영토로 인식하는 '비정치적·생활권적 영토관'을 확립하는 것이다. 이를 기반으로 '배달민족통일론'에 대한 이론과 논리를 개발하여 긴밀하고 치밀하고, 은밀하게, 전략적으로 추진하면 바른 역사 확립이 가능 할 것으로 판단된다.

그리고 조선사 정립과 한민족 정신사관 확립이다. 우리의 역사는 단군을 중심으로 한 배달민족의 역사다. 상해임시정부 국사 교과서에서 "단군이 신의 이치로 인간을 화육(化育)하며 신교로 국가를 건설하였다. 단군이 하늘에 제사하는 일을 행한 후에 그것이 대대로 이어져 매해 10월마다 나라 안에 크게 모여 하늘에 제사를 지낸 것이 미풍양속이 되어 신단민족의 정신적 사상이 되었다. 신라의 최치원이 신교의 신도 난랑

(鸞郞)의 행적비문을 짓기를, 신교를 주관하는 사람을 선인이라 했는데, 고구려의 조의선인, 신라에는 화랑이라고 했다. 요나라 태조는 영주 목엽산 위에 신묘를 건립하고 마당 한 가운데 박달나무를 심고 해마다 3월과 10월에 황제가 친히 제사를 지냈으며, 금나라도 요나라의 풍속을 따라 제사를 지냈다.”라고 『신단민사』에 기술하여 요나라와 금나라에서도 단군과 신교를 섬겼다. 고구려의 조의선인과 신라의 화랑과 같이 신교정신을 직접 실천하고 신교를 바탕으로 새 문명을 열고 나라를 개창한 ‘역사 개척의 집단’이 낭가이다. 낭가의 시초는 배달을 세운 3천명의 제세핵랑으로 핵랑의 정신을 살려 삼랑제도를 시행하였다. 제세핵랑은 배달시대의 삼랑과 단군조선의 국자랑을 거쳐 북부여의 천왕랑-고구려의 조의선인-백제의 무절-신라의 화랑-고려의 재가화상으로 계승되었다. 고려시대는 대몽항쟁 시기 삼별초로 이어져 조선시대의 선비정신, 갑오동학혁명, 의병운동 등으로 표출되었다.”라고 『신단민사』에 기술하였다. 이러한 낭가사상의 사전적 해석은 “신채호가 1920년대에 한국상고사연구를 통해 이론적으로 체계화한 전통적인 민족사상”으로 정의하고 있다. 상해임시정부는 일제의 식민사관에 맞서, 날조된 한국사를 재정립하여 민족정신과 독립정신을 고취하고자 하였다. 이들의 역사인식에 의한 정신사관의 특징은 신채호의 ‘낭가사상’과 박은식의 ‘혼’, 최남선의 ‘조선정신’, 문일평의 ‘조선심’, 정인보의 ‘얼’ 등으로 전개되었다. 이제, 낭가사상에 기초한 역사관을 확립하여 대륙사관과 배달민족 역사 회복에 적극 나서 우리의 상고사 체계를 앞당

겨야 할 것이다.

　또한, 역사교과서 개편과 단군기원 복원을 위한 법률 제정이다. 역사교과서는 『배달족역사』 발행 연도를 '대한민국 4년 1월 15일'로 기재하여 대한민국 연호를 사용했으며, 모든 년도 표시는 단군기원을 사용하였다. 연호의 사용은 국가정체성의 궁극적 내용이 무엇이냐의 문제와 직결되며, 역사적 시간 측정의 기준이 되며, 연속성의 관념으로 곧 역사의식의 핵심이다. 따라서 대부분 국가들은 독자적인 연호와 함께 서기를 병기하고 있다. 일본의 경우도 일왕을 기준으로 2019년 6월 1일부터 영화(令和)를 연호로 사용하고, 대만은 중화민국을 건국한 1912년을 원년으로 하는 '중화민국' 혹은 줄여서 '민국' 연호를, 불교국가들 일부는 석가모니가 입적한 해인 기원전 544년을 원년으로 하는 불기를 사용하고 있다. 우리나라의 연호 사용은 고구려 광개토태왕이 사용한 영락 연호가 최초이다. 고려 이후 국왕의 재위년과 중국의 연호를 기년으로 사용하였으나, 조선말 1894년 갑오경장 때 독자적인 연호인 개국기원 503년을 사용하였고, 대한제국 1897년에는 광무, 1907년에는 융희를 사용하여 독자성을 천명하였다. 단군기원은 1905년부터 부분적으로 사용하다 일제강점기 민족문화 말살정책이 심화됨에 따라 많은 제약을 받았으나 광복과 함께 전면적으로 부활되었다. 미군정기에 서력기원을 사용하면서 호적을 단기로 교체하는 작업을 진행하였고, 제헌국회에서 '연호에 관한 법률'을 제정하여 단기를 '공식연호'로 제정하여 1948년 9월 25일 "대한민국의 공용연호는 단군기원으로 한다. (부칙) 1. 본 법은 공포일로부터 시행한다."라고'연호에 관한 법률'(법률 제4호)을 공포하여 단기를 '공용연호'로 지정 하였으나. 1948년 제정된 지 13년 만인 1961년 '연호에 관한 법률'(법률 제775호)」에 의거 자동적으로 폐지되고 서기로 대체되었다. 5·16 쿠데타를 주도한 군부의 제안이유서를 살펴 보면, 대내문서는 단기를 쓰고 대외문서는 서기를 사용하여 통일되지 못하고, 서기를 단기로 바꾸는데 낭비와 혼란 발생, 대외적으로 국수주의와 국제협력에 비협조적인 인상을 줄 수 있다는 등을 폐지 이유로 들어 폐지하였지만, 민족의 역사의 식과 국가기원, 민족의 상고역사, 민족정기를 망각하고, 선인 들의 얼을 제대로 이어 받지 못하는 계기가 되었기 때문에 비판 받아 마땅하다. 상해임시정부 역사교과서와 같이 단군기 원을 사용하면, 동족의식의 관념이 살아나 애국심을 환기시키 고, 배달민족의 정체성을 확립하는데 가장 바람직한 방안이 될 수 있다. 남북한이 동일하게 단군기원을 사용하면 민족의 자긍심과 동질성 회복뿐만 아니라, 현재 논란이 되고 있는 식 민사관과 친일사관 및 중국의 동북공정을 단번에 극복할 수 있다. 일본과 중국의 연호보다 훨씬 더 빠르기 때문이다. 그 리고 상해임시정부 역사교과서 주요 내용과 고조선 강역도, 고조선의 지리적 범위 등을 교과서에 반드시 실어야 하며, 상 고사에 대한 내용도 대폭 보완해야 한다. 이와 함께 단군기원 을 공용연호로 사용하는 법률도 반드시 다시 제정하여야 할 것이다.

3. 인내천 깃발 아래로 모여 조선사를 되찾자!

이 책이 완성되면 인내천역사아카데미를 열 것이다. 인내천 깃발 아래 모여 고토 회복과 통일을 부르짖을 것이다.

중원대륙은 조선 땅이고, 만리장성이 지나와 최초 국경이었다. 고구려와 발해를 거쳐 조선에 이르러 강역이 축소되었다. 청을 건립한 건주여진족은 부족사회에 불과했기 때문에 과거에는 조선과 청간에는 국경이란 것이 있을 수 없었다.

그러다가 1627년의 병자호란에 의하여 양국간에 형제관계를 설정하고, 『江都會盟』에서 '各全封彊(또는 各守封彊)'이라 함으로써 양국 간의 국경을 획정하였으나 오늘날 구체적으로 어떻게 획정되었는지 명확하지는 않다. 다만 조선과 청의 기록에 의하면 압록강 이북과 두만강 이북의 광활한 지역이 조선의 영토였다. 이것은 서양의 여러 국가들에게 발행된 지도들에도 압록강과 두만강 이북으로 국경을 표시하고 있다.

그리고 이 국경선을 중심으로 해서 광활한 지역에 양국은 봉금령을 실시하여 양국의 속인의 출입을 제한함으로써 이를 무인지대(또는 봉금지대, 완충지대, 간광지대라고도 함)화하였다. 이 봉금령은 1867년 청에 의해서 일방적으로 폐지되었고, 1883년 조선에 의하여 폐지되었다.

양국 간에 봉금령이 그대로 실시되던 중인 1712년 청 강희제가 청조 건국신화를 자의적으로 해석하여 백두산을 청에 귀속시킬 의도로 양국이 군신관계에 있음을 이용하여 소위 백두산정계비를 설치하여 국경을 획정하였다. 백두산정계비는 조선과 청간의 국경을 유효하게 처리한 것으로는 가장 최근의 것이다(백두산정계비의 유효성을 부인하는 견해도 있다). 이로써 서간도, 즉 압록강 이북의 간도지방이 청에 귀속되었고, 동간도만이 조선에 속하게 되었다.

그러나 19세기 후반에 들어 청은 재차 영토적 야심에 의하여 동간도지역도 청의 영토로 삼으려는 시도를 하였다. 즉 1867년 봉금령을 일방적으로 폐지하여 서간도지역으로부터 청인들의 이주를 장려하였고, 그 후 1883년 청이 간도지역의 한인들을 추방하는 고시를 내었다. 이에 조선은 비로소 청이 간도를 자신의 영토로 주장하는 것을 인식하고, 이에 대응하여 봉금령을 폐지하고 이주를 적극 장려하며, 청에 대하여 정식으로 이의제기를 하였다. 이것이 간도영유권문제의 발단이다.

이에 1885년의 을유감계와 1887년의 정해감계가 있었으나 청의 강압적이고 독단적인 태도로 해결을 보지 못하였다. 그 후 1905년의 한일 을사보호조약에 의하여 일본이 대한제국을 대신하여 외교권을 행사하면서 간도영유권문제는 일본과 청간에 논의되었다. 처음에는 일본은 간도가 한국의 영토임을 역사적·법적으로 치밀하게 주장하였으나 그들의 대륙침략정책의 측면에서 간도를 빌미로 만주 전체에서의 이익을 획득하기 위하여 소위 『동삼성육안』을 내놓았다. 이는 중국 동부의 3개의 성, 즉 봉천성, 흑룡강성, 길림성에서의 중국이 일본에 대하여 인정해 줄 철도와 탄광에 대한 5가지의 이익과 그 대가로 일본이 중국에 대하여 간도귀속을 인정하여

주는 것을 내용으로 하는 것이었다. 이는 결국 관철되어 전5
안을 내용으로 하는 소위『청일 만주협약』과 후1안을 내용으
로 하는 소위『청일 간도협약』의 2개의 조약이 체결되었는데,
이것은 사실상 불가분의 일체를 형성하는 것이었다.

이렇게 하여 중국은 간도영유권을 손에 넣게 되었고, 오늘
날 중국은 간도영유권을 주장하는 가장 주요한 권원으로 보
고 있다.

이제, 인내천 깃발아래 모여 우리의 역사주권과 영토주권을
강화하고, 잃어버린 역사주권과 영토주권 회복에 적극 나서고
자 한다. 우리의 이러한 몸짓이 바른 역사 확립과 통일문제
해결에 조금이나마 도움이 되길 기대한다. 조선사 정립과 통
일을 준비함에 있어 법리적·정책적 대책들에 대해 고민해야
한다. 물론 이 책에 모든 내용을 담는 것은 불가능하다. 많은
독자들과 인내천역사아카데미에서 논의하여 방향을 정하고,
실천과제를 도출하여 시민운동 차원에서 전개해 나갈 일이다.
따라서 몇 가지 대강을 제시하면 다음과 같다. 먼저 중국의
영토정책에 대해 잘 알아야 한다. 중국은 '지나(china)'를 '중
국'이라는 개념으로 교묘하게 확대 적응하여 중화사상을 근거
로 과거에 대륙을 지배한 여러 국가들과의 조공관계를 근거
로 조공관계가 있었던 나라들을 모두 중국의 영토에 포함되
는 것으로 본다. 당연히 여기에는 한반도와 동해, 남해까지
포함된다. 막강한 해군력을 앞세워 한반도와 해양까지 넘보고
있는 것이다.

지난 역사에서 확인되듯 전쟁은 영토분쟁에서 기인한다. 역

사가 에릭 홉스봄(Eric Hobsbawm)은 "역사학은 영토 분쟁의 학문적 첨병"으로 정의하고, "역사학이 핵무기만큼 위험할 수 있다."라고 경고한다. 우크라이나 전쟁에서 보듯, 국가 간의 대립은 역사문제로 귀결된다. 역사분쟁에서 이겨야 영토를 지킬 수 있다. 위에서 살펴본 바와 같이 한반도의 전운과 함께 우리가 따져봐야 할 것이 또 하나 있다. 중국의 '해양공정'이다. 고토회복을 위한 '해양공정'은 한반도를 전쟁의 위기로 몰아 갈 새로운 요인으로 작용할 가능성이 높다. 일본이 '국가안보 전략'에 독도를 일본의 고유영토로 표시하여 독도 침탈을 노리고 있는 반면, 중국은 '일대일로 전략'에 따라 막강한 해군력을 앞세워 '류큐제도(琉球諸島)'와 '이어도'를 동중국해로 편입하기 위한 해양공정을 착착 진행하고 있다. 그러나 우리 정부는 아무런 대책 없이 손 놓고 있다. 중국은 머지않아 '이어도'에 대한 영유권 주장을 노골화 할 것이 틀림없다. 이런 상황에도 우리 정부의 미온적인 대응으로 자칫 잘 못하면 영토주권을 상실할 수 있다는 위기감을 느낀다. 영토분쟁에 대한 사전 준비가 미흡하면 전쟁은 필연적으로 일어난다.

본래 전쟁의 발단은 역사분쟁에서 시작하여 영토분쟁으로 나타나지만, 일단 분쟁이 발생하면 당사국 간의 자존심이 걸린 전면전으로 확대되는 특성을 가진다. 그래서 분쟁 대상 국가들은 영토분쟁 해결을 외교의 첫째 목표로 추진하게 된다. 최근, 한반도를 둘러싼 영토분쟁도 단순한 역사분쟁을 넘어 군사력을 바탕으로 전개되는 양상을 보이고 있다. 한반도의 위기 사항은 북미 대결에서 비롯되어 일본의 재무장과 윤석열 대통령의 '전쟁'과 '핵무장' 발언에서 점화된 측면이 있다. 북미대화와 남북대화 가능성이 차단되어 위기를 해소할 방안이 마땅하지 않다. 현 시점에서 윤석열 정부가 추진해야 할 과제는 북한과 '강대강' 대치로 격화된 한반도의 전운을 걷어내고 일본과 중국의 영토침탈에 대비하는 것이 급선무이다. 중국은 1915년부터 1980년까지 65년 동안 제작한 19종의 「중국국치지도」에 역대 중국 왕조가 차지한 최대 판도와 비교, 한반도와 주변 해역을 '잃어버린 땅'으로 표시하고, 이를 회복하려는 '해양공정'을 차곡차곡 진행하고 있다. 중국의 고토회복 전략에 우리가 적극 대응해야 하는 것은 「중국국치지도」에 나타난 중국의 영토의식 때문이다. 중국은 "조선의 역사가 기원전 1122년 또는 기원전 1046년에 기자조선으로부터 시작되어 위만조선과 한사군, 삼한, 삼국, 고려, 조선을 거치면서 어떤 때는 독립국으로, 어떤 때는 조공국으로, 어떤 때는 속국으로 입장이 바뀌다가 1636년에 병자호란을 통해서 완전하게 속국으로 만들었지만, 1876년 강화도조약으로 조선에 대한 지배권이 약화되었고, 1905년 을사조약과 1910년 한일합병으로 지배권을 완전히 일본에 넘겼다."라고 지도에 명시하여 교육시키고 있다. 이러한 중국의 움직임은 종전의 동북공정과 독도 영유권 주장과는 달리 무장력, 특히 해군이 직접 전면에 나서 진두지휘하고 있어 시간이 지날수록 더욱 더 심각한 양상으로 전개될 것이 분명하다. 우리 영토를 그냥 내어주지 않는 한 전쟁으로 이어질 수밖에 없을 것이다.

오로지 역사만이 희망이다. 평화는 역사의 힘으로 지킬 수 있다. 역사의 힘은 바른 조선사의 정립에서부터 시작된다. 앞으로 직면할 중국, 일본과의 역사전쟁에 대비하면서 바른 역사 정립을 위한 우리민족의 정신적인 구심점 역할을 인내천 아카데미가 담당할 것을 약속한다. 독자들의 많은 지원과 협조를 당부하며, 조선사 정립과 진정한 통일을 힘차게 나아갈 것을 다짐해 본다. 조선사를 제대로 공부하고, 배우는 것이 평화를 지키고, 한민족의 통합을 이룩할 수 있는 유일한 방안임을 명심하자.

참고문헌

[국내자료]

한영우, 2021, 「기자조선은 사실인가 허구인가」, 서울대 논문.

이범관, 2007, 「지적학원론」, 대구, 삼지출판사.

박순표·최용규·강태석, 1993, 「지적학개론」, 서울, 형설출판사.

신채호, 「조선민족의 전성시대」, 『단재신채호전집』 6권.

조병현, 2007, 『지적학의 접근방법에 의한 북방영토문제에
　　　　관한 연구』, 경일대학교 박사학위 논문.

_____, 2020, 『간도묵시록 −간도토지대장 비밀−』, 좋은땅.

_____, 2001, '통일이후 북한지역의 지적제도 개편방안 연
　　　　구', 석사학위논문, 연세대학교대학원.

_____, 2022. '이어도와 7광구 어떻게 할 것인가'. 통일학당,
　　　　인내천역사아카데미 자료집.

김한종, 「朝鮮총독부의 교육정책과 교과서 발행」『역사교육연
　　　　구』 vol 9.

김교헌, 1928, 「신단민사1」『한빛』 제2권 제1호 통권 제2호.

김교헌, 1928, 「신단민사2」『한빛』 제2권 제2호.

김교헌, 1928, 「신단민사3」『한빛』 통권 제3호.

김교헌, 1928, 「신단민사4」『한빛』 통권 제4·5호.

정열모, 1946, 『신단민사』(서울) 대종교총본사.

고동영 역, 1992, 『신단민사』(서울) 한뿌리.

김정신, 1998, 「金敎獻 民族史學의 精神的 背景」『國學硏究』
　　　　第4輯.

임찬경. 2019, 대한민국임시정부 출간 『배달족역사(倍達族歷史)』의 대종교적 역사관 . 국학연구, 23, 32−80.

金獻, 1946,『배달족역사』(1922), 1쪽; 정열모 저,『신단민사』.

KBS 역사스페셜 제작팀, 2011,『우리 역사 세계와 통하다』(서울), 가디언.

申采浩,「歷史와 愛國心과의 關係」『大韓協會會報』 제2호, p. 75쪽; 제3호.

梁泰鎭, 1984, ‘民族地緣으로 본 白頭山領域 고찰’,『白山學報』. 제28호.

김정호, 2001, 국제법상 간도영유권에 관한 연구, 박사학위논문, 명지대학교대학원.

노계현, 1984, 한국외교사론, 서울, 대왕사.

국토통일원, 1969, 백두산 및 간도지역의 영유권 문제.

안주섭·이부오·이영화, 2006,『영토한국사』(서울), 소나무.

김득황, 1987, 백두산과 북방관계, 서울, 사사연.

양태진, 2007, 조약으로 본 우리땅 이야기, 서울, 예나루.

이한기, 1996, 한국의 영토, 서울, 서울대학교출판부.

신용하, 2018,『고조선문명의 사회사』.

우실하, 2018,『고조선문명의 기원과 요하문명』.

박기수,『중국 상고 하나라의 존재에 대한 부정적 의문들』.

李丙燾, 1976,『韓國上古史硏究』, 博英社.

김원수, 2010, 외교혁명과 간도협약의 국제관계, 백산학보 제86호, 백산학회.

신용하, 1997, 식민지 근대화론 재정립 시도에 대한 비판, 창작과 비판 겨울호.

배진수, 1997, 세계의 도서분쟁과 독도시나리오, 성남, 한국 군사문제연구원.

신각수, 1991, 國境紛爭의 國際法的 解決에 관한 硏究, 박사 학위논문, 서울대학교.

신각수, 1981, 영토분쟁에 있어서 지도의 증거력, 국제법학회 논총, 제26권 제1호, 대한국제법학회.

유철종, 2006, 동아시아 국제관계와 영토분쟁, 삼우사.

김정건, 1990, 국제법, 박영사

서중석, 1999, "제주4·3의 역사적 의미", 105쪽, 『제주4·3연구 』, 역사비평사.(메릴, 1988,「제주도 반란」,

박명림, 1988,「제주도 4·3민중항쟁에 관한 연구」.

강준만, 2004, 『한국현대사산책』, 1940년대편 2권, 인물과 사상사.

제주4·3사건진상규명및희생자명예회복위원회, 2003, 『제주 4· 3사건 진상조사보고서』.

박명림. 1988,「제주도 4·3민중항쟁에 관한 연구」, 고려대 석 사학위 논문.

제민일보 4·3취재반, 1994, 『4·3은 말한다-1』.

정해구, 1999, "제주4·3항쟁과 미 군정정책", 『제주4·3연구』, 역 사비평사.

박일원, 1984, 『남로당의 조직과 전술』, 세계.

고창훈, 1988, "4·3민중운동을 보는 시각과 연구과제",「 실천 문학 」, 실천문학사.

김동춘, 2000, 『전쟁과 사회』, 돌베개.

현기영, 1979. 『순이 삼촌』, 창작과 비평사.

김석범. 1988. 김석희 역, "까마귀의 죽음". 『까마귀의 죽음』, 소나무.

이정석, 2008. "제주 4·3사건을 기억하는 두 가지 방식 -김석범의 『까마귀의 죽음』과 현기영의 『순이 삼촌』을 중심으로", 語文學 第102輯. 한국어문학회.

서중석, 2011. 『지배자의 국가, 민중의 나라』, 돌배게.

아라리연구원, 『제주민중항쟁1』, 소나무, 1988.

조춘호, 2002, "대마도의 한국관련 유적", 「경산문화연구」, 제6집, 경산대학교경산문화연구소.

권도경, 2010, "한국 대마도 전설에 나타난 대마도 지역성과 활용방안", 「로컬리티 인문학」, Vol.- No.4, 부산대학교 민족문화 연구소.

오윤겸, 1617, 동사상일록. 광해군 9년.

조경(趙絅), 1643, 동사록(東槎錄) 망마주(望馬州). 인조 21년.

신유한, 1719, 해유록(海遊錄), 숙종 45년.

조엄(趙曮), 1763, 해사일기(海槎日記). 영조 39년.

안정복, 1900, 동사문답(東使問答). 안종엽 편, 순암집(順菴集) 권10.

원중거(元重擧), 1763, 승사록(乘槎錄), 영조39년.

이병선, 1990, 임나국과 대마도. 아세아문화사; 문정찬 (1970).

이용기, 1987, 가락국의 영광. 가락국사적개발연구원.

나종우, 1996, 중세의 대일관계. 원광대학교출판부.

서울신문사, 1985, 대마도·일기도 종합학술조사 보고서. 서울신문사, 신대마도지.

최진희, 2013, 대마도와 소 요시토시 연구. 부경대학교, 석사학위논문

신용우·김태식, 2013, 문화적 접근에 의한 대마도(對馬島) 영토 근거 연구. 대한부동산학회지, (36).

하우봉, 2006, 조선시대 한국인의 일본인식. 혜안.

윤의사, 2014, 대마도는 우리 땅을 주장한 하우봉.

김상훈, 2011, 국제사회가 공인한 대마도 영유권과 반요구의 타당성 연구-일본 및 국제사회의 공식문헌을 중심으로-. 한일군사문화연구, 11(0).

나종우, 1996, 한국중세대일교섭사연구. 원광대출판국.

신용우, 2016, 문화영토론에 의한 대마도의 영토권 연구. 경일대학교대학원 박사학위 논문.

황백현, 2012, 대마도 통치사. 도서출판 발해.

한태문, 2012, 조선통신사의 길에서 오늘을 묻다. 도서출판 경진.

박향기, 2014, 중국의 대 이어도 전략과 한국의 대응전략 고찰. 군사연구, (138)

이상우, 2003, 이청준의 이어도 연구-초점화와 담론을 중심으로. 한국문예비평연구, 13(0).

조성윤, 2011, 이어도에 관한 제주도 주민들의 이미지. 탐라문화, 39(0).

이윤, 2019, 중국의 인접국에 대한 해양정책 연구. 해양경찰청, 훈련보고서, 2019.4.

김재현, 2019, 한·중 이어도 관할권 분쟁과 한국의 대응. Journal of the KNST, 2(1).

이어도, 2022, 이어도 해양과학기지. 해양정보, 해양과학기지, 국립해양조사원(공식누리집).

이재영, 2019,주변국 도서 영유권·EEZ 문제에 따른 독도·이어도 분쟁의 대응방안 연구. 부경대대학원 해양수산경영학과. 석사논문. 2019.

백병선, 2019, 미·중 간의 힘의 경쟁에 따른 한국의 해양분쟁 변화 전망과 대응방향. 전략연구, 26(2).

고경민, 2014, 이어도 분쟁의 가능성과 대응방안... 국가안보와 전략, 14(2).

박창건·김지예, 2013, 동북아 지역 협력으로서의 한중해양경 계획정 아태연구, 20(3),

고경민, 2016, 한·중간 이어도 분쟁과 유형별 대응방안. 국가안보와 전략, 16(3).

강문석, 2016, 이어도에 대한 제주도 중학생의 인식 및 교육 실태 분석. 제주대학교, 석사논문, 2016.12,

백병선, 2019, 미·중 간의 힘의 경쟁에 따른 한국의 해양분』 쟁 변화 전망과 대응방향. 전략연구, 26(2).

신용하, 『고조선문명』.

이덕일, 『신주사기열전』.

이돈성, 『옴니버스 한국사』.

이돈성, 『고조선찾기』.

김성호, 『은사한국恩師韓國』.

송희경, 1420, 『노송당일본행록』.

신숙주, 1471, 『해동제국기(海東諸國記)』.

한민족독립운동사2, 5, 7.

[국외자료]

심여추, 1987, 간도조사실록, 연길, 연변대학출판사.

플로트니코바 마리나, 2006, 1863년-1910년까지 연해주로
　　　의 한인 이주와 그들에 대한 러시아의 정책, 석사학위
　　　논문, 한국학중앙연구원 한국학대학원.

임자평(林子平), 1785, 삼국접양지도(三國接壤之圖), 삼국통
　　　람도설(三國通覽圖說)의 부도.

송포윤임(松浦允任), 1725, 조선통교대기(朝鮮通交大紀). 권
　　　1. 원통사공(圓通寺公).

사회과학원역사연구소(북조선), 1989, 조선고대사. 한마당(서울).

등정방(藤定房), 『대주편년략』.

도랑향(都良香), 『부상고어영이집』.

중촌영효(中村榮孝), 1966, 『일본과 조선』. 지문당(동경)

중천영효(中村榮孝), 수직왜인의 고신. 한일관계사연구, (상)

고영일, 1982, 조선족력사연구, 중국 심양, 료녕인민출판사.

유 엠 부찐, 『고조선-역사·고고학적 개요』.

E. G. Meade, 1952,『American Military Government in Korea
　　　』, New York: King's Crown Press, Columbia Univ.

A. W. Green,1950, 『The Epic of Korea』, Washington,

Public Affairs Press.
Giorgio Agamben, 2008, 『호모 사케르 — 주권 권력과 벌거
벗은 생명』, 박진우 옮김, 새물결.

[원서 및 고서]

사기, 거란고전, 삼국지, 삼국사, 후한서, 진서, 양서, 북사, 삼
국유사, 사기, 고려사, 위지 왜인전, 대진국 본기, 태백일사,
산해경, 대황동경, 춘추좌씨전, 상서대전, 한서, 신주사기, 자
치통감, 구당서, 신당서, 요사, 응제시주, 일본서기, 금문신고,
사기집해, 춘추좌전, 동이열전, 전한서, 동이한국사, 금문신고,
동사강목, 세종실록, 인조실록, 숙종실록, 청조사통론, 해사록
(海槎錄), 사기정의 주석서, 후한서 동이전, 동북사강(東北史綱),
조선왕조실록 영인본, 상서지리금석(尙書地理今釋), 증보문헌
비고(增補文献備考), 수서 권81 백제전퇴계전서(退溪全書).